职业教育会计专业课程改革系列教材

会计法规与职业道德

第3版

主　编　傅锡原　魏　新
副主编　王家申
参　编　辛　红　朱　虹
　　　　曹　磊　李　强

机械工业出版社

《会计法规与职业道德》第3版依据《中等职业学校会计专业教学标准》编写，介绍了我国会计法律法规以及会计职业道德规范与行为准则。

本书在第2版的基础上修订而成，共七章，分别是会计法规综述、会计核算制度、会计监督制度与档案管理、财政法律制度、税务管理、会计职业道德概述、会计职业道德规范与奖惩机制。学生可以通过习题集巩固会计法律法规知识，规范会计行为。本书可作为中等职业学校会计专业学生的教学用书，也可作为财会人员的自学参考书。

图书在版编目(CIP)数据

会计法规与职业道德/傅锡原，魏新主编. —3版. —北京：机械工业出版社，2021.1（2025.6重印）
职业教育会计专业课程改革系列教材
ISBN 978-7-111-69050-4

Ⅰ.①会… Ⅱ.①傅… ②魏… Ⅲ.①会计法-中国-中等专业学校-教材②会计人员-职业道德-中等专业学校-教材 Ⅳ.①D922.26②F233

中国版本图书馆CIP数据核字(2021)第179326号

机械工业出版社(北京市百万庄大街22号 邮政编码100037)
策划编辑：宋 华 责任编辑：宋 华 刘益汛
责任校对：梁 倩 封面设计：马精明
责任印制：常天培
河北虎彩印刷有限公司印刷
2025年6月第3版第3次印刷
184mm×260mm · 19印张 · 462千字
标准书号：ISBN 978-7-111-69050-4
定价：53.00元

电话服务
客服电话：010-88361066
010-88379833
010-68326294
封底无防伪标均为盗版

网络服务
机 工 官 网：www.cmpbook.com
机 工 官 博：weibo.com/cmp1952
金 书 网：www.golden-book.com
机工教育服务网：www.cmpedu.com

第3版前言

随着我国经济的高速发展和市场经济体制的逐步完善，适应市场经济发展需要的法律法规体系也日益健全，实时地了解会计法律法规就变得十分重要。与国际惯例相协调的国家统一的会计法律法规既是进行会计核算、实施会计监督和加强会计管理的依据，也是指导会计专业学生和广大财会人员开展会计实务工作，提高会计信息质量的准绳。

职业教育以培养应用型技术技能人才为目标，为了让会计专业学生和广大财会人员能准确理解《中华人民共和国会计法》及相关法律法规的深刻含义和相关联系，严格遵守会计法律法规规范，加强会计职业道德修养，明确会计法律责任，我们修订了《会计法规与职业道德》第2版。

《会计法规与职业道德》第3版依据《中等职业学校会计专业教学标准》编写，介绍了我国的会计法规、会计核算制度、会计监督制度与档案管理、财政法律制度、税收管理以及会计职业道德规范和行为准则。为了适应社会的经济变化以及我国现行的会计法律法规，本书在第2版的基础上补充了第二章会计核算制度中第四节网上支付形式的内容；将第2版第四章税务管理与财政法律制度拆分后，形成了第四章财政法律制度和第五章税务管理，补充了预算法律制度、政府采购法律制度和国库集中支付制度的内容；对第2版附录中的相关法律法规进行了更新。

《会计法规与职业道德》第3版内容翔实，结构严谨新颖，语言通俗易懂、深入浅出，注重法规理论与实际工作案例相结合，具有较强的实用性；增加了案例分析及社会实践，有可操作性。本书配套有习题集，以供教学使用。本书的配套电子资源包（含电子课件和习题答案等）可加群获取（QQ群：124688614），或通过机械工业出版社教育服务网（http：//www.cmpedu.com）注册后下载。

本书由傅锡原、魏新担任主编，王家申担任副主编。傅锡原负责拟定编写提纲，第一章由傅锡原编写，第二章由魏新编写，第三章由辛红、曹磊编写，第四章由魏新、王家申编写，第五章由魏新编写，第六章由傅锡原、朱虹编写，第七章由李强、朱虹编写。全书由傅锡原负责总纂定稿。课件制作由魏新完成。习题集由魏新、朱虹完成。

本书在编写过程中，参考引用了现行的法律法规和相关数据资料，收集的资料得到了相关专业人员的认可，在此对提供资料的人员表示感谢！由于编者水平有限，书中难免有疏漏之处，恳请广大读者批评指正。

编　者

第2版前言

“经济越发展，会计越重要。”今后，会计将继续发挥稳定社会经济新秩序和会计职能的作用。这些既是进行会计核算、实施会计监督和加强会计管理的依据，也是提高会计信息质量的准绳。

一些从事会计工作的人员及财经类专业的大中专学生在实际工作和学习中可能会遇到一些实际问题，为了帮助他们学习会计基础知识，准确理解《中华人民共和国会计法》，了解会计法律法规，规范会计行为，增强对财政税务的认识和理解，保证会计资料的真实和完整，以及加强企业财务管理，加强会计职业道德修养和明确会计法律责任，我们修订了《会计法规与职业道德》第1版。

本书共分六章：第一章，会计法规综述；第二章，会计核算制度；第三章，会计监督制度与档案管理；第四章，税务管理与财政法律制度；第五章，会计职业道德概述；第六章，会计职业道德规范与奖惩机制。

本书以《中华人民共和国会计法》为主线，基本保留全书原来第1版的章节顺序，只是在内容上进行了适当的删减，增加了新的内容，内容翔实易懂、结构严谨新颖、语言流畅简洁，注重将法规理论与实际工作案例相结合，具有较强的实用性，更接近会计工作实际，以培养社会应用型、技能型人才为目标，可指导大中专财会类专业学生和广大会计人员开展会计实务工作。

为了使读者对会计法律法规的基础知识有较全面的认识和掌握，本书每章均安排有社会实践，让学生在教师的指导下，以小组讨论和社会调查等形式进行案例分析，以巩固所学的知识。本书配有习题集和习题答案(习题答案见电子资源包)供读者参考。

本书由傅锡原担任主编，王家申、张廷顺担任副主编。参加编写的有魏新、高明、郃淑珍、朱虹、辛红。全书由傅锡原负责总纂定稿。

对于选用本书作为教材的学校，电子资源包(含电子课件和习题答案等资源)可通过机械工业出版社教材服务网（http：//www. cmpedu. com）注册下载。

由于编者水平有限，书中可能存在值得商榷的问题，恳请广大读者批评指正。本书在修订过程中参考和引用了许多新的法律文件以及相关资料，在此向为修订编写提供资料的相关人士一并表示衷心感谢！

编　者

第1版前言

随着市场经济体制的逐步建立和完善，我国近年来基本建立了与市场经济发展相适应、与国际惯例相协调的会计法律法规体系。这些既是进行会计核算、实施会计监督和加强会计管理的依据，也是指导大中专财会专业学生和广大会计人员开展会计实务工作、提高会计信息质量的准绳。

在实际工作中，往往会出现一些与经济发展不相协调的因素，这些因素严重影响了社会经济的发展、社会经济秩序的稳定和会计职能作用的发挥，因此，了解会计法律法规，规范会计行为、保证会计资料的真实和完整以及加强经济和财务管理能更好地为发展社会主义市场经济服务，进而推动我国经济健康、有序地发展。

为了使会计专业的学生和广大会计人员能准确理解《中华人民共和国会计法》(以下简称《会计法》)及相关法律法规的原意及其相互间的关系，加强会计职业道德修养的培养和明确会计法律责任，特由机械工业出版社组织编写本书。

本书共分两部分，第一部分以《会计法》为主线，介绍了我国现行的主要会计法律法规和与会计工作相关的规定；第二部分主要介绍了会计职业的道德规范和行为准则。本书以培养社会应用型、技能型人才为目标，内容翔实可信、结构严谨新颖、语言通俗易懂，注重法规理论与实际工作案例相结合，具有较强的实用性。

为了使学生对会计法律法规的基础知识有较全面的认识和掌握，本书每章结尾均安排有思考与练习，让学生在教师的指导下，以小组讨论和社会调查等形式进行案例分析以巩固所学的知识。本书可作为大中专财会专业学生的教学用书，也可作为会计人员的自学参考书。

本书由傅锡原担任主编，王淑荣担任副主编。本书共分两篇：第一篇“会计法规”由傅锡原(第一章)、杨金洁(第二、三、四章)编写；第二篇“会计职业道德”由高明(第五、六章)和王淑荣(第七、八章)编写。全书由傅锡原负责总纂定稿。

由于编者水平有限，书中可能有许多问题值得商榷，恳请广大读者批评指正。本书在编写过程中参考和引用了许多法律法规和相关资料，在此对相关人士一并表示感谢！

编　者

目　　录

第一章 会计法规综述

学习目的

- 掌握会计法律法规的本质与特征。
- 了解会计机构的职能与管理机制。
- 熟悉会计人员应掌握的基本技能与责任及对会计人员的管理。
- 了解会计电算化法规制度。

案例导入

2019级会计班的小丽同学在就业分配的时候已经具备了会计的上岗资格，考取了会计从业资格证书，因此她优先被用人单位选中。与此同时，即将成为一名真正的会计人员的小丽既感到高兴，又有些担心。高兴的是，通过自己坚持不懈的努力，终于可以沿着自己喜爱的职业道路继续前行；担心的是，自己现有的知识水平只能处理一些简单的经济业务，而对于一些重要的法律法规自己依然还有很多不知道的。带着这些疑虑，小丽抱着一边工作一边学习的态度走上了工作岗位。

请问：作为一名会计工作者，应掌握哪些与会计有关的法律法规？目前，又有哪些新的法律法规颁布了？

提示：从事会计工作的人员应当了解和掌握的会计法律法规主要包括《中华人民共和国会计法》(以下简称《会计法》)《企业会计准则》《会计从业资格管理办法》《企业会计制度》《会计基础工作规范》《总会计师条例》《会计档案管理办法》和《内部会计控制规范——基本规范(试行)》等。

第一节 会计法规概述

一、会计法规的概念

1. 制定会计法规的基础目标

制定企业会计法规的基础目标是对企业财务会计信息的提供(即会计行为)和提供的财务会计信息做出统一规范，为外部信息需要者取得真实、公允、可比的会计信息提供保证。

我国会计法规的制定不但规范了会计行为、保证了会计资料的真实和完整，而且为加强经济管理和财务管理、提高经济效益以及维护社会主义市场秩序提供了保障，还形成了会计法律体系，为社会经济的发展起到了促进作用。

2. 会计法规的定义

在我国，会计法规是由全国人民代表大会和全国人民代表大会常务委员会制定并颁布的会计法律、国务院制定并颁布的会计行政法规、财政等部门制定并颁布实施的会计部门规章和各地方人民代表大会与地方政府制定、实施的地方性会计法规等共同构成的。

会计法规是国家权力机关和行政机关制定的各种会计规范性文件的总称。会计法规包括会计法律、会计行政法规和会计规章等。这些法规是贯彻国家有关财经方针、政策的重要工具，也是调整会计活动中各种经济利益关系的基本规范和准绳。

会计法规可分为会计基本法、会计行政法规和国家统一的会计制度三个层次。其中，《会计法》是调整我国社会经济活动中会计关系的基本规范，是制定其他会计法律规范的依据。而会计行政法规是指依据会计基本法，由国务院制定颁布或由国务院财政部门拟定并经国务院批准颁布的调整社会经济活动中某些会计关系的法律规范，如《企业财务会计报告条例》中指出：“企业应当依照有关法律、行政法规和本条例规定的结账日进行结账，不得提前或者延迟。年度结账日为公历年度每年的12月31日；半年度、季度、月度结账日分别为公历年度每半年、每季、每月的最后一天。”国务院颁布的《总会计师条例》中也指出：“总会计师负责对本单位财会机构的设置和会计人员的配备、会计专业职务的设置和聘任提出方案；组织会计人员的业务培训和考核；支持会计人员依法行使职权。”它们作为会计管理体系中的一部分，也是构成会计法规的组成部分。国家统一的会计制度是会计法律规范中的规章，是指国务院财政部门根据会计基本法制定的关于会计核算、会计监督、会计机构和会计人员以及会计工作管理的制度、准则、办法等。

想一想 1. 会计法规的定义是什么？它是由哪个部门制定的？

2. 请利用课余时间搜集资料分别找出相关的会计基本法、会计行政法规及国家统一的会计制度。

二、会计法规的发展

（一）国家统一的会计制度的发展过程

国家统一的会计制度是指国务院财政部门根据《会计法》制定的关于会计核算、会计监督、会计机构和会计人员以及会计工作管理的制度，包括会计规章和会计规范性文件。会计规章是根据《中华人民共和国立法法》（以下简称《立法法》）规定的程序，由财政部制定，并由部门首长签署命令予以公布的制度办法。会计规范性文件是指主管全国会计工作的行政部门（即国务院财政部门）制定并发布的各种核算制度及办法。我国会计法规的发展主要经历了以下几个阶段：

1. 新中国成立前会计法规的概况

我国是世界四大文明古国之一，有着几千年的悠久历史，会计的发展和会计的立法也有着较长的历史。据史料记载，我国最早的一部完整的封建法典是战国时期的《法经》，其中对会计问题做出过相关的规定。以后历代封建法典中都对会计做出过具体规定，如《秦律》

《大唐律》《大明律》和《大清律》等。1912年，北洋政府先后两次拟定《会计法草案》，1914年3月又颁布了《会计条例》，并于当年10月改称为《会计法》，共9章37条。这是我国历史上第一次独立地对会计立法。1925年8月，国民政府重新颁布了《会计法》，共10章127条，后来又几次修订并颁布。

2. 新中国成立后至改革开放前会计制度的建立和恢复阶段

新中国成立后，财政部成立了会计制度司和会计制度审计委员会。1949～1953年城市公私合营时期，财政部先后颁布了《各级人民政府暂行总预算会计制度》《各级人民政府暂行单位预算会计制度》《国营企业决算报告编送暂行规定》《国家企业材料会计处理办法》和《国营企业统一会计科目及会计报表格式》等规章，初步建立了全国统一的会计制度，完成了历史上会计制度的转变。此后1954～1960年，我国会计制度进一步健全，先后制定颁布了《预算会计账簿凭证报表保管销毁暂行办法》《关于国营企业会计核算工作规程》《会计人员职权试行条例》和《关于国营工业、交通企业设置总会计师的几项规定(草案)》。1966年到改革开放前，会计制度的建设处于停滞状态。这一时期，我国实行的是社会主义计划经济体制，对会计和会计行为规范的要求相对比较简单，主要工作集中在制定国家统一的会计制度。高度统一的会计制度为我国经济的发展发挥了积极作用。

3. 改革开放后会计法规体系的形成和《会计法》的颁布

改革开放后，我国展现出经济发展的活力，各种法律法规都在恢复和重新制定。1978～1992年是我国会计法律法规体系的初步形成时期。1985年1月我国颁布了《会计法》。在会计核算制度方面初步形成了由财政部统一管理和协调的工业、供销、粮食、物资、外贸、金融、交通、旅游、施工建设单位、中外合资和乡镇集体等的会计核算制度体系。在会计人员管理制度方面，国务院颁布了《会计人员职权条例》和《总会计师条例》，财政部颁布了《会计证管理办法(试行)》。在会计基础工作管理制度方面，制定了《会计档案管理办法》和《会计工作达标升级试行办法》。1988年9月8日，国务院颁布了《中华人民共和国现金管理暂行条例》(以下简称《现金管理暂行条例》)等制度。1992年年底，我国第一次颁布了《企业会计准则》，并陆续制定和颁布了十几个行业的会计核算制度。至此，以《会计法》为核心的会计法规体系初步形成。

4. 20世纪90年代后会计法规体系的改革与完善

1993年后，我国会计法规体系进入了逐步完善时期。1993年12月和1999年10月两次修订了《会计法》。1994年6月颁布《代理记账管理暂行办法》。1996年6月颁布了《会计基础工作规范》。1997年5月颁布《事业单位会计准则(试行)》，7月颁布《事业单位会计制度》。1998年1月颁布《会计人员继续教育暂行规定》和《股份有限公司会计制度》，2月颁布《行政单位会计制度》，8月重新颁布《会计档案管理办法》。2000年6月颁布《企业财务会计报告条例》，12月29日颁布《企业会计制度》。2001年2月财政部颁布《财政部门实施会计监督办法》，2001年6月财政部颁布《内部会计控制规范——基本规范(试行)》和《内部会计控制规范——货币资金(试行)》，年底颁布《金融企业会计制度》。并且自1997年至2004年，财政部陆续颁布并修订了近20项具体会计准则。这些准则要求会计人员在执行准则时有较高的职业判断能力。2004年颁布了《小企业会计制度》和《民间非营利组织会计制度》。2005年3月1日开始执行《会计从业资格管理办法》《代理记账管理办法》和《注册会计师注册办法》，并结合《中华人民共和国行政许可法》提出了《会计人员继续教育规定》的征求意见稿，同时，内部会计控制制度的相关规范也都陆续出台了。2006 年 2 月 15 日财政部根据《国务院关于〈企业财务通则〉,〈企业会计准则〉的批复》(国函〔1992〕178 号)的规定，对《企业会计准则》(财政部令第 5 号) 进行了修订。修订后的《企业会计准则——基本准则》自 2007 年 1 月 1 日起正式施行。2011 年财政部颁布了《小企业会计准则》，2013 年开始执行，同时《小企业会计制度》废止。

（二）会计法规体系在实际工作中的要求

会计法规体系主要有会计制度和会计准则两种形式。2006 年 2 月颁布，2007 年 1 月 1 日开始实施的《企业会计准则》在原有基础上进行了修订，符合社会经济不断发展的需要，为解决企业实际会计工作中的问题更加规范化，尤其是对保证企业会计信息的质量提出了要求。《企业会计准则——基本准则》第十二条规定："企业应当以实际发生的交易或者事项为依据进行会计确认、计量和报告，如实反映符合确认和计量要求的各项会计要素及其他相关信息，保证会计信息真实可靠、内容完整。"《企业会计准则》对会计信息的真实、可靠作了进一步明确说明，如对会计信息与企业财务会计报告、会计政策、企业财务状况和会计信息提供的时间等都有明确规范。

各企业随着经济业务的不断扩大，在《会计法》规范内的形式也会越来越多。企业应当按照交易或者事项的经济实质进行会计确认、计量和报告，不应仅以交易或者事项的法律形式为依据。

（三）会计法律制度的构成及权限

1. 会计法律制度的构成

会计法律制度是指国家权力机关和行政机关制定的各种会计规范性文件的总称，包括会计法律、会计行政法规、国家统一的会计制度等。它是调整会计关系的法律规范。

（1）会计法律，是由全国人民代表大会及其常务委员会经过一定立法程序制定的有关会计工作的法律。会计法律的制定主体为国家权力机关——全国人民代表大会及其常务委员会。《会计法》于 1999 年 10 月 31 日由第九届全国人民代表大会常务委员会第十二次会议修订通过，是会计法律制度中层次最高的法律规范，是制定其他会计法规的依据，也是指导会计工作的最高准则，它的法律效力仅次于《中华人民共和国宪法》(以下简称《宪法》)。

（2）会计行政法规，是由国务院制定颁布或由国务院有关部门拟定经国务院批准颁布，调整经济生活中某些方面会计关系的法律规范。其制定主体为国家行政机关——国务院，或由其批准发布；其制定依据是《会计法》。会计行政法规主要包括《企业财务会计报告条例》《总会计师条例》等。它通常以条例、办法、规定等不同的具体名称提出，是我国一种重要的法律形式。

（3）国家统一的会计制度，是指国务院财政部门根据《会计法》制定的关于会计核算、会计监督、会计机构和会计人员以及会计工作管理的制度，包括会计规章和会计规范性文件。

1）会计规章是根据《立法法》规定的程序，由财政部制定，并由财政部部长签署命令予以公布的制度办法。如 2001 年 2 月 20 日颁布的《财政部门实施会计监督办法》、2006 年 2 月 15 日颁布的《企业会计准则——基本准则》、2012 年 12 月颁布的《会计从业资格管理办法》。

2）会计规范性文件是指主管全国会计工作的国务院财政部门以文件形式印发的制度办

法。如2006年2月15日颁布的《企业会计准则第1号——存货》。

（4）地方性会计法规，是各省、自治区、直辖市、计划单列市和经济特区的人民代表大会及其常务委员会在与会计法律、会计行政法规不相抵触的前提下，制定的地方性会计法规，如《天津市会计从业资格管理实施办法》。

2. 会计法律制度的权限

《会计法》规定："国家统一的会计制度由国务院财政部门根据本法制定并公布。国务院有关部门可以依照本法和国家统一的会计制度制定对会计核算和会计监督有特殊要求的行业实施国家统一的会计制度的具体办法或者补充规定，报国务院财政部门审核批准。中国人民解放军总后勤部可以依照本法和国家统一的会计制度制定军队实施国家统一的会计制度的具体办法，报国务院财政部门备案。"

三、会计法规的作用

任何法律都有立法宗旨，具有一定的法律效力，同时又是制定其他法规的基本依据，在一定领域内发挥着它应有的作用。《会计法》第一条规定："为了规范会计行为，保证会计资料真实、完整，加强经济管理和财务管理，提高经济效益，维护社会主义市场经济秩序，制定本法"，指出了通过会计立法及制定相关法规的实施要达到的目的，提出了会计法规应具有的作用。

小资料

据财政部调查证明，我国已经建成了与国际财务报告准则实质上趋同的企业会计准则体系，并在推进我国会计准则体系建设与实施方面取得了初步成功。也就是说，我国企业会计语言已与国际准则趋同。

（一）规范会计行为

会计行为是指会计机构和会计人员有目的的会计核算与财务收支活动，也就是运用货币量度，对经济活动过程中使用的财产物资和发生的劳动耗费等进行的一系列计算、记录、分析和检查等活动。由于会计行为涉及面越来越广，对国家、企业和个人的经济利益和社会经济秩序及国际贸易都有着重大影响，所以，规范会计行为是会计法律规范的首要立法宗旨。

小资料

实物量度，如kg、t、m、台等。
劳动量度，如劳动日、工时等。
货币量度，如元、角、分等。

会计行为可分为会计核算行为、会计监督行为和会计管理行为三个方面。

1. 会计核算行为

会计核算行为是应用会计的专门方法，对经济活动进行记录、计算和报告，为经济管理提供信息的行为。会计核算中主要以货币为计量单位，货币的形式具有广泛性，它可以综合反映经济活动的过程和结果。会计核算分别采用实物量度、劳动量度和货币量度来反映不同的经济内容，如工时计算和产量统计等。会计核算的对象是已经发生或已经完成的经济活动，只要发生经济业务，会计核算便不能有任何遗漏。而对于未来的经济活动，虽然能借助会计进行分析和预测，但若经济业务没有发生，会计是不可能进行计算和作账务处理的。因此，会计核算行为具有真实性、连续性、系统性和综合性，能充分体现会计法规的作用。

2. 会计监督行为

会计监督行为是指会计人员对经济活动的合法性、合理性和有效性进行检查，以此达到预期目的的活动。会计主要是利用价值指标，通过事前监督、事中监督和事后监督审查经济活动的合法性与合理性，最后体现会计监督的有效性，会计法规能为会计监督行为提供充分的保障。

3. 会计管理行为

会计管理行为是指对会计工作进行管理的活动，具体包括单位的内部管理和国家的社会管理。单位的内部管理，主要体现为单位必须建立健全的内部会计核算制度和相关的内部控制制度，规范会计基础工作，保证会计机构和会计人员依法履行职责。国家的社会管理，主要体现为制定全国统一的会计制度，统一规定会计人员的资格并实施会计人员岗位资格管理制度，对各单位执行会计法律、法规和国家统一的会计制度的情况进行监督检查，并由国家对违反会计法律、法规和国家统一的会计制度的行为进行处罚，以保证国家会计法律法规的严肃性和权威性。

想一想 某企业的员工小张，没有学习过会计知识，却从事了好几年的会计工作，只会记流水账。利用你所学的知识，分析这种做法存在哪些错误？

（二）保证会计资料的真实、完整

1. 会计资料

会计资料是记录会计核算过程的结果和重要载体，是反映单位财务状况和经济成果、评价经营业绩、进行投资决策的重要依据。会计资料包括业务发生或完成时取得的具有法律效力的原始凭证、记账凭证、会计账簿、会计报告和其他会计资料。《会计法》第十三条规定：“会计凭证、会计账簿、财务会计报告和其他会计资料，必须符合国家统一的会计制度的规定。使用电子计算机进行会计核算的，其软件及其生成的会计凭证、会计账簿、财务会计报告和其他会计资料，也必须符合国家统一的会计制度的规定。”

会计资料是会计信息的载体，是各单位进行业务往来、财务管理，反映企业经济利益的重要基础资料，也是国家进行分析和调控的重要依据。所以，会计资料是会计工作的生命，是国家对会计工作的最基本的要求。

2. 会计资料的真实、完整

会计资料的真实是指会计资料中的文字说明（摘要）、数量、金额、业务发生日期、经办人、审批人等都要有根据，必须是真实、明确的记录，不能任意编造。会计资料的完整是指要将发生的会计事项，用规范的会计凭证、核算程序、记账方法，全部进行正确的操作，不得漏记、少记或重记，不得私设、另设账本，不得设“小金库”。《会计法》第四条规定：“单位负责人对本单位的会计工作和会计资料的真实性、完整性负责。”第五条规定：“任何单位或者个人不得以任何方式授意、指使、强令会计机构、会计人员伪造、变造会计凭证、会计账簿和其他会计资料，提供虚假财务会计报告。”第九条规定：“任何单位不得以虚假的经济业务事项或者资料进行会计核算。”应该说，保证会计资料的真实、完整，是对会计工作的基本要求。

3. 保证会计资料的真实、完整的意义

会计资料的质量不只是单位内部事务，它影响到会计资料的使用者有效利用会计资料的合法权利，影响到会计工作的方方面面，以至影响到整个社会经济秩序。所以，会计工作必须具有普遍约束力，以保证会计资料的真实、完整，这是维护社会经济秩序的客观要求。

（三）加强经济管理和财务管理，提高经济效益

经济管理是运用经济的、行政的、法律的手段规范经济行为，目的是维护经济秩序，促进经济的良性循环和不断发展。

财务管理是经济管理的一个组成部分，是对资金的筹集、投放及分配等采取的一种资金管理活动。会计对经济管理和财务管理的作用，主要是基于会计的核算监督功能。会计通过对真实完整的会计资料进行正确的确认、计量、记录和计算，提供有用的会计信息，明确经济责任，考核经济业绩，改善经营管理，促进经济活动合理、有利地运行，提高经济效益。

提高经济效益是经济工作的总目标。各单位在会计核算中必须加强经济核算，减少耗费，降低成本，为国家和社会创造财富。

（四）维护社会主义市场经济秩序，发挥保障作用

在社会主义市场经济条件下，建立和发展良好的经济秩序，首先要依靠国家的相关法律法规予以保证，其次要依靠全体公民、各企事业单位及其他组织自觉遵守法律法规来实现。会计工作通过实物数量与货币价值核算以及办理必要的会计手续等方法，如实地反映各单位的经济财产状况。通过规范会计行为，保证会计资料的真实、完整，既维护了社会公共利益和经营者的合法权益，也促进了会计工作能更好地为维护社会经济秩序稳定、正常、健康的发展服务。

四、会计法规的本质与特征

（一）会计法规的本质

1. 强制性

会计法律法规是由国家最高权力机关（即全国人民代表大会）制定或批准并颁布实施的规范性文件。《会计法》和《中华人民共和国注册会计师法》（以下简称《注册会计师法》）是我国主要的会计法律，另外也包括我国陆续制定的《中华人民共和国公司法》《中华人民共和国商业银行法》《中华人民共和国合同法》《中华人民共和国票据法》（以下简称《票据法》）《中华人民共和国证券法》《中华人民共和国审计法》《中华人民共和国统计法》《中华人民共和国预算法》等法律规定的有关主要会计问题的规范，还包括《中华人民共和国民法通则》《中华人民共和国刑法》（以下简称《刑法》）《中华人民共和国企业破产法》等法律规定中有关会计问题的规范。《会计法》是会计法律制度中最高的法律规范，是制定其他会计行政法规和会计规章的重要依据，是会计工作的基本法，也是指导会计工作的最高准则。它充分反映广大人民的根本利益和共同要求，具有明显的强制性。正如《会计法》第二条规定："国家机关、社会团体、公司、企业、事业单位和其他组织（以下统称单位）必须依照本法办理会计事务。"2007 年 7 月 1 日开始实施的《企业会计准则——基本准则》第一条也规定："为了规范企业会计确认、计量和报告行为，保证会计信息质量，根据《中华人民共和国会计法》和其他有关法律、行政法规，制定本准则。"《企业会计制度》第一条规定："为了规范企业的会计核算，真实、完整地提供会计信息，根据《中华人民共和国会计法》及国家其他有关法律和法规，制定本制度。”这些规定进一步强有力地说明《会计法》具有明显的强制性，并贯穿于会计工作的始末。

2. 标准性

会计法规具有明确的统一标准。《会计法》第十三条第一款规定：“会计凭证、会计账簿、财务会计报告和其他会计资料，必须符合国家统一的会计制度的规定。”虽然各行各业在会计处理过程中会有所差异，但是《会计法》已经给出明确标准，不管行业差异有多大，均不可违反《会计法》所制定的标准。人们可以根据统一标准，判断会计活动中的会计行为是否符合法定标准。会计标准也在随着经济环境的变化和时间的推移不断地修订和完善，以保证会计法规的稳定性和连续性，保障社会经济建设中的法律机制畅通，促进社会和谐。

（二）会计法规的特征

会计法规的特征，是会计法规本质属性的反映。就会计法规本身来讲，作为法律体系的重要组成部分，除具有特定的本质外，其本身也具有明显特征，具体表现为会计的专业性、技术性、方法性和广泛适用性。

1. 会计的专业性

科学技术飞速发展，各个领域自然少不了相关的专业性人才，会计这一领域自然也不例外。会计工作具有很强的专业性，如采用专门的方法搜集会计信息，采用专业的术语来描述、记录所搜集到的信息，再采用专业方法来体现这些信息等，这些都要求会计人员具备一定的专业基础知识。因此，为了规范和加强会计工作，保障会计人员依法行使职权，《会计法》第三十八条规定：“会计人员应当具备从事会计工作所需要的专业能力”。这都说明会计工作具有很强的专业性，有自己独立的专业体系。这也是为了会计工作能发挥会计核算、监督的作用，维护社会经济秩序，加强经济管理，更好地让企业提高经济效益。

2. 会计的技术性

会计的技术性是会计法律规范中大量技术规范的表现。随着信息化时代的到来，电子计算机早已应用到各个领域。《会计法》第十三条第二款规定：“使用电子计算机进行会计核算的，其软件及其生成的会计凭证、会计账簿、财务会计报告和其他会计资料，也必须符合国家统一的会计制度的规定。”这是会计技术性特征的突出表现之一。

3. 会计的方法性

前面提到会计工作具有一定的专业性，那么在它的专业范围内，自然要有一套特定的方法来进行核算。它的核算方法是会计法律中关于调整会计关系的程序、手段的具体表现。例如，会计核算方法中的设置账户、复式记账、填制和审核凭证、登记账簿、成本计算、财产清查等程序和方法，都是会计方法性特征的具体表现。

4. 会计的广泛适用性

任何法律在一定的空间和时间范围内都具有普遍的适用性，会计法规也不例外。会计法规有广阔的适用范围，在主体上包括国家机关、社会团体、企事业单位等。人们还可以应用会计法规来判断、预测在会计活动中经济发展的趋势和在会计活动中会计行为应承担的法律后果。

《会计法》第一条规定：“为了规范会计行为，保证会计资料真实、完整，加强经济管理和财务管理，提高经济效益，维护社会主义市场经济秩序，制定本法。”这已经阐述了会计法规具有的本质和特征。

第二节 我国的会计法规体系

国家的法律体系是一个国家多个相互联系、相互协调、相互制约的法律规范所组成的统一体。会计法规体系是其中之一。它们调整着这个国家内部各种重大的社会生活矛盾，调整着各种重要的社会关系。会计法规体系是由调整会计活动中所发生的社会关系的各种法律规范所形成的有机联系的整体。

一、我国法律规范层次

1. 宪法规范

《宪法》是由全国人民代表大会制定，具有最高法律效力的国家根本大法，它反映的是整个国家的本质。《宪法》中与会计有关的规定是制定会计法规的基本依据和根本原则。会计法规的制定必须遵循《宪法》规定的基本原则。

2. 会计法律

会计法律是由全国人民代表大会及其常务委员会通过并颁布实施的规范性文件。《会计法》是调整社会生活关系中会计关系的法律总规范，也是制定会计其他法规的基本依据。目前，《会计法》是我国会计法律制度中层次最高的法律规范，是指导会计工作的最高准则。

3. 会计法规

会计法规是调整社会经济生活关系中某些特定会计关系的法律规范。根据我国法规体系的构成和《宪法》的规定，按照制定和批准法规的机关不同，会计法规可以分为行政法规、地方性法规和自治性法规三种。其中，会计行政法规由国务院制定颁布或者由国务院有关部门拟定经国务院批准颁布，制定的依据是《会计法》。

4. 会计规章

会计规章是指财政部(我国主管会计工作的最高行政部门)以及其他相关部门制定的会计方面的法律规范性文件。现行的财政部门制定的会计方面的规定、办法、细则、通知以及各种制度等文件，在目前会计体系中占有较大比例，体现了涉及面广、灵活性强的特点，为各地的经济发展起到了非常大的作用。根据调整对象和内容的不同，会计规章可分为以下几个方面：

（1）会计核算制度，如财政部颁布的《企业会计准则》《小企业会计准则》等。

（2）会计监督制度，如《财政部门实施会计监督办法》《内部会计控制规范——基本规范(试行)》等。

（3）会计机构和会计人员制度，如《会计从业资格管理办法》等。

（4）会计工作制度，如《会计基础工作规范》等。

以上会计法律、会计行政法规和会计规章层次分明，都具有强制性的特点。规范性文件主要对会计工作起指导和规范作用，地方性法规则是各地执行会计法规的具体体现。

小资料

关于《小企业会计准则》

为了规范小企业会计确认、计量和报告行为，促进小企业可持续发展，发挥小企业在国民经济和社会发展中的重要作用，根据《会计法》及其他有关法律和法规，财政部制定了《小企业会计准则》，自2013年1月1日起在小企业范围内施行。财政部于2004年4月27日发布的《小企业会计制度》（财会〔2004〕2号）同时废止。

二、会计法规体系

在我国，会计法规体系由四个基本部分组成。

1. 基本会计法规

基本会计法规是调整国民经济各部门和所有领域经济活动中会计关系的法律的总称。《会计法》是基本会计法规，它除了具有强制性、整体性和专业性外，本身还具有全面性、稳定性和指导意义，是指导会计工作的准绳。

2. 专项会计法规

专项会计法规是调整经济活动中某一方面会计关系的法律规范的总称。它是会计法规体系的主体部分，适用于调整国民经济各部门中某方面的会计关系。属于专项会计法规的主要有《总会计师条例》《企业会计制度》《企业财务会计报告条例》和《会计档案管理办法》等。

3. 部门会计法规

部门会计法规是调整国民经济某个部门的经济活动中会计关系的法律规范的总称。

4. 其他法规中的会计法规

在有些法规中也有相关的调整会计法律关系的法律规范。它们与基本会计法规、专项会计法规和部门会计法规之间相互联系、相互补充，也是会计法规体系的重要组成部分。

三、会计制度和会计准则

会计法规体系在实际中有两种形式，即会计制度和会计准则。

（1）会计制度是处理会计事务的规章、规则、程序和办法等的总称。它不仅包括会计核算方面的科目和报表，还包括会计工作的组织管理、基本规则、成本核算、会计档案管理、会计监督办法、会计人员的职权与任免管理及奖惩等方面，是基层会计人员会计基础工作的规范和会计事务处理的指南，如《企业会计制度》。

（2）会计准则一般按会计对象要素或经济业务的特点、会计报告的种类分别制定。会计准则中一般不涉及会计科目和会计分录列示。

会计制度以规则为导向，它对会计科目和会计报表进行直接规范，重点规范会计行为和结果，侧重于记录和会计报告，对会计人员的素质要求比较低。

会计准则以原理为导向，并不对会计科目和会计报表进行直接的规范，而是把重点放在规范会计决策的过程中，侧重于确认和计量，需要会计人员的专业判断能力，对会计人员的素质要求比较高。在实际会计工作中，为了不断适应我国飞速发展的经济形势，并逐步与国际会计领域接轨，我国的会计解释制度也在逐渐改变。虽然在市场经济环境下，以会计准则取代会计制度并以其规范会计实务的改革思路早已得到了人们的认同。但在现实中，我国会计准则的制定和执行还存在很多障碍。

《企业会计制度》和《企业会计准则》两者均由财政部制定并公布，均在全国范围内实施。会计制度是以特定部门、特定行业的企业或所有的企业为对象，着重对会计科目的设置、使用和会计报表的格式及其编制加以详细规范；会计准则是以特定的经济业务(交易或事项)或特定的报表项目为对象，它详细分析各项业务或项目的特点，规定所引用概念的定义，然后以确认与计量为中心并兼顾披露，对围绕该业务或项目有可能发生的各种问题做出处理规范。

目前，在适用范围上，会计准则主要适用于上市公司以及一些大型国有企业，各地政府仅仅鼓励其他企业执行，并未做出强制性要求，其他企业仍可继续执行会计制度。

会计准则在结构上符合国际通行的会计标准的形式，从语言表述上适用于国际阅读习惯。但会计制度便于会计人员学习、掌握和操作。

从目前我国的情况看，在《会计法》的框架下，会计准则是统领会计制度的尺度，会计制度是在会计核算中具体执行的标准，会计准则和会计制度在我国的经济发展中相互并存。随着经济贸易的发展，1992 年颁布的《企业会计准则》已经明显不能适应我国市场经济发展的需要。2014 年修订的《企业会计准则》为在经济建设中进行会计监督发挥了应有的作用。

我国现阶段的会计法规体系，如图 1-1 所示。

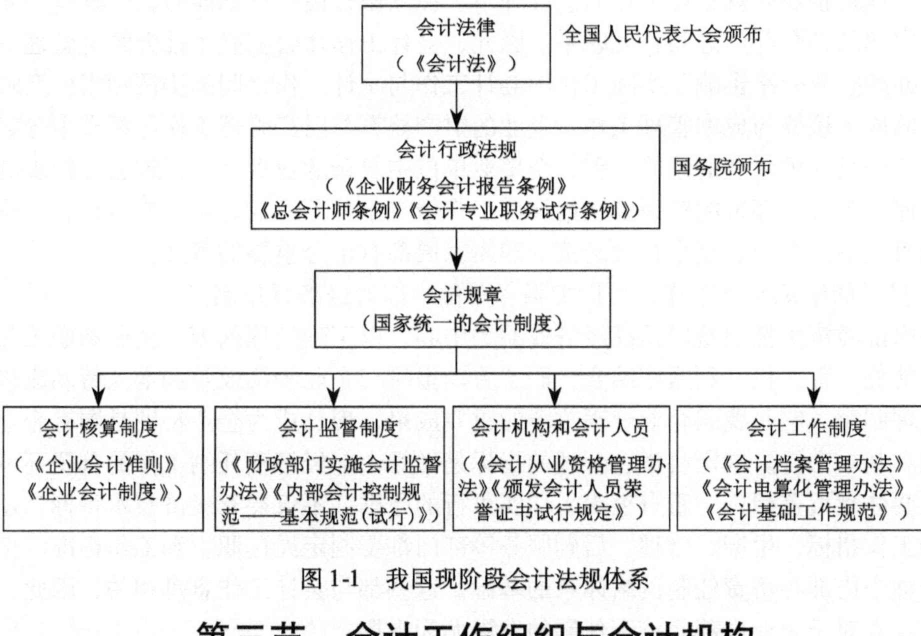

图 1-1 我国现阶段会计法规体系

第三节 会计工作组织与会计机构

各企业、行政事业单位都应按《会计法》的规定设置会计机构。在企业的经营管理中，会计工作与财务工作密不可分，所以通常将会计与财务部门合并，设置一个财务会计机构来统一办理企业的会计工作和财务工作。

一、会计工作的组织

会计工作组织是会计工作顺利进行的保证，会计人员的职责和权限以及会计专业技术资格的评聘条件和各自的基本职责等均是其管辖范围。会计在我国的经济建设中一直发挥着重要的作用，很大程度上离不开会计工作的组织。

1. 组织会计工作的意义

（1）科学的组织会计工作，有利于保证会计工作的规范性，提高会计信息质量。

任何单位的经济业务都在频繁地发生着变化，任何一个单位都要对这些每时每刻发生着的经济业务进行核算。随着国家改革开放的深入和社会主义市场经济的不断发展，许多单位认识到会计基础工作的重要性，把会计基础工作与改善经营管理、建立现代企业制度结合起来，积极采取措施和加强会计基础工作，使会计工作在单位经营管理中发挥了越来越大的作用。《会计法》第十条规定，下列经济业务事项，应当办理会计手续，进行会计核算：款项和有价证券的收付；财物的收发、增减和使用；债权债务的发生和结算；资本、基金的增减；收入、支出、费用、成本的计算；财务成果的计算和处理；需要办理会计手续、进行会计核算的其他事项。

当企业在生产经营活动中发生了《会计法》所规定的经济业务事项时，会计上都要对有关经济业务资料进行整理加工，使之成为符合管理需要的会计资料，因而会计工作的科学组织，不但可以规范会计的工作，也可以确保会计信息的质量。

（2）科学的组织会计工作，可以保证会计工作与其他经济管理工作协调一致。

会计工作是企业经营管理工作的重要环节。在依法行使会计职能时，既具有独立性，又同各单位内部的各个部门之间相互联系。因此，会计工作才会在整个社会经济管理中占据重要地位，并给企业带来影响。实际工作中会计工作与统计工作之间的协调和指标反映必须一致，企业的成本核算与成本管理工作、企业的财产核算与财产管理工作等都有十分紧密的关系。会计工作是一项复杂的系统工程，企事业单位中复杂的业务活动通过会计报表的形式来反映，任何一个会计环节的疏漏都会给会计工作带来十分不利的影响。应该说，正确地组织会计工作对企事业单位及整个社会经济的健康发展都有十分重要的意义。

（3）科学的组织会计工作，可以加强各单位内部的经济责任制。

企业内部经济责任制是以提高经济效益为中心，以正确处理国家、企业和职工三者之间的利益为前提，责、权、利紧密结合，职工劳动报酬与企业经济效益和本人劳动成果相联系的企业管理制度。它是我国企业管理改革的重要成果，现已成为企业特别是国有企业管理的重要手段和基本宗旨。制定科学、合理的指标是做好内部经济责任制工作的首要环节。建立指标体系要体现覆盖面广、重点突出、切实可行的原则。不仅要有经济技术指标，还要有管理指标和工作指标，生产、管理、后勤服务等部门都要制定岗位职责和工作标准。把岗位责任制作为整个内部经济责任制网络体系的基础。这些都与会计工作息息相关，因此，会计工作组织的建立对于企业内部经济责任制的发展尤为重要。

2. 组织会计工作的要求

企事业单位在组织日常会计工作时，按《会计法》的要求，必须符合以下几项要求：

（1）组织会计工作既要符合国家对会计工作的统一要求，又要适应各单位生产经营的特点。

企事业单位会计工作的组织应以《会计法》和《企业会计准则》为依据，使会计机构和会计人员遵守相关原则，并且确保所提供的各项经济信息要具有真实性和客观性。各企事业单位也要在符合国家规定的范畴内，结合自身生产经营活动的规律和特点来组织会计工作，设置符合自己特点的个性化会计机构。会计工作的组织形式、内部分工及各项财务会计制度的起草、制定也要符合国家统一的要求。这样才能使会计工作与本企业的生产经营活动联系起来，更有力地发挥会计组织工作的作用。

（2）组织会计工作既要保证会计核算工作的质量，又要节约人力、物力以提高工作效率。

会计工作的组织应保证会计工作的质量。会计工作组织要以高效、优质的会计工作为管理者、投资者、经营者以及会计信息的使用者提供真实、有效的会计信息，为企业发展做好资金的储备和使用工作。会计人员要从最基础的会计程序来加以思考，省略不必要的会计环节，在提高效率的同时节约成本。

（3）组织会计工作既要保证贯彻整个单位的经济责任制，又要建立会计工作的责任制。

二、会计机构的设置

会计机构是各单位办理会计事务的职能部门。建立健全的会计机构，是各单位做好会计工作、充分发挥会计职能的重要保证。《会计法》《会计基础工作规范》等都对会计机构设置作了具体规定。

（一）设置独立会计机构的意义

随着市场经济的不断发展，各企业的经济业务范围越来越大。为规模较大、经济业务较多和对会计信息需求较高的单位单独设置会计机构，对保证本单位正常的经济核算的顺利进行具有重大意义。其意义在于以下三个方面：

（1）保证会计机构能按《会计法》要求依法行使职权，减少不必要的行政干预或外部干预。

（2）减少中间环节，便于会计机构和会计人员直接与单位负责人沟通，预防或减少违法的会计事项发生。

（3）有利于会计信息和会计资料的真实、完整。

（二）设置会计机构的决定因素

《会计基础工作规范》第六条明确规定：“各单位应当根据会计业务的需要设置会计机构；不具备单独设置会计机构条件的，应当在有关机构中配备专职会计人员。事业行政单位会计机构的设置和会计人员的配备，应当符合国家统一事业行政单位会计制度的规定。”

由于在实际会计工作中，各单位的经营和业务规模及会计业务的繁简程度等情况不一，各单位有权根据业务需要决定是否设置专门的会计机构。一个单位是否需要单独设置会计机构主要取决于以下因素：

1. 单位的规模

一个单位的规模决定着本单位内部各职能部门的设置，也决定着这个单位会计机构的设置。按国家规定，符合单独设置会计机构条件的单位有以下三种：

（1）大中型企业。

（2）具有一定规模的事业行政单位。

（3）财务收支数额较大、会计业务较多的社会团体和其他经济组织等。

在这些单位中，对会计信息需求较高的，应依法设置独立的负责会计事务的内部机构，如会计(或财务)处、部、科、股、组等，以便及时组织对本单位各项经济活动和财务收支的核算，实行有效的会计监督。对于会计机构的设置形式，则可根据自身的需求决定。

2. 经济业务和财务收支的繁简程度

经济业务多、财务收支量大的单位，有必要单独设置会计机构，以保证会计工作的效率和会计信息的质量。

经济业务简单或财务收支不大的单位，可不设置专门的会计机构，但应在本单位有关机构中设置专职的会计人员，并指定会计主管，以保证本单位的会计工作能按照会计法律法规的要求顺利进行。

3. 经营管理的要求

有效的经营管理是以信息的及时准确和全面系统为前提的。一个单位在经营管理上的要求越高，对会计信息的需求就越多，对会计信息系统的要求也越高，这也就决定了设置会计机构的必要性。

（三）会计机构设置的原则

1. 会计机构的设置形式应根据单位规模的大小和会计工作的繁简程度确定

在规模比较大的单位，尤其是大型生产企业(或公司)，要在企业的各生产车间(或分公司)设置财务会计机构，负责各生产车间(或分公司)的财务会计工作，并负责具体指导和帮助各车间、班组进行经济核算，如考核材料消耗情况或生产及经营成本情况等。所以，配备的会计人员在业务上要接受上级会计主管和会计部门负责人的指导和监督。

2. 会计机构的设置应科学组织、合理分工

会计工作是一项严谨、复杂的工作，为了把这项工作科学地组织运用好，会计机构的内部工作必须合理分工，而这项分工必须根据企业经济业务的繁简和各项经济业务之间的有机联系来确定，如生产企业侧重于材料耗费、工艺过程中的成本，流通企业侧重于流通环节中的费用等，要分设材料组、成本组、劳资组等分别对会计事项进行核算、分析与考核。会计部门应有明确的内部分工和工作任务，建立岗位责任制，使会计部门的各项会计工作按照科学的工作程序，有条不紊地进行。

3. 会计机构的设置应按“内部牵制”原则做好内部分工工作

会计机构的内部分工，既要考虑会计工作之间连接的合理性，又要考虑会计手续的严密性，不能只为了减少会计人员的编制而破坏会计手续的严密性。会计核算中的每一个环节，必须坚持“内部牵制”原则。例如，企业的出纳人员，除了登记现金、银行存款日记账以外，一般情况下不再兼任其他会计账簿的记账工作，会计凭证的填制和审核不能由一人兼办等。这种内部分工的形式不仅考虑到了会计工作的合理性和严密性，更重要的是为了保证会计记录的真实性、正确性，并防止贪污舞弊和伪造账目等不法行为的发生。

（四）会计机构的基本职责

进行会计核算、实行会计监督是会计机构和会计人员的两大基本职责。

1. 进行会计核算的职责

会计核算是以货币为主要计量单位，采用专门的方法，通过确认、计量、计算、记录、分类、汇总等程序，对单位的经济活动进行连续、系统、完整的反映，提供会计信息的全过程。

在我国，会计核算应以人民币为记账本位币，通过专门的会计方法对经济业务活动进行核算，进行综合、连续、系统的反映与监督，保证通过会计核算所形成的会计信息真实、完整、可用。

2. 实行会计监督的职责

会计监督是指会计机构和会计人员在办理会计事务、进行会计核算的过程中，对本单位不合法、欠合理以及无效益或效益不高的经济业务事项提出质疑、抵制或建议纠正的行为，以保证本单位经济活动全过程合法、合理和有效。

会计职能包括会计核算和会计监督。会计监督是会计工作的基本职责之一，也是会计机构的基本职能，是我国经济监督体系的重要组成部分。会计监督以会计资料为依据，促使企事业单位在遵守国家法律法规的前提下进行经济活动。

3. 会计机构和会计人员通过审核原始凭证，监督、检查本单位的经济业务，严肃国家财经纪律，促使经办人增强责任感

（1）保证会计核算建立在真实的经济业务基础上，并及时发现问题，纠正错误，改进工作，加强管理。

（2）制止违反会计法律法规和国家统一的会计制度的行为，发挥会计核算的作用。

（3）定期对会计账簿记录与实物款项及资料相互核对，发现问题后，按照国家统一的会计制度的有关规定进行处理或及时向上级有关部门汇报，并查明原因。保证会计账簿记录的真实、可靠。

（4）会计机构和会计人员对违反会计法律法规的会计事项，有权拒绝或按照职权予以纠正。

会计机构和会计人员办理会计事务，是行使职权的行为，可以对违反法律法规的行为直接进行制止和纠正。

（五）代理记账

《会计法》第三十六条规定："各单位应当根据会计业务的需要，设置会计机构，或者在有关机构中设置会计人员并指定会计主管人员；不具备设置条件的，应当委托经批准设立从事会计代理记账业务的中介机构代理记账。"

1. 代理记账的含义

《会计法》要求，"根据会计业务的需要"合理组织会计工作。由于有些经济组织的经营规模较小、人员不多，没有必要设置专门的会计机构或配备专职的会计人员，可以"根据会计业务的需要"委托他人进行代理记账。

代理记账是将本企业的会计核算、记账、报税等一系列的会计工作全部委托给专业记账公司完成，本企业只设立出纳人员，负责日常货币收支业务和财产保管等工作。

2. 代理记账机构

财政部根据《会计法》的规定颁布了《代理记账管理办法》，对代理记账机构设置的条件、代理记账的业务范围、代理记账机构与委托人的关系和代理记账人员应遵循的道德规则等作了明确的规定。代理记账机构可以根据委托人提供的原始凭证和其他资料，按照国家统一的会计制度的规定进行会计核算，包括审核原始凭证、填制记账凭证、登记会计账簿和编制财务会计报告等，对外提供财务会计报告，向税务部门提供税务资料，并承办委托人委托的其他会计业务。

3. 代理记账机构的管理

（1）代理记账机构及其从业人员，应当按照委托合同办理记账业务，遵守有关法律法规和国家统一的会计制度的规定。

（2）代理记账机构对在执行业务中知晓的商业秘密，负有保密义务。

（3）代理记账机构在委托人示意其做出不得当的会计处理、提供不实的会计资料，以及做出其他不符合法律法规和国家统一的会计制度规定的行为要求时，应当拒绝。

（4）代理记账机构对委托人提出的有关会计处理原则问题应当予以解释。

（5）代理记账机构为委托人编制的财务会计报告，经代理记账机构负责人和委托人签名并盖章后，按照有关法律法规和国家统一的会计制度的规定对外提供，委托人对代理记账机构在委托合同约定范围内的行为承担责任。

（6）代理记账机构及其从业人员在办理业务中违反会计法律法规和国家统一的会计制度规定的，由县级以上人民政府财政部门依据《会计法》及相关法规的规定处理。代理记账机构违反相关规定造成委托人会计核算混乱、损害国家和委托人利益，委托人故意向代理记账机构隐瞒真实情况或委托人会同代理记账机构共同提供不真实会计资料的，应当承担相应的法律责任，情节严重的应追究刑事责任。

我国会计工作的管理体系，如图 1-2 所示。

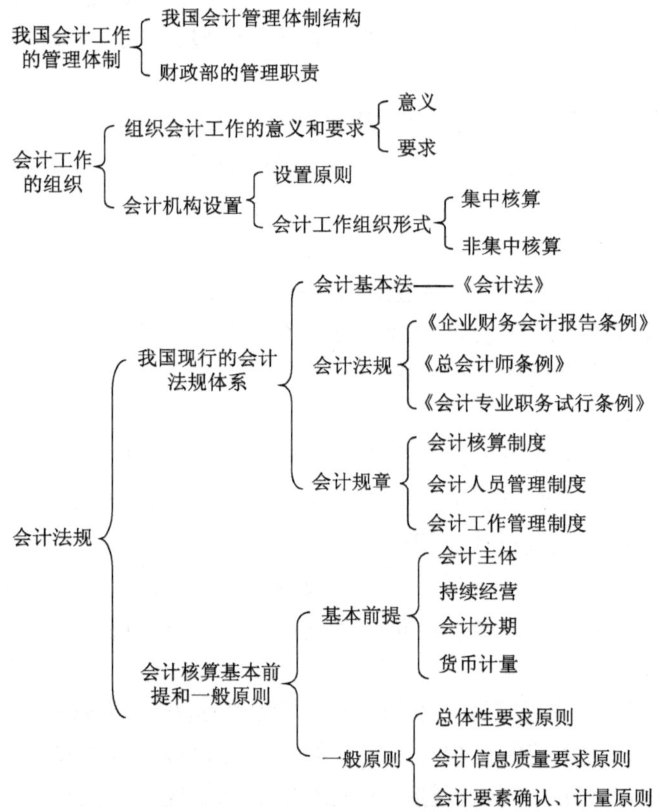

图 1-2　我国会计工作的管理体系

4. 代理记账的好处

（1）节省费用，享用专业团队的服务。

（2）运用计算机技术，高效，低差错率。

（3）政府审批，专业正规，保障经济责任，免除企业后顾之忧。

（4）避免因会计人员变动造成企业不必要的经济损失，同时也节省了专职会计的住房、社会保险等的开支。

（5）避免专职会计技能单一，影响会计处理的质量。

5. 代理记账存在的问题

（1）对于代理记账的宣传力度不够，造成目前许多小型经济组织，特别是广大的个体工商户，对代理记账知之甚少，认识不足，理解不够。

（2）对于代理记账的措施不是很得力。当前对于应当委托代理记账的小型经济组织和应当建账的个体工商户而言，主要存在两方面的问题：一是应当建账而不建账的现象十分普遍；二是许多受托代理记账人不具备合法资格。这不仅干扰了法律的严肃性，而且容易派生出许多其他问题。

（3）在代理记账法律关系中，受托人的法律地位问题一直没有得到彻底的解决，实践中争议很大。

小资料

代理记账公司的内部控制

代理记账公司与同是中介机构的会计师事务所和税务师事务所相比，其特点是公司规模比较小、知名度比较低，但是其数量众多，仍然占有着代理记账业务的大半市场，往往是中小型企业在公司设立或开办初期的首选。代理记账公司的主要业务范围相对简单，对会计从业人员的素质要求相对较低，只要持有会计从业资格证书，就可以到代理记账公司工作。所以，代理记账公司往往成为新手的练兵场和跳板，现在很多刚毕业的学生就是经过代理记账公司的实习阶段，然后另谋高就走向大中型企业的会计岗位的。由此看来，代理记账公司是“培训”新人的机构，是会计从业人员流动性很大的机构，也是特别需要加强内部控制的机构。代理记账公司的内部控制主要表现在以下两个大的方面：

（1）会计从业人员流动性比较大，在业务交接方面如果没有有效的内部控制手段，很可能导致客户信息泄露，甚至是客户的流失。

（2）对日常经营的风险评估和内部控制措施。除了上述的人员流动风险以外，代理记账公司在日常经营中也面临种种内部风险和外部风险。因此要经常对这些风险进行评估，制定应对措施，防患于未然。常见的内部风险通常主要表现在以下几个方面：

1）原始凭证交接过程中的风险。

2）账务处理和纳税申报过程中的风险。

第四节 会计人员管理

会计人员的管理主要包括对会计人员的业务管理和专业资格管理。根据《会计法》和有关法规的规定，财政部门负责会计从业资格管理、会计专业技术资格（职务）管理、会计人员评优表彰奖惩，以及会计人员继续教育等工作。

一、会计人员的基础工作及具体职责

（一）会计的基础工作要求及其重要性

会计基础工作是会计工作的基本环节，也是经济管理工作的重要基础。随着经济体制的不断完善和经济管理制度及规则的规范化，会计工作水平不断提高，会计基础工作在经济经

营管理工作中发挥着越来越大的作用。但是，会计基础工作也存在着一些薄弱环节，突出表现为以下几个方面：

（1）一些单位因内部管理机制不健全，人员涣散，削弱了会计工作的作用，导致账目不清，财产不实，数据失真。

（2）一些单位的会计人员数量不足，素质不高，记账随意，手续不清，伪造、编造虚假的会计凭证、会计账簿和会计报表。

（3）有些会计人员违反职业道德，不认真履行会计职责甚至参与违法违纪活动，或为违法违纪活动出谋划策。

（4）有的单位违反《会计法》的规定，设置账外账等。

这些问题不仅削弱了会计工作的作用，也影响了会计工作秩序的正常进行和会计职能作用的有效发挥，在某种程度上干扰了社会经济秩序，并对各单位的经营管理和整个市场经济的运行产生了极为严重的消极影响。

为此，必须针对会计工作中存在的问题及原因，采取切实有效的措施，加强会计的基础工作。

《会计法》第四条、第二十八条、第二十九条等规定了单位负责人对会计工作的基本职责。《会计基础工作规范》第四条也作了规定。

一方面，《会计基础工作规范》为基层单位和广大的会计人员开展会计基础工作提出了要求并做出示范，使加强和改进会计基础工作有了明确的目标和努力的方向，以此推动各单位的会计基础工作逐步实现规范化、科学化和现代化；另一方面，为各级管理部门管理会计基础工作、检查会计基础工作情况提供了政策依据和考核标准，监督各单位不断改进和加强会计基础工作，建立规范的会计工作秩序，充分发挥会计反映和监督的作用，为经济建设保驾护航。

（二）具体会计人员的工作职责

1. 单位负责人的会计工作职责

（1）依法设置会计机构和会计人员。单位负责人应根据本单位会计业务的需要设置会计机构，或在有关机构设置会计人员并指定会计主管人员。会计人员必须具备会计从业资格。

（2）依法从事会计行为。

1）单位负责人必须依法设置会计账簿。

2）建立健全本单位的内部会计监督制度。

3）保证会计机构和会计人员依法履行职责，不得授意、指使、强令会计机构和会计人员违法办理会计事项，伪造、变造或者隐匿、故意销毁会计凭证、会计账簿，编制、提供虚假的财务会计报告。

4）不得对依法履行职责、抵制违反《会计法》规定行为的会计人员实行打击报复。

（3）单位负责人应当承担违法责任。

1）单位负责人有责任和义务对会计工作进行领导，不能以不懂业务为借口放任会计工作的管理。

2）根据有关法规规定，单位负责人在日常的工作中，应保证本单位会计记录的真实性和完整性。

3）单位负责人应对本单位的会计信息和会计核算承担责任。

2. 会计人员会计工作的基本职责

会计机构和会计人员在会计工作中应尽的职责包括以下几个方面：

（1）充分发挥会计的职能作用，按照《会计法》和有关法规、规章、制度，认真办理各项会计业务，及时、准确、完整地记录、计算、反映财务收支和经营活动情况，为本单位和上级或有关部门提供合法、真实、可靠、准确、完整的会计资料，对财务收支和经济活动的合法性、合理性、真实性、有效性及财务计划的执行情况进行监督，防止经济上的损失、浪费和违法、违纪行为的发生，以保证本单位经济活动全过程的合法、合理和有效。

（2）参与编制各项经济计划、预算定额和经济合同的签订，参与经济决策，执行并有权要求全体职工执行财务计划、财务制度，遵守和维护财经法规。通过掌握的会计信息，利用会计特有的方法，比较、分析各项经济计划的执行情况，提出节约费用并提高经济效益的建议。

通过审核原始凭证，监督、检查本单位的经济业务，严肃国家财经纪律，促使经办人增强责任感，保证会计核算建立在真实的经济业务基础之上。定期进行“账账核对”“账实核对”和“账证核对”。发现问题应按照国家统一的会计制度的规定进行处理，无权处理的，应向单位负责人报告，请求查明原因再作处理，并有权拒绝违反会计法规的会计事项或者按照职权予以纠正。

（3）为保证各项经济计划的顺利实施，要针对本单位的具体情况拟订完成经济计划的具体方法，制定办理会计事项的各项制度，当好领导的参谋和助手。

按照《会计专业职务试行条例》的规定，我国会计专业职务名称定为：会计员、助理会计师、会计师和高级会计师，各级会计专业职务都有其基本的职责。

二、会计人员的权限

国家为保障会计人员履行职责，赋予了他们下列工作权限：

1. 普通会计人员的工作权限

（1）有权要求本单位有关部门、人员认真执行国家批准的计划、预算，遵守国家财经纪律和财务会计制度；如有违反，会计人员有权拒绝付款、拒绝报销或拒绝执行，并向本单位领导人报告。对于弄虚作假、营私舞弊、欺骗上级等违法乱纪行为，会计人员必须坚决拒绝执行，并向本单位领导人或上级机关、财政部门报告。

会计人员对于违反制度、法令的事项，不拒绝执行，又不向领导人或上级机关、财政部门报告的，应同有关人员负连带责任。

（2）有权参与编制本单位计划，制定定额，签订经济合同，参加有关生产、经营管理的会议。领导人和有关部门对会计人员提出的有关财务开支和经济效果方面的问题和意见，要认真考虑，合理的意见要加以采纳。

（3）有权监督、检查本单位有关部门的财务收支、资金使用和财产保管、收发、计量、检验等情况。有关部门要提供资料，如实反映情况。

2. 总会计师的工作权限

（1）参加企业重要的生产、经营管理会议和其他有关会议。

（2）企业的财务计划、信贷计划和会计报表，应由总会计师签署；企业的生产、技措、基建等计划和重要经济合同，应由总会计师会签。

（3）对不符合国家财经方针、政策，不讲求经济效果，不执行计划、经济合同和违反财经纪律的事项，总会计师有权制止。如果制止无效，应报告领导或上级机关、财政部门处理。

各级领导和有关人员要支持会计人员行使工作权限。本单位领导人、上级机关和财政部门对会计人员反映的有关损害国家利益、违反财经纪律等问题，要认真及时地调查处理。如果反映的情况属实，不及时采取措施加以纠正，则由领导人和上级机关负责。如果有人对会计人员坚持原则、反映情况进行刁难、阻挠或打击报复，上级机关要查明情况，严肃处理；情节严重的，要给以党纪国法制裁。

三、会计人员的从业资格管理与限制

（一）会计从业资格的取得与管理

《会计从业资格管理办法》规定了会计从业资格的取得实行考核制度。申请参加会计从业资格考试的人员，应符合下列基本条件：

一是，遵守会计和其他财经法律、法规。

二是，具备良好的道德品质。

三是，具备一定的会计专业基础知识和技能。

1. 会计从业资格的管理部门

除其他另行规定外，县级以上地方人民政府财政部门负责本行政区域内的会计从业资格管理。财政部委托中共中央直属机关事务管理局、国务院机关事务管理局按照各自权限分别负责中央在京单位的会计从业资格管理。新疆生产建设兵团财务局负责所属单位的会计从业资格管理。财政部委托中国人民解放军总后勤部、中国人民武装警察部队后勤部分别负责中国人民解放军、中国人民武装警察部队系统的会计从业资格管理。

2. 会计从业资格证书的适用范围

持有会计从业资格证书的会计工作人员可以从事的会计工作具体包括：

（1）会计机构负责人(会计主管人员)。

（2）出纳。

（3）稽核。

（4）资本、基金核算。

（5）收入、支出、债权债务核算。

（6）工资、成本费用、财务成果核算。

（7）财务物资的收发、增减核算。

（8）总账。

（9）财务会计报告编制。

（10）会计机构内会计档案管理。

不具备会计从业资格的人员不得参加会计专业技术资格考试或评审，不得申请取得会计人员荣誉证书。

（二）会计从业资格管理

1. 会计从业资格证书的取得

（1）国家实行会计从业资格考试制度。目前有关部门规定，参加会计从业资格考试的人员，在规定时间内所考科目全部合格，即可申请取得会计从业资格证书。

（2）会计从业资格证书的申请与受理。会计从业资格考试全科合格的申请人，可以向考试所在地县级以上会计从业资格管理机构申请会计从业资格证书。申请会计从业资格证书时，应当填写“会计从业资格证书申请表”。

符合免考科目的申请人，还需持学历或学位证书原件。香港特别行政区、澳门特别行政区、台湾地区居民及外国居民的学历或学位须经我国教育行政主管部门认可。

申请人可以通过委托代理人申请会计从业资格证书。申请人应当对其申请材料实质内容的真实性负责。

（3）会计从业资格证书的颁发。

1）申请材料齐全、符合规定形式的，会计从业资格管理机构应当场受理，经会计从业资格管理机构负责人批准，可以延长10日，但应当将延长期限的理由告知申请人。

2）申请材料不齐全或者不符合规定形式的，会计从业资格管理机构应当场或5日内一次告知申请人需要补正的全部内容，逾期不告知的，自收到申请材料之日起即为受理。

3）会计从业资格管理机构不受理申请，应当出具书面证明，同时注明日期并加盖本机构专用印章，同时告知申请人享有依法申请行政复议或者提起行政诉讼的权利。

2. 会计从业资格证书的管理

会计从业资格证书是具备会计从业资格的证明文件，在全国范围内有效，财政部统一规定会计从业资格证书的样式和编号规则，省级会计从业资格管理机构负责证书的印制、编号和颁发，并于年度终了后30日内将上年度会计从业资格证书颁发情况报财政部备案，持证人员不得涂改、转让会计从业资格证书。

（1）持证上岗注册。

（2）离岗备案。持证人员离开会计工作岗位超过6个月的，应当填写注册登记表，并持会计从业资格证书，在原注册登记的会计从业资格管理机构备案。

（3）转调登记。

（4）变更登记。持证人员的学历、学位、会计专业技术职务资格以及上述内容发生变更的，可以持相关有效证明和会计从业资格证书，向所属会计从业资格管理机构办理从业档案信息变更。

（5）建立会计从业资格管理机构信息库。建立本地区持证会计人员信息数据库，及时记载、更新持证人员的信息。会计从业资格管理机构应当将申请会计从业资格证书和办理会计从业资格证书注册、变更、调转登记的条件、程序、期限以及需要提交的材料和相关申请登记表格示范文本等在办公场所公示。相关申请登记表格应当放置于会计从业资格管理机构办公场所，免费提供。申请人也可以从会计从业资格管理机构指定网站下载。

（6）会计从业资格管理机构实施监督检查。会计从业资格管理机构在实施监督检查时，持证人员应当如实提供有关情况和材料，各有关单位应当予以配合。

（三）对会计从业人员资格的限制

1. 对被依法追究刑事责任的会计人员从业资格的处理

因与会计职务有关的违法行为而被依法追究刑事责任的人员不得取得或者重新取得会计从业资格证书。

被依法追究刑事责任的人员就是触犯《刑法》的人员。与会计职务有关的违法行为包括以下几个方面：

（1）提供虚假财务会计报告而构成犯罪的行为。

（2）做假账而构成犯罪的行为。

（3）隐匿或者故意销毁会计凭证、会计账簿、财务会计报告而构成犯罪的行为。

（4）与会计职务有关的贪污而构成犯罪的行为。

（5）与会计职务有关的挪用公款而构成犯罪的行为。

2. 对违法违纪但没有构成犯罪的会计人员从业资格的处理

（1）参加会计从业资格考试舞弊的，由会计从业管理机构取消其该科的考试成绩，情节严重的，取消其全部考试成绩。

（2）用假学历、假证书等手段取得免试考试科目并取得会计从业资格证书的，由会计从业资格管理部门撤销其会计从业资格。

（3）持证上岗人员未按照规定办理注册、调转登记的，会计从业资格管理机构责令限期改正，逾期不改正的予以公告。

（4）会计从业资格管理机构发现单位任用未经注册、调转登记的人员从事会计工作的，应责令限期改正，逾期不改正的予以公告。

（5）会计从业资格管理机构及其工作人员在实施会计从业资格管理中滥用职权、玩忽职守、徇私舞弊的，依法予以行政处分。

四、会计人员回避制度

会计人员回避制度是指为了保证执法或执业人员的公正性，对可能影响其公正性的执法或执业人员实行职务回避和业务回避的制度。

会计人员回避制度已成为我国人事管理的一项重要制度。在会计工作中，由于亲情关系而通同作弊和违法违纪的案件时有发生，因此，在会计人员中实行回避制度十分重要。我国已有相关法规对会计人员回避制度做出了规定。2006年开始实施的《中华人民共和国公务员法》中有明确规定。根据其精神，结合会计工作的实际情况，从会计工作的特殊性出发，《会计基础工作规范》中规定：“国家机关、国有企业、事业单位任用会计人员应当实行回避制度。单位领导人的直系亲属不得担任本单位的会计机构负责人、会计主管人员。会计机构负责人、会计主管人员的直系亲属不得在本单位会计机构中担任出纳工作。”

鉴于会计人员回避制度的积极作用，其他单位也应当对会计人员实行必要的回避。

五、工作的交接与责任

（一）会计工作交接

1. 会计工作交接概述

会计人员的工作交接是指会计人员调动或者离职时，就其所承担的各项工作、所持有的各项会计数据资料，按照规定转交给接替其工作的其他会计人员，并明确各自责任的一种工作交接手续。

会计人员的工作交接是会计工作中的一项重要制度，是会计基础工作的重要内容，是会计人员应尽的职责，是做好会计工作的要求。

2. 会计工作交接的重要性

《会计法》第四十一条规定：“会计人员调动工作或者离职，必须与接管人员办清交接手续。”

对会计工作交接做出规定，其主要作用有以下几个方面：

（1）做好会计交接工作，可以使会计工作前后衔接，保证会计工作连续进行。在日常会计工作中，会计人员的调动是正常的，与接管会计人员办清交接手续，是保证会计工作连续、顺利进行的必要措施。

（2）做好会计交接工作，可以防止因会计人员的更换而出现账目不清、财务混乱等现象。在会计人员更换时，如果不办理会计工作的交接或交接不清，可能会给不法分子以可乘之机。

（3）做好会计交接工作，也是分清移交人员和接管人员责任的有效措施。在会计工作交接过程中，要按规定认真地做到“账账相符”“账证相符”“账实相符”，并做好财产清查的工作。做好会计交接工作，既有利于加强财务会计的管理工作，也有利于分清移交人员的责任。

实际工作中存在着不办理会计工作交接手续的现象，给单位会计工作造成了严重影响，因此需要强化对此项工作的法律约束。

（二）办理会计工作交接的基本程序

1. 交接前的准备工作

（1）已经受理的经济业务尚未填制会计凭证的应当填制完毕。

（2）尚未登记的账目应当登记完毕，结出余额，并在最后一笔余额后加盖经办人印章。

（3）整理好应该移交的各项资料，对未了事项和遗留问题要写出书面说明材料。

（4）编制移交清册，列明应该移交的会计凭证、会计账簿、财务会计报告、公章、现金、有价证券、支票簿、发票、文件、其他会计资料和物品等内容；实行会计电算化的单位，从事该项工作的移交人员应在移交清册上列明会计软件及密码、会计软件数据盘、磁带等内容。

（5）会计机构负责人移交时，应将财务会计工作、重大财务收支问题和会计人员的情况等向接替人员介绍清楚。

2. 会计交接的具体内容

移交人员离职前，必须将本人经管的会计工作，在规定的期限内，全部向接管人员移交清楚。接管人员应认真按照移交清册逐项清点。其具体要求有以下几个方面：

（1）现金要根据会计账簿记录的余额进行当面点交，不得短缺。接管人员发现不一致或“白条抵库”现象时，移交人员应在规定期限内负责查清处理。

（2）有价证券的数量要与会计账簿记录一致。有价证券面额与发行价不一致时，按照会计账簿余额交接。

在对有价证券实际发行价格、利息等按照会计账簿中的余额进行交接的同时，对数量（或张数）也应按照有关会计账簿记录点交清楚。

（3）会计凭证、会计账簿、财务会计报告和其他会计资料必须完整无缺，不得遗漏。如有短缺，必须查清原因，并在移交清册中加以说明，由移交人员负责。

（4）银行存款账户余额要与银行对账单核对相符。

以上如有未达账项，则应编制银行存款余额调节表调节相符。各种财产物资和债权债务的明细账户余额，都要与总账有关的余额核对相符。对重要实物要实地盘点，对余额较大的往来账户要与往来单位、个人核对。

（5）公章、收据、空白支票、发票、科目印章以及其他会计用品、会计用具等必须交接清楚。

（6）实行会计电算化的单位，交接双方应在电子计算机上对有关数据进行实际操作，确认有关数字正确无误后，在实际操作状态下方可进行交接。

3. 专人负责监督交接

为了明确责任，会计人员办理工作交接时，必须有专人负责监督。通过监督，须做到：

（1）保证双方都按照国家有关规定认真办理交接手续，防止流于形式。

（2）保证会计工作不因人员变动而受影响。

（3）保证交接双方处在平等的法律地位上来享有权利和承担义务。

在移交过程中，不允许任何一方以大压小、以强凌弱，或采取非法手段进行威胁。移交清册应当经监交人员审查和签名、盖章，作为交接双方明确责任的证据。

一般会计人员办理交接手续，必须由会计机构负责人监督进行。会计机构负责人办理交接手续，由单位负责人监督，必要时主管单位可以派人一同参与监督。监督交接制度主要包括：

（1）所属单位负责人不能监督接交的，需要由主管单位派人代表主管单位监督接交，如因单位撤并而办理交接手续等。

（2）所属单位负责人不能尽快监督接交的，需要由主管单位派人监督接交，主管单位可责成所属单位撤换不合格的会计机构负责人。

（3）所属单位负责人以种种借口拖延不办理交接手续时，主管单位应派人督促会同监督接交等。不宜由所属单位负责人单独监交，而需要主管单位会同监督接交，如所属单位负责人与办理交接手续的会计机构负责人有矛盾，则交接时需要主管单位派人会同监督接交，以防单位负责人借机刁难等。此外，主管单位认为交接中存在某种问题需要派人监督接交时，也可派人会同监督接交。

另外，单位撤销，由主管部门派人接收和监督接交。单位合并或分立，双方会计机构负责人和有关会计人员参加，由主管部门监督接交，必要时由国有资产管理部门监督接交。

4. 交接后的有关事宜

（1）会计工作交接完毕后，交接双方和监交人在移交清册上签名或盖章，并在移交清册上注明单位名称、交接日期、交接双方和监交人的职务和姓名、移交清册页数以及需要说明的问题和意见等。

（2）接管人员应继续使用移交前的账簿，不得擅自另立账簿，以保证会计记录前后衔接，内容完整。

（3）移交清册一般应填制一式三份，交接双方各执一份，存档一份。

（三）移交后的责任

企业内部如因临时离职或因病暂时不能工作，需要有人接替或代理工作时，要与临时接替或者代理人员办理交接手续。同样，恢复会计工作时，也要与临时接替或代理人员办理交接手续，以保持会计工作的连续性并分清责任。对于移交人员因病或其他原因不能亲自办理移交的，《会计基础工作规范》中规定，经单位领导批准，可由移交人员委托他人办理移交手续，但委托人应当对所移交的会计工作及相关资料承担责任，不得借口推脱责任。

会计工作交接过程中，合理、公正地区分移交人和接替者的责任是非常必要的。交接工作完成后，移交人员所移交的会计凭证、会计账簿、财务会计报告和其他会计资料是在其经办会计工作期间内发生的，应当对这些会计资料的真实性、完整性负责，即便接替人员在交接时因疏忽没有发现所接会计资料存在真实性、完整性方面的问题，如事后发现也仍应由原移交人员负责，原移交人员不应以会计资料已移交而推卸责任。

六、会计专业技术人员继续教育

（一）会计专业技术人员继续教育的基本原则

（1）以人为本，按需施教。会计专业技术人员继续教育面向会计专业技术人员，引导会计专业技术人员更新知识、拓展技能，完善知识结构，全面提高素质。

（2）突出重点，提高能力。把握会计行业发展趋势和会计专业技术人员从业基本要求，引导会计专业技术人员树立诚信理念，提高职业道德和业务素质，全面提升专业胜任能力。

（3）加强指导，创新机制。统筹教育资源，引导社会力量参与继续教育，不断丰富继续教育内容，创新继续教育方式，提高继续教育质量，形成政府部门规划指导、社会力量积极参与、用人单位支持配合的会计专业技术人员继续教育新格局。

（二）会计专业技术人员继续教育的内容与形式

会计专业技术人员继续教育内容包括公需科目和专业科目。公需科目包括会计专业技术人员应当普遍掌握的法律法规、政策理论、职业道德、技术信息等基本知识，专业科目包括会计专业技术人员从事会计工作应当掌握的财务会计、管理会计、财务管理、内部控制与风险管理、会计信息化、会计职业道德、财税金融、会计法律法规等相关专业知识。财政部会同人力资源和社会保障部根据会计专业技术人员能力框架，定期发布继续教育公需科目指南、专业科目指南，对会计专业技术人员继续教育内容进行指导。

会计专业技术人员可以自愿选择参加继续教育的形式。会计专业技术人员继续教育的形式有：

（1）参加县级以上地方人民政府财政部门、人力资源社会保障部门，新疆生产建设兵团财政局、人力资源社会保障局，中共中央直属机关事务管理局，国家机关事务管理局（以下统称继续教育管理部门）组织的会计专业技术人员继续教育培训、高端会计人才培训、全国会计专业技术资格考试等会计相关考试、会计类专业会议等。

（2）参加会计继续教育机构或用人单位组织的会计专业技术人员继续教育培训。

（3）参加国家教育行政主管部门承认的中专以上（含中专，下同）会计类专业学历（学位）教育；承担继续教育管理部门或行业组织（团体）的会计类研究课题，或在有国内统一刊号（CN）的经济、管理类报刊上发表会计类论文；公开出版会计类书籍；参加注册会计师、资产评估师、税务师等继续教育培训。

（4）继续教育管理部门认可的其他形式。会计专业技术人员继续教育采用的课程、教学方法，应当适应会计工作要求和特点。同时，积极推广网络教育等方式，提高继续教育教学和管理的信息化水平。

（三）会计专业技术人员继续教育的学分制管理

会计专业技术人员参加继续教育实行学分制管理，每年参加继续教育取得的学分不少于90学分。其中，专业科目一般不少于总学分的三分之二。会计专业技术人员参加继续教育取得的学分，在全国范围内当年度有效，不得结转以后年度。

会计专业技术人员继续教育的学分计量标准如下：

（1）参加全国会计专业技术资格考试等会计相关考试，每通过一科考试或被录取的，折算为90学分。

（2）参加会计类专业会议，每天折算为10学分。

（3）参加国家教育行政主管部门承认的中专以上会计类专业学历（学位）教育，通过当年度一门学习课程考试或考核的，折算为90学分。

（4）独立承担继续教育管理部门或行业组织(团体)的会计类研究课题，课题结项的，每项研究课题折算为90学分；与他人合作完成的，每项研究课题的课题主持人折算为90学分，其他参与人每人折算为60学分。

（5）独立在有国内统一刊号(CN)的经济、管理类报刊上发表会计类论文的，每篇论文折算为30学分；与他人合作发表的，每篇论文的第一作者折算为30学分，其他作者每人折算为10学分。

（6）独立公开出版会计类书籍的，每本会计类书籍折算为90学分；与他人合作出版的，每本会计类书籍的第一作者折算为90学分，其他作者每人折算为60学分。

（7）参加其他形式的继续教育，学分计量标准由各省、自治区、直辖市、计划单列市财政厅(局)(以下称省级财政部门)、新疆生产建设兵团财政局会同本地区人力资源社会保障部门、中央主管单位制定。

（四）会计专业技术人员继续教育的考核与评价

（1）用人单位应当建立本单位会计专业技术人员继续教育与使用、晋升相衔接的激励机制，将参加继续教育情况作为会计专业技术人员考核评价、岗位聘用的重要依据。

会计专业技术人员参加继续教育情况，应当作为聘任会计专业技术职务或者申报评定上一级资格的重要条件。

（2）继续教育管理部门应当加强对会计专业技术人员参加继续教育情况的考核与评价，并将考核、评价结果作为参加会计专业技术资格考试或评审、先进会计工作者评选、高端会计人才选拔等的依据之一，并纳入其信用信息档案。

对未按规定参加继续教育或者参加继续教育未取得规定学分的会计专业技术人员，继续教育管理部门应当责令其限期改正。

（3）继续教育管理部门应当依法对会计继续教育机构、用人单位执行会计专业技术人员继续教育的情况进行监督。

（4）继续教育管理部门应当定期组织或者委托第三方评估机构对所在地会计继续教育机构进行教学质量评估，评估结果作为承担下年度继续教育任务的重要参考。

（五）会计专业技术人员参加继续教育情况的登记管理

用人单位应当对会计专业技术人员参加继续教育的种类、内容、时间和考试考核结果等情况进行记录，并在培训结束后及时按照要求将有关情况报送所在地县级以上地方人民政府财政部门、新疆生产建设兵团财政局或中央主管单位。

省级财政部门、新疆生产建设兵团财政局、中央主管单位应当建立会计专业技术人员继续教育信息管理系统，对会计专业技术人员参加继续教育取得的学分进行登记，如实记载会计专业技术人员接受继续教育情况。

继续教育登记可以采用以下方式：

（1）会计专业技术人员参加继续教育管理部门组织的继续教育和会计相关考试，县级以上地方人民政府财政部门、新疆生产建设兵团财政局或中央主管单位应当直接为会计专业技术人员办理继续教育事项登记；

（2）会计专业技术人员参加会计继续教育机构或用人单位组织的继续教育，县级以上地方人民政府财政部门、新疆生产建设兵团财政局或中央主管单位应当根据会计继续教育机构或用人单位报送的会计专业技术人员继续教育信息，为会计专业技术人员办理继续教育事项登记；

（3）会计专业技术人员参加继续教育采取上述(1)(2)以外其他形式的，应当在年度内登录所属县级以上地方人民政府财政部门、新疆生产建设兵团财政局或中央主管单位指定网站，按要求上传相关证明材料，申请办理继续教育事项登记；也可持相关证明材料向所属继续教育管理部门申请办理继续教育事项登记。

第五节 会计电算化法规制度

《会计法》规定："使用电子计算机进行会计核算的，其软件及其生成的会计凭证、会计账簿、财务会计报告和其他会计资料，也必须符合国家统一的会计制度的规定。""使用电子计算机进行会计核算的，其会计账簿的登记、更正，应当符合国家统一的会计制度的规定。"使用的会计软件应达到财政部规定的会计软件的功能和技术标准。会计软件符合国家规定的核算要求和会计人员的习惯，是保证会计信息质量和正常会计工作秩序的前提。使用电子计算机生成的会计资料应当符合国家统一的会计制度的要求。财政部根据《会计法》制定了会计电算化相关的管理规定及办法等。

一、会计核算软件的基本要求

（1）会计核算软件设计应当符合我国法律、法规、规章的规定，保证会计数据合法、真实、准确、完整，有利于提高会计核算工作效率。

（2）会计核算软件应当按照国家统一的会计制度的规定划分会计期间，分期结算账目和编制会计报表。

（3）会计核算软件中的文字输入、屏幕提示和打印输出必须采用中文，可以同时提供少数民族文字或者外国文字。

（4）会计核算软件必须提供人员岗位及操作权限设置的功能。

（5）会计核算软件应当符合信息技术会计核算软件数据接口的国家标准的要求。

（6）会计核算软件在设计性能允许的使用范围内，不得出现由于自身原因造成死机或者非正常退出等情况。

（7）会计核算软件应当具有在机内会计数据被破坏的情况下，利用现有数据恢复到最近状态的功能。

（8）单位修改、升级正在使用的会计核算软件，改变会计核算软件的运行环境，应当建立相应的审批手续。

（9）会计核算软件开发销售单位必须为使用单位提供会计核算软件操作人员培训、会计核算软件维护、版本更新等方面的服务。

二、电算化会计岗位的划分及职责

（1）电算化主管负责协调计算机及会计软件系统的运行工作，要求具备会计和计算机知识以及相关的会计电算化组织管理的经验。其主要职责有以下几个方面：

1）负责电算化系统的日常管理工作，监督并保证电算化系统的正常运行，达到合法、安全、可靠、可审计的要求。在系统发生故障时，应及时组织有关人员尽快恢复系统的正常运行。

2）协调电算化系统各类人员之间的工作关系，制定岗位责任制，负责对电算化系统各类人员的工作质量进行考评，提出任免意见。

3）负责计算机输出账表、凭证的数据正确性和及时性的检查工作。

4）建立电算化系统各种资源的调用、修改和更新的审批制度，并监督执行。

5）完善现有管理制度，充分发挥电算化的优势，提出单位会计工作的改进意见。

（2）软件操作员负责会计核算软件具体使用操作，要求具备会计软件操作知识，达到会计电算化初级水平。其主要职责有以下几个方面：

1）负责所分管业务的数据输入、处理、备份和输出。

2）对审核记账员提出的错误会计数据进行修改。

3）对操作中发现的问题，进行记录并向电算维护员报告。

4）出纳人员应做到日清月结。

（3）审核记账员负责凭证的审核记账，此岗位要求具备会计和计算机知识，达到会计电算化初级水平。其主要职责有以下几个方面：

1）审核原始凭证的真实性、正确性，对不合规定的原始单据不作为记账凭证依据。

2）审核记账凭证，包括各类代码的合法性、摘要的规范性、会计科目和会计数据的正确性，以及附件的完整性。

3）对通过审核的凭证及时记账。

4）进行结账操作。

5）打印有关的账表。

（4）电算维护员负责保证计算机硬件、软件的正常运行，管理机内会计数据。此岗位要求具备计算机和会计知识，达到会计电算化中级水平。其主要职责有以下几个方面：

1）定期检查电算化系统的软、硬件的运行情况。

2）及时对电算化系统运行中的软、硬件故障进行排除。

3）负责电算化系统升级换版的调试工作。

4）负责电算化人员变动或会计科目调整时电算化系统的维护。

5）会计核算软件不满足需要时，与软件开发人员或开发商联系，进行软件功能的改进。

（5）电算审查员负责电算化系统的监督工作，防范利用电算化系统进行舞弊的活动。此岗位要求具备会计和计算机知识，达到会计电算化中级水平。其主要职责有以下几个方面：

1）监督计算机及会计软件系统的运行，防止利用计算机进行舞弊。

2）审查电算化系统各类人员岗位设置是否合理，内部控制是否完善，各类人员是否越权使用软件。

3）发现系统问题或隐患，及时向会计主管反映，提出处理意见。

（6）数据分析员负责对计算机内的会计数据进行分析，要求具备计算机和会计知识，达到会计电算化中级水平。其主要职责有以下几个方面：

1）确定适合本单位实际情况的会计数据分析方法、分析模型和分析周期。

2）对企业的各种报表、账簿进行分析，为单位提供必要的决策信息。

（7）会计档案保管员负责会计电算化数据和程序备份，纸质账表、凭证和各种会计档案资料的保管，确保会计档案安全保密。其主要职责有以下几个方面：

1）负责各类数据、软件存储介质及各类纸质账表、凭证、资料的存档保管工作。

2）做好各类数据、资料、凭证的安全保密工作。对经批准借阅的会计资料进行借阅登记。

3）按规定期限，向各类电算化岗位人员索要会计数据存档资料和账表凭证等会计档案资料。

电算化会计岗位中，软件操作岗位与审核记账、电算维护、电算审查为不相容岗位。

本章小结

《会计法》是经济法的重要组成部分，是最高层次的会计法规，是基本的会计法规。会计法律关系是各会计主体在会计活动中产生的受会计法规约束的各种经济关系。本章系统地介绍了我国会计法的历史沿革，经历了四个阶段的发展与完善后，建立起以《会计法》为主的一系列会计工作的法律法规体系。《会计法》主要包括总则、会计核算、会计监督、会计机构和会计人员以及法律责任等内容。

在《会计法》的具体实施中，会计法规赋予了会计机构与会计人员进行会计核算、实施会计监督的基本职责。单位负责人应对本单位的会计工作和会计资料的真实性、完整性负责。会计人员调离时必须办理交接手续。会计人员必须全面掌握《会计法》的基本内容。全面实现电算化的企业需要更加注意相关法规中涉及的内容，及时了解会计领域的最新动态，以便随时按照国家要求不断完善自身会计体系。

社会实践

有实训条件的学校，组织学生在老师的指导下到企业了解会计机构的人员设置情况。

第二章
会计核算制度

学习目的

- 掌握会计核算的一般规定。
- 掌握现金及银行存款收支管理。
- 掌握支票和发票的使用要求及规定。
- 熟悉和掌握会计核算的内容。
- 熟悉财务会计报告与财产清查制度。
- 了解会计凭证的填制要求和审核方法。
- 了解会计账簿的设置和登账的要求。
- 了解票据结算的管理规定。

案例导入

张某大学毕业后取得了会计从业资格证书，现于某公司从事会计工作。该公司系新成立的一家公司，各项工作都要从头做起，这对于刚刚走上工作岗位的张某来说既是一次学习成长的机会，同时也是对他的考验。这不，今天领导要他去购买发票，对于新成立的企业初次申请购买发票需要提供什么材料，张某也是一知半解，只好在询问了其他企业的会计后，试着带了一些材料去税务局办理初次领购发票的手续。

请问：新成立的企业，初次申请领购发票需要提供哪些材料?

提示：根据《中华人民共和国发票管理办法》第十五条规定："需要领购发票的单位和个人，应当持税务登记证件、经办人身份证明、按照国务院税务主管部门规定式样制作的发票专用章的印模，向主管税务机关办理发票领购手续。主管税务机关根据领购单位和个人的经营范围和规模，确认领购发票的种类、数量以及领购方式，在 5 个工作日内发给发票领购簿。单位和个人领购发票时，应当按照税务机关的规定报告发票使用情况，税务机关应当按照规定进行查验。"

第一节 会计核算的一般要求

对于企业来说，经济活动的整个过程都离不开会计核算，它是会计最基本的职能，也是会计工作的重要环节。为了规范会计核算行为，保证会计信息的质量，我国会计法律、行政法规和国家统一的会计制度对会计核算问题做出了具体规定。

一、会计核算的一般规定

（1）各单位必须按照国家统一的会计制度的要求设置会计科目和账户，进行复式记账，填制会计凭证，登记会计账簿，进行成本核算、财产清查并编制财务会计报告。不具备建账条件的应当实行代理记账。

（2）各单位必须根据实际发生的经济业务事项进行会计核算，编制财务会计报告。《会计法》第九条规定："各单位必须根据实际发生的经济业务事项进行会计核算，填制会计凭证，登记会计账簿，编制财务会计报告。任何单位不得以虚假的经济业务事项或者资料进行会计核算。"其目的是为了保证会计信息的真实性和可靠性。

1）会计核算必须以实际发生的经济业务事项为依据。实际发生的经济业务事项是指各单位在生产经营或预算执行过程中发生资金增减变化的经济活动。以实际发生的经济业务事项为依据进行会计核算，是会计核算的重要前提，是填制会计凭证、登记会计账簿、编制财务会计报告的基础，是保证会计资料质量的关键。

2）以虚假的经济业务事项或资料进行会计核算，是一种严重的违法行为。没有经济业务事项，会计核算也就失去了对象，以不真实甚至虚拟的经济业务事项为核算对象，会计核算就成了没有依据、没有约束、没有科学可言的"魔术"手法，据此提供的会计资料不仅没有可信度，反而会误导使用者，损害利益相关者的利益，扰乱社会经济秩序，是一种严重的违法行为，将受到法律的严厉制裁。

（3）各单位发生的各项经济业务事项应当在依法设置的会计账簿上统一登记、核算，不得违反《会计法》和国家统一的会计制度的规定私设会计账簿登记、核算，以保证会计资料真实、完整。

《会计法》第十三条规定："会计凭证、会计账簿、财务会计报告和其他会计资料，必须符合国家统一的会计制度的规定。使用电子计算机进行会计核算的，其软件及其生成的会计凭证、会计账簿、财务会计报告和其他会计资料，也必须符合国家统一的会计制度的规定。任何单位和个人不得伪造、变造会计凭证、会计账簿及其他会计资料，不得提供虚假的财务会计报告。"第三条规定："各单位必须依法设置会计账簿，并保证其真实、完整。"

会计资料主要是指会计凭证、会计账簿、财务会计报告等会计核算的专业资料，它是会计核算的重要成果，是投资者做出投资决策、经营者进行经营管理、国家进行宏观调控的重要依据。因此，会计资料的内容和要求必须符合国家统一的会计制度的规定，保证会计资料的真实性和完整性。

会计资料的真实性主要是指会计资料所反映的内容和结果应当同单位实际发生的经济业务的内容及其结果相一致。会计资料的完整性主要是指构成会计资料的各项要素都必须齐全，以使会计资料如实、全面地记录和反映经济业务发生的情况，便于会计资料使用者全面、准确地了解经济活动情况。会计资料的真实性和完整性是会计资料最基本的质量要求，是会计工作的生命。

1）国家机关、社会团体、企业、事业单位开设的账簿应当合法。

2）设置会计账簿的种类和具体要求应当符合《会计法》和国家统一的会计制度的规定。

3）各单位发生的各项经济业务事项，应当统一进行核算，不得违反规定私设会计账簿进行登记、核算。例如，不得为了私设小金库、隐瞒真实财务状况和经营成果、偷逃税款等设置账外账。

> **注意**
>
> 
>
> 会计资料的真实性和完整性，是会计资料最基本的质量要求，是会计工作的生命。

（4）各单位对会计凭证、会计账簿、财务会计报告和其他会计资料应当建立档案，妥善保管，并且应当采用正确的会计处理方法进行处理。

1）会计档案应按照规定建立档案，妥善进行保管。

2）会计处理方法的确定及变更。会计处理方法，一般也称会计核算方法，指的是单位对经济业务事项进行确认、计量、记录和报告的方法。具体包括会计确认方法、会计计量方法、会计记录方法和会计报告方法，这些方法共同构成了一个有机整体。由于经济业务的复杂性和多样化，一些经济业务可以有多种会计处理方法。各单位可根据自己的实际情况在符合国家统一的会计制度规定的前提下选择适合自己的会计处理方法。按照《会计法》第十八条的规定“各单位采用的会计处理方法，前后各期应当一致，不得随意变更；确有必要变更的，应当按照国家统一的会计制度的规定变更，并将变更的原因、情况及影响在财务会计报告中说明”，如果单位选择的会计处理方法确实不适合本单位的实际情况，也可以作相应的变更。按照会计惯例，变更会计处理方法后所提供的会计资料应当比变更前所提供的会计资料更有价值。

（5）使用电子计算机进行会计核算的，其软件及其生成的会计凭证、会计账簿、财务会计报告和其他会计资料，必须符合国家统一的会计制度的规定。

使用计算机进行会计核算，即会计电算化，对会计资料的生成方式和质量保证措施等都带来了相应的变化。为了保证会计核算的质量，法律上对会计电算化进行了规范。《会计法》第十三条已做出明确规定。

（6）会计记录的文字应当使用中文。在民族自治地区，会计记录可以同时使用当地通用的一种民族文字。在中华人民共和国境内的外商投资企业、外国企业和其他外国组织的会计记录，可以同时使用一种外国文字。

会计记录文字是在进行会计核算时，为记载经济业务发生情况和辅助说明会计数字所体现的经济内涵而使用的文字。会计记录文字是进行会计核算和提供会计资料不可缺少的重要媒介，是会计资料的重要组成部分，因此，会计记录文字的使用必须规范。在《会计法》第二十二条中已做出明确的规定。

二、会计核算的内容

会计核算的内容，也称为会计核算的对象，即各单位实际发生的经济业务事项。经济业务事项包括经济业务和经济事项两类。经济业务是指各单位与其他单位和个人之间发生的各种经济利益交换，如销售商品等。经济事项是指在单位内部发生的具有经济影响的各类事件，如计提折旧等。根据《会计法》第十条的规定，对下列经济业务事项，应当办理会计手续，进行会计核算：

（一）款项和有价证券的收付

1. 款项的收付

款项就是货币资金，是指以货币形态存在的财产。货币资金按照其存放地点和用途的不同，可以分为库存现金、银行存款和其他货币资金三种。

（1）现金的收付。现金是流动性最强的一种货币性资产，可以随时用其购买所需物资、支付有关费用、偿还债务，也可以随时存入银行。单位应当严格按照国家有关现金管理的规定收支现金，超过库存现金限额的部分应当及时交存银行，并严格按照单位规定核算现金的各项收支业务。

（2）银行存款的收付。银行存款是单位存放在银行或其他金融机构的货币资金。单位应当严格按照国家有关支付结算的办法，正确地进行银行存款收支业务的结算，并按照规定核算银行存款的各项收支业务。

（3）其他货币资金的收付。其他货币资金是指单位的外埠存款、银行汇票存款、银行本票存款、在途货币资金、信用证存款、保函押金和各种备用金等货币资金。

2. 有价证券的收付

有价证券是指单位拥有的具有财产性质、可以计量并可以变现的证券，如国库券、股票、公司债券等。有价证券具有极强的变现能力，可以在短时间内变成货币资金。

（二）财物的收发、增减和使用

财物是指单位拥有或控制的能以货币计量，但不以货币形态存在的各种财产，包括原材料、低值易耗品、包装物、在产品、产成品、机器设备、运输设备和生产工具等。财物本身就是一种资产，而且大都是企业组织生产经营所必需的重要生产设备、生产资料或生活资料，这些财产物资的价值较大，在单位的资产总额中占有较高的比重，因此，对它们的收发、增减和使用情况，都应当办理会计手续，进行会计记录和会计核算，以便全面地反映财物收、发、存、用的情况。

（三）债权、债务的发生和结算

债权、债务是指由过去的交易或事项所引起的，单位享有经济上的权利和需要承担的义务。其中，债权是指单位可以行使法律上的请求权，并能够得到法律保障的以货币表示的资产或劳务。债务是指需要单位将来用转移资产或提供劳务等方式加以清偿的义务。债权、债务是单位日常经营活动中发生的一种可以预期的资产变动，是会计核算的重要内容。

（四）资本、基金的增减

资本也称所有者权益，是指投资者对企业净资产的所有权，是企业全部资产减去全部负债后的余额。资本所表明的是企业的产权关系，即企业的所有者是谁，所有者的权益有多少。在社会主义市场经济体制下，为了明确界定企业的产权关系，实现资本的保值增值，保护投资者的合法权益，必须在会计上加强对资本的核算。基金主要是指机关、事业单位的某些特定用途的资金，如事业发展基金、集体福利基金、后备基金和修购基金等。资本、基金的增减都会引起单位资金的变化，会计机构和会计人员必须及时办理手续，进行核算。

（五）收入、支出、费用、成本的计算

收入是指企业在销售商品、提供劳务及让渡资产使用权等日常活动中所形成的经济利益的总流入。这种总流入表现为资产的增加或债务的清偿。支出是指行政事业单位和社会团体在履行法定职能、发挥特定功能时所发生的各项开支，以及企业正常的生产经营活动以外的支出和损失。费用是指企业在销售商品、提供劳务等日常活动中所发生的经济利益的流出。费用通常包括生产成本和期间费用。成本是指企业为生产某种产品而发生的费用，它与一定种类和数量的产品相联系，是对象化的费用。单位开展经济业务活动，必然会产生收入、支出、费用、成本等情况。收入、支出、费用、成本是计算和判断单位经营成果及盈亏状况的主要依据，所以应当重视收入、支出、费用、成本各环节的管理，按照国家统一的会计制度的规定，正确地核算收入、支出、费用、成本。

（六）财务成果的计算和处理

财务成果主要是指企业和企业化管理的事业单位在一定时期内通过从事经营活动在财务上所取得的结果，具体表现为盈利或亏损。财务成果的计算和处理一般包括利润的计算、所得税的计算和缴纳以及利润分配或亏损弥补等。财务成果的计算和处理，涉及所有者和国家等方面的利益，因此，各单位必须按照国家统一的会计制度和其他财税经济法规制度的规定，正确计算、处理财务成果。

（七）需要办理会计手续、进行会计核算的其他事项

上述六类事项，虽然涵盖了会计核算的基本内容，但由于实际经济活动复杂多样，在会计上的表现更为繁杂，所以《会计法》还规定了需要办理会计手续、进行会计核算的其他事项，目的是为了保证新出现的经济业务事项能依法及时地得以核算和反映。

三、会计年度、记账本位币和记录文字

（一）会计年度

会计年度是以年度为单位进行会计核算的时间区间，是反映单位财务状况、核算经营成果的时间界限。

自新中国成立以来，我国一直实行公历制会计年度，目的是为了与我国的财政年度、计划年度、统计年度相一致，以便国家的宏观经济管理。根据公历制会计年度的规定，各单位应当自公历 1 月 1 日起至 12 月 31 日止进行会计核算，编报会计年度报表。

注 意

我国会计年度实行公历制，但需根据具体情况确认会计年度进行编报。

实行公历制会计年度有两种情况需要说明：

（1）在年度中间成立的单位，其第一个会计年度的确定应从单位成立之日起至当年 12 月 31 日止，并应在编报的第一个会计年度报表中加以注明。其第二个会计年度，则应当自下一年的 1 月 1 日起至 12 月 31 日止。

例如，某企业于 2018 年 6 月 18 日注册登记，那么，该企业第一个会计年度应从 2018 年 6 月 18 日起至 2018 年 12 月 31 日止。其第二个会计年度，则应当自 2019 年 1 月 1 日起至 2019 年 12 月 31 日止。

（2）对于季节性生产的单位，应如何确定其会计年度呢？如某企业每年只开工 5 个月，其余的时间停工。对于这样的单位，在会计上也必须从 1 月 1 日起至 12 月 31 日止作为一个会计年度来计算该企业当年的财务成果，而不能将其开工日至停工日这一段时间作为会计年度。

另外，世界各国的规定并不都是如此，它们大致也是一个会计年度规定为一年，但是起

讫时间有所差别。在我国，会计年度和会计期间是固定的，即按自然年度为一个会计年度，会计期间就是 12 个自然月。但在其他大多数国家，会计年度和会计期间是不做硬性规定的，企业可以根据自己的需要定义。随着经济的发展，越来越多的中国企业在国外成立分支机构和合资企业，到中国来投资办厂的外国公司更是数不胜数，所以根据不同分支机构和国外总部的环境来定义不同的会计期间已经成为不少企业的必需。企业可以根据需要将特定的会计年度和期间定义为一个“会计年度变式”。对于一个集团来说，可以有多个会计年度变式。各个分公司既可以共用一个会计年度变式，也可以使用自己特殊的会计年度变式。

（二）记账本位币的基本规定

记账本位币是指在日常登记账簿和编制财务会计报告时用以计量的货币。

《会计法》第十二条规定：“会计核算以人民币为记账本位币。业务收支以人民币以外的货币为主的单位，可以选定其中一种货币作为记账本位币。但是编报的财务会计报告应当折算为人民币。”

我国的法定货币是人民币，在我国境内具有广泛的流通性。因此，会计核算应以人民币为记账本位币，要求所有单位的经济业务活动都应当通过人民币进行会计计量与计算，以人民币来体现和反映单位的生产经营活动和业务活动的全过程。

以人民币以外的货币为记账本位币的单位，在编制财务会计报告时，应当依据国家统一的会计制度的规定，按照一定的外汇汇率折算为人民币，用人民币反映本单位的经营成果和财务状况，以便财务会计报告使用者阅读和使用，也便于税务、工商等部门通过财务会计报告计算应缴税款和进行工商年检。这是我国宏观经济管理的客观要求，也是我国主权地位的体现。

（三）会计记录文字的基本规定

《会计法》规定，我国境内所有国家机关、社会团体、企业、事业单位和其他组织的会计记录文字都必须使用中文。这是法定要求，违反这一规定就是违法行为，应当承担法律责任。

《会计法》在规定会计记录文字应当使用中文的同时，规定民族自治地方和在我国境内的外国组织可以同时使用另外一种文字。

四、会计凭证以及会计账簿的规定

（一）会计凭证

会计凭证是用来记录经济业务，明确经济责任，作为记账依据的一种具有法律效力的书面证明。会计凭证是登记账簿、进行会计监督的重要依据。正确填制和认真审核会计凭证是财务管理不可缺少的基础工作。任何企业、事业和行政单位在从事任何一项经济活动时，都必须办理会计凭证，也就是由有关人员根据有关规定和程序填制和取得会计凭证，对整个经济活动过程做出书面记录。有关部门和人员要在会计凭证上盖章签字，表示对会计凭证的真实性、正确性与合法性负责。会计人员必须对已取得的会计凭证进行严格的审核，只有准确无误的会计凭证才能作为登记各种账簿的凭据。

企业发生的经济业务内容非常复杂丰富，用以记录、监督经济业务的会计凭证，也必然五花八门、名目繁多。为了具体地认识、掌握和运用会计凭证，首先要对会计凭证加以分类。按照会计凭证的填制程序和用途一般可以分为原始凭证和记账凭证两类。

1. 原始凭证

(1) 原始凭证的概念及种类。原始凭证是企业、行政事业单位在经济业务发生或完成时取得或填制的，用来进行会计核算且具有法律效力的原始书面证明。它可以为会计核算提供原始资料，并依此确定经办业务的部门和人员的法律责任及经济责任。

原始凭证按来源的不同，可分为外来原始凭证(如职工出差的各种车票)和自制原始凭证(如企业内部使用的领料单、出库单等)；按填制手续和内容的不同，可分为一次凭证(如借款单、提货单等)、累计凭证(如限额领料单等)、汇总原始凭证(如工资汇总表、发料汇总表)和记账编制凭证(如制造费用分配表、产成品计算表等)；按格式的不同，可分为通用原始凭证(如全国通用的增值税专用发票、银行转账的结算凭证等)和专用原始凭证(如收料单、折旧计算表等)。

(2) 原始凭证的填制。原始凭证是进行会计核算工作的原始资料和重要依据，是提供有效会计信息的基础。原始凭证的填制是一项重要的工作，它必须符合以下基本要求：

1) 真实可靠。原始凭证填制的日期、业务内容和数字必须是真实可靠的，同时必须符合法律、行政法规和国家统一的会计制度的规定，不弄虚作假，不涂改、挖补。

2) 内容完整。原始凭证的基本内容要填写齐全，不可缺漏，要按照填制原始凭证的实际日期填写，名称要记录完整，不能简化，品名或用途要填写明确，有关人员的签名和盖章必须齐全。

3) 填制及时。原始凭证必须按照经济业务的执行完成情况及时填制，并按规定程序及时递交会计部门，做到不积压、不误时、不事后补制，保证会计信息的时效性。

4) 书写清楚。原始凭证填制时要字迹端正、书写规范、工整流利、易于辨认。复写的凭证，要不串格、不串行、不模糊。

5) 顺序使用。收付款项或实物的凭证要顺序或分类编号，在填制时按照编号的次序使用，跳号的凭证应加盖“作废”戳记，不得撕毁。

(3) 原始凭证填制的其他要求。

1) 从外单位取得的原始凭证，必须盖有填制单位的公章。从个人取得的原始凭证，必须有填制人员的签名或盖章。自制原始凭证必须有经办部门负责人或其指定的人员的签名或盖章。对外开出的原始凭证，必须加盖本单位公章。

2) 凡是填写大写和小写金额的原始凭证，大写和小写的金额必须相符。购买实物的原始凭证，必须有验收证明。

3) 一式几联的原始凭证，必须注明各联的用途，并且只能以一联用作报销凭证。一式几联的发票和收据，必须用双面复写纸套写或本身具备复写功能，并连续编号，作废时应加盖“作废”戳记，连同存根一起保存。

4) 发生销货退回及退还货款时，必须填制退货发票，附有退货验收证明和对方单位的收款收据，不得以退货发票代替收据。

5) 职工因公出差的借款收据，必须附在记账凭证之后。在收回借款时，应当另开收据或者退还借款收据的副本，不得退还原借款收据。

6) 经上级有关部门批准的经济业务，应将批文作为原始凭证附件。如批准文件需要归档，则应在凭证上注明批准机关名称、日期和文件字号。

7) 原始凭证不得涂改、挖补。

8）原始凭证不得外借，其他单位确需借用原始凭证时，经本单位负责人批准，可以提供查阅或复制，并办理登记手续。

9）对丢失原始凭证的处理。从外单位取得的原始凭证如有遗失，应当取得原开出单位盖有公章的证明，注明原始凭证的号码、金额和内容等，并由经办人员签名后，报经本单位会计机构负责人（会计主管人员）和单位负责人批准后，才能代作原始凭证。确实无法取得证明的，如火车票、船票、飞机票等凭证，应由当事人写出详细情况，由本单位会计机构负责人（会计主管人员）和单位负责人批准后代作原始凭证。

（4）原始凭证的审核。为了保证原始凭证的记录真实可靠，会计人员必须履行监督职能，对原始凭证的合法性、完整性、正确性进行审核。在会计核算工作中，只有审核无误的原始凭证才能作为编制记账凭证的依据。

原始凭证的审核，主要包括以下几个内容：

1）真实性的审核。审核原始凭证的真实性，包括审核原始凭证本身是否真实以及原始凭证反映的经济业务事项是否真实两方面。核实原始凭证所反映的经济业务是否发生过、是否真实反映了经济业务事项的本来面貌等。

2）合法性的审核。合法性的审核是指审核原始凭证中所反映的经济业务是否符合国家有关法规和制度等，有无违法违规行为。在审核中如发现弄虚作假、营私舞弊、伪造涂改原始凭证等违法乱纪行为，应立即扣留凭证，及时向上级有关人员汇报，以便严肃处理。

3）完整性的审核。会计人员应审核原始凭证中的所有项目是否填列齐全，手续是否齐备，有关经办人员是否都已签名或盖章，主管人员是否审核批准。

4）正确性的审核。会计人员在审核原始凭证时，应确认凭证的摘要说明和数字是否填写清楚、正确，数据的计算是否正确，大小写金额是否相符等。

（5）原始凭证的错误更正。为了规范原始凭证的内容，明确相关人员的经济责任，防止利用原始凭证进行舞弊，根据《会计法》的规定，原始凭证的错误更正应当符合下列要求：

1）原始凭证所记载的各项内容均不得涂改。随意涂改的原始凭证即为无效凭证，不能作为填制记账凭证或登记会计账簿的依据。

2）原始凭证记载的内容如有错误，应当由出具单位重开或更正，更正处必须加盖出具单位印章。原始凭证金额出现错误的，不得更正，必须由原始凭证出具单位重开。

3）原始凭证出具单位应当依法开具准确无误的原始凭证，对于填制有误的原始凭证，负有更正和重新开具的法律义务，不得拒绝。

2. 记账凭证

（1）记账凭证的概念及种类。记账凭证是会计人员根据审核无误的原始凭证或汇总原始凭证，用来确定经济业务应借、应贷的会计科目和金额而填制的，作为登记账簿直接依据的会计凭证。在登记账簿之前，应按实际发生经济业务的内容编制会计分录，然后据以登记账簿，在实际工作中，会计分录是通过填制记账凭证来完成的。

记账凭证按其适用的经济业务，分为专用记账凭证和通用记账凭证两类。

1）专用记账凭证，是用来专门记录某一类经济业务的记账凭证。专用记账凭证按其所记录的经济业务与现金和银行存款的收付有无关系，又分为收款凭证、付款凭证和转账凭证三种。

①收款凭证。收款凭证是用来记录现金和银行存款等货币资金收款业务的凭证，它是根

据现金和银行存款收款业务的原始凭证填制的。

②付款凭证。付款凭证是用来记录现金和银行存款等货币资金付款业务的凭证，它是根据现金和银行存款付款业务的原始凭证填制的。

收款凭证和付款凭证是用来记录货币收付业务的凭证，既是登记现金日记账、银行存款日记账、明细账及总账等账簿的依据，也是出纳人员收、付款项的依据。出纳人员不能依据现金、银行存款收付业务的原始凭证收付款项，而是必须根据会计主管人员或指定人员审核批准的收款凭证和付款凭证收付款项，以加强对货币资金的管理，有效地监督货币资金的使用。

③转账凭证。转账凭证是用来记录与现金、银行存款等货币资金收付款业务无关的转账业务（即在经济业务发生时不需要收付现金和银行存款的各项业务）的凭证，它是根据有关转账业务的原始凭证填制的。

转账凭证是登记总账及有关明细账的依据。

2）通用记账凭证。通用记账凭证的格式，不再分为收款凭证、付款凭证和转账凭证，而是以一种格式记录全部经济业务。

在经济业务比较简单的经济单位，为了简化凭证，可以使用通用记账凭证记录所发生的各种经济业务。

记账凭证按其包括的会计科目是否单一，分为复式记账凭证和单式记账凭证两类。

1）复式记账凭证。复式记账凭证又称多科目记账凭证，要求将某项经济业务所涉及的全部会计科目集中填列在一张记账凭证上。复式记账凭证可以集中反映账户的对应关系，因而便于了解经济业务的全貌，了解资金的来龙去脉；便于查账，同时可以减少填制记账凭证的工作量，减少记账凭证的数量；但是不便于汇总计算每一会计科目的发生额，不便于分工记账。上述收款凭证、付款凭证和转账凭证的格式都是复式记账凭证的格式。

2）单式记账凭证。单式记账凭证又称单科目记账凭证，要求将某项经济业务所涉及的每个会计科目分别填制记账凭证，每张记账凭证只填列一个会计科目，其对方科目只供参考，不据以记账。也就是把某一项经济业务的会计分录，按其所涉及的会计科目，分散填制两张或两张以上的记账凭证。

单式记账凭证便于汇总计算每一个会计科目的发生额，便于分工记账；但是填制记账凭证的工作量较大，而且出现差错不易查找。

记账凭证按其是否经过汇总，可以分为汇总记账凭证和非汇总记账凭证。

1）汇总记账凭证。汇总记账凭证是根据非汇总记账凭证按一定的方法汇总填制的记账凭证。汇总记账凭证按汇总方法不同，可分为分类汇总凭证和全部汇总凭证两种。

①分类汇总凭证。分类汇总凭证是根据一定期间的记账凭证按其种类分别汇总填制的，如根据收款凭证汇总填制的“现金汇总收款凭证”和“银行存款汇总收款凭证”，根据付款凭证汇总填制的“现金汇总付款凭证”和“银行存款汇总付款凭证”，以及根据转账凭证汇总填制的“汇总转账凭证”都是分类汇总凭证。

②全部汇总凭证。全部汇总凭证是根据一定期间的记账凭证全部汇总填制的，如“科目汇总表”就是全部汇总凭证。

2）非汇总记账凭证。非汇总记账凭证，是没有经过汇总的记账凭证，前面介绍的收款凭证、付款凭证和转账凭证以及通用记账凭证都是非汇总记账凭证。

原始凭证与记账凭证之间存在着密切的联系。原始凭证是记账凭证的基础，记账凭证是根据原始凭证编制的。在实际工作中，原始凭证附在记账凭证后面，作为记账凭证的附件；记账凭证是对原始凭证内容的概括和说明；原始凭证有时是登记明细账户的依据。

（2）记账凭证的填制。

1）记账凭证填制的基本要求。

①审核无误。会计机构或会计人员对取得或填制的原始凭证要进行认真的检查、审核，确认其内容真实、准确无误后，才能逐一填制相应的记账凭证。

②内容完整。记账凭证中的每一个项目都要按规定的要求填写，以自制的原始凭证或原始凭证汇总表代替记账凭证的，也必须具备记账凭证应有的项目。

③分类正确。会计机构和会计人员要按照经济业务事项的性质对原始凭证加以归类。记账凭证可以根据每一张原始凭证填制，或者根据若干张同类原始凭证汇总填制，也可以根据原始凭证汇总表填制。

④连续编号。记账凭证应当连续编号，这有利于分清会计事项处理的先后顺序，便于记账凭证与会计账簿之间的核对，确保记账凭证的完整。

2）记账凭证填制的具体要求。

①附件张数。除结账和更正错误的记账凭证外，记账凭证必须附有原始凭证，并注明所附原始凭证的张数。

②分割单。一张原始凭证所列的支出需要由两个以上的单位共同负担时，应当由保存该原始凭证的单位开给其他应负担单位原始凭证分割单。原始凭证分割单必须具备原始凭证的基本内容。

③凭证编号。记账凭证编号的方法有多种，可以按现金收付、银行存款收付和转账业务三类分别编号，也可以按现金收入、现金支出、银行存款收入、银行存款支出和转账五类进行编号，或者将转账业务按照具体内容再分成几类编号。无论采用哪种编号方法，都应该按月顺序编号，即每月都从 1 号编起，顺序编至月末。一笔经济业务需要填制两张或两张以上记账凭证的，可以采用分数编号法编号，如 20 号会计事项分录需要填制 3 张记账凭证，则可以编成“$20\frac{1}{3}$”“$20\frac{2}{3}$”“$20\frac{3}{3}$”号。

④错账更正。未入账的记账凭证如果发生错误，应当重新填制。已经登记入账的记账凭证发现错误的，应按照规定的更正错误方法予以更正。

⑤会计电算化。实行会计电算化的单位，其机制记账凭证应当符合记账凭证的一般要求，并应认真审核，做到会计科目使用正确，数字准确无误。打印出来的机制记账凭证上，要加盖相关人员印章或签字，以明确责任。

⑥空行注销。记账凭证填制完后，如有空行，应当在金额栏自最后一笔金额数字下的空行处至合计数上的空行处画线注销。

⑦借贷平衡。根据国家统一的会计制度的规定和经济业务的内容，正确使用会计科目和编制会计分录，记账凭证借方和贷方的金额必须相等，合计数必须计算正确。

⑧摘要简练。摘要应与原始凭证内容一致，能正确反映经济业务和主要内容，表述简短精练。

（3）记账凭证的审核。记账凭证的审核是为了保证和监督款项的收付、物资的收发、债权债务的结算以及账簿记录的正确性，只有审核无误的记账凭证，才能作为记账的依据。记账凭证审核的主要内容包括以下几个方面：

1）审核记账凭证是否附有原始凭证，不附原始凭证的记账凭证是不符合规定的，审核记账凭证填写的附件张数是否与实际原始凭证的张数相符。记账凭证填制的经济业务事项的内容是否与所附原始凭证相符，两者金额是否相符。未附原始凭证的记账凭证是否属于调账、结账和更正错账类业务。收付款凭证后所附原始凭证是否已加盖“收讫”“付讫”章。原始凭证另行保管、不附入记账凭证的，应查阅有关备查簿记录。

2）审核记账凭证的内容是否填写齐全，有关人员签名或盖章是否齐全。如摘要栏的填写是否清楚，是否描述了所附原始凭证记录的经济业务事项，填制日期是否正确，数字和文字的填写是否清晰规范等。

3）审核记账凭证上会计分录的使用是否正确，如会计分录中借贷方科目及明细科目的名称和金额是否正确，账户对应关系是否清晰，借贷方金额是否相等。

4）记账凭证的编号有无重号、漏号现象。在审核记账凭证的过程中，发现错误应及时查明原因，按照有关规定进行处理。

（二）会计账簿

会计账簿简称账簿，是由具有一定格式、相互联系的账页所组成，用来序时、分类地全面记录一个企业、单位经济业务事项的会计簿籍。设置和登记会计账簿，是重要的会计核算基础工作，是连接会计凭证和会计报表的中间环节，做好这项工作对于加强经济管理具有十分重要的意义。

1. 会计账簿的分类与设置

（1）会计账簿的分类。会计核算中使用的账簿，其种类和格式是多种多样的，记录和反映的内容也不完全一样。为了便于了解、掌握和使用各种账簿，需要对账簿进行分类。

账簿按其用途分为序时账簿、分类账簿和备查账簿三种。

账簿按其外表形式可以分为订本式账簿、活页式账簿和卡片式账簿三种。

账簿按账页的格式分为三栏式账簿、多栏式账簿、数量金额式账簿和横线登记式账簿四种。

（2）会计账簿的设置。企业应根据自身经济活动的特点和国家有关会计制度的规定以及会计核算的要求设置相应的账簿，及时登记发生的各项经济业务。账簿的设置应该科学、合理、系统、严密，便于会计人员使用。

1）建账必须按照《会计法》和国家统一的会计制度的规定设置会计账簿，包括总账、明细账、日记账和其他辅助性账簿。

2）设置总账。

①总账是根据一级会计科目（也称总账科目）开设的账簿，用来分类登记企业的全部经济业务，提供资产、负债、所有者权益、费用、收入和利润等总括的核算资料。

②总账的格式采用三栏式，外表形式一般应采用订本式账簿。

3）设置明细账。

①明细账通常根据总账科目所属的明细科目设置，用来分类登记某一类经济业务，提供有关的明细核算资料。

②明细账的格式主要有三栏式、数量金额式和多栏式，企业应根据财产物资管理的需要选择明细账的格式。

③明细账的外表形式一般采用活页式。明细账采用活页式账簿，主要是为了使用方便，便于账页的重新排列和记账人员的分工，但是活页账的账页容易散失和被随意抽换。因此，使用时应顺序编号并装订成册，注意妥善保管。

4）设置日记账。

①日记账又称序时账，是按经济业务发生时间的先后顺序逐日逐笔进行登记的账簿。根据《会计基础工作规范》的规定，各单位应设置现金日记账和银行存款日记账，以便逐日核算和监督现金和银行存款的收入、付出和结存情况。

②现金日记账和银行存款日记账。

a. 现金日记账和银行存款日记账的账页一般采用三栏式，即借方、贷方和余额三栏。

b. 账簿的外表形式必须采用订本式。现金和银行存款是企业流动性最强的资产，为保证账簿资料的安全、完整，《会计基础工作规范》第五十七条规定："现金日记账和银行存款日记账必须采用订本式账簿。不得用银行对账单或者其他方法代替日记账。"

5）设置备查账。

①备查账是一种辅助性账簿，是对某些在日记账和分类账中未能记载的会计事项进行补充登记的账簿。

②备查账应根据国家统一的会计制度的规定和企业管理的需要设置。并不是每个企业都要设置备查账，而应根据管理的需要来确定，但是对于会计制度规定必须设置备查账的科目，如"应收票据""应付票据"等，必须按照会计制度的规定设置备查账。

③备查账的格式由企业自行确定。备查账没有固定的格式，与其他账簿之间也不存在严密的钩稽关系，其格式可由企业根据内部管理的需要自行确定。

④备查账的外表形式一般采用活页式。为使用方便，备查账一般采用活页式账簿，与明细账一样，为保证账簿的安全、完整，使用时应顺序编号并装订成册，注意妥善保管，以防账页丢失。

2. 会计账簿的启用与登记

（1）会计账簿的启用。为了保证账簿记录的合法性和会计资料的完整性，明确记账责任，在启用会计账簿时，应当在账簿封面上写明单位名称和账簿名称，在账簿扉页上应当附"账簿使用登记表"，内容包括启用日期、账簿页数、记账人员和会计机构负责人姓名、会计主管人员姓名，并加盖名章和单位公章。记账人员或者会计机构负责人、会计主管人员调动工作时，应当注明交接日期、接办人员或者监交人员姓名，并由交接双方人员签名或者盖章，以明确双方经济责任。账簿使用登记表如图 2-1 所示。

启用订本式账簿，应当从第一页到最后一页顺序编定页码，不得跳页、缺号。使用活页式账页，应当按账户顺序编号，并须定期装订成册，装订后再按实际使用的账页顺序编定页码。另加目录，记明每个账户的名称和页次。

（2）会计账簿登记的基本要求。会计账簿登记，必须以经过审核的会计凭证为依据，并符合有关法律、行政法规和国家统一的会计制度的规定。

账簿使用登记表

<table>
<tr><td colspan="2">使用者名称</td><td colspan="4"></td></tr>
<tr><td colspan="2">账簿编号</td><td colspan="4"></td></tr>
<tr><td colspan="2">账簿页数</td><td colspan="4">本账簿共计使用</td></tr>
<tr><td colspan="2">启用日期</td><td colspan="4">年 月 日</td></tr>
<tr><td colspan="2">截止日期</td><td colspan="4">年 月 日</td></tr>
<tr><td rowspan="3">责任者盖章</td><td>出 纳</td><td>审 核</td><td>主 管</td><td colspan="2">部门领导</td></tr>
<tr><td></td><td></td><td></td><td colspan="2"></td></tr>
<tr><td></td><td></td><td></td><td colspan="2"></td></tr>
</table>

<table>
<tr><td colspan="5">交 接 记 录</td></tr>
<tr><td rowspan="2">姓名</td><td rowspan="2">交接日期</td><td rowspan="2">交接盖章</td><td colspan="2">监交人员</td></tr>
<tr><td>职 务</td><td>姓 名</td></tr>
<tr><td rowspan="2"></td><td>经管 年 月 日</td><td></td><td></td><td></td></tr>
<tr><td>交出 年 月 日</td><td></td><td></td><td></td></tr>
<tr><td rowspan="2"></td><td>经管 年 月 日</td><td></td><td></td><td></td></tr>
<tr><td>交出 年 月 日</td><td></td><td></td><td></td></tr>
<tr><td rowspan="2"></td><td>经管 年 月 日</td><td></td><td></td><td></td></tr>
<tr><td>交出 年 月 日</td><td></td><td></td><td></td></tr>
</table>

<table>
<tr><td>印花税票</td><td></td></tr>
</table>

图 2-1 账簿使用登记表

1）准确无误。登记会计账簿时，应当将会计凭证日期、编号、业务内容摘要、金额和其他有关资料逐项记入账内，做到数字准确、摘要清楚、登记及时、字迹工整。

2）依据正确。登记完毕后，要在记账凭证上签名或者盖章，并注明已经登账的符号，表示已经记账。

3）书写留空。账簿中书写的文字和数字上面要留有适当空间，不要写满格，一般应占格距的 1/2。

4）正确使用书写工具。登记账簿要用蓝黑墨水或碳素墨水书写，不得使用圆珠笔（银行的复写账簿除外）或铅笔书写。

5）特殊记账使用红色墨水。下列情况，可以用红色墨水记账：

①按照红字冲账的记账凭证，冲销错误记录。

②在不设借贷等栏的多栏式账页中，登记减少数。

③在三栏式账户的余额栏前，如未印明余额方向的，在余额栏内登记负数余额。

④根据国家统一的会计制度的规定可以用红字登记的其他会计记录。

6）顺序连续登记。各种账簿按页次顺序连续登记，不得跳行、隔页。如果发生跳行、隔页，应当将空行、空页画线注销，或者注明“此行空白”“此页空白”字样，并由记账人员签名或者盖章。

7）结出余额。凡需要结出余额的账户，结出余额后，应当在“借或贷”等栏内写明“借”或“贷”等字样。没有余额的账户，应当在“借或贷”等栏内写“平”字，并在余额栏内用“ō”表示。现金日记账和银行存款日记账必须逐日结出余额。

8）过次承前。每一账页登记完毕结转下页时，应当结出本页合计数及余额，写在本页最后一项和下页第一行有关栏内，并在摘要栏内注明“过次页”和“承前页”字样，也可以将本页合计数及金额只写在下页第一行有关栏内，并在摘要栏内注明“承前页”字样。

9）会计账簿记录发生错误时，应当按照规定的更正方法进行更正，更正方法一般有画线更正法、补充登记法、红字更正法三种方法。

10）实行会计电算化的单位，其会计账簿的登记、更正也应符合国家统一的会计制度的规定。总账、明细账应当定期打印。

11）各单位发生的各项经济业务事项应当在依法设置的会计账簿上统一登记、核算，不得违反《会计法》和国家统一的会计制度的规定。

第二节 支付结算制度

为规范现金以及结算账户的开立和使用，加强支付结算管理，维护经济金融秩序稳定，国家制定了一系列法规制度。如《现金管理暂行条例》《人民币银行结算账户管理办法》《人民币银行结算账户管理办法实施细则》，都对支付结算等经济行为进行了进一步的规范。

一、现金管理

（一）开户单位使用现金的范围

根据国务院发布的《现金管理暂行条例》的规定，开户单位之间的经济往来，除按条例规定的范围可以使用现金外，其他款项的支付应当通过开户银行进行转账结算。各级人民银行负责履行金融主管机关的职责，对开户银行的现金管理进行监督和稽核。开户银行负责现金管理的具体实施，对开户单位收支、使用现金进行监督管理。

单位可用现金支付的款项有以下几个方面：

（1）支付职工工资、津贴。

（2）支付个人劳务报酬。

（3）根据国家规定颁发给个人的科学技术、文化艺术、体育等各种奖金。

（4）支付各种劳保、福利费用以及国家规定的对个人的其他支出。

（5）向个人收购农副产品和其他物资的价款。

（6）出差人员必须随身携带的差旅费。

（7）结算起点以下的零星支出。

（8）中国人民银行确定需要支付现金的其他支出。

上述款项结算起点定为1 000元。结算起点的调整，由中国人民银行确定，报国务院备案。除上述第（5）、（6）项外，开户单位支付给个人的款项，超过使用现金限额的部分，应当以支票或者银行本票支付；确需全额支付现金的，经开户银行审核后予以支付现金。

（二）现金使用的限额及收支的基本要求

1. 使用限额

为了满足单位日常零星开支的需要，允许单位留存一部分现金，但最高数额是有所要求的。这一限额由开户银行根据单位的实际需要核定，一般按照单位 3 ~ 5 天日常零星开支所需确定。边远地区和交通不便地区的开户单位的库存现金限额，可按多于 5 天、但不得超过 15 天的日常零星开支的需要确定。经核定的库存现金限额，开户单位必须严格遵守。需要增加或者减少库存现金限额的，应当向开户银行提出申请，由开户银行核定。

2. 基本要求

开户单位现金收支应当依照下列规定办理：

（1）开户单位现金收入应当于当日送存开户银行，当日送存确有困难的，由开户银行确定送存时间。

（2）开户单位支付现金，可以从本单位库存现金限额中支付或从开户银行提取，不得坐支现金，因特殊情况需要坐支现金的，应当事先报经开户银行审查批准，由开户银行核定坐支范围和限额。

小资料

坐支是指企业用自己业务收入的钱直接支付业务支出的行为。

（3）开户单位根据规定从开户银行提取现金时，应如实写明提取现金的用途，由本单位财会部门负责人签字盖章，并经开户银行审核后予以支付现金。

（4）因采购地点不确定、交通不便、生产或者市场急需、抢险救灾以及其他特殊情况必须使用现金的，开户单位应当向开户银行提出申请，由本单位财会部门负责人签字盖章，并经开户银行审核后予以支付现金。

（5）开户单位不准用不符合国家统一的会计制度的凭证顶替库存现金，即不得“白条顶库”；不准编造用途套取现金；不准利用账户替其他单位和个人套取现金；不准用单位收入的现金按个人储蓄方式存入银行；不准保留账外公款，即不得“公款私存”，不得设置“小金库”，不得未经批准坐支或者未按开户银行核定的坐支范围和限额坐支现金等。银行对于违反上述规定的单位，将按照规定予以处罚。

（三）建立健全现金核算与内部控制

（1）建立单位货币资金内部控制制度。各单位应当根据国家有关法律法规和规范，结合部门或系统的货币资金内部控制规定，建立适合本单位业务特点和管理要求的货币资金内部控制制度，并组织实施。单位负责人对本单位货币资金内部控制的建立健全和有效实施以及货币资金的安全完整负责。

（2）加强货币资金业务岗位管理。各单位应当建立货币资金业务的岗位责任制，明确相关部门和岗位的职责权限，确保办理货币资金业务的不相容岗位相互分离、制约和监督。出纳人员不得兼任稽核、会计档案保管和收入、支出、费用、债权债务账目的登记工作。单位不得由一人办理货币资金业务的全过程。单位办理货币资金业务，应当配备合格的人员，并根据单位具体情况进行岗位轮换。

(3) 严格货币资金的授权管理。

1) 单位应当对货币资金业务建立严格的授权批准制度，明确审批人对货币资金业务的授权批准方式、权限、程序、责任和相关控制措施，规定办理货币资金业务的职责范围和工作要求。

2) 审批人应当根据货币资金授权批准制度的规定，在授权范围内进行审批，不得超越审批权限。

3) 经办人应当在职责范围内，按照审批人的批准意见办理货币资金业务。对于审批人超越授权范围审批的货币资金业务，经办人员有权拒绝办理，并及时向审批人的上级授权部门报告。

4) 严禁未经授权的机构或人员办理货币资金业务或直接接触货币资金。

5) 单位对于重要货币资金支付业务，应当实行集体决策和审批，并建立责任追究制度，防范贪污、侵占、挪用货币资金等行为。

(4) 按照规定程序办理货币资金支付业务

1) 支付申请。单位有关部门或个人用款时，应当提前向审批人提交货币资金支付申请，注明款项的用途、金额、预算、支付方式等内容，并附有效经济合同或相关证明。

2) 支付审批。审批人根据其职责、权限和相应程序对支付申请进行审批。对不符合规定的货币资金支付申请，审批人应当拒绝批准。

3) 支付复核。复核人应当对批准后的货币资金支付申请进行复核，复核货币资金支付申请的批准范围、权限、程序是否正确，手续及相关单证是否齐备，金额计算是否准确，支付方式、支付单位是否妥当等。复核无误后，交由出纳人员办理支付手续。

4) 办理支付。出纳人员应当根据复核无误的支付申请，按规定办理货币资金支付手续，及时登记现金和银行存款日记账。

二、银行结算账户

人民币银行结算账户(以下简称银行结算账户)，是指银行为存款人开立的办理资金收付结算的人民币活期存款账户。

这里所称“银行”是指在中国境内经中国人民银行批准经营支付结算业务的政策性银行、商业银行(含外商独资银行、中外合资银行、外国银行分行)、城市信用合作社、农村信用合作社等金融机构。这里所称“存款人”是指在中国境内开立银行结算账户的机关、团体、部队、企业、事业单位、其他组织、个体工商户和自然人。

(一) 银行结算账户的分类及特点

1. 银行结算账户的分类

(1) 银行结算账户按存款人不同，分为单位银行结算账户和个人银行结算账户。

单位银行结算账户是指存款人以单位名称开立的银行结算账户。个体工商户凭营业执照以字号或经营者姓名开立的银行结算账户纳入单位银行结算账户管理。

个人银行结算账户是指存款人凭个人身份证件以自然人名称开立的银行结算账户。个人因使用借记卡、信用卡在银行开立的银行结算账户，纳入个人银行结算账户管理。

(2) 单位银行结算账户按用途不同，分为基本存款账户、一般存款账户、专用存款账户和临时存款账户。

基本存款账户是存款人因办理日常转账结算和现金收付而开立的银行结算账户。一般存款账户是存款人因借款和其他结算需要，在基本存款账户开户银行以外的银行营业机构开立的银行结算账户。专用存款账户是指存款人按照法律、行政法规和规章，对有特定用途的资金进行专项管理和使用而开立的银行结算账户。临时存款账户是存款人因临时需要并在规定期限内使用而开立的银行结算账户。

（3）银行结算账户根据开户地的不同，分为本地银行结算账户和异地银行结算账户。

本地银行结算账户是指存款人在注册地或住所地开立的银行结算账户；异地银行结算账户是指存款人根据规定的条件在异地（跨省、市、县）开立的银行结算账户。

2. 银行结算账户的特点

与外币存款账户不同，银行结算账户是办理人民币业务的并且是专门办理资金收付结算业务的活期存款账户。

（二）银行结算账户管理的基本原则

银行结算账户管理应当遵守的基本原则有以下几个方面：

（1）一个基本账户原则。

（2）自主选择银行开立银行结算账户原则。

（3）守法原则。

（三）银行结算账户的开立、变更和撤销

1. 银行结算账户的开立

存款人开立银行结算账户应当以实名开立，并对其出具的开户申请资料实质内容的真实性负责，但法律、行政法规另有规定的除外。存款人应在注册地或住所地开立银行结算账户，但根据法律法规要求，存款人符合规定情况开立银行结算账户的除外。

存款人填写开户申请书，并将开立账户所需要的证明材料和盖有存款人印章的印鉴卡片送交开户银行。银行与存款人签订银行结算账户管理协议，明确双方的权利和义务，由开户银行对申请人的资格条件、所提供的证明材料进行审查。在银行审查后符合开立账户条件的，应办理开户手续，并履行向中国人民银行当地支行备案的义务；需要核准的，应及时报送中国人民银行核准。

注意

银行会建立存款人预留签章卡片，并将签章式样和有关证明文件的原件或复印件留存归档。

存款人的预留签章。如果是以单位的身份进行存款的，其预留签章应为该单位的公章或者是财务专用章，并且加盖其法定代表人或其授权代理人的签名或盖章；如果存款人是个人，则其预留签章为该个人的签名或者盖章。

账户名称、存款人名称与预留银行签章中的公章或财务专用章的名称应一致。以下特殊情况可以不一致：

（1）因注册验资开立的临时存款账户，其账户名称为工商行政管理部门核发的“企业名称预先核准通知书”或政府有关部门批文中注明的名称，其预留银行签章中公章或财务专用章的名称应是存款人与银行在银行结算账户管理协议中约定的出资人名称。

（2）预留银行签章中公章或财务专用章的名称依法可使用简称的，账户名称应与其保持一致。

（3）没有字号的个体工商户开立的银行结算账户，其预留签章中公章或财务专用章应是“个体工商户”字样加营业执照上载明的经营者的签字或盖章。

以上三种情况，在实际工作中往往被忽略，应加以重视。

2. 银行结算账户的变更

银行结算账户的变更是指存款人账户信息资料发生的变化和改变，具体包括：存款人名称、单位法定代表人或主要负责人、地址以及其他开户资料发生的变更。存款人的银行结算账户资料发生前述变更，应及时到开户银行办理变更手续。

如果存款人更改名称，但不改变开户银行及账号的，应于5个工作日内向开户银行提出银行结算账户的变更申请，并出具有关部门的证明文件；单位的法定代表人或主要负责人、地址以及其他开户资料发生变更时，应于5个工作日内书面通知开户银行并提供有关证明；银行接到存款人的变更通知后，应及时办理变更手续，并于2个工作日内向中国人民银行报告。

3. 银行结算账户的撤销

银行结算账户的撤销是指存款人因开户资格或其他原因终止银行结算账户使用的行为。

根据《人民币银行结算账户管理办法》的规定，存款人有下列情形之一的，应向开户银行提出撤销银行结算账户的申请：

（1）被撤并、解散、宣告破产或关闭的。

（2）注销、被吊销营业执照的。

（3）因迁址需要变更开户银行的。

（4）其他原因需要撤销银行结算账户的。

在办理银行结算账户撤销的手续时应注意存款人主体资格终止后银行结算账户撤销手续的办理。此时，存款人发生被撤并、解散、宣告破产或关闭，或注销、被吊销营业执照等主体资格终止的，应于5个工作日内向开户银行提出撤销银行结算账户的申请。存款人申请撤销基本存款账户的，存款人基本存款账户的开户银行应自撤销银行结算账户之日起2个工作日内将撤销该基本存款账户的情况书面通知该存款人其他银行结算账户的开户银行；存款人其他银行结算账户的开户银行，应自收到通知之日起2个工作日内通知存款人撤销有关银行结算账户；存款人应自收到通知之日起3个工作日内办理其他银行结算账户的撤销。

存款人主体资格终止后，撤销银行结算账户的，应当先撤销一般存款账户、专用存款账户、临时存款账户，将账户资金转入基本存款账户后，方可办理基本存款账户的撤销；银行得知存款人主体资格终止情况的，存款人超过规定期限未主动办理撤销银行结算账户手续的，银行有权停止其银行结算账户的对外支付。

若因地址变更或其他原因需要变更开户银行而办理银行结算账户撤销手续的，银行在收到存款人撤销银行结算账户的申请后，对于符合销户条件的，应当在2个工作日内办理撤销手续。存款人需要重新开立基本存款账户的，应在撤销其原基本存款账户后10日内申请重新开立基本存款账户。存款人在申请重新开立基本存款账户时，除应根据前述开立基本存款账户的规定出具相关证明文件外，还应当出具“已开立银行结算账户清单”。

在办理银行结算账户撤销手续过程中，应当注意以下事项：

一是，未获得工商行政管理部门核准登记的单位，在验资期满后应向银行申请撤销注册验资临时存款账户，其账户资金应退还给原汇款人账户。注册验资资金以现金方式存入，出资人需提取现金的，应出具缴存现金时的现金缴款单原件及其有效身份证件。

二是，存款人尚未清偿其开户银行债务的，不得申请撤销该账户。

三是，存款人撤销银行结算账户，必须与开户银行核对银行结算账户存款余额，交回各种重要空白票据及结算凭证和开户登记证，银行核对无误后方可办理销户手续。存款人未按规定交回各种重要空白票据及结算凭证的，应出具有关证明，造成损失的，由其自行承担。

四是，银行撤销单位银行结算账户时应在其基本存款账户开户登记证上注明销户日期并签章，同时于撤销银行结算账户之日起2个工作日内，向中国人民银行报告。

五是，银行对一年未发生收付活动且未欠开户银行债务的单位银行结算账户，应通知单位自发出通知之日起30日内办理销户手续，逾期视同自愿销户，未划转款项列入久悬未取专户管理。

（四）基本存款账户

1. 基本存款账户的使用范围

基本存款账户是存款人因办理日常转账结算和现金收付需要开立的银行结算账户，是存款人的主办账户。存款人日常经营活动的资金收付及其工资、奖金和现金的支取，应通过该账户办理。

2. 基本存款账户的开户要求

（1）企业法人，应出具企业法人营业执照正本。

（2）非企业法人，应出具企业营业执照正本。

（3）机关和实行预算管理的事业单位，应出具政府人事部门或编制委员会的批文或登记证书和财政部门同意其开户的证明；非预算管理的事业单位，应出具政府人事部门或编制委员会的批文或登记证书。

（4）军队、武警团级（含）以上单位以及分散执勤的支（分）队，应出具军队军级以上单位财务部门、武警总队财务部门的开户证明。

（5）社会团体，应出具社会团体登记证书，宗教组织还应出具宗教事务管理部门的批文或证明。

（6）民办非企业组织，应出具民办非企业登记证书。

（7）外地常设机构，应出具其驻在地政府主管部门的批文。

（8）外国驻华机构，应出具国家有关主管部门的批文或证明；外资企业驻华代表处、办事处应出具国家登记机关颁发的登记证。

（9）个体工商户，应出具个体工商户执照正本。

（10）居民委员会、村民委员会、社区委员会，应出具其主管部门的批文或证明。

（11）单位设立的独立核算的附属机构，应出具主管部门的基本存款账户的开户登记证和批文。

（12）其他组织，应出具政府主管部门的批文或证明。

由上可见，凡是具有民事权利能力和民事行为能力，并依法独立享有民事权利和承担民事义务的法人和其他组织，均可以开立基本存款账户。同时，有些单位虽然不是法人组织，但具有独立核算资格，有自主办理资金结算的需要，包括非法人企业（如具有营业执照的企业集团下属的分公司）、外国驻华机构、个体工商户、单位设立的独立核算的附属机构（单位附属独立核算的食堂、招待所、幼儿园）等，也可以开立基本存款账户。以上存款人为从事生产、经营活动纳税人的，还应出具税务部门颁发的税务登记证。税务登记证是指国税登记证或地税登记证。如果存款人为从事生产、经营活动的纳税人，根据国家有关规定无法取得税务登记证的，在申请开立基本存款账户时可不出具税务登记证。

3. 开立基本存款账户的程序

（1）填写开户申请书，提供相关证明文件。

（2）银行审核资料，报送中国人民银行当地分支行核准。

（3）银行根据中国人民银行的核准手续，办理开户手续。

（五）一般存款账户

1. 一般存款账户的使用范围

一般存款账户是存款人因借款或其他结算需要，在基本存款账户开户银行以外的银行营业机构开立的银行结算账户。一般存款账户主要用于办理存款人借款转存、借款归还和其他结算的资金收付。一般存款账户可以办理现金缴存，但不得办理现金支取。

2. 一般存款账户的开户要求

（1）开立一般存款账户的存款人资格。开立基本存款账户的存款人都可以开立一般存款账户。只要存款人具有借款或其他结算需要，就可以申请开立一般存款账户，且没有数量限制。

（2）开立一般存款账户所需的证明文件。存款人申请开立一般存款账户，应向银行出具其开立基本存款账户规定的证明文件、基本存款账户开户登记证和下列证明文件：①若存款人因向银行借款需要，应出具借款合同。②若存款人因其他结算需要，应出具有关证明。

3. 开立一般存款账户的程序

（1）填写开户申请书，提供相关证明文件。

（2）银行审核资料，办理开户手续。

（3）向中国人民银行备案，并通知基本存款账户开户银行。

办理开户手续后，5 个工作日内向中国人民银行当地分支行备案。自开立一般存款账户之日起 3 个工作日内书面通知基本存款账户开户银行。

（六）专用存款账户

1. 专用存款账户的使用范围

专用存款账户是存款人按照法律、行政法规和规章，对其特定用途资金进行专项管理和使用而开立的银行结算账户。专用存款账户用于办理各项专用资金的收付。开立专用存款账户的目的是保证特定用途的资金专款专用，并有利于监督管理。只有法律、行政法规和规章规定要专户存储和使用的资金，才纳入专用存款账户管理。合格境外机构投资者在境内从事证券投资开立的人民币特殊账户和人民币结算资金账户纳入专用存款账户管理。针对不同的专用资金，《人民币银行结算账户管理办法》规定了不同的使用范围：

（1）单位银行卡账户的资金必须由其基本存款账户转账存入。该账户不得办理现金收付业务。

（2）财政预算外资金、证券交易结算资金、期货交易保证金和信托基金专用存款账户不得支取现金。

（3）基本建设资金、更新改造资金、政策性房地产开发资金、金融机构存放同业资金账户需要支取现金的，应在开户时报中国人民银行当地分支行批准。中国人民银行当地分支行应根据国家现金管理的规定审查批准。

（4）粮、棉、油收购资金、社会保障基金、住房基金和党、团、工会经费等专用存款账户支取现金，应按照国家现金管理的规定办理。

（5）收入汇缴账户除向其基本存款账户或预算外资金财政专用存款户划缴款项外，只收不付，不得支取现金。业务支出账户除从其基本存款账户拨入款项外，只付不收，其现金支取必须按照国家现金管理的规定办理。

2. 专用存款账户的开户要求

（1）开立专用存款账户的条件。对下列资金的管理与使用，存款人可以申请开立专用存款账户：

1）基本建设资金。

2）更新改造资金。

3）财政预算外资金。

4）粮、棉、油收购资金。

5）证券交易结算资金。

6）期货交易保证金。

7）信托基金。

8）金融机构存放同业资金。

9）政策性房地产开发资金。

10）单位银行卡备用金。

11）住房基金。

12）社会保障基金。

13）收入汇缴资金和业务支出资金（即基本存款账户存款人附属的非独立核算单位或派出机构发生的收入和支出的资金。因收入汇缴资金和业务支出资金开立专用存款账户，应使用隶属单位的名称）。

14）党、团、工会设在单位的组织机构经费。

15）其他需要专项管理和使用的资金。

（2）开立专用存款账户所需的证明文件。存款人申请开立专用存款账户，应当向银行出具其开立基本存款账户规定的证明文件、基本存款账户开户登记证和下列证明文件：

1）基本建设资金、更新改造资金、政策性房地产开发资金、住房基金、社会保障基金，应出具主管部门批文。

2）财政预算外资金，应出具财政部门的证明。

3）粮、棉、油收购资金，应出具主管部门批文。

4）单位银行卡备用金，应按照中国人民银行批准的银行卡章程的规定出具有关证明和资料。

5）证券交易结算资金，应出具证券公司或证券管理部门的证明。

6）期货交易保证金，应出具期货公司或期货管理部门的证明。

7）金融机构存放同业资金，应出具其证明。

8）收入汇缴资金和业务支出资金，应出具基本存款账户存款人有关的证明。

9）党、团、工会设在单位的组织机构经费，应出具该单位或有关部门的批文或证明。

10）其他按规定需要专项管理和使用的资金，应出具有关法规、规章或政府部门的有关文件。

3. 开立专用存款账户的程序

根据《人民币银行结算账户管理办法》的有关规定：

（1）填写开户申请书，提供相关证明文件。

（2）银行审核资料，办理开户手续。

（3）向中国人民银行备案，并通知基本存款账户开户银行。

银行办理开户手续后，于开户之日起5个工作日内向中国人民银行当地分支行备案，应自开户之日起3个工作日内书面通知基本存款账户开户银行。

（七）临时存款账户

1. 临时存款账户的使用范围

临时存款账户是存款人因临时需要并在规定期限内使用而开立的银行结算账户。它是用于办理临时机构以及存款人临时经营活动发生的资金收付。

2. 临时存款账户的开户要求

（1）开立临时存款账户的条件。根据《人民币银行结算账户管理办法》的规定，具有以下情形的存款人可以申请开立临时存款账户：

1）设立临时机构。

2）异地临时经营活动。

3）注册验资。

（2）开立临时存款账户所需的证明文件。

1）临时机构，应出具其驻在地主管部门同意设立临时机构的批文。

2）异地建筑施工及安装单位，应出具其营业执照正本或其隶属单位的营业执照正本，以及施工及安装地建设主管部门核发的许可证或建筑施工及安装合同。

3）异地从事临时经营活动的单位，应出具其营业执照正本及临时经营地工商行政管理部门的批文。

4）注册验资资金，应出具工商行政管理部门核发的企业名称预先核准通知书或有关部门的批文。

上述第2）、3）项，存款人还应出具其基本存款账户开户登记证。

3. 开立临时存款账户的程序

（1）填写开户申请书，提供相关证明文件。

（2）银行审核资料，报送中国人民银行当地分支行核准。

（3）银行根据中国人民银行的核准手续，办理开户手续。

（八）个人银行结算账户

1. 个人银行结算账户的使用范围

个人银行结算账户是自然人因投资、消费、结算等而开立的可办理支付结算业务的存款账户。它是用于办理个人转账收付和现金支取的账户。储蓄账户仅限于办理现金存取业务，不得办理转账结算。根据《人民币银行结算账户管理办法》的规定，下列款项可以转入个人银行结算账户：

（1）工资、奖金收入。

（2）稿费、演出费等劳务收入。

（3）债券、期货、信托等投资的本金和收益。

（4）个人债权或产权转让收益。

（5）个人贷款转存。

（6）证券交易结算资金和期货交易保证金。

（7）继承、赠予款项。

（8）保险理赔、保费退还等款项。

（9）纳税退还。

（10）农、副、矿产品销售收入。

（11）其他合法款项。

2. 个人银行结算账户的开户要求

（1）开立个人银行结算账户的条件。具有下列情况之一的，可以申请开立个人银行结算账户：

1）使用支票、信用卡等信用支付工具的。

2）办理汇兑、定期借记（如代付水、电、话、气费）、定期贷记（代发工资）、借记卡等结算业务的。

自然人可根据需要申请开立个人银行结算账户，也可以在已开立的储蓄账户中选择并向开户银行申请确认为个人银行结算账户。

小资料

自然人是指在自然状态下作为民事主体存在的人，在参加民事活动中享有权利并承担义务。

（2）开立个人银行结算账户所需的证明文件。存款人申请开立个人银行结算账户，应向银行出具下列证明文件：

1）中国居民，应出具居民身份证或临时身份证。

2）中国人民解放军军人，应出具军人身份证件。

3）中国人民武装警察，应出具武警身份证件。

4）香港、澳门居民，应出具港澳居民往来内地通行证；台湾居民，应出具台湾居民来往大陆通行证或者其他有效旅行证件。

5）外国公民，应出具护照。

6）法律、法规和国家有关文件规定的其他有效证件。

银行为个人开立银行结算账户时，根据需要还可要求申请人出具户口簿、驾驶执照、护照等有效证件。

3. 开立个人银行结算账户的程序

（1）填写开户申请书，提供相关证明文件。

（2）银行审核资料，办理开户手续。

（3）银行在开户之日起5个工作日内向中国人民银行当地分支行备案。

4. 个人银行结算账户使用中应注意的问题

（1）单位从其银行结算账户支付给个人银行结算账户的款项，每笔超过5万元的，应向其开户银行提供下列付款依据：①代发工资协议和收款人清单。②奖励证明。③新闻出版、演出主办等单位与收款人签订的劳务合同或支付给个人款项的证明。④证券公司、期货公司、信托投资公司、奖券发行或承销部门支付或退还给自然人款项的证明。⑤债权或产权转让协议。⑥借款合同。⑦保险公司的证明。⑧税收征管部门的证明。⑨农、副、矿产品购销合同。⑩其他合法款项的证明。

（2）从单位银行结算账户支付给个人银行结算账户的款项应纳税的，税收代扣单位付款时，应向其开户银行提供完税证明。

（3）个人持出票人为单位的支票向开户银行委托收款，将款项转入其个人银行结算账户的或者个人持申请人为单位的银行汇票和银行本票向开户银行提示付款，将款项转入其个人银行结算账户的，个人应当提供前述第（1）项所述的有关收款依据。

想一想

你知道“一手”和“多手”吗？

（4）个人持出票人（或申请人）为单位，且一手或多手背书人为单位的支票、银行汇票或银行本票，向开户银行提示付款并将款项转入其个人银行结算账户的，应当提供前述第（1）项所述的有关最后一手背书人为单位且被背书人为个人的收款依据。

（5）单位银行结算账户支付给个人银行结算账户款项的，银行应按有关规定，认真审查付款依据或收款依据的原件，并留存复印件，按会计档案保管。未提供相关依据或相关依据不符合规定的，银行应拒绝办理。

（6）储蓄账户仅限于办理现金存取业务，不得办理转账结算。

（九）异地银行结算账户

1. 异地银行结算账户的使用范围

异地银行结算账户是指存款人符合法定条件，根据需要在异地（跨省、市、县）开立的账户。根据《人民币结算账户管理办法》的规定，存款人有下列情形之一的，可以在异地开立有关银行结算账户：

（1）营业执照注册地与经营地不在同一行政区域（跨省、市、县）需要开立基本存款账户的。

（2）办理异地借款和其他结算需要开立一般存款账户的。

（3）存款人因附属的非独立核算单位或派出机构发生的收入汇缴或业务支出需要开立专用存款账户的。

（4）异地临时经营活动需要开立临时存款账户的。

（5）自然人根据需要在异地开立个人银行结算账户的。

2. 异地银行结算账户的开户要求

开立异地银行结算账户所需的证明文件。存款人需要在异地开立单位银行结算账户的，除出具开立基本存款账户、一般存款账户、专用存款账户、临时存款账户所需的有关证明文件外，还应出具下列相应的证明文件：

（1）经营地与注册地不在同一行政区域的存款人，在异地开立基本存款账户的，应出具注册地中国人民银行分支行的未开立基本存款账户的证明。

（2）异地借款的存款人，在异地开立一般存款账户的，应出具在异地取得贷款的借款合同。

（3）因经营需要在异地办理收入汇缴和业务支出的存款人，在异地开立专用存款账户的，应出具隶属单位的证明。

属于以上第(2)、(3)项情况的，还应出具其基本存款账户开户登记证。

存款人需要在异地开立个人银行结算账户的，应出具上述开立个人银行结算账户规定的证明文件。

3. 开立异地银行结算账户的程序

（1）填写开户申请书，提供相关证明文件。

（2）银行审核资料，办理开户手续。

（十）银行结算账户的管理

1. 中国人民银行的管理

中国人民银行是银行结算账户的监督管理部门，负责对银行结算账户的开立、使用、变更和撤销进行检查监督。其对银行结算账户的管理主要有以下内容：

（1）负责监督、检查银行结算账户的开立、使用、变更和撤销，并实施监控和管理。中国人民银行当地分支行通过账户管理系统与支付系统、同城票据交换系统等系统的连接，实现相关银行结算账户信息的比对，依法监测和查处未经中国人民银行核准或未向中国人民银行备案的银行结算账户。

（2）负责基本存款账户、临时存款账户和预算单位专用存款账户开户登记证的管理。中国人民银行应将开户登记证作为重要的空白凭证进行管理，建立健全开户登记证的印制、保管、领用、颁发、收缴和销毁制度。任何单位及个人不得伪造、变造及私自印制开户登记证。

(3)对存款人、银行违反银行结算《人民币银行结算账户管理办法》规定的行为，中国人民银行依法予以处罚。

2. 开户银行的管理

这里的银行是指开户银行。银行对银行结算账户的管理主要有以下几个方面：

（1）负责所属营业机构银行结算账户开立和使用的管理，监督和检查其执行《人民币银行结算账户管理办法》的情况，纠正违规开立和使用银行结算账户的行为。

（2）明确专人负责银行结算账户的开立、使用和撤销的审查和管理，负责对存款人开户申请资料的审查，并按照银行账户管理的规定及时报送存款人开销户信息资料，建立健全开销户登记制度，建立银行结算账户管理档案，按会计档案进行管理。银行结算账户管理档案的保管期限为银行结算账户撤销后10年。

（3）对已开立的单位银行结算账户实行年检制度，检查开立的银行结算账户的合法性，核实开户资料的真实性；对不符合《人民币银行结算账户管理办法》规定开立的单位银行结算账户，应予以撤销。对经核实的各类银行结算账户的资料变动情况，应及时报告中国人民银行当地分支行。

（4）对存款人使用银行结算账户的情况进行监督，对存款人的可疑支付应按照中国人民银行规定的程序及时报告。

3. 存款人的管理

（1）存款人应加强对预留银行签章的管理。单位遗失预留公章或财务专用章的，应向开户银行出具书面申请、开户登记证、营业执照等相关证明文件；更换预留公章或财务专用章时，应向开户银行出具书面申请、原预留签章的式样等相关证明文件。个人遗失或更换预留个人印章或更换签字人时，应向开户银行出具经签名确认的书面申请，以及原预留印章或签字人的个人身份证件。银行应留存相应的复印件，并凭以办理预留银行签章的变更。

（2）存款人应加强对开户登记证的管理。存款人的开户登记证遗失或毁损时，存款人应填写“补(换)发开户登记证申请书”，并加盖单位公章，比照有关开立银行结算账户的规定，通过开户银行向中国人民银行当地分支行提出补(换)发开户登记证的申请。申请换发开户登记证的，存款人应缴回原开户登记证。

（3）存款人应妥善保管其密码。存款人在收到开户银行转交的初始密码之后，应到中国人民银行当地分支行或基本存款账户开户银行办理密码变更手续。存款人遗失密码的，应持其开户时需要出具的证明文件和基本存款账户开户登记证到中国人民银行当地分支行申请重置密码。

（十一）违反银行账户结算管理制度的罚则

根据《人民币银行结算账户管理办法》的规定，违反银行结算账户管理制度的处罚包括以下内容：

1. 存款人违反账户管理制度的处罚

（1）存款人在开立、撤销银行结算账户过程中，有下列行为之一的，对于非经营性的存款人，给予警告并处以1 000元的罚款；对于经营性的存款人，给予警告并处以1万元以上3万元以下的罚款；构成犯罪的，移交司法机关依法追究刑事责任：

1）违反规定开立银行结算账户。

2）伪造、变造证明文件欺骗银行开立银行结算账户。

3）违反规定不及时撤销银行结算账户。

（2）存款人在使用银行结算账户过程中，有下列行为之一的，对于非经营性的存款人，给予警告并处以1 000元的罚款；对于经营性的存款人，给予警告并处以5 000元以上3万元以下的罚款：

1）违反规定将单位款项转入个人银行结算账户。

2）违反规定支取现金。

3）利用开立银行结算账户逃废银行债务。

4）出租、出借银行结算账户。

5）从基本存款账户之外的银行结算账户转账存入、将销货收入存入或现金存入单位信用卡账户。

（3）存款人的法定代表人或主要负责人、存款人地址以及其他开户资料的变更事项未在规定期限内通知银行的，给予警告并处以1 000元的罚款。

（4）存款人违反规定，伪造、变造、私自印制开户登记证的，属非经营性的，处以1 000元罚款；属经营性的，处以1万元以上3万元以下的罚款；构成犯罪的，移交司法机关依法追究刑事责任。

2. 银行及其有关人员违反账户管理制度的处罚

（1）银行在银行结算账户的开立过程中，有下列行为之一的，给予警告，并处以5万元以上30万元以下的罚款；对该银行直接负责的高级管理人员、其他直接负责的主管人员、直接责任人员按规定给予纪律处分；情节严重的，中国人民银行有权停止对其开立基本存款账户的核准，责令该银行停业整顿或者吊销经营金融业务许可证；构成犯罪的，移交司法机关依法追究刑事责任：

1）违反规定为存款人多头开立银行结算账户。

2）明知或应知是单位资金，而允许以自然人名称开立账户存储。

（2）银行在银行结算账户的使用中，有下列行为之一的，给予警告，并处以5 000元以上3万元以下的罚款；对该银行直接负责的高级管理人员、其他直接负责的主管人员、直接责任人员按规定给予纪律处分；情节严重的，中国人民银行有权停止对其开立基本存款账户的核准；构成犯罪的，移交司法机关依法追究刑事责任：

1）提供虚假开户申请资料欺骗中国人民银行许可开立基本存款账户、临时存款账户、预算单位专用存款账户。

2）开立或撤销单位银行结算账户，未按《人民币银行结算账户管理办法》规定在其基本存款账户开户登记证上予以登记、签章或通知相关开户银行。

3）违反规定办理个人银行结算账户转账结算。

4）为储蓄账户办理转账结算。

5）违反规定为存款人支付现金或办理现金存入。

6）超过期限或未向中国人民银行报送账户开立、变更、撤销等资料。

三、票据结算

（一）票据的概念及特征

1. 票据的概念

根据《票据法》的规定，票据是由出票人签发的、约定自己或者委托付款人在见票时或指定的日期向收款人或持票人无条件支付一定金额的有价证券。一般来讲，票据具有信用、支付、汇总和结算等职能，票据的结算是支付结算的重要内容。

在我国，票据包括汇票、本票和支票。

2. 票据的特征

（1）票据以支付一定金额为目的。

（2）票据是出票人依法签发的有价证券。

（3）票据所表示的权利与票据不可分离。

（4）票据所记载的金额由出票人自行支付或委托他人支付。

（5）票据的持票人只要向付款人提示付款，付款人即应无条件向持票人或收款人支付票据金额，即票据是一种无因证券。

（6）票据是一种可转让证券。通过背书转让或交付转让的方式可以流通转让。

（二）票据的功能

（1）支付功能，即票据可以充当支付工具，代替现金使用。

（2）汇兑功能，即票据可以代替货币在不同地方之间运送，方便异地之间的支付。

（3）信用功能，即票据当事人可以凭借自己的信誉，将未来才能获得的金钱作为现在的金钱来使用。

（4）结算功能，即债务抵消功能。简单的结算是互有债务的双方当事人各签发一张本票，待两张本票均至到期日即可以抵销债务。若有差额，由一方以现金支付。

（5）融资功能，即融通资金或调度资金。票据的融资功能是通过票据的贴现、转贴现和再贴现实现的。

注意

票据出票日期使用小写填写的，银行不予受理。中文大写日期未按要求规范填写的，银行可予受理，但由此造成损失的，由出票人自行承担。

（三）票据填写的基本要求

（1）票据签发应使用碳素或蓝黑墨水，将票据上的各要素填写齐全，并在票据上加盖签章及预留银行印鉴，如果缺漏或不符，银行不予受理。

（2）中文大写金额数字应用正楷或行书填写，不得自造简化字。如果金额数字书写中使用繁体字，也应受理。

（3）票据的出票日期必须使用中文大写。为防止变造票据的出票日期，在填写月、日时，月为“壹、贰和壹拾”的，日为“壹至玖和壹拾、贰拾和叁拾”的，应在其前加“零”；日为“拾壹至拾玖”的，应在其前面加“壹”。

例如：1月15日	应写成	零壹月壹拾伍日
2月10日	应写成	零贰月零壹拾日
10月20日	应写成	零壹拾月零贰拾日
11月30日	应写成	壹拾壹月零叁拾日
12月8日	应写成	壹拾贰月零捌日

（4）签发日期应填写实际出票日期，不得补填或者预填日期，收款人栏必须填写清楚。

（四）支票结算

1. 支票的概念及种类

支票是指出票人签发的，委托办理支票存款业务的银行或者其他金融机构在见票时无条件支付确定的金额给收款人或者持票人的票据。

支票的基本当事人包括出票人、付款人和持票人。出票人即存款人，是在批准办理支票业务的银行机构开立可以使用支票的存款账户的单位和个人；付款人是出票人的开户银行；持票人是票面上填明的收款人，也可以是经背书转让的被背书人。

支票分为现金支票、转账支票和普通支票三种。现金支票只能用于支取现金，不得背书转让。转账支票只能用于转账。普通支票既可以用于支取现金，也可以用于转账。在普通支票左上角画两条平行线的，为划线支票，划线支票只能用于转账，不得支取现金。支票的格式如图 2-2 和图 2-3 所示。

2. 支票结算的有关规定

根据《票据法》和《票据管理实施办法》，支票结算的有关规定如下：

（1）单位和个人在同一票据交换区域的各种款项结算，均可以使用支票。

（2）支票的出票人为在经中国人民银行批准办理支票存款业务的银行、城市信用合作社和农村信用合作社开立支票存款账户的企业、其他组织和个人。

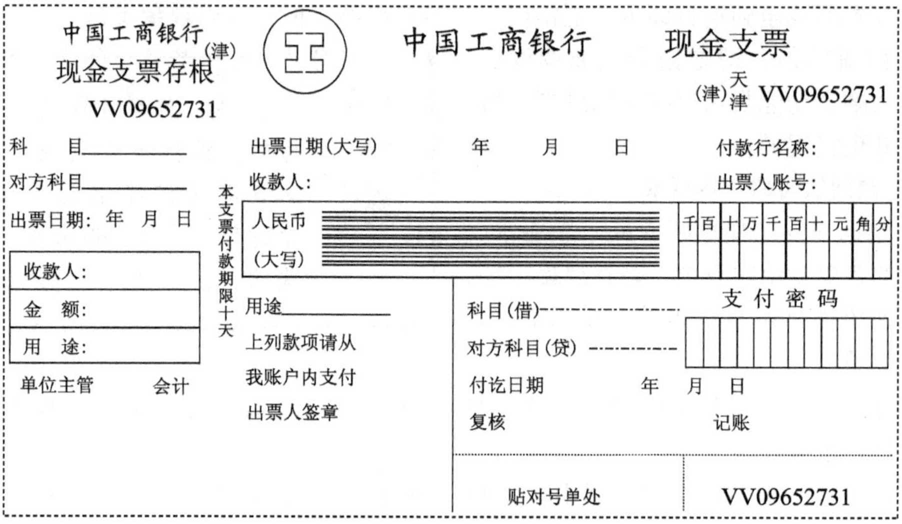
中国工商银行 (津)
现金支票存根
VV09652731
科　目
对方科目
出票日期：年 月 日
收款人：
金　额：
用　途：
单位主管　会计

本支票付款期限十天

中国工商银行　现金支票
(津) 天津 VV09652731
出票日期(大写)　年　月　日　付款行名称：
收款人：　出票人账号：
人民币 (大写)　千 百 十 万 千 百 十 元 角 分
用途
上列款项请从
我账户内支付
出票人签章
科目(借)
对方科目(贷)
支付密码
付讫日期　年　月　日
复核　记账
贴对号单处　VV09652731

图 2-2　现金支票

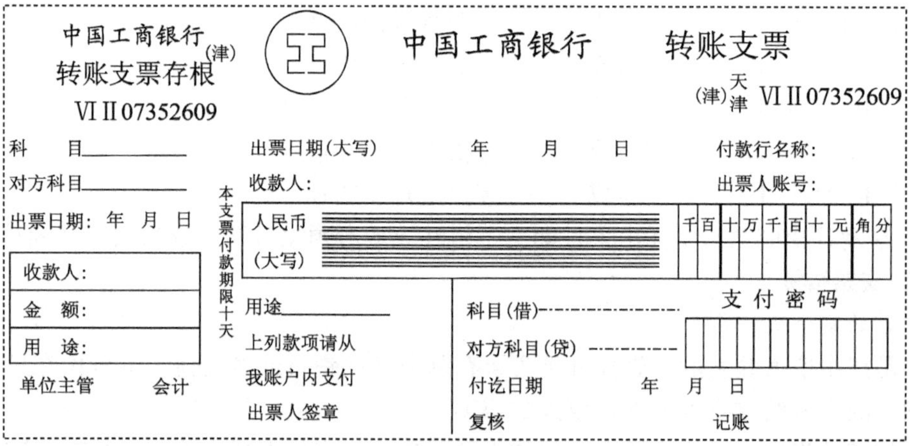
中国工商银行 (津)
转账支票存根
VI II 07352609
科　目
对方科目
出票日期：年 月 日
收款人：
金　额：
用　途：
单位主管　会计

本支票付款期限十天

中国工商银行　转账支票
(津) 天津 VI II 07352609
出票日期(大写)　年　月　日　付款行名称：
收款人：　出票人账号：
人民币 (大写)　千 百 十 万 千 百 十 元 角 分
用途
上列款项请从
我账户内支付
出票人签章
科目(借)
对方科目(贷)
支付密码
付讫日期　年　月　日
复核　记账

图 2-3　转账支票

（3）支票一律记名，转账支票允许背书转让。

（4）签发支票必须记载下列事项：①表明“支票”的字样。②无条件支付的委托。③确定的金额。④付款人名称。⑤出票日期。⑥出票人签章。缺少以上记载事项之一的，支票无效。

（5）支票的金额、收款人名称，可由出票人授权补记，未补记前不得背书转让和提示付款。

（6）支票的出票人签发的支票金额不得超过其付款时在付款人处实有的存款金额，禁止签发空头支票。

（7）支票上出票人的签章。出票人为单位的，签章为与该单位在银行预留签章一致的财务专用章或者公章加其法定代表人或者其授权的代理人的签名或者盖章；出票人为个人的，签章为与该个人在银行预留签章一致的签名或者盖章。支票的出票人预留银行签章是银行审核支票付款的依据，支票的出票人不得签发与其预留本名的签名式样或者印鉴不符的支票。

“本名”是指符合法律、行政法规以及国家有关规定的身份证件上的姓名。

（8）支票的提示付款期限为自出票日起 10 日。超过提示付款期限提示付款的，持票人开户银行不予受理，付款人不予付款。

（9）出票人必须按照签发的支票金额承担保证向该持票人付款的责任。出票人在付款人处的存款足以支付支票金额时，付款人应当在见票当日足额付款。

（10）《票据法》规定可以办理挂失止付的票据，失票人可以依照《票据法》的规定及时通知付款人或者代理付款人挂失止付。

（11）签发空头支票或者签发与其预留的签章不符的支票，银行应予以退票，并按票面金额处以 5% 但不低于 1 000 元的罚款。持票人有权要求出票人赔偿支票金额 2% 的赔偿金。对屡次签发的，银行应停止其签发支票。

（五）发票管理

1. 发票的概念

发票是指一切单位和个人在购销商品、提供劳务或接受劳务、服务以及从事其他经营活动，所提供给对方的收付款的书面证明，是财务收支的法定凭证，是会计核算的原始依据，也是审计机关、税务机关执法检查的重要依据。

《中华人民共和国税收征收管理法》（以下简称《税收征收管理法》）第二十一条规定：“税务机关是发票的主管机关，负责发票印制、领购、开具、取得、保管、缴销的管理和监督。单位、个人在购销商品、提供或者接受经营服务以及从事其他经营活动中，应当按照规定开具、使用、取得发票。”

2. 发票的种类

发票的种类是由省级（含省级）以上税务机关确定的。目前，我国使用的发票有增值税专用发票、普通发票和专业发票三种。

发票的基本联次为三联：第一联为存根联，开票方留存备查；第二联为发票联，由收执方作为付款或收款原始凭证；第三联为记账联，开票方作为记账原始凭证。增值税专用发票的基本联次还应包括抵扣联，收执方作为抵扣税款的凭证。

（1）增值税专用发票是指专门用于结算销售货物和提供加工、修理修配劳务使用的一种发票。增值税专用发票只限于增值税一般纳税人领购使用，增值税小规模纳税人不得领购使用。增值税专用发票的格式如图 2-4 所示。

注 意

增值税专用发票只限于增值税一般纳税人领购使用。

增值税专用发票

开票日期：　　　　年　　月　　日　　　　　　　　　　NO. ×××

购货单位	名称：					密码区	（略）	
	纳税人识别号：							
	地址、电话：							
	开户银行及账号：							
商品及劳务名称		规格型号	计量单位	数量	单价	金额	税率(%)	税额
合计								
价税合计(大写)								
销货单位	名称：					备注		
	纳税人识别号：							
	地址、电话：							
	开户银行及账号：							

第二联　发票联　购货方记账凭证

收款人：　　　　复核：　　　　开票人：　　　　销货单位(章)：

图 2-4　增值税专用发票

（2）普通发票主要由营业税纳税人和增值税小规模纳税人使用，增值税一般纳税人在不能开具增值税专用发票的情况下也可使用普通发票。普通发票由行业发票和专用发票组成，前者适用于某个行业的经营业务，如商业零售统一发票(见图 2-5)、商业批发统一发票、工业企业产品销售统一发票等，后者仅适用于某一经营项目，如广告费用发票、商品房销售发票等。

商业零售统一发票

客户名称：　　　　年　　月　　日　　　　　　　　　　NO. ×××

品名规格	单位	数量	单价	满万元无效	金额					
					千	百	十	元	角	分
合计金额(大写)　仟　佰　拾　元　角　分　¥：										
付款方式		开户银行及账号								

第二联　发票联

填票人：　　　　收款人：　　　　单位名称：（章）

图 2-5　商业零售统一发票

(3) 专业发票是指国有金融、保险企业的存贷、汇兑、转账凭证、保险凭证和国有邮政、电信企业的邮票、邮单、话务、电报收据以及国有铁路、国有航空企业和交通部门、国有公路、水上运输企业的客票、货票等。

3. 发票的领购

(1) 领购发票的对象。依法办理税务登记的单位和个人，可以领购发票。依法不需办理税务登记但需要使用发票的单位，可以按规定程序向主管税务机关申请领购发票。临时到本省、自治区、直辖市以外地区从事经营活动的单位或个人，凭所在地税务机关证明，可向经营地税务机关申请领购经营地的发票。

(2) 领购发票的手续。申请领购发票的单位和个人必须先提出购票申请，提供经办人身份证明、税务登记证件或者其他有关证明，以及财务印章或者发票专用章的印模，经主管税务机关审核后发给发票领购簿。领购发票的单位和个人凭发票领购簿核准的种类、数量以及购票方式，向主管税务机关领购发票。

税务机关对外地来本辖区从事临时经营活动的单位和个人申请领购发票的，可以要求其提供保证人或者根据所领购发票的票面限额及数量缴纳不超过1万元的保证金，并限期缴销发票。按期缴销发票的，解除保证人的担保义务或者退还保证金，未按期缴销发票的，由保证人或者以保证金承担法律责任。

4. 发票的开具和保管要求

(1) 在发生经营业务、确认营业收入时才能开具发票，未发生经营业务一律不得开具发票。

(2) 开具发票时，应按号顺序填开，填写要求项目齐全、内容真实、字迹清楚，要求全部联次一次性复写或打印，保证内容完全一致，并在发票联和抵扣联加盖单位财务印章或者发票专用章。

(3) 填写发票应当使用中文。民族自治地区可以同时使用当地通用的一种民族文字，外商投资企业和外资企业可以同时使用一种外国文字。

(4) 使用电子计算机开具发票，必须报主管税务机关批准，并使用税务机关统一监制的机外发票，开具后的存根联应当按照顺序号装订成册，以备税务机关检查。

(5) 发票限于领购单位和个人在本省、自治区、直辖市内开具。任何单位和个人不得转借、转让、代开发票；未经税务机关批准，不得拆本使用发票；不得自行扩大专业发票使用范围。禁止倒买倒卖发票、发票监制章和发票防伪专用品。

(6) 单位和个人只能使用向税务机关购买或经批准印制的发票。不得用“白条”和其他票据代替发票使用。

(7) 任何单位和个人未经批准，不得跨越规定的使用区域携带、邮寄、运输空白发票。禁止携带、邮寄或者运输空白发票出入境。

(8) 开具发票的单位和个人应当建立发票使用登记制度，设置发票登记簿，并定期向主管税务机关报告发票使用情况。

(9) 使用发票的单位和个人应当妥善保管发票，不得丢失。发票丢失，应于丢失当日书面报告主管税务机关，并在报刊和电视等传播媒介上公告声明作废。

(10) 开具发票的单位和个人应当按照税务机关的规定存放和保管发票，不得擅自损毁。已开具的发票存根联和发票登记簿，应当保存5年。保存期满，报经税务机关查验后销毁。

5. 发票的检查

根据《中华人民共和国发票管理办法》及其实施细则的规定，税务机关在发票管理中有权进行下列检查：

（1）检查印制、领购、开具、取得、保管和缴销发票的情况。

（2）调出发票查验。

（3）查阅、复制与发票有关的凭证、资料。

（4）向当事人各方询问与发票有关的问题和情况。

（5）在查处发票案件时，对与案件有关的情况和资料，可以记录、录音、录像、照相和复制。

如税务机关在纳税审查时对纳税人从境外取得的与纳税有关的发票或凭证有疑义，可以要求其提供境外公证机构或注册会计师的确认证明，经税务机关审核认可后，方可作为记账核算的凭证。在发票检查中需要核对发票存根联与发票填写情况时，可向持有发票或者发票存根联的单位发出“发票填写情况核对卡”，有关单位应在接到税务机关“发票填写情况核对卡”后15日内如实填写有关情况报回。

为保护被检查单位和个人的利益，规范税务机关的公正执法，防止执法犯法现象的发生，根据《税收征收管理法》及其实施细则的规定，税务机关在行使发票检查时应当履行以下职责：

1）检查人员进行发票检查时，应当出示税务检查证；否则，被检查单位和个人可以拒绝。

2）需要将已开具的发票调出检查时，应当向被检查单位和个人开具发票换票证；需要调出空白发票查验的，应当开付收据，经审查无问题时，应及时归还给被检查单位或个人。

第三节　财务会计报告与财产清查制度

企业财务会计报告是指企业对外提供的反映企业某一特定日期财务状况和某一会计期间经营成果与现金流量的文件。编制财务会计报告，是对单位会计核算工作的全面总结，也是及时提供真实、完整会计资料的重要环节。因此，财务会计报告的编制程序和质量要求必须严格。

一、财务会计报告的构成

财务会计报告包括会计报表及其附注和其他应当在财务会计报告中披露的相关信息和资料(即财务状况说明书)。

1. 会计报表

会计报表是财务会计报告的主要组成部分。它是根据有关账簿记录和有关资料，按照规定的报表格式，总括反映一定期间的经济活动和财务收支情况及其结果的一种报告文件。会计报表可以按不同的标志划分类别。

（1）按反映的经济内容划分，会计报表可分为财务状况报表(资产负债表、现金流量表)和经营成果报表(利润表）。

（2）按编制时期划分，会计报表可分为年度会计报表(资产负债表、利润表、现金流量表、所有者权益变动表）和中期会计报表（期中、季末、月末编制的报表）。

（3）按报送对象划分，会计报表可分为外部会计报表和内部会计报表。

（4）按编制单位划分，会计报表可分为单位会计报表和汇总会计报表。

（5）按包括的会计主体范围划分，会计报表可分为单独会计报表和合并会计报表。

这些会计报表是相互联系的，它们从不同的角度说明企业的财务情况、经营成果和现金流量情况。各种会计报表的内容相互区别又相互补充，指标之间相互衔接，构成了一个完整的指标体系，从而更充分地揭示了会计信息的本质。

2. 会计报表附注

会计报表附注是为便于会计报表使用者理解会计报表的内容而对会计报表的编制基础、编制依据、编制原则和方法及主要项目等所做的解释。它是会计报表的重要组成部分。

《企业财务会计报告条例》第十四条规定，会计报表附注至少应当包括以下内容：①不符合基本会计假设的说明。②重要会计政策和会计估计及其变更情况、变更原因及其对财务状况和经营成果的影响。③或有事项和资产负债表日后事项的说明。④关联方关系及其交易的说明。⑤重要资产转让及其出售情况。⑥企业合并、分立。⑦重大投资、融资活动。⑧会计报表中重要项目的明细资料。⑨有助于理解和分析会计报表需要说明的其他事项。

3. 财务情况说明书

财务情况说明书是对单位一定会计期间内收入、成本、费用、利润、资金等情况进行分析总结后写成的书面文字报告，也是财务会计报告的重要组成部分。财务情况说明书全面提供公司、企业和其他单位生产经营、业务活动的情况，分析、总结经营业绩和存在的不足，是财务会计报告使用者，特别是单位负责人和国家宏观管理部门了解和考核有关单位生产经营和业务活动开展情况的重要资料。

《企业财务会计报告条例》第十五条规定，财务情况说明书至少应当对下列情况做出说明：①企业生产经营的基本情况。②利润实现和分配情况。③资金增减和周转情况。④对企业财务状况、经营成果和现金流量有重大影响的其他事项。

季度、月度财务会计报告通常仅指会计报表，会计报表至少应当包括资产负债表和利润表。国家统一的会计制度规定季度、月度财务会计报告需要编制会计报表附注的，从其规定。

二、财务会计报告的编制

（一）编制财务会计报告的要求

为了充分发挥财务会计报告的作用，让会计信息使用者清楚地了解企业的财务状况、经营成果和现金流量情况，尽可能准确地预测企业未来，财务会计报告应当根据记录完整、审核无误的账簿记录和其他有关资料编制，做到数字真实、计算准确、内容完整、报送及时。财务会计报告的编制应遵循以下几点要求：

（1）企业应当于年度终了编报年度财务会计报告。国家统一的会计制度规定企业应当编报半年度、季度和月度财务会计报告的，从其规定。

（2）企业编制财务会计报告，应当根据真实的交易、事项以及完整、准确的账簿记录等资料，并按照国家统一的会计制度规定的编制基础、编制依据、编制原则和方法来编制。

企业不得违反《企业财务会计报告条例》和国家统一的会计制度的规定，不得随意改变财务会计报告的编制基础、编制依据、编制原则和方法。

任何组织或者个人不得授意、指使、强令企业违反《企业财务会计报告条例》和国家统一的会计制度的规定，改变财务会计报告的编制基础、编制依据、编制原则和方法。

（3）企业应当依照《企业财务会计报告条例》和国家统一的会计制度的规定，对会计报表中各项会计要素进行合理的确认和计量，不得随意改变会计要素的确认和计量标准。

（4）企业应当依照有关法律、行政法规和《企业财务会计报告条例》规定的结账日进行结账，不得提前或延迟。年度结账日为公历年度每年的12月31日；半年度、季度、月度结账日分别为公历年度每半年、每季、每月的最后一天。

（5）企业应当按照国家统一的会计制度规定的会计报表格式和内容，根据登记完整、核对无误的会计账簿记录和其他有关资料编制会计报表，做到内容完整、数字真实、计算准确，不得漏报或任意取舍。

（6）会计报表之间、会计报表各项目之间，凡有对应关系的数字，应当相互一致；会计报表中本期与上期的有关数字应当相互衔接。

（7）会计报表附注和财务情况说明书应当按照《企业财务会计报告条例》和国家统一的会计制度的规定，对会计报表中需要说明的事项做出真实、完整、清楚的说明。

（二）财务会计报告编制前的准备工作

（1）企业在编制年度财务会计报告前，应当按照下列规定，全面清查资产，核实债务：

1）结算款项，包括应收款项、应付款项、应交税费等是否存在，与债务、债权单位的相应债务、债权金额是否一致。

2）原材料、在产品、自制半成品、库存商品等各项存货的实存数量与账面数量是否一致，是否有报废损失和积压物资等。

3）各项投资是否存在，投资收益是否按照国家统一的会计制度的规定进行确认和计量。

4）房屋建筑物、机器设备、运输工具等各项固定资产的实存数量与账面数量是否一致。

5）在建工程的实际发生额与账面记录是否一致。

6）需要清查、核实的其他内容。

企业通过上述规定的清查、核实，查明财产物资的实存数量与账面数量是否一致、各项结算款项的拖欠情况及其原因、材料物资的实际储备情况、各项投资是否达到预期目的、固定资产的使用情况及其完好程度等。企业清查、核实后，应当将清查、核实的结果及其处理办法向企业的董事会或者相应机构报告，并根据国家统一的会计制度的规定进行相应的会计处理。

企业应当在年度中间根据具体情况，对各项财产物资和结算款项进行重点抽查、轮流清查或定期清查。

（2）企业在编制财务会计报告前，除应全面清查资产、核实债务外，还应完成下列工作：

1）核对各会计账簿记录与会计凭证的内容、金额等是否一致，记账方向是否相符。

2）依照《企业财务会计报告条例》规定的结账日进行结账，结出有关会计账簿的余额和发生额，并核对各会计账簿之间的余额。

3）检查相关的会计核算是否按照国家统一的会计制度的规定进行。

4）对于国家统一的会计制度没有规定统一核算方法的交易、事项，检查其是否按照会计核算的一般原则进行确认和计量，相关账务处理是否合理。

5）检查是否存在因会计差错、会计政策变更等原因需要调整前期或者本期相关项目。

在上述规定工作中发现问题的，应当按照国家统一的会计制度的规定进行处理。

（三）财务会计报告的对外提供

财务会计报告的编制目的是为各类会计信息使用者提供尽可能准确、充分、通用的决策信息，因此，财务会计报告的对外提供应当有其规定的质量要求。

1. 对外提供财务会计报告的一般要求

根据《企业财务会计报告条例》的规定，企业对外提供的财务会计报告应当符合下列要求：

（1）对外提供的财务会计报告反映的会计信息应当真实、完整。

（2）企业应当依照法律、行政法规和国家统一的会计制度有关财务会计报告提供期限的规定，及时对外提供财务会计报告。

（3）企业对外提供的财务会计报告应当依次编定页数，加具封面，装订成册，加盖公章。封面上应当注明企业名称、企业统一代码、组织形式、地址、报表所属年度或月份和报出日期，并由企业负责人和主管会计工作的负责人、会计机构负责人签名并盖章；设置总会计师的企业，还应当由总会计师签名并盖章。

（4）企业应当依照企业章程的规定，向投资者提供财务会计报告。国务院派出监事会的国有重点大型企业、国有重点金融机构和省、自治区、直辖市人民政府派出监事会的国有企业，应当依法定期向监事会提供财务会计报告。

（5）有关部门或者机构依照法律、行政法规或者国务院的规定，要求企业提供部分或者全部财务会计报告及其有关数据的，应当向企业出示依据，并不得要求企业改变财务会计报告有关数据的会计口径。

（6）非依照法律、行政法规或者国务院的规定，任何组织或者个人不得要求企业提供部分或者全部财务会计报告及其有关数据。

违反《企业财务会计报告条例》的规定，要求企业提供部分或者全部财务会计报告及其有关数据的，企业有权拒绝。

（7）国有企业、国有控股或者占主导地位的企业，应当至少每年一次向本企业的职工代表大会公布财务会计报告，并重点说明下列事项：

1）反映与职工利益密切相关的信息，包括管理费用的构成情况，企业管理人员工资、福利和职工工资、福利费用的发放、使用和结余情况，公益金的提取及使用情况，利润分配的情况以及其他与职工利益相关的信息。

2）内部审计发现的问题及纠正情况。

3）注册会计师审计的情况。

4）国家审计机关发现的问题及纠正情况。

5）重大的投资、融资和资产处置决策及其原因的说明。

6）需要说明的其他重要事项。

（8）企业依照《企业财务会计报告条例》的规定向有关各方提供的财务会计报告，其编制基础、编制依据、编制原则和方法应当一致，不得提供编制基础、编制依据、编制原则和方法不同的财务会计报告。

(9) 财务会计报告须经注册会计师审计的，企业应当将注册会计师及其会计师事务所出具的审计报告随同财务会计报告一并对外提供。

(10) 接受企业财务会计报告的组织或者个人，在企业财务会计报告未正式对外披露前，应当对其内容保密。

2. 财务会计报告的提供对象

财务会计报告的使用者主要包括投资者、债权人、政府及其有关部门和社会公众等，这些使用者出于不同的目的，对财务会计报告的关注点有所不同。

(1) 投资者。投资者主要关注投资的内在风险和投资报酬。为此，企业编制的财务会计报告，应当着重为其提供有关企业的盈利能力、资本结构和利润分配政策等方面的消息，以使企业的投资者了解企业的财务状况和经营业绩，检查管理当局是否实现了企业的经营目标；分析企业所处行业的市场前景、本企业的发展潜力和面临的风险，以便做出维持现有投资、追加投资或转让投资的决策；分析企业在市场竞争中的地位，制定企业的长远发展目标以及诸如企业扩张、收缩等方面的策略。

(2) 债权人。债权人主要关注的是其所提供的信贷资金是否能够按期如数收回。为此，企业编制的财务会计报告，应当着重为其提供有关企业的偿债能力的信息。据此，债权人可以了解企业的信用基础和偿债能力，从而做出向企业提供贷款、维持原贷款数额、追加贷款、收回贷款或改变信用条件的决策。

(3) 政府及其有关部门。政府及其有关部门关注的是国家资源的分配和运用情况，需要了解与经济政策的制定、国民收入的统计等有关方面的信息。为此，企业编制的财务会计报告，应当着重为其提供有关企业的资源及其运用、分配方面的情况，以便政府及其有关部门了解企业对国家有关政策的执行情况。同时，将企业财务报告逐级汇总，为国家做出正确的宏观决策提供全面、综合的会计信息。

(4) 企业管理当局。企业管理当局关注的是企业财务状况的好坏、经营业绩的大小以及现金的流动情况。为此，企业编制的财务会计报告，应当着重为其提供有关企业的资源分布、权益结构、偿债能力、盈利能力和企业的财务成果信息。通过财务会计报告的资料，还可分析和检查企业各项计划的完成情况，并为以后进行生产经营决策、改善经营管理提供重要依据。

(5) 职工。企业职工最关注的是企业为其所提供的就业机会及其稳定性、劳动报酬高低和职工福利好坏等方面的资料。为此，企业编制的财务会计报告，应当为其提供企业的盈利能力、支付能力的会计信息，以便职工做出继续提供服务还是调离的决策。

(6) 社会公众。社会公众（包括企业潜在的投资者或债权人）主要关注企业的兴衰及其发展情况。为此，企业编制的财务会计报告，应当着重为其提供企业目前状况及其未来发展等有关方面的资料，帮助他们了解企业，并为其未来的投资决策提供信息。

三、财产清查

(一) 财产清查的概念

所谓财产清查，是指企业、行政事业单位通过对本单位各项财产物资、现金的实地盘点，以及对银行存款、债权债务等外来款项的核对，查明某一时点的实际结存数与账面余额数是否相符，即账实是否相符。

实际工作中，由于各种主客观原因会造成账实不符。比如，检验或是计量不准确，因自然损耗、自然灾害、意外损失、保管不善造成损毁，以及贪污、盗窃、账簿中错记或漏记等原因，都会造成账实不一致。

《会计基础工作规范》第九十三条规定："各单位应当建立财产清查制度。主要内容包括：财产清查的范围；财产清查的组织；财产清查的期限和方法；对财产清查中发现问题的处理办法；对财产管理人员的奖惩办法。"同时要求会计机构、会计人员应当对实物、款项进行监督，督促建立并严格执行财产清查制度。发现账簿记录与实物、款项不符时，应当按照国家有关规定进行处理。超出会计机构、会计人员职权范围的，应当立即向本单位领导报告，请求查明原因，做出处理。

企业、事业等单位的各项财产物资的增减变动和结存情况，都通过账簿记录如实反映。从理论上说，账簿上的结存数与实际结存数应当一致。但在实际工作中，由于各种因素，导致账面结存数和实际结存数往往不一致，其主要原因有以下几个方面：

（1）在收发各项财产物资时，由于计量不准确，导致其数量或质量出现差错。

（2）在财产物资的保管过程中，发生了自然损耗。

（3）在管理和核算方面，由于手续不健全或制度上的不严密，发生了计算上或登记上的错误。

（4）由于管理不善或工作人员失职而造成了财产物资的毁损和短缺。

（5）由于不法分子的贪污、盗窃等行为导致财产物资的损失。

（6）在结算过程中，由于未达账项等原因而造成的单位之间的账目不符。

为此，企业一方面应建立健全岗位责任制，加强监督、管理；另一方面必须建立清查制度，对资产和权益进行深入、细致的清查、核对工作。

（二）财产清查的种类

1. 按财产清查的对象和范围分类

按财产清查的对象和范围分类，财产清查可分为全部清查和局部清查。

（1）全部清查。全部清查是指对单位的全部财产进行全面、彻底的清点和核对，一般包括存货、固定资产、货币资金及往来款项等。它的清查范围广泛，涉及内容繁多，需要较长时间，动用大量的人力、物力。全部清查一般在以下几种情况下进行：

1）年终决算之前，需要进行一次全部清查。

2）企业关、停、并、转或改变隶属关系，需要进行全部清查。

3）中外合资、国内联营、企业改组、改制、兼并等需要进行全部清查。

4）开展清产核资，需要进行全部清查。

5）单位主要负责人调离工作，需要进行全部清查。

（2）局部清查。局部清查是指对单位的部分财产所进行的清查。局部清查的主要对象是现金、材料、在产品和产成品等流动性较大的财产。此种清查方法针对性较强。一般情况下，需要对库存现金每日盘点 1 次；对银行存款应每月同银行核对 1 次；对材料、在产品和产成品等存货除了年度清查外，应有计划地重点抽查；对贵重的财产物资，应每月清查盘点 1 次；对债权债务，在一个会计年度内至少核对 1 ~ 2 次。通常在有关人员调动时也会使用此种清查方法。

2. 按财产清查的时间分类

按财产清查的时间分类，财产清查可分为定期清查和临时清查。

（1）定期清查。定期清查是指按规定或预先计划安排的时间对财产所进行的清查。其清查的时间一般是在年末、季末或月末结账前进行，定期清查可以是全部清查也可以是局部清查。

（2）临时清查。临时清查是指不规定清查时间，而是根据需要所进行的临时性清查。临时清查可以是全部清查，也可以是局部清查。比如，更换仓库保管员时，应对其所保管的财产物资进行清查；更换出纳员时，应对现金、银行存款进行清查；发生非常损失时，应对受损失的财产进行清查等。

（三）财产清查的范围

财产清查是对各种财产物资的盘点和各项应收、应付款项的查核。一般企业、事业单位财产清查的范围应当包括以下几个方面：

（1）房屋建筑物、机器设备、运输设备等固定资产。

（2）各种器具、用具、工具、仪器。

（3）库存原材料、在产品、产成品以及各种库存商品。

（4）现金、银行存款、银行借款。

（5）各种有价证券。

（6）各种应收、应付款项。

（7）在途的材料、商品、物资和货币资金。

（8）委托其他单位加工的材料、商品和物资。

（9）租出的固定资产和包装物。

（10）接受其他单位委托加工的材料、商品、物资。

（11）租入的固定资产和包装物。

（12）各项在建工程。

在实际工作中，由于对财产清查有着各种不同的具体要求，因而对上述各项财产物资，并非每次都要求全面地逐一进行清查，而是根据需要进行全面清查或局部清查。

（四）财产清查的方法

为了实施财产清查工作，应组成由会计部门牵头的清查小组，制订好清查计划，准备好计量器具和各项登记表格等。会计人员要做好账簿登记工作，做到账账相符、账证相符，财产物资保管部门要做好财产物资的入账工作，整理、摆放好各项财产物资，准备接受清查。不同的财产物资，其清查方法也有所不同。

1. 货币资金的清查方法

（1）现金的清查，是采用实地盘点的方法来确定库存现金的实存数，然后再与现金日记账的账面余额核对，以查明账实是否相符及盈亏情况。现金清查后应填写“现金盘点报告表”，并据以调整现金日记账的账面记录。

（2）银行存款的清查，是通过与开户银行转来的对账单进行核对，来查明银行存款的实有数额。银行存款日记账与开户银行转来的对账单不一致的原因有两个方面：一是双方或一方记账有错误；二是存在未达账项。对于未达账项，应通过编制银行存款余额调节表进行调整。

2. 实物资产的清查方法

由于实物的形态、体积、重量、码放方式等不同，采用的清查方法也不同，主要有以下两种：

（1）实地盘点法。实地盘点法是指在财产物资存放现场逐一清点数量或用计量仪器确定其实存数的一种方法。

（2）技术推算法。技术推算法是指利用技术方法推算财产物资实存数的方法，适用于煤炭、砂石等大宗物资的清查。

对各项财产物资的盘点结果，应逐一填制盘存单，并同账面余额记录核对，确认盘盈、盘亏数，填制实存、账存对比表，作为调整账面记录的原始凭证。

3. 往来款项的清查方法

往来款项的清查一般采用发函询证的方法进行核对。在保证往来账户记录完整、正确的基础上，编制“往来款项对账单”，寄往各有关往来单位。对方单位核对后退回，盖章表示核对相符，如不相符则由对方单位另外说明。据此编制“往来款项清查表”，注明核对相符与不相符的款项，对不符的款项按有争议、未达账项、无法收回等情况归类合并，针对具体情况及时采取措施予以解决。

第四节　网上支付形式

近年来，随着“互联网＋”时代的到来，互联网已经越来越深地影响着我们的生活，比如电子商务的不断发展与普及，使得网上支付方式为大家所熟悉并得到快速发展。网上支付是电子支付形式的一种，是指电子交易的当事人，包括消费者、商户、银行或者支付机构，使用电子支付手段通过信息网络进行的货币支付或资金流转。网上支付的主要方式有网上银行和第三方支付两种。

一、网上银行

（一）网上银行的概念

网上银行(Internet bank or E-bank)，也称网络银行，简称网银，就是银行在互联网上设立虚拟银行柜台，使传统银行服务不再通过物理的银行分支机构来实现，而是借助于网络与信息技术手段在互联网上实现。

与传统银行业务相比，网上银行大大降低了银行经营成本，有效提高了银行盈利能力；网上银行业务打破了传统银行业务的地域、时间限制，这既有利于吸引和保留优质客户，又能主动扩大客户群，同时可以向客户提供多种类、个性化服务，开辟新的利润来源。

（二）网上银行的分类

1. 按经营模式分为单纯网上银行和分支型网上银行

（1）单纯网上银行是完全依赖于互联网的虚拟的电子银行，它没有实际的物理柜台，一般只有一个办公地址，没有分支机构，也没有营业网点，采用互联网等高科技服务手段与客户建立密切的联系，为客户提供全方位的金融服务。

（2）分支型网上银行是指现有的传统银行利用互联网开展传统的银行业务，即传统银行利用互联网作为新的服务手段为客户提供在线服务，实际上是传统银行服务在互联网上的延伸。

2. 按主要服务对象分为企业网上银行和个人网上银行

（1）企业网上银行主要服务于企事业单位，企事业单位可以通过企业网上银行实时了解财务状况，及时调度资金，轻松处理工资发放和大批量的网络支付业务。

（2）个人网上银行主要服务于个人，个人可以通过网上银行实时查询、转账，进行网络支付和付款。

（三）网上银行的主要功能

1. 企业网上银行的功能

（1）账户信息查询。账户信息查询业务能够为企业客户提供账户信息的在线查询、网上下载和电子邮件发送账务信息等服务，包括账户余额查询、账户明细查询、资产负债查询、贷款账户查询、网上交易查询等。

（2）支付指令。支付指令是按客户的要求，请求进行资金转账的指令或报文信息。支付指令业务能够提供企业内部各分支机构之间的账务往来，同时也能够提供企业之间的账务往来，并且支持企业向他行账户进行付款。

（3）B2B 网上支付。B2B 是 Business-to-Business 的缩写，即企业之间进行的电子商务活动，是指进行电子商务交易的供需双方都是商家(或企业)，它们使用了 Internet 的技术或各种商务网络平台，完成商务交易的过程。这些过程包括：发布供求信息，订货及确认订货，支付过程及票据的签发、传送和接收，确定配送方案并监控配送过程等。

（4）批量支付。批量支付业务就是企业可以按银行要求的格式生成数据文件，通过网上银行界面提交批量付款文件，一次性将数十笔甚至上百笔付款指令提交到银行处理，从而大大减轻企业财务人员的工作量。

2. 个人网上银行的功能

（1）账户信息查询。系统为客户提供信息查询功能，能够查询银行卡的余额、活期和定期一本通余额；查询在一定时间段内银行卡的历史明细数据；查询信用卡进行网上支付后的支付记录等。

（2）人民币转账业务。转账作为一种银行结算方式，应用范围非常广泛。同城与异地、个人账户与企业账户之间、个人账户与个人账户之间均可以进行人民币转账结算。系统在转账功能上严格控制了单笔和当日转账最大限额，使客户的资金安全有一定的保障。

（3）银证转账业务。所谓银证转账是指将客户在银行开立的个人结算存款账户(或借记卡)与证券公司的资金账户建立对应关系，将资金在银行和证券公司之间划转，为客户存取款提供便利。

（4）外汇买卖业务。个人外汇买卖又称“外汇宝”，是指银行参照国际外汇市场汇率，为境内居民将一种外汇直接兑换成另外一种外汇的业务，也就是个人客户在银行进行的可自由兑换外汇(或外币)的交易。

（5）账户管理业务。系统提供客户对本人网上银行各种权限功能，账户信息的管理以及账户的挂失。

（6）B2C 网上支付。B2C 是 Business - to - Customer 的缩写，即商业机构对消费者的电子商务，指的是企业与消费者之间进行的在线式零售商业活动（包括网上购物和网上拍卖等）。

（四）网上银行业务流程及交易时的身份认证

1. 客户开户流程

客户开通网上银行有两种方式：一是客户前往银行柜台办理；二是客户先网上自助申请，后到柜台签约。开户时，必须出具身份证或有关证件，并遵守有关实名制规定。

2. 网上交易

网上银行的具体交易流程如下：

（1）客户使用浏览器通过互联网连接到网银中心发出网上交易请求。

（2）网银中心接收并审核客户的交易请求，并将交易请求转发给相应成员行的业务主机。

（3）成员行业务主机完成交易处理，并将处理结果返回给网银中心。

（4）网银中心对交易结果进行再处理后，返回相应信息给客户。

3. 交易时的身份认证

交易时，银行采用下列方法认证客户的身份：

（1）密码。网上银行密码是客户网上银行交易时所需要的密码，只有密码和账号相符才可以成功交易。

（2）文件数字证书。文件数字证书为实现双方安全通信提供电子认证，将文件数字证书安装在计算机中，已安装的用户只需输入密码即可，未安装的则无法付款。

（3）动态口令卡。动态口令卡有横纵坐标，对应有数字，根据银行页面反馈的坐标，输入相应的数字就可以通过验证。

（4）动态手机口令。交易时，银行会向客户预留的手机以短信形式发送随机密码，客户输入此动态密码，从而确保系统身份认证的安全性。

（5）移动口令牌。付款时只需按移动口令牌上的键，就会出现当前代码，一分钟内在网上银行付款时可以凭此编码付款。

（6）移动数字证书。交易时，客户需先将移动数字证书插入计算机的 USB 接口处，退出后，需将移动数字证书取下，如工行的 U 盾、农行的 K 宝、建行的网银盾、光大银行的阳光网盾等。

二、第三方支付

（一）第三方支付的概念

第三方支付是指经过中国人民银行批准从事第三方支付业务的非银行支付机构，借助通信、计算机和信息安全技术，采用与各大银行签约的方式，在用户与银行支付结算系统间建立连接的电子支付模式(其中通过手机端进行的,称为移动支付)，本质上是一种新型的支付手段，是互联网技术与传统金融支付的有机结合，近年来移动支付的普及，给我们的生活带来了很大的便利，但是随之而来的安全问题也是值得我们关注与防范的。

非金融机构提供支付服务，应当取得《支付业务许可证》，成为支付机构。未经中国人民银行批准，任何非金融机构和个人不得从事或变相从事支付业务。

（二）第三方支付的种类

1. 线上支付

线上支付是指通过互联网实现的用户和商户之间，商户和商户之间的在线货币支付、资金清算等行为。

2. 线下支付

线下支付是指通过非线上支付方式进行的支付行为，包括 POS 机刷卡支付、拉卡拉自助终端支付、电话支付、手机近端支付等方式。

（三）第三方支付交易流程及其身份验证

1. 开户

支付机构为客户开立支付账户的，应当对客户实行实名制管理，登记并采取有效措施验证客户身份基本信息，按规定核对有效身份证件并留存有效身份证件的复印件或者影印本，建立客户唯一识别编码，并在与客户业务关系存续期间采取持续的身份识别措施，确保有效核实客户身份及真实意愿，不得开立匿名、假名支付账户。支付账户不得透支，不得出借、出租、出售，不得利用支付账户从事或者协助他人从事非法活动。

2. 账户充值

客户开户后，将银行卡和支付账户绑定。付款前，将银行卡中的资金转入支付账户，为其“充值”。

3. 收、付款

客户下单后，付款时，通过支付平台将自己支付账户中的虚拟资金划转到支付平台暂存，待客户收到商品并确认后，支付平台将款项划转到商家的支付账户中，支付行为完成。收款人需要资金时，可以将账户中的虚拟资金再转入银行，兑成实体的银行存款。

4. 交易时的身份认证

（1）仅客户本人知悉的要素，如静态密码等；

（2）仅客户本人持有并特有的，不可复制或者不可重复利用的要素，如经过安全认证的数字证书、电子签名，以及通过安全渠道生成和传输的一次性密码等；

（3）客户本人生理特征要素，如指纹等。

支付机构应当确保采用的要素相互独立，部分要素的损坏或者泄露不应导致其他要素损坏或者泄露。

案例分析

以支付宝为例，示范第三方支付的具体支付流程。

（1）消费者即客户在电子商务网站（如淘宝网、京东商城等）选购商品、下订单，与该商品的卖家在网上达成交易意向。

（2）消费者选择支付宝作为交易中介，使用自己的借记卡或信用卡将资金划到自己的支付宝账户，形成支付宝“余额”（即充值），再使用自己的支付宝账户余额付款（此时“付款”，款项并非直接转到商家的支付宝账户，而是暂时保存在支付宝平台），并设定发货期限。

（3）支付宝平台收到货款后，通知商家消费者已经付款，要求商家在规定时间内发货。

（4）商家收到支付宝平台关于消费者已付款的通知后按消费者所下订单发货，并在网站上做相应记录，消费者可在网站上查看自己所购买的商品出库、发货等状态（如果已经发货，会显示物流状态）；如果商家没有按照规定的时间发货，则支付宝平台会通知顾客交易失败，并询问是将货款划回顾客的支付宝账户还是暂存在支付宝平台。

（5）消费者收到货物并确认后，支付宝平台便将暂存在平台的款项划转到商家的支付宝账户，交易完成（如果消费者对商品不满意，或者不是自己所要的规格等，或认为与商家承诺不符，可通知支付宝平台拒付货款并将货物退回商家，消费者已经支付的货款会退回自己的支付宝账户）；商户需要资金时，可以将自己支付宝账户中的虚拟资金再转到银行，兑成实体的银行存款取出。

（四）第三方支付机构及支付账户管理规定

（1）支付机构应根据客户身份对同一客户在本机构开立的所有支付账户进行关联管理，并按照要求对个人支付账户进行分类管理。

1）对于以非面对面方式通过至少一个合法安全的外部渠道进行身份基本信息验证，且为首次在本机构开立支付账户的个人客户，支付机构可以为其开立Ⅰ类支付账户，账户余额仅可用于消费和转账，余额付款交易自账户开立起累计不超过1000元（包括支付账户向客户本人同名银行账户转账）。

2）对于支付机构自主或委托合作机构以面对面方式核实身份的个人客户，或以非面对面方式通过至少三个合法安全的外部渠道进行身份基本信息多重交叉验证的个人客户，支付机构可以为其开立Ⅱ类支付账户，账户余额仅可用于消费和转账，其所有支付账户的余额付款交易年累计不超过10万元（不包括支付账户向客户本人同名银行账户转账）。

3）对于支付机构自主或委托合作机构以面对面方式核实身份的个人客户，或以面对面方式通过至少五个合法安全的外部渠道进行身份基本信息多重交叉验证的个人客户，支付机构可以为其开立Ⅲ类支付账户，账户余额可以用于消费、转账以及购买投资理财等金融类产品，其所有支付账户的余额付款交易年累计不超过20万元（不包括支付账户向客户本人同名银行账户转账）。

（2）支付机构办理银行账户与支付账户之间转账业务的，相关银行账户与支付账户应属于同一客户。

（3）因交易取消（撤销）、退货、交易不成功或者投资理财等金融类产品赎回等原因需划回资金的，相应款项应当划回原扣款账户。

（4）支付机构应根据交易验证方式的安全级别，对个人客户使用支付账户余额付款的交易进行限额管理：

1）支付机构采用包括数字证书或电子签名在内的两类（含）以上有效要素进行验证的交易，单日累计限额由支付机构与客户通过协议自主约定。

2）支付机构采用不包括数字证书、电子签名在内的两类（含）以上有效要素进行验证的交易，单个客户所有支付账户单日累计金额应不超过5 000元（不包括支付账户向客户本人同名银行账户转账）。

3）支付机构采用不足两类有效要素进行验证的交易，单个客户所有支付账户单日累计金额应不超过1 000元（不包括支付账户向客户本人同名银行账户转账），且支付机构应当承诺无条件全额承担此类交易的风险损失赔付责任。

本章小结

本章依据《会计法》对会计核算的相关规定进行了系统介绍。要求各单位必须依法建账，根据实际发生的经济业务事项，保证会计资料的真实、完整，按照会计核算的基本前提与一般原则的要求，采用借贷记账法，以人民币为记账本位币，使用中文文字进行会计核算、填制会计凭证、登记会计账簿、编制财务会计报告。

在会计核算中，及时填制会计凭证和账簿并按要求认真审核，做到账证相符、账账相符、账实相符。企业在编制年度财务会计报告前，应全面清查资产、核实债务，并做好账目查对与账项调整工作，在此基础上编制财务会计报告。

支票分为现金支票、转账支票和普通支票三种。现金支票只能用于支取现金，不得背书转让；转账支票只能用于转账；普通支票既可以用于支取现金，也可以用于转账。

税务机关是发票的主管机关，负责发票印制、领购、开具、取得、保管、缴销的管理和监督。单位、个人购销商品、提供或接受经营服务以及从事其他经营活动，应当按照规定开具、使用与取得发票。

社会实践

在老师的正确指导下，让学生到企业中进行会计核算工作的实际观摩；具备实训条件的学校，可进行情景模拟训练。

第三章 会计监督制度与档案管理

学习目的

- 了解会计档案的概念和作用。
- 掌握会计档案的归档与管理。
- 了解我国会计监督体系的构成。
- 掌握单位内部会计监督制度的基本内容。
- 理解会计法律责任的含义。
- 了解会计及相关人员应承担的法律责任。

案例导入

杨云超是某造纸厂厂长。2019 年 4 月的一天，杨云超召集该厂经营副厂长、财务科科长和副科长、出纳及该厂劳动服务公司的出纳到其办公室，共同对该厂劳动服务公司 2018 年 3 月至 4 月的财务支出流水账、凭证等会计资料进行审核，确认无异议后，将余额结转到新账簿上，由在场人签名。之后，杨云超决定沿用该厂以往的做法，将审核过的会计资料让人拿到锅炉房予以烧毁。2019 年 4 月 25 日，杨云超指使他人将审核过的该厂财务科和该厂劳动服务公司上年度的财务流水账、凭证等会计资料，拿到锅炉房予以烧毁。该厂劳动服务公司被烧毁的会计资料，涉及收入金额共计人民币 567 952.52 元。浙江省某市人民法院对该造纸厂和杨云超提起公诉，根据《刑法》和会计法律的有关规定，2019 年 11 月 16 日某市人民法院对该造纸厂和被告人杨云超销毁会计资料一案做出判决：被告单位某造纸厂犯故意销毁会计凭证罪，判处罚金 10 万元。作为该厂原厂长的被告人杨云超犯故意销毁会计凭证罪，判处有期徒刑 1 年，缓期 1 年执行，并处罚金 5 万元。

请问：根据所学知识，你能说出该案有哪些违法行为吗?

提示：《会计档案管理办法》第五条规定：“单位应当加强会计档案管理工作，建立和完善会计档案的收集、整理、保管、利用和鉴定销毁等管理制度，采取可靠的安全防护技术和措施，保证会计档案的真实、完整、可用、安全。”该办法规定企业和其他组织的会计凭证类和会计账簿类会计档案应在保管 30 年后才能予以销毁。所以杨云超的行为与法律规定相悖，属于违法行为。

第一节 会计监督制度

会计监督是会计的基本职能之一，也是我国经济监督体系的重要组成部分。所谓会计监督，是指单位内部的会计机构和会计人员以及依法享有经济监督检查职权的政府有关部门和依法经批准成立的社会中介组织，对国家机关、社会团体、企业、事业单位和其他组织的经济活动的合法性、合理性和会计资料的真实性、完整性以及本单位内部预算执行情况所进行的监督。

在我国，已经初步形成了由单位内部会计监督、以财政和审计部门为主的政府监督、以注册会计师为主的社会监督所组成的三位一体的会计监督体系。

一、会计监督的权利和义务

根据会计法规的规定，会计监督中的权利和义务主要包括以下三个方面：

1. 检举权

《会计法》第三十条规定："任何单位和个人对违反本法和国家统一的会计制度规定的行为，有权检举。收到检举的部门有权处理的，应当依法按照职责分工及时处理；无权处理的，应当及时移送有权处理的部门处理。收到检举的部门、负责处理的部门应当为检举人保密，不得将检举人姓名和检举材料转给被检举单位和被检举人个人。"

会计工作是一项涉及面很广的经济管理工作。对会计工作的监督，需要单位内部监督、社会监督和国家监督共同发挥作用，仅仅依靠会计人员、注册会计师和政府有关部门的力量还不够，必须发挥社会各方面的力量。任何单位和个人都有权检举违法的会计行为，这是《宪法》赋予每个公民的权利和义务，是人民参与国家管理的一种形式，也是社会监督的一种形式。

由于检举人未必对各部门的职责分工都十分了解，所以向有关部门反映和揭发的问题可能不一定都属于收到检举的部门的职责范围，因此，收到检举的部门首先应当审查所检举的问题是否属于自己的职责范围，对于属于本部门的职责范围、有权处理的问题，应当依照有关法律、法规、规章和制度的规定及时处理，而对于不属于本部门的职责范围、无权处理的问题，则必须及时移送有权处理的部门，请他们来进行处理。

为了保护检举人的合法权益，有关部门应为检举人保密，避免检举人遭受打击报复。如果有关部门擅自将检举人姓名和检举材料转给被检举单位和被检举人，或者保密不周泄露了有关情况，则是一种违法行为，应当承担法律责任。当然，检举违法会计行为的单位和个人应当以事实为依据，以国家法律为准绳，提供真实、准确、充分的证据和情况，并签署检举人名称或姓名，不能道听途说、捕风捉影，不能借题发挥、夸大其词，更不能无中生有、诽谤诬告。

2. 保密义务

《会计法》第三十四条规定："依法对有关单位的会计资料实施监督检查的部门及其工作人员对在监督检查中知悉的国家秘密和商业秘密负有保密义务。"

会计资料是一个单位财务状况和经营成果的综合反映。会计资料中的许多内容，往往涉及一个单位的资金投向、技术开发目标、提高市场竞争力的措施等商业秘密，涉及上市公司的内幕信息，涉及国家机关的经济、政治、科研、国防等国家机密。这些商业秘密和国家秘密，关系到经济组织的发展、国家的安全和社会的稳定，依法受到保护，不得随意泄露与传播，否则，将会给各经济组织和国家利益带来极为严重的影响。随着市场竞争的加剧，会计资料日益成为商业秘密和国家秘密的重要组成部分。

依法对有关单位的会计资料实施检查的部门，是指财政、审计、税务、人民银行、证券监管和保险监督等部门。保守国家秘密和商业秘密，是会计法规规定的一项义务。实施监督检查的部门及其工作人员，是代表国家执行法律监督的部门和人员，对在履行自己的法定职责过程中涉及的国家秘密和商业秘密必须严格保守。既然是法律规定的义务，就需要认真执行，只有这样才能起到设定法律义务的效果。如果不履行，则应依法承担行政责任或刑事责任。

3. 配合义务

《会计法》第三十五条规定："各单位必须依照有关法律、行政法规的规定，接受有关监督检查部门依法实施的监督检查，如实提供会计凭证、会计账簿、财务会计报告和其他会计资料以及有关情况，不得拒绝、隐匿、谎报。"

根据规定，对各监督部门的会计监督，被监督单位应做到：

（1）在各监督单位依法履行自己的监督管理职责时应予以配合，应为监督单位及人员提供便利并满足他们的要求。

（2）被监督检查单位在各监督检查部门依法履行监督职责和为了履行职责而采取法定措施时，应向其提供真实反映客观情况的文件和资料。被监督检查部门有义务按监督检查部门的要求提供对自己不利的会计凭证、会计账簿、财务会计报告和其他会计资料，也有权利向监督检查部门反映对自己有利的上述文件和资料，并且还有权利要求各监督检查部门接受对自己有利的文件和资料。

（3）被监督检查单位在各监督检查部门依法履行自己的监督职责时，对于会计凭证、会计账簿、财务会计报告和其他会计资料，不得拒绝提供，不得予以隐匿或谎报。

二、单位内部会计监督

（一）单位内部会计监督的概念

单位内部会计监督是指为了保护单位资产的安全完整，保证其经营活动符合国家法律、法规和内部有关管理制度，提高经营管理水平和效率，而在单位内部采取的一系列相互制约、相互监督的制度和方法。建立健全单位内部会计监督制度，是贯彻执行会计法律与制度、保证会计工作有序进行、完善会计监督体系的重要措施。

（二）单位内部会计监督的主体和对象

根据会计法规规定，各单位的会计机构、会计人员对本单位的经济活动进行监督。内部会计监督的主体是各单位的会计机构、会计人员。单位内部会计监督的对象是单位的经济活动。

虽然单位内部会计监督的主体是各单位的会计机构、会计人员，但是单位负责人应当积极支持、保障会计机构、会计人员行使好会计监督的职权，并对本单位内部会计监督制度的建立及有效实施承担最终责任。

（三）单位内部会计监督制度的基本要求

单位内部会计监督的内容十分广泛，涉及人、财、物等诸多方面，各单位应当根据实际情况建立健全本单位内部会计监督制度和内部控制制度。根据《会计法》第二十七条的规定，单位内部会计监督制度应当符合以下要求：

（1）记账人员与经济业务事项或会计事项的审批人员、经办人员、财物保管人员的职责权限应当明确，并相互分离、相互制约。

（2）重大对外投资、资产处置、资金调度和其他重要经济业务事项的决策与执行的相互监督、相互制约程序应当明确。

（3）财产清查的范围、期限和组织程序应当明确。

（4）对会计资料定期进行内部审计的办法和程序应当明确。

（四）单位内部会计监督的方法

《会计法》明确提出了各单位应当建立健全本单位内部会计监督制度的要求，并提出了会计工作中职务分离、重大事项决策与执行程序、财产清查和定期内部审计等规定。结合《内部会计控制规范——基本规范(试行)》的规定，单位内部会计控制的方法主要包括不相容职务相互分离控制、授权批准控制、会计系统控制、预算控制、财产保全控制、风险控制、内部报告控制和电子信息技术控制等。

1. 不相容职务相互分离控制

所谓不相容职务，是指那些如果由一个人担任则既可能发生错误和舞弊行为，又可能掩盖其错误和舞弊行为的职务。不相容职务主要包括：授权批准与业务经办、业务经办与会计记录、会计记录与财产保管、业务经办与稽核检查、授权批准与监督检查等。对于不相容的职务如果不实行相互分离的措施，就容易发生舞弊行为。例如物资采购业务，批准进行采购与直接办理采购即属于不相容的职务，如果这两个职务由一个人担当，即出现该员工既有权决定采购什么、采购多少，又可以决定采购价格、采购时间等，没有其他岗位或人员的监督、制约，就容易发生舞弊行为。不相容职务分离的核心是“内部牵制”，因此，单位在设计、建立内部控制制度时，首先应确定哪些岗位和职务是不相容的，其次要明确规定各个机构和岗位的职责权限，使不相容岗位和职务之间能够相互监督、相互制约，形成有效的制衡机制。

2. 授权批准控制

授权批准控制是指单位办理各项经济业务必须经过规定程序的授权批准。授权批准控制要求单位明确规定涉及会计及相关工作的授权批准的范围、权限、程序和责任等内容，单位内部的各级管理层必须在授权范围内行使职权和承担责任，经办人员也必须在授权范围内办理业务。

授权批准形式通常有一般授权和特别授权之分。一般授权是对办理常规性的经济业务的权利、条件和有关责任者做出的规定；特别授权是指授权处理非常规性交易事件。单位在设计、建立内部控制制度时，必须明确一般授权和特别授权的责任和权限，以及每笔经济业务的授权批准程序，并要按照规定的权限和程序执行。不论采用哪种授权批准方式，单位必须建立授权批准体系，主要包括以下内容：

（1）授权批准的范围。通常企业的所有经营活动都应纳入其范围。

（2）授权批准的层次。应根据经济活动的重要性和金额的大小确定不同的授权批准层次，从而保证各管理层有权也有责。

（3）授权批准的责任。应当明确被授权者在行使权力时应对哪些方面负责，避免责任不清。

（4）授权批准的程序。应规定每一类经济业务审批程序，以便按程序办理审批，避免越级审批、违规审批的情况发生。

3. 会计系统控制

会计作为一个控制信息系统，对内能够向管理层提供关于经营管理的信息，对外可以向投资者、债权人等提供关于投资等决策的信息，是重要的内部控制方法。会计系统控制主要是指通过对会计主体所发生的各项能用货币计量的经济业务进行记录、归集、分类、编报等而进行的控制。

4. 预算控制

预算控制的内容涵盖了单位经营活动的全过程，预算控制要求单位明确预算项目，建立预算标准，规范预算的编制、审定、下达和执行程序，及时分析和控制预算差异，采取改进措施，确保预算的执行。在实际工作中，预算编制不论是采用自上而下还是采用自下而上的方法，其决策权都应落实在内部管理的最高层，由这一权威层次进行决策、指挥和协调。预算的执行由各预算单位组织实施，并辅之以对等的权、责、利关系，由内部审计部门负责监督预算的执行。

预算内资金实行责任人限额审批，限额以上资金实行集体审批。严格控制无预算的资金支出。

5. 财产保全控制

财产保全控制主要包括限制接近控制和定期盘点控制等。财产保全控制要求单位限制未经授权的人员对财产的直接接触，采取定期盘点、财产记录、账实核对、财产保险等措施，确保各种财产的安全完整。

（1）限制接近。限制接近主要是指严格限制无关人员对资产的接触，只有经过授权批准的人员才能够接触资产。限制接近包括限制对资产本身的直接接触和通过文件批准的方式对资产使用或分配的间接接触。一般情况下，对货币资金、有价证券、存货等变现能力强的资产必须限制无关人员的直接接触。

（2）定期盘点。定期盘点是指对资产进行定期的盘点，并将盘点结果与会计记录进行比较。如果盘点结果与会计记录不一致，则说明资产管理上可能出现错误、浪费、损失或其他不正常现象，应当及时采取相应的措施来加强管理。

（3）记录保护。会计应妥善保管各种文件资料，尤其是资产、财务、会计等资料。首先，应该严格限制接近会计记录的人员，以保证保管人员、批准人员和记账人员分离的有效性。其次，应妥善保存会计记录，尽可能减少记录受损、被盗或被毁的机会。最后，某些重要的记录应当留有备份，以便恢复。

（4）财产保险。通过资产投保（如火险、盗窃险、责任险等）来增加实物资产受到损失后的补偿程度和机会，从而保护单位实物资产的安全。

6. 风险控制

风险按其形成原因分为经营风险和财务风险两大类。经营风险是指因生产经营方面的原因给企业盈利带来的不确定性。财务风险又称筹资风险，是指由于举债而给企业财务状况带来的不确定性。风险控制要求单位树立风险意识，针对各个风险控制点，建立有效的风险管理系统，通过风险预警、风险识别、风险评估、风险分析、风险报告等措施，对经营风险和财务风险进行全面防范和控制。

7. 内部报告控制

内部报告控制要求单位建立和完善内部报告制度，全面反映经济活动情况，及时提供业务活动中的重要信息，增强内部管理的时效性和针对性。内部报告的格式和种类由各单位根据实际情况自行设计，可以由财会人员负责，也可由财会、业务和管理人员共同完成。内部报告可以是日报、周报、月报、季报、年报等。

8. 电子信息技术控制

电子信息技术控制的内容包括两个方面：

（1）实现内部控制手段的电子信息化，尽可能地减少和消除人为操纵的因素，由人工管理、人工控制升级为计算机、网络管理和控制。

（2）对电子信息系统的控制。具体来讲，既要加强对系统开发、维护人员的控制，还要加强对数据和文字输入、输出、保存等有关人员的控制，保障电子信息系统及网络的安全。

（五）单位负责人在内部会计监督中的职责

《会计法》规定："单位负责人应当保证会计机构、会计人员依法履行职责，不得授意、指使、强令会计机构、会计人员违法办理会计事项。"同时规定："单位负责人对本单位的会计工作和会计资料的真实性、完整性负责。"其基本要求有以下几个方面：

（1）单位负责人必须委托、授权会计机构和会计人员依法履行职责，按章办事，严格把关，及时向外部会计报告使用者提供真实、完整的会计信息，并对此承担法律责任。

（2）单位负责人有责任和义务建立健全的内部会计监督制度，并确保其有效地发挥作用。

（3）单位负责人必须以身作则，带头遵纪守法，不能干预、阻挠会计机构和会计人员依法履行职责，更不能授意、指使、强令会计机构、会计人员违法办理会计事项。

（六）会计机构和会计人员在单位内部会计监督中的职权

《会计法》规定了会计机构和会计人员在单位内部会计监督中具有以下职权：

（1）会计机构、会计人员对违反《会计法》和国家统一的会计制度规定的会计事项，有权拒绝办理或按照职权予以纠正。

会计机构、会计人员有权拒绝办理或纠正违法会计事项。这一职权的行使是《会计法》、国家统一的会计制度和单位内部规章制度赋予的。会计机构、会计人员作为具体履行会计业务的职能部门和人员，应熟悉会计业务及相关法规、制度，了解会计事项合法的界限。因此，在处理会计业务的过程中严格把关、实行监督，可以有效防止违法会计行为的发生，这也是单位负责人的会计责任得以具体落实的重要措施。会计机构、会计人员不行使或不认真行使这一职权，或其他人员阻挠会计机构、会计人员行使这一职权，都是违法或违规行为，单位负责人应当加以制止和纠正，有关管理部门也有权加以干预。

小资料

会计机构、会计人员有权拒绝办理或按照职权纠正违法会计事项，同时，还应加强对本单位财产物资的监督和管理。

（2）会计机构、会计人员发现会计账簿记录与实物、款项及有关资料不相符的，按照国家统一的会计制度的规定有权自行处理的，应当及时处理；无权处理的，应当立即向单位负责人报告，请求查明原因并做出处理。

（七）货币资金管理

单位应当对货币资金收支和保管业务建立严格的授权批准制度，办理货币资金业务的不相容岗位应当分离，相关机构和人员应当相互制约，确保货币资金的安全。

1. 岗位分工及授权批准

单位应当建立货币资金业务的岗位责任制，明确相关部门和岗位的职责权限，确保办理货币资金业务的不相容岗位相互分离、制约和监督。出纳人员不得兼任稽核、会计档案保管和收入、支出、费用、债权、债务账目的登记工作。单位不得由一人办理货币资金业务的全过程，应当配备合格的人员，并根据单位具体情况进行岗位轮换。

单位应当对货币资金业务建立严格的授权批准制度，明确审批人员对货币资金业务的授权批准方式、权限、程序、责任和相关控制措施，规定经办人员办理货币资金业务的职责范围和工作要求。审批人员应当根据货币资金授权批准制度的规定，在授权范围内进行审批，不得超越审批权限。否则，经办人员有权拒绝办理，并及时向审批人员的上级授权部门报告。

单位应当按照规定的程序办理货币资金支付业务，主要有以下四步：

（1）支付申请。单位有关部门或个人用款时，应当提前向审批人员提交货币资金支付申请，注明款项的用途、金额、预算、支付方式等内容，并附上有效经济合同或相关证明。

（2）支付审批。审批人员根据其职责、权限和相应程序对支付申请进行审批，对不符合规定的货币资金支付申请，审批人员应当拒绝批准。

（3）支付复核。复核人员应当对批准后的货币资金支付申请进行复核，复核货币资金支付申请的批准范围、权限、程序是否正确，手续及相关单证是否齐备，金额计算是否准确，支付方式、支付单位是否妥当等。复核无误后，交由出纳人员办理支付手续。

（4）办理支付。出纳人员应当根据复核无误的支付申请，按规定办理货币资金支付手续，及时登记现金日记账和银行存款日记账。

对于重要的货币资金支付业务，应当实行集体决策和审批，并建立责任追究制度，防范贪污、侵占、挪用货币资金等行为。严禁未经授权的机构或人员办理货币资金业务或直接接触货币资金。

2. 货币资金管理制度

（1）单位应当加强现金库存限额的管理，超过库存限额的现金应及时存入银行。

（2）单位必须根据《现金管理暂行条例》的规定，结合本单位的实际情况，确定本单位现金的开支范围。不属于现金开支范围的业务应当通过银行办理转账结算。

（3）单位现金收入应当及时存入银行，不得用于直接支付自身的支出。因特殊情况需要坐支现金的，应事先报经开户银行审查批准。单位借出款项必须执行严格的授权批准程序，严禁擅自挪用、借出货币资金。

（4）单位取得的货币资金收入必须及时入账，不得私设“小金库”，不得账外设账，严禁收款不入账。

（5）单位应当严格按照《支付结算办法》等有关国家规定，加强银行账户的管理，严格按照规定开立账户，办理存款、取款和结算。单位应当定期检查、清理银行账户的开立及使用情况，发现问题应及时处理。单位应当加强对银行结算凭证的填制、传递及保管等环节的管理与控制。

（6）单位应当严格遵守银行结算纪律，不准签发没有资金保证的票据或远期支票，套取银行信用。不准签发、取得和转让没有真实交易和债权债务的票据，套取银行和他人资金。不准无理由拒绝付款，任意占用他人资金。不准违反规定开立和使用银行账户。

（7）单位应当指定专人定期核对银行账户，每月至少核对1次，并编制银行存款余额调节表，使银行存款账面余额与银行对账单调节相符。如调节不符，则应查明原因并及时处理。

（8）单位应当定期和不定期地进行现金盘点，确保现金账面余额与实际库存相符。发现不符，应及时查明原因并做出处理。

3. 票据及有关印章的管理

（1）单位应当加强与货币资金相关的票据的管理，明确各种票据的购买、保管、领用、背书转让、注销等环节的职责权限和程序，并专设登记簿进行记录，防止空白票据遗失或被盗用。

（2）单位应当加强银行预留印鉴的管理。财务专用章应由专人保管，个人名章必须由本人或其授权人员保管。严禁一人保管支付款项所需的全部印章。种类印章必须分处存放、分人保管，严禁将自己保管的印章交他人使用或交他人保管。种类印章应严格按照规定的业务范围和批准程序使用，印章保管人应负监印责任。

4. 监督检查

（1）单位应当建立对货币资金业务的监督检查制度，明确监督检查机构或人员的职责权限，定期和不定期地进行检查。

（2）货币资金监督检查的内容主要包括以下四个方面：①货币资金业务相关岗位及人员的设置情况，重点检查是否存在货币资金业务不相容职务混岗的现象。②货币资金授权批准制度的执行情况，重点检查货币资金支出的授权批准手续是否健全，是否存在越权审批行为。③支付款项印章的保管情况，重点检查是否存在办理付款业务所需的全部印章由一人保管的现象。④票据的保管情况，重点检查票据的购买、领用、保管手续是否齐全，票据保管是否存在漏洞。

（3）对监督检查过程中发现的货币资金内部控制中的薄弱环节，应当及时采取措施，加以纠正和完善。

（八）实物资产内部管理

单位应当建立实物资产管理的岗位责任制度，对实物资产的验收入库、领用、发出、盘点、保管及处置等关键环节进行控制，防止各种实物资产被盗、毁损和流失。

1. 存货核算业务的会计控制方法

由于存货的变现能力较强，因此对存货的管理应较为严格，除了在库房管理中做到存货码放整齐，不同种类的存货分开摆放，挂有标牌，明确列示出存货规格、型号、出入库时间，并有领料人员、送料人员、库管人员签字确认外，还应当严格权责分离制度，从以下四个方面进行控制：

（1）对存货的效益进行监督与控制。包括对存货实际储存情况与最佳储备量之间的差距、经济订货批量与消耗存货实际数据的对比偏差、最低储备量与实际生产消耗需求之间的差距、存货资金合理运用的效果，以及运用比重的情况（储备资金占用、在产品资金占用、产成品资金占用）进行控制和评价等。

（2）对存货收发制度进行的控制。包括对仓储部门的机构设置情况、工作效率、管理存货措施的有效性、验收存货制度的完善性、入库手续的完备性、委托加工业务核算信息的准确性、产成品完工入库的文件资料、存货发出及领用情况、限额发料制度、发放依据、质量标准、发放数量、及时性等内容进行控制。

（3）对存货保管制度进行的控制。要求对控制系统的合理性及保管方法的适当性进行评价，对保管工作流程的实效性进行测试，对实际盘点制度的落实情况进行分析。

（4）对存货使用效益进行控制评价。包括对存货资金的利用效果、对原材料节约效率指标以及存货全行业比较分析等内容进行评价。

2. 固定资产核算业务的会计控制方法

固定资产是企业主要生产能力的体现，固定资产核算业务应考虑以下固定资产业务内部控制要点：

（1）职务分离制度。各种资产需求应由使用部门提出；资产请购或建造的审批人员应同请购或建造要求提出者分离；资本预算的复核审批人员应独立于资本预算的编制人员；固定资产的验收人员应同采购或承建人员、款项支付人员职务上分离；资产使用或保管人员不能同时担任资产的记账工作；资产盘查工作不能只有使用人员、保管人员或者负责记账的人员来执行，应有独立于这些人员的第三者参加；资产报废的审批人员不能同时是资产报废通知单的编制人员。

（2）资本支出预算制度。资本支出预算是根据使用部门对财产的需求来编制的。内部控制程序要求使用部门首先提出某种书面申请，并详细说明技术和经济上的理由。而这一申请是否合理，必须通过资本支出预算的分析才能确定。

资本支出预算的批准程序应加以严格的控制。首先，资本支出预算的编制者应同该预算的审批者适当分离。其次，应由独立的人员对资本支出预算的各种数据和其依据资料及其预算的意见进行复核。最后，对于预算金额较大或对企业未来经营状况有重大影响的投资项目，企业管理者还应请与投资利益无关的第三者，如专门的咨询机构、专业技术人员、注册会计师等来对有关的资本支出预算进行研究和评价。

（3）固定资产取得的控制制度。在企业的控制制度中，技术质量要求较高、费用支出较大的设备购货合同，应该由采购专家、工程师、生产人员、律师和成本会计师组成的小组进行审查；对自制或自建的设备，应由项目的审批人员签发工作通知单，生产或建造部门应按工作通知单进行制造或施工。在验收制度方面，控制制度应当规定，购入的设备必须经过使用部门工程师的检查，并在收货报告单上签字同意。对于通过建造或需通过安装取得的设备，在建造或安装过程中应指定专门的人员监督建造或安装的进度、数量和质量，并按需求和条件的许可做各种技术测试工作。

（4）固定资产记录和入账的控制制度。固定资产应分类设置各种账户分别记录，并附有单独的卡片或表单。

（5）固定资产折旧控制制度。折旧的会计处理应在公认的会计准则下进行，必须合理地确定资产的取得成本、有效寿命和残值。

（6）固定资产盘点制度。定期盘点固定资产是保护财产的必要控制手段。企业应由负责保管、记账等不同职能的人员以及与设备无关的人员组成小组定期盘查固定资产的实存情况，盘点的结果应记录在工厂设备盘查清单上，盘点人员（一般要求两人以上）应在盘查清单上签字。

（7）固定资产的报废和清理制度。企业应制定严格的程序来处置固定资产，在未经审批之前不得擅自处理。首先应编制财产报废清理通知单。其次，固定资产报废应按其性质和金额，由不同层次的管理人员审批。

三、会计工作的政府监督和社会监督

（一）会计工作的政府监督

1. 会计工作的政府监督的概念

会计工作的政府监督，主要是指财政部门代表国家对各单位和单位中相关人员的会计行为实施监督检查，以及对发现的违法会计行为实施行政处罚。会计工作的政府监督是一种外部监督，是我国会计监督体系的一个重要方面，它与会计工作的社会监督以及单位内部实行的会计监督是相辅相成的。

2. 会计工作的政府监督的主体

《会计法》第七条规定：“国务院财政部门主管全国的会计工作。县级以上地方各级人民政府财政部门管理本行政区域内的会计工作。”这是《会计法》授予的财政部门对各单位会计工作行使的管理权和监督权。因此，财政部门是《会计法》的执法主体，是会计工作的政府监督的实施主体。这里所说的财政部门，是指国务院财政部门、国务院财政部门的派出机构和县级以上人民政府财政部门。

小资料

财政部门对各单位会计工作行使监督权，对违法会计行为实施行政处罚。

此外，审计、税务、人民银行、证券监管、保险监管等部门依照有关法律、行政法规规定的职责和权限，对相关单位会计资料实施的监督检查也属于会计工作的政府监督的范畴。

3. 财政部门实施会计监督的对象和范围

（1）根据《财政部门实施会计监督办法》的规定，财政部门实施会计监督检查的对象是会计行为，并对发现的有违法会计行为的单位和个人实施行政处罚。违法会计行为是指公民、法人和其他组织违反《会计法》和其他有关法律、行政法规、国家统一的会计制度的行为。

（2）根据《会计法》第三十二条及《财政部门实施会计监督办法》的规定，财政部门可以依法对各单位的下列事项实施监督：

1）是否依法设置会计账簿。

2）会计凭证、会计账簿、财务会计报告和其他会计资料是否真实、完整。

3）会计核算是否符合《会计法》和国家统一的会计制度的规定。

4）从事会计工作的人员是否具备专业能力、遵守职业道德。

注意

请注意掌握财政部门实施会计监督具体包括的内容。

（二）会计工作的社会监督

1. 会计工作的社会监督的概念

会计工作的社会监督，主要是指由注册会计师及其所在的会计师事务所依法对受托单位的经济活动进行审计、鉴证的一种监督制度。此外，单位和个人检举违反《会计法》和国家统一的会计制度规定的行为，也属于会计工作的社会监督的范畴。

会计工作的社会监督以其特有的中介性和公正性而得到法律的认可，具有很强的权威性和公正性。从发展社会主义市场经济的要求出发，必须充分发挥注册会计师在社会经济生活中的监督和服务作用。

2. 注册会计师及其会计师事务所的监督

注册会计师是依法取得注册会计师资格证书并接受委托从事审计和会计咨询、会计服务业务的执业人员。会计师事务所是依法设立并承办注册会计师业务的机构。

根据《注册会计师法》第十四条的规定，注册会计师及所在的会计师事务所依法承办下列审计业务：①审查企业会计报表，出具审计报告。②验证企业资本，出具验资报告。③办理企业合并、分立、清算事宜中的审计业务，出具有关的报告。④法律、行政法规规定的其他审计业务。

为规范会计行为，保证会计信息质量的要求，《会计法》对注册会计师的审计业务做出了相关的规定，目的在于约束注册会计师审计业务的相关单位和人员。《会计法》第三十一条规定："有关法律、行政法规规定，须经注册会计师进行审计的单位，应当向受委托的会计师事务所如实提供会计凭证、会计账簿、财务会计报告和其他会计资料以及有关情况。任何单位或者个人不得以任何方式要求或者示意注册会计师及其所在的会计师事务所出具不实或者不当的审计报告。财政部门有权对会计师事务所出具审计报告的程序和内容进行监督。"其基本要求有以下几个方面：

（1）委托注册会计师审计的单位应当如实提供会计资料。注册会计师开展审计业务，只能依据委托人提供的会计资料和有关情况，按照规定的审计规则、审计程序进行。如果委托人不予配合，甚至隐瞒事实、提供虚假的会计资料，注册会计师的审计业务就无法开展，出具的审计报告就无法达到客观公正的要求。因此，应当如实提供会计资料和有关情况，这是委托人的法定责任和义务。

（2）任何单位或者个人不得干预注册会计师独立开展审计业务。注册会计师开展审计业务，有既定的规则、程序，出具的审计报告有法律效力，由注册会计师及其会计师事务所承担法律责任。为了发挥注册会计师在经济活动中的审计作用，要求其必须按照法定规则和职业判断做出客观、公正的审计结论，否则，将承担由此带来的法律责任。同时，也要求其在执业过程中不受外界的干扰和左右，外界也不应违法干预注册会计师的审计业务，否则也将承担法律责任。

在实际生活中，违法干预、干扰注册会计师审计业务的现象比较突出，来自委托人、投资者、债务人甚至政府部门的少数人，示意、胁迫注册会计师出具不实、不当的审计报告，严重干扰了注册会计师审计业务的正常进行，致使虚假审计报告泛滥，损害了社会公众利益和投资者权益，破坏了社会经济秩序。因此，任何单位或者个人不得以任何方式要求或者示意注册会计师及其会计师事务所出具不实或者不当的审计报告。

（3）财政部门有权对会计师事务所出具审计报告的程序和内容进行监督。《注册会计师法》第五条规定："国务院财政部门和省、自治区、直辖市人民政府财政部门，依法对注册会计师、会计师事务所和注册会计师协会进行监督、指导。"它明确规定了我国注册会计师及其会计师事务所的统一监管体制。财政部门有权对会计师事务所出具审计报告的程序和内容进行监督，这是对社会中介组织监督职能的再监督，其目的是形成制约机制，更好地保证和促进会计师事务所依法履行职责。

第二节 会计档案管理

"案例导入"中，杨云超指使他人烧毁企业的财务流水账、凭证等会计资料，这种行为显然是违法的。那么，在一个企业的会计核算中，究竟哪些会计资料是属于会计档案而需要被保存下来呢?

一、会计档案的内容与特点

1. 会计档案的内容

会计档案是指会计凭证、会计账簿和财务会计报告等会计核算的专业材料，是记录和反映单位经济业务的重要史料和证据。它一般包括会计凭证、会计账簿、财务报告及其他会计资料等会计核算的专业材料，具体包括以下内容。

（1）会计凭证：会计凭证，包括原始凭证、记账凭证。

（2）会计账簿：总账、明细账、日记账、固定资产卡片以及其他辅助性账簿。

（3）财务会计报告：月度、季度、半年度、年度财务会计报告。

（4）其他会计资料：银行存款余额调节表、银行对账单、纳税申报表、会计档案移交清册、会计档案保管清册、会计档案销毁清册、会计档案鉴定意见书及其他具有保存价值的会计资料。

会计档案对于单位总结经济工作，指导单位的生产经营和事业管理，查验经济财务问题，防止贪污舞弊，研究经济发展的方针、战略都具有重要作用。因此，各单位必须加强对会计档案的管理，确保会计档案资料的安全和完整，并充分加以利用。

会计档案是在会计活动中形成的，它根源于具有合法地位的会计机构和会计人员所进行的会计职能活动；会计档案不同于一般的文献资料它是在日常会计核算中形成的，不是另外收集材料事后编写的；不是所有的资料都可以转化为会计档案，只有在会计核算活动中形成的会计凭证、会计账簿、财务会计报告以及其他会计核算的专业材料才属于会计档案，其他诸如预算、计划、会计工作总结、统计资料则不属于会计档案；会计档案是按照一定规律集中保存起来的。

2. 会计档案的特点

（1）专业性。会计档案是会计核算的产物，其内容直接反映企业、事业机关等单位各项经济活动的财务收支情况，因此具有较强的专业性。

（2）广泛性。凡是实行独立经济核算的单位，都会形成会计档案，因此具有广泛性。

（3）严密性。会计档案是在会计核算过程中利用会计专门的方法经过连续、系统、完整的记录、计算、反映和监督而形成的，因此具有较强的严密性。

（4）记录性。会计档案在其形成过程中，主要是对经济活动财务收支进行价值量的记录和描述，以数字和经济、会计指标体系记录经济活动，反映经济活动和财务收支本质的变化。

二、会计档案的种类和作用

（一）会计档案的种类

会计档案在国家档案卷宗中从属于社会管理类或专门档案类，主要有两种分类方式：

1. 按管理期限分类

按管理期限，会计档案可划分为永久性会计档案和定期会计档案。

会计档案的保管期限分为永久和定期两类。定期保管期限又分为10年和30年。会计档案的保管期限，从会计年度终了后的第一天算起。

2. 按载体形式分类

按载体形式，会计档案可划分为会计凭证类、会计账簿类、财务报告类和其他类。

（1）会计凭证类包括原始凭证、记账凭证、汇总凭证和其他会计凭证。

（2）会计账簿类包括总账、明细账、日记账、固定资产卡片、辅助账簿和其他会计账簿。

（3）财务报告类包括月度、季度和年度财务会计报告，还包括会计报表、附表、附注及文字说明与其他财务报告。

（4）其他类包括银行存款余额调节表、银行对账单、其他应当保存的会计核算专业资料、会计档案移交清册、会计档案保管清册和会计档案销毁清册。

（二）会计档案的作用

会计档案具有史料和查证的作用。主要表现在以下四个方面：

（1）会计档案可以检查单位的经济活动和财务收支情况，了解单位开展经济业务、办理会计手续、进行会计核算以及执行会计制度的情况。

（2）会计档案可以提供比较详细、完整的经济、技术资料，从而更好地进行会计分析等项工作，对国家制定宏观经济政策以及具体经济部门的经济决策具有重要的参考价值。

（3）会计档案可以比较详细地反映出一个单位会计基础工作的一些情况。同时，会计档案也是清理债权债务、解决经济纠纷、打击经济犯罪以及处理财会事务的重要依据。

（4）会计档案对经济科学研究有重要的史料价值。会计档案可以为国家完善会计制度提供借鉴，国家有关部门在制定、完善会计制度时，可以通过查阅、研究、分析会计档案，找出现行会计制度中需要进一步改进的地方，从而采取有针对性的措施加以完善。

三、会计档案的管理

（一）会计档案管理的内容

《会计档案管理办法》明确规定，各单位应依法保管好本单位的会计档案，并做好以下有关会计档案的管理工作：

（1）各单位必须加强对会计档案管理工作的领导，建立会计档案的立卷、归档、保管、查阅和销毁等管理制度，保证会计档案妥善保管、有序存放、方便查阅，严防毁损、散失和泄密。

（2）各单位每年形成的会计档案，应当由会计机构按照归档要求，负责整理立卷，装订成册，编制会计档案保管清册。

当年形成的会计档案，在会计年度终了后，可由单位会计管理机构临时保管一年，期满之后，应当由会计机构编制移交清册，移交本单位档案机构统一保管；未设立档案机构的，应当在会计机构内部指定专人保管。出纳人员不得兼管会计档案。

移交本单位档案机构保管的会计档案，原则上应当保持原卷册的封装。个别需要拆封重新整理的，档案机构应当会同会计机构和经办人员共同拆封整理，以分清责任。

（3）各单位保存的会计档案不得借出，如有特殊需要，经本单位负责人批准，可查阅或者复制，并须办理登记手续。查阅或者复制会计档案的人员，严禁在会计档案上涂画、拆封和抽换。各单位应当建立健全的会计档案查阅、复制登记制度。

（4）采用计算机进行会计核算的单位，应当保存打印出的纸质会计档案。具备采用磁带、磁盘、光盘、缩微胶片等磁性介质保存会计档案条件的，由国务院业务主管部门统一规定，并报财政部、国家档案局备案后，方可采用磁性介质保存会计档案。

（5）我国境内所有单位的会计档案不得携带出境。驻外机构和境内单位在境外设立的企业(简称境外单位)的会计档案，应当按照国家有关规定进行管理。

（二）会计档案的整理

会计档案的整理工作是保存和利用会计档案的前提。会计档案的整理要求做到归档按范围、装订按标准、整理按规范，必须认真对待。

小资料

会计档案的整理

会计凭证的整理和归档。
会计账簿的整理和装订。
财务会计报告的整理和装订。
其他会计资料的整理。

1. 会计凭证的整理和归档

会计凭证是会计档案的重要组成部分，必须做到装订整齐、完整、牢固，应妥善保管且便于查阅。

（1）会计凭证的整理。会计凭证一般每月装订一次，装订好的凭证按年、月次序妥善保管归档。会计凭证装订前要做的准备工作如下：

1）分类整理，按顺序排列，检查编号是否齐全，有无颠倒和缺号。

2）按凭证汇总日期归集，确定装订成册的本数。

3）剔除凭证内的金属物，将附件与会计凭证折叠一致，且要避开装订线，以便翻阅。

4）检查附件有无漏缺。

5）检查记账凭证上有关人员的印章是否齐全。

会计凭证整理完毕后，加具封面、封底并装订成册，应保证装订牢固、美观大方。

（2）会计凭证的归档。会计凭证整理装订完毕后，应逐项填写会计凭证装订封面，如图3-1所示。它是事后查账和查证有关事项最基础的索引和凭证，要认真对待。然后，将装订好的凭证装盒归档，由专人负责保管。

年 月 份 第 册	（企业名称） **会计凭证装订封面** 年　月份共　册第　册 收款 付款　凭证第　号至　号共　张 转账 附：原始凭证　张 会计主管：　保管：

图3-1　会计凭证装订封面

2. 会计账簿的整理和装订

(1) 会计账簿的整理。各种会计账簿在年度终了结转下年建新账后，应将旧账集中统一整理。账簿装订前，首先按账簿启用表的使用页数核对各个账户是否相符、账页数是否齐全、序号排列是否连续，然后按会计账簿封面、账簿启用表、账户目录、按页码顺序排列的账页、会计账簿装订封底的顺序装订。

(2) 会计账簿的装订和归档。对于活页账簿，装订时应注意保留已使用过的活页账页，将账页数填写齐全，加具封面、封底，装订成册，并应按同类业务、同类账页装订，在账簿的封面上填写好账目的种类，编好卷号，并由会计主管人员和装订人员（经办人员）签章。账簿装订后应牢固、平整。

各种账簿要按照会计科目顺序排列，逐本在“会计档案（会计账簿）封面”上登记，并认真填写封面的有关内容，以方便保存和使用。

3. 财务会计报告的整理和装订

(1) 财务会计报告的整理。财务会计报告一般在年度终了后，由专人（主管报表人员或财会机构负责人员）统一收集、整理、装订并立卷归档。月、季度报表由主管人员负责保存，年终按时间顺序，将全年财务会计报告各表格整理装订成册，并登记“会计档案（财务会计报告）目录”，逐项写明报表名称、页数和归档日期，经财会机构负责人员审核、盖章后，交由主管报表人员负责装盒归档。

(2) 财务会计报告的装订。财务会计报告装订时要注意：①会计报表装订前要按编报目录核对是否齐全，整理报表页数，如有损坏部位，修补完整后进行装订。②财务会计报告按封面、编制说明、以会计报表编号顺序排列的报表、封底的先后顺序装订。③按保管期限编制卷号。

4. 其他会计资料的整理

其他会计资料，包括年（季）度成本利润计划、月度财务收支计划、经济活动分析报告、工资计算表及一些重要的经济合同，都要随会计档案进行收集整理与筛选，将需要移交档案部门保管存放的，按要求另行立卷装订移交；不需存档移交的资料，由财会部门保存。

（三）会计档案的保管和利用

1. 会计档案的保管

(1) 会计档案的保管方法。由于自然的和社会的各种原因，会计档案始终处于渐进性的自毁过程中，为延长会计档案的寿命，长远地利用它，必须采取保护措施，这就形成了会计档案的保管。

1）要严格执行安全和保密制度。所谓安全，就是使会计档案完好无缺，即不丢失、不破损、不霉烂及不被虫蛀等。为此，会计档案应选择在防尘、防虫、防潮的地方保管，远离易燃品，应备有适宜的防火器材，设置归档登记簿、档案目录登记簿、档案借阅登记簿。会计电算化档案保管要实行防盗、防磁等安全措施。所谓保密，就是指会计档案的信息不能超过规定传递的范围。保密制度包括接受会计档案信息的范围、对象，利用会计档案的程序、方法，以及各环节保密的责任等。

2）要严格执行检查、保管制度。会计档案要由专人保管，有关单位、人员要定期或不定期地检查保存情况，要严格按照规定的技术方法处理档案保存中出现的问题。

（2）会计档案的保管期限。不同的会计档案发挥作用的时期是不一样的。因此，各类会计档案的保管期限也不相同。会计凭证作为经济活动的原始记录，是会计档案的重要组成部分。会计账簿和会计报告(决算报告除外)是根据会计凭证登记和编制的。各类会计档案的保管期限是国家统一规定的，各单位不得擅自变更。企业和其他组织的会计档案保管期限，见表3-1。

表3-1 企业和其他组织的会计档案保管期限

序号	档案名称	保管期限	备注
一	会计凭证		
1	原始凭证	30年	
2	记账凭证	30年	
二	会计账簿		
3	总账	30年	
4	明细账	30年	
5	日记账	30年	
6	固定资产卡片		固定资产报废清理后保管5年
7	其他辅助性账簿	30年	
三	财务会计报告		
8	月度、季度、半年度财务会计报告	10年	
9	年度财务会计报告	永久	
四	其他会计资料		
10	银行存款余额调节表	10年	
11	银行对账单	10年	
12	纳税申报表	10年	
13	会计档案移交清册	30年	
14	会计档案保管清册	永久	
15	会计档案销毁清册	永久	
16	会计档案鉴定意见书	永久	

2. 会计档案的利用

会计档案的整理、鉴定和保管的目的都是为了利用。因此，必须重视和加强会计档案的利用工作。会计档案为本单位所利用，原则上不得借出，有特殊需要须经上级主管单位或单位领导、会计主管人员批准。

（1）外部借阅会计档案时，应持有单位正式介绍信，经会计主管人员或单位领导人批准后，方可办理借阅手续。

（2）单位内部人员借阅会计档案时，应经会计主管人员或单位领导人批准后，办理借阅手续。

（3）借阅人应认真填写档案借阅登记簿，将借阅人姓名、单位、日期、数量、内容和归还日期等情况登记清楚。

（4）借阅会计档案人员不得在案卷中乱画标记、拆散原卷册，也不得涂改、抽换、携带外出或复制原件，有特殊需要的，要经有关部门批准后方能携带外出或复制原件。

（5）借出的会计档案，会计档案管理人员要按期如数收回，并办理注销借阅手续。

（四）会计档案的销毁

会计档案保管期满需要销毁的，除特殊规定外，可以按照规定程序予以销毁。销毁的基本程序和要求有以下几个方面：

小资料

会计档案的销毁必须编制会计档案销毁清册，还应有专人负责监销。

1. 编制会计档案销毁清册

会计档案保管期满需要销毁的，由本单位档案部门会同财会部门提出销毁意见，填写会计档案销毁审批表(见表3-2)，同时编制会计档案销毁清册(见表3-3)，须列明销毁会计档案的名称、卷号、册数、起止年度和档案编号、应保管期限、已保管期限、销毁日期等内容。单位负责人、档案管理机构负责人、会计管理机构负责人、档案管理机构经办人、会计管理机构经办人应当在会计档案销毁清册上签署意见。

表3-2　会计档案销毁审批表

销毁会计档案意见	账簿卷(册)数	凭证卷(册)数	备　注
鉴定单位领导小组负责人			年　月　日
主管负责人批示			年　月　日
监销人			年　月　日

表3-3　会计档案销毁清册

顺序号	类　别	案卷号	案卷题名	起止日期	页　数	保管期限	已保管年数	备　注

2. 专人负责监销

销毁会计档案时，应当由单位的档案部门和财会部门共同派人监销；国家机关销毁会计档案时，还应当有同级财政、审计部门派人监销；各级财政部门销毁会计档案时，应当由同级审计部门派人监销。

监销人在销毁会计档案前应按照会计档案销毁清册所列内容，清点核对所要销毁的会计档案。销毁后，监销人应当在会计档案销毁清册上签名或签章，并将监销情况报告本单位负责人。

电子会计档案的销毁还应当符合国家有关电子档案的规定，并由单位档案管理机构、会计管理机构和信息系统管理机构共同派员监销。

3. 不得销毁的会计档案

对于保管期满但未结清债权债务的原始凭证和涉及其他未了事项的原始凭证，不得销毁，纸质会计档案应当单独抽出立卷，电子会计档案单独转存，保管到未了事项完毕时为止。单独抽出立卷或转存的会计档案，应当在会计档案鉴定书、会计档案销毁清册和会计档案保管清册上列明。另外，正在项目建设期间的建设单位，其保管期满的会计档案也不得销毁。

注 意

请注意，不是所有到期的档案都可以销毁。

（五）会计档案的交接

会计档案是记录和反映单位开展经济业务活动的重要历史资料和证据。在单位发生合并、分立、终止等事项时，必须保证会计档案不致散失。

（1）单位因撤销、解散、破产或者其他原因而终止的，在终止和办理注销登记手续之前形成的会计档案，按照国家档案管理的有关规定处置。

（2）单位分立后原单位存续的，其会计档案应当由分立后的存续方统一保管，其他方可查阅、复制与其业务相关的会计档案；单位分立后原单位解散的，其会计档案应当经各方协商后由其中一方代管或移交档案馆代管，各方可查阅、复制与其业务相关的会计档案。单位分立中未结清的会计事项所涉及的原始凭证，应当单独抽出由业务相关方保存，并按规定办理交接手续。

单位因业务移交其他单位办理而涉及的会计档案，应当由原单位保管，承接业务单位可查阅、复制与其业务相关的会计档案，对其中未结清的会计事项所涉及的原始凭证，应当单独抽出由业务承接单位保存，并按规定办理交接手续。

（3）单位合并后原各单位解散或一方存续其他方解散的，原各单位的会计档案应当由合并后的单位统一保管；单位合并后原各单位仍存续的，其会计档案仍应由原各单位保管。

（4）建设单位在项目建设期间形成的会计档案，应当在办理竣工财务决算后移交给建设项目的接收单位，并按规定办理交接手续。

（5）单位之间交接会计档案的，交接双方应当办理会计档案交接手续。移交会计档案的单位，应当编制会计档案移交清册，列明应当移交的会计档案名称、卷号、册数、起止年度、档案编号、应保管期限和已保管期限等内容。

交接会计档案时，交接双方应当按照会计档案移交清册所列内容逐项交接，并由交接双方的单位有关负责人负责监交。交接完毕后，交接双方经办人和监交人应当在会计档案移交清册上签名或者盖章。

电子会计档案应当与其元数据一并移交，特殊格式的电子会计档案应当与其读取平台一并移交。

（6）单位内部会计档案移交。当年形成的会计档案，在会计年度终了后，可由单位会计管理机构临时保管一年，再移交单位档案管理机构保管。因工作需要确需推迟移交的，应当经单位档案管理机构同意。单位会计管理机构临时保管会计档案最长不超过三年，且出纳人员不得兼管会计档案。

单位会计管理机构在办理会计档案移交时，应当编制会计档案移交清册，并按照国家档案管理的有关规定办理移交手续。纸质会计档案移交时应当保持原卷的封装。电子会计档案移交时应当将电子会计档案及其元数据一并移交，且文件格式应当符合国家档案管理的有关规定。特殊格式的电子会计档案应当与其读取平台一并移交。

四、会计档案的查阅及管理部门

1. 会计档案的查阅

单位应当严格按照相关制度利用会计档案，在进行会计档案查阅、复制、借出时履行登记手续，严禁篡改和损坏。

单位保存的会计档案一般不得对外出借。确因工作需要且根据国家有关规定必须借出的，应当严格按照规定办理相关手续。

2. 会计档案的管理部门

（1）县级人民政府财政部门和档案行政管理部门管理本行政区域内的会计档案工作。

（2）单位的会计机构或会计人员所属机构（以下统称单位会计管理机构）按照归档范围和归档要求，负责定期将应当归档的会计资料整理立卷、编制会计档案保管清册。

第三节 会计法律责任

一、会计法律责任的概念

会计法律责任是指违反《会计法》和其他相关法律的规定，实施会计违法行为，破坏正常的会计秩序的单位或个人根据法律规定应当承担的法律后果。

会计法律责任有广义与狭义之分。广义的会计法律责任是指单位或个人在生成和提供会计信息的过程中，因违反会计法律规范所应承担的法律责任。会计法律规范不仅包括《会计法》及会计准则、会计制度中的会计行为规范，还包括其他相关经济法律法规中有关会计事项的规定。对会计人员或者其他人员利用虚假会计资料进行贪污、挪用等侵吞公、私财产构成《刑法》规定的犯罪需要承担刑事责任的，也属于广义的会计法律责任的范畴。狭义的会计法律责任仅指《会计法》所规定的法律责任形式。

二、会计法律责任的形式

根据我国法律的规定，违法者应当承担的法律责任，按其性质可分为民事责任、行政责任和刑事责任三种形式。相应地，会计法律责任也表现为这三种形式。

1. 民事责任

所谓会计民事责任，是指单位、会计服务机构及有关会计人员因会计违法行为或者违反合同约定的行为所应承担的损害赔偿责任。

在我国，长期以来民事责任在会计法律责任形式体系中的地位并不突出，《会计法》也没有就会计民事责任的有关内容做出明确规定。然而，随着社会主义市场经济的发展，以及我国加入世界贸易组织后会计服务领域的开放，平等主体间的会计关系越来越多，单位、会计服务机构及有关会计人员

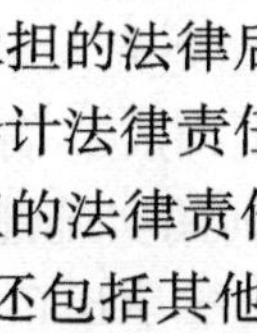

民事责任、行政责任、刑事责任构成我国会计法律责任的形式。

的违法或违约行为往往会造成对方巨大的经济损失，所以不仅要追究责任人的行政责任或刑事责任，还要追究其民事责任以弥补当事人因此所受的损失，这样才能达到社会公平的目的。

2. 行政责任

行政责任是我国会计法律责任的主要形式，它是指行为人因违反会计法律规范所应当承担的行政法律后果。追究行政责任的机构为法律所规定的行政执法机构。行政责任具体分为行政处罚与行政处分。

行政处罚是指由特定的行政机关基于行政管理职权，对违反会计法律规范所规定的强制性义务或扰乱会计行政管理秩序的人所实施的一种行政制裁措施。《会计法》中的行政处罚措施主要包括责令限期改正、通报批评、罚款、没收违法所得等。

行政处分是国家工作人员违反行政法律规范所应承担的一种行政责任。行政处分包括警告、记过、记大过、降级、撤职和开除六种。

3. 刑事责任

刑事责任是指对严重危害社会秩序的犯罪行为的制裁。会计违法行为如果情节严重，触犯了《刑法》，构成犯罪，则要承担相应的刑事责任。

《刑法》中涉及会计违法行为的犯罪大多属于破坏社会主义市场经济秩序罪。《刑法》分则中“妨害对公司、企业的管理秩序罪”包括大量与会计违法行为有关的罪名，如“虚报注册资本罪”“虚假出资罪”“欺诈发行股票、债券罪”“提供虚假财务报告罪”和“妨害清算罪”等。如果会计人员、单位负责人采用伪造、变造、隐匿、私自销毁会计资料的手段偷逃国家税收，情节严重的，则构成“偷税罪”。

此外，在《刑法》中还有许多利用实施违反会计法律法规的手段来达到不同的犯罪目的的犯罪行为，如贪污、挪用公款、骗取出口退税、对会计人员打击报复、国家工作人员滥用职权、徇私舞弊、玩忽职守、泄露国家秘密和商业秘密等，它们分属不同的罪名，对它们应分别予以定罪、量刑。

三、会计及相关人员的法律责任

违反会计法律制度的违法行为应当承担的法律责任主要有行政责任和刑事责任。《会计法》《企业财务会计报告条例》及相关法律、行政法规、规章做出了相应的规定。

（一）会计机构和会计人员的法律责任

1. 违反国家统一的会计制度行为的法律责任

根据《会计法》第四十二条的规定，违反《会计法》和国家统一的会计制度规定，有下列行为之一的，由县级以上人民政府财政部门责令限期改正，可以对单位并处3 000元以上5万元以下的罚款；对其直接负责的主管人员和其他直接责任人员，可以处2 000元以上2万元以下的罚款；属于国家工作人员的，还应当由其所在单位或者有关单位依法给予行政处分；构成犯罪的，依法追究刑事责任：

（1）不依法设置会计账簿的。

（2）私设会计账簿的。

（3）未按照规定填制、取得原始凭证或者填制、取得的原始凭证不符合规定的。

（4）以未经审核的会计凭证为依据登记会计账簿或者登记会计账簿不符合规定的。

（5）随意变更会计处理方法的。

（6）向不同的会计资料使用者提供的财务会计报告编制依据不一致的。

（7）未按照规定使用会计记录文字或者记账本位币的。

（8）未按照规定保管会计资料，致使会计资料毁损、灭失的。

（9）未按照规定建立并实施单位内部会计监督制度或者拒绝依法实施的监督或不如实提供有关会计资料及有关情况的。

（10）任用会计人员不符合《会计法》规定的。

2. 伪造、变造会计凭证、会计账簿，编制虚假财务会计报告行为的法律责任

根据《会计法》第四十三条的规定，对于伪造、变造会计凭证、会计账簿或者编制虚假财务会计报告的行为，构成犯罪的，依法追究刑事责任。尚不构成犯罪的，由县级以上人民政府财政部门予以通报，可以对单位并处5 000元以上10万元以下的罚款，对其直接负责的主管人员和其他直接责任人员，可以处3 000元以上5万元以下的罚款；属于国家工作人员的，还应当由其所在单位或者有关单位依法给予撤职直至开除的行政处分；对其中的会计人员，五年内不得从事会计工作。

3. 隐匿或者故意销毁依法应当保存的会计凭证、会计账簿、财务会计报告行为的法律责任

根据《会计法》第四十四条的规定，隐匿或者故意销毁依法应当保存的会计凭证、会计账簿、财务会计报告，构成犯罪的，依法追究刑事责任。尚不构成犯罪的，由县级以上人民政府财政部门予以通报，可以对单位并处5 000元以上10万元以下的罚款；对其直接负责的主管人员和其他直接责任人员，可以处3 000元以上5万元以下的罚款；属于国家工作人员的，还应当由其所在单位或者有关单位依法给予撤职直至开除的行政处分；对其中的会计人员，五年内不得从事会计工作。

根据《刑法》第一百六十二条之一的规定，隐匿或者故意销毁依法应当保存的会计凭证、会计账簿、财务会计报告，情节严重的，处5年以下有期徒刑或者拘役，并处或者单处2万元以上20万元以下罚金。单位犯上述罪的，对单位判处罚金，并对其直接负责的主管人员和其他直接责任人员，依照上述的规定处罚。

4. 违反《企业财务会计报告条例》应承担的法律责任

（1）违反《企业财务会计报告条例》的规定，有下列行为之一的，由县级以上人民政府财政部门责令限期改正，对企业可以处3 000元以上5万元以下的罚款；对直接负责的主管人员和其他直接责任人员，可以处2 000元以上2万元以下的罚款；属于国家工作人员的，并依法给予行政处分或者纪律处分：

1）随意改变会计要素的确认和计量标准的。

2）随意改变财务会计报告的编制基础、编制依据、编制原则和方法的。

3）提前或者延迟结账日结账的。

4）在编制年度财务会计报告前，未按照《企业财务会计报告条例》的规定全面清查资产、核实债务的。

5）拒绝财政部门和其他有关部门对财务会计报告依法进行的监督检查，或者不如实提供有关情况的。

（2）企业编制、对外提供虚假的或者隐瞒重要事实的财务会计报告，构成犯罪的，依法追究刑事责任。有上述行为，尚不构成犯罪的，由县级以上人民政府财政部门予以通报，对企业可以处5 000元以上10万元以下的罚款；对直接负责的主管人员和其他直接责任人

员，可以处3 000元以上5万元以下的罚款；属于国家工作人员的，并依法给予撤职直至开除的行政处分或者纪律处分。

（二）单位负责人的法律责任

《会计法》将单位负责人作为会计责任的主体，并不意味着在一切情形下，主要的会计责任都由单位负责人来承担。单位负责人并非直接参与具体的会计处理业务，其对单位会计工作秩序的责任主要是一种领导责任。

（1）授意、指使、强令会计机构、会计人员及其他人员伪造、变造会计凭证、会计账簿，编制虚假财务会计报告或者隐匿、故意销毁依法应当保存的会计凭证、会计账簿、财务会计报告行为的法律责任。根据《会计法》的规定，授意、指使、强令会计机构、会计人员及其他人员伪造、变造会计凭证、会计账簿，编制虚假财务会计报告或者隐匿、故意销毁依法应当保存的会计凭证、会计账簿、财务会计报告，构成犯罪的，依法追究刑事责任；尚不构成犯罪的，可以处5 000元以上5万元以下的罚款；属于国家工作人员的，还应当由其所在单位或者有关单位依法给予降级、撤职、开除的行政处分。

（2）单位负责人对依法履行职责、抵制违反《会计法》规定行为的会计人员实行打击报复的法律责任。根据《会计法》的规定，单位负责人对依法履行职责、抵制违反《会计法》规定行为的会计人员以降级、撤职、调离工作岗位、解聘或者开除等方式实行打击报复，构成犯罪的，依法追究刑事责任。根据《刑法》第二百五十五条的规定，公司、企业、事业单位、机关、团体的领导人，对依法履行职责、抵制违反《会计法》规定行为的会计人员实行打击报复，情节恶劣的，处3年以下有期徒刑或者拘役。

单位负责人对依法履行职责、抵制违反《会计法》规定行为的会计人员实行打击报复，尚不构成犯罪的，由其所在单位或者有关单位依法给予行政处分。对受打击报复的会计人员，应当恢复其名誉和原有职务、级别。

（三）财政部门和有关行政部门的法律责任

1. 财政部门和有关行政部门的会计违法行为

财政、审计、税务、银行监管、证券监管、保险监管等部门依照法律、行政法规规定的职责，对有关单位的会计资料实施监督检查。财政部门和有关行政部门的工作人员是从事会计监督管理的国家工作人员，是执行法律和代表国家行使行政权力的人员，在对各单位的会计工作实施监督管理的过程中，应当严格按照法律、行政法规所规定的职责权限、方式和程序履行职责，要做到忠于职守、秉公执法，否则就会损害国家机关、企事业单位及其他组织的合法权益，玷污法律的尊严，破坏行政机关的形象。因此，对财政部门和有关行政部门的工作人员违法履行职责的行为应当依法处理。

财政部门和有关行政部门的工作人员违法履行职责的行为有以下五种：

（1）玩忽职守。玩忽职守是指财政部门和有关行政部门的工作人员不履行、不正确履行或者放弃履行职责的行为。

（2）滥用职权。滥用职权是指财政部门和有关行政部门的工作人员违反法律规定的职责权限和程序滥用职权或者超越职权的行为。

（3）徇私舞弊。徇私舞弊是指财政部门和有关行政部门的工作人员徇个人私利或者亲友私情而从事玩忽职守、滥用职权的行为。

（4）泄露国家秘密。泄露国家秘密是指财政部门和有关行政部门的工作人员将其掌握或者知悉的国家秘密因故意或过失让不应知悉者知悉的行为。

（5）泄露商业秘密。泄露商业秘密是指财政部门和有关行政部门的工作人员披露、使用或者允许他人使用其在执行公务过程中获取的权利人商业秘密的行为。

2. 财政部门和有关部门对其会计违法行为承担的刑事责任

（1）滥用职权罪和玩忽职守罪。财政部门和有关行政部门的工作人员滥用职权或玩忽职守，致使公共财产、国家和人民利益遭受重大损失的，构成滥用职权罪或玩忽职守罪。对犯该罪的，处3年以下有期徒刑或者拘役；情节特别严重的，处3年以上7年以下有期徒刑。财政部门和有关行政部门的工作人员徇私舞弊，犯上述罪行的，处5年以下有期徒刑或者拘役；情节特别严重的，处5年以上10年以下有期徒刑。

（2）泄露国家秘密罪。国家机关工作人员违反《中华人民共和国保守国家秘密法》的规定，故意或过失泄露国家秘密，情节严重的，处3年以下有期徒刑或者拘役；情节特别严重的，处3年以上7年以下有期徒刑。故意、过失或徇私情、私利泄露他人商业秘密的行为，属于滥用职权、玩忽职守、徇私舞弊行为，如果因其上述行为，致使他人利益遭受重大损失，按滥用职权罪和玩忽职守罪定罪、处罚。

3. 财政部门和有关行政部门对其会计违法行为承担的其他法律责任

财政部门和有关行政部门的工作人员虽有滥用职权、玩忽职守、徇私舞弊及泄露国家秘密、泄露商业秘密的行为，但是情节轻微，危害性不大，按照《刑法》的有关规定，不构成犯罪的，应当依照有关法律、法规的规定，给予行政处分。对有上述违法行为的财政部门和有关行政部门的工作人员，可以由其所在单位、其上级单位或监察部门视情节轻重，给予行政处分。

另外，《会计法》还规定，收到检举的部门和负责处理检举的部门违反规定，将检举人姓名和检举材料给被检举单位和被检举人个人的，由所在单位或有关单位依法给予行政处分。

本章小结

会计监督是经济监督体系的重要组成部分，是会计资料真实性与完整性的重要保证。在我国，已经初步形成了由单位内部会计监督、以财政和审计部门为主的政府监督、以注册会计师为主的社会监督所组成的三位一体的会计监督体系。

会计档案是记录和反映经济业务的重要史料和证据，具有很强的专业性、广泛性、严密性和记录性。单位对每年形成的会计档案，应由会计机构按照归档要求认真整理，并依法定要求保管和利用；对保管期满的会计档案，应按既定的程序予以销毁；在单位发生合并、分立、终止等事项时，应做好会计档案的交接工作。

会计法律责任是指违反《会计法》和其他相关法律的规定，实施会计违法行为，破坏正常的会计秩序的单位或个人根据法律规定应当承担的法律后果。会计法律责任的具体表现形式主要有会计行政责任和会计刑事责任。

社会实践

通过本章的学习，在老师的指导下，搜集相关案例，分角色说一说财会部门的工作人员违法行为的危害，以及会计监督和会计档案管理的重要性。

4

第四章 财政法律制度

学习目的

- 了解预算法律制度的构成。
- 了解国库集中收付制度的概念。
- 了解政府采购法律制度的构成和原则。
- 掌握国家预算的级次和构成、预算管理的职权、预算的组织程序及预算决算的监督。
- 掌握政府采购的执行模式。

案例导入

2016年，上级拨给某县民政局40万元救灾款，该民政局挪用18万元办企业。2017年，上级又拨给救灾款50万元，该民政局挪用41万元投资办企业。两年总计挪用59万元。市财政局接到群众举报，遂对其进行了查处：①追回被侵占、挪用的救灾款59万元；②对该民政局通报批评；③建议对主要责任人员给予行政记过处分，并处以两个月基本工资的罚款。

请问： 挪用救灾款的处罚是否合理？

提示： 本案例主要涉及市财政局对挪用救灾款的县民政局依法享有行政处罚权的问题。国务院《关于加强预算外资金管理的决定》第八条规定："对擅自将财政预算拨款挪作他用或转为有偿使用的，其资金一律追回上缴上一级财政，并相应核减以后年度的财政预算拨款，同时给予有关责任人相应的处分。财政、计划（物价）、银行等部门工作人员在预算外资金管理工作中要忠于职守，秉公办事。对玩忽职守的，由所在单位或上级主管部门给予行政处分。以上违反规定者，情节严重构成犯罪的，要移送司法机关依法追究刑事责任。"国务院《财政违法行为处罚处分条例》第六条规定："国家机关及其工作人员有下列违反规定使用、骗取财政资金的行为之一的，责令改正，调整有关会计账目，追回有关财政资金，限期退还违法所得。对单位给予警告或者通报批评。对直接负责的主管人员和其他直接责任人员给予记大过处分；情节较重的，给予降级或者撤职处分；情节严重的，给予开除处分：①以虚报、冒领等手段骗取财政资金；②截留、挪用财政资金；③滞留应当下拨的财政资金；④违反规定扩大开支范围，提高开支标准；⑤其他违反规定使用、骗取财政资金的行为。”本案例中，某县民政局两次挪用救灾款项，且挪用数目较大，其行为违反了上述法律规定，所以应予以必要的行政处罚。市财政局认定事实清楚，适应法律准确，其处罚是合理的。

第一节 预算法律制度

预算法律制度是指调整国家在进行预算资金的筹措、分配、使用和管理的过程中发生的经济关系的法律规范总称。预算法律制度在财政法律体系中处于核心地位。目前，我国预算法律制度由《中华人民共和国预算法》(以下简称《预算法》)《中华人民共和国预算法实施条例》(以下简称《预算法实施条例》)及有关国家预算管理的其他法律制度构成。

一、预算法律制度的构成

(一)《预算法》

我国现行《预算法》于1994年3月22日由第八届全国人民代表大会第二次会议通过，自1995年1月1日起施行。该法共11章101条，主要包括总则、预算管理职权、预算收支范围、预算编制、预算审查和批准、预算执行、预算调整、决算、监督、法律责任和附则。

在我国财政法律体系中，《预算法》是第一部财政基本法律，是我国国家预算管理工作的根本性法律及制定其他预算法律的基本依据，是核心法、骨干法。

(二)《预算法实施条例》

为了保证我国《预算法》的贯彻实施，使之更具有操作性，为预算及其监督提供更为具体、明确的行为准则，1995年11月2日中华人民共和国国务院第三十七次常务会议通过《预算法实施条例》，2020年8月公布修订之后的《预算法实施条例》，自2020年10月1日起施行。

《预算法实施条例》共8章79条，具体包括总则、预算收支范围、预算编制、预算执行、预算调整、决算、监督和附则。

二、国家预算

(一) 国家预算的概念

国家预算也称政府预算，是政府的基本财政收支计划，即经法定程序批准的国家年度财政收支计划。国家预算是实现财政职能的基本手段，反映国家的施政方针和社会经济政策，规定政府活动的范围和方向。

在现代社会，任何一个国家要维持其运行、要为社会提供公共服务，都必须有资金做保障。这种国家对资金的筹集、使用活动就是通常所说的财政。国家的这种分配活动要通过许多工具的运用才能实现。例如，国家通过税收工具向个人和企业单位无偿征收税款，以取得收入，通过制定各种开支标准和规程来保证财政资金的合理有序运用。国家的财政分配活动不能盲目进行，国家要从社会产品中收取多少，通过什么方式收取，收来的资金用在什么地方，怎么使用，达到什么效果，都必须事先做出估算，并经过法定程序予以确认。

国家预算的编制必须遵循一定的原则。国家预算原则是指国家选择预算形式和体系应遵循的指导思想，也就是制订政府财政收支计划的方针，具有公开性、可靠性、完整性、统一性和年度性的特点。

1. 公开性

国家预算反映政府的活动范围、方向和政策，与全体公民的切身利益息息相关，因此国家预算及其执行情况必须采取一定的公开形式，为人民所了解并置于人民的监督之下。

2. 可靠性

每一收支项目的数字指标必须运用科学的方法，依据充分确实的资料，并总结出规律性，进行计算，不得假定或估算，更不能任意编造。

3. 完整性

国家预算的一切财政收支都要列在预算中，不得打埋伏、造假账、预算外另列预算。国家允许的预算外收支，也应在预算中有所反映。

4. 统一性

虽然一级政府设立一级预算，但所有地方预算连同中央预算共同组成统一的国家预算。因此，要求设立统一的预算科目，每个科目都应按统一的口径、程序计算和填列。

5. 年度性

政府必须按照法定预算年度编制国家预算，这一预算要反映全年的财政收支活动，同时不允许将不属于本年度财政收支的内容列入本年度的国家预算之中。

（二）国家预算的作用

国家预算作为财政分配和宏观调控的主要手段，具有分配、调控和监督职能。国家预算的作用是国家预算职能在社会经济生活中的具体体现，它主要包括以下三个方面。

1. 财力保证作用

国家预算既是保障国家机器运转的物质条件，又是政府实施各项社会经济政策的有效保证，它确定政府可获得的资源，有利于全面安排支出。通过预算的编制，事先进行预测，掌握一年内能筹集到多少资金，并根据财力的多少和支出的需要确定支出，也就是通常所说的要量入为出。

2. 调节制约作用

国家预算作为国家的基本财政计划，是国家财政实行宏观控制的重要依据和主要手段。国家预算的收支规模可调节社会总供给和总需求的平衡，预算支出的结构可调节国民经济结构，因而国家预算的编制和执行情况对国民经济和社会发展都有直接的制约作用。

3. 反映监督作用

国家预算是国民经济的综合反映，预算收入反映国民经济发展规模和经济效益水平，预算支出反映各项建设事业发展的基本情况。因此，通过国家预算的编制和执行便于掌握国民经济的运行状况、发展趋势及出现的问题，从而采取相应的措施，促进国民经济稳定协调地发展。

小资料

现代国家的预算制度产生于13世纪以后的英国。当时，英国的资本主义生产方式已经在封建制度内部萌芽发展了，因而新兴的资产阶级同封建君主及地主贵族之间发生了尖锐的矛盾。最初是在课税问题上展开了斗争，当时新兴资产阶级就是以接受或否决预算作为与封建君主斗争的武器的。

（三）国家预算的级次划分

国家预算也就是政府收支预算，一般来说，有一级政府，也就有一级预算。依据财政法原理中的“一级政权，一级财政”原则，我国《预算法》规定，国家实行一级政府一级预算。

从纵向方面来看，国家预算包括：①中央预算；②省级（省、自治区、直辖市）预算；③地市级（设区的市，自治州）预算；④县市级（县、自治县、不设区的市、市辖区）预算；⑤乡镇级（乡、民族乡、镇）预算。

其中，对于不具备设立预算条件的乡、民族乡、镇，经省、自治区、直辖市政府确定，可以暂不设立预算。县级以上地方政府的派出机关，根据本级政府授权进行预算管理活动，但是不作为一级预算。

从横向方面来看，国家预算包括：①中央预算；②部门预算，由各级人民政府的各主管部门及其所属各单位的预算和企业财务收支计划中的预算拨款计划组成；③单位预算是指列入部门预算的国家机关、社会团体和其他单位的收支预算。

成立单位预算的条件：①按单位人员编制和事业需要及预算情况经批准而成立；②设独立的单位会计，下属单位的支出，凭单据报销；③按规定编制预算和提供预算资料；④编报决算。

（四）国家预算的构成

1. 按照政府级次不同分类

国家预算按照政府级次不同可分为中央预算和地方预算。

（1）中央预算。中央预算是指中央政府预算，由中央各部门（含直属单位）的预算组成，中央预算包括地方向中央上解的收入数额和中央对地方返还或者给予补助的数额。

其中，中央各部门是指与财政部直接发生预算缴款、拨款关系的国家机关、军队、政党组织和社会团体；直属单位是指与财政部直接发生预算缴款、拨款关系的企事业单位。中央预算支出由中央本级支出和补助地方支出组成，主要包括国防支出、外交支出、援外支出、中央级行政管理费、文教卫生事业费、中央统筹的基本建设投资、中央本级负担的公检法支出、中央财政对地方的税收返还等。中央预算收入在不同的预算管理体制下有不同的规定。我国的分税制规定，中央预算收入主要由中央固定收入、共享收入的中央收入部分和地方上缴收入等组成。

（2）地方预算。地方预算由各省、自治区、直辖市总预算组成。地方各级政府预算由本级各部门（含直属单位）的预算组成，包括下级政府向上级政府上解的收入数额和上级政府对下级政府返还或者给予补助的数额。

其中，本级各部门是指与本级财政部门直接发生预算缴款、拨款关系的地方国家机关、政党组织和社会团体；直属单位是指与本级财政部门直接发生预算缴款、拨款关系的企事业单位。

地方预算支出根据地方政府的职能划分，主要包括地方行政管理费、公检法支出、地方统筹的基本建设投资、支农支出、地方文教卫生事业费支出、地方上解支出等。地方预算收入主要有地方固定收入、共享收入的地方收入部分、中央对地方的返还收入与补助收入等。

2. 按照收支管理范围分类

国家预算按照收支管理范围可分为总预算和部门单位预算。

（1）总预算。总预算是指政府的财政汇总预算。根据国家实行一级政府一级预算的原则，可划分为各级次的总预算，如中央总预算、省（自治区、直辖市）总预算、市总预算、县总预算等。各级总预算都是由本级政府预算和汇总的下一级总预算组成的；下一级只有本级预算的，下一级总预算即指下一级的本级总预算；没有下一级预算的，总预算即指本级预算。

（2）部门单位预算。部门单位预算是指部门、单位的收支预算。各部门预算由本部门所属各单位预算组成。单位预算是指列入部门预算的国家机关、社会团体和其他单位的收支预算。部门单位预算是总预算的基础，其预算收支项目比较详细具体，它由各级预算部门单位编制。

3. 按照收支的内容分类

国家预算按照收支的内容可分为一般公共预算、政府性基金预算、国有资本经营预算和社会保险基金预算。

（1）一般公共预算。一般公共预算是对以税收为主体的财政收入，安排用于保障和改善民生，推动经济社会发展，维护国家安全，维持国家机构正常运转等方面的收支预算。

（2）政府性基金预算。政府性基金预算是依照法律、行政法规的规定在一定期限内向特定对象征收、收取或者以其他方式筹集的资金，专项用于特定公共事业发展的收支预算。政府性基金预算应当根据基金项目收入情况和实际支出需要，按基金项目编制，做到以收定支。

（3）国有资本经营预算。国有资本经营预算是对国有资本收益做出支出安排的收支预算。国有资本经营预算应当按照收支平衡的原则编制，不列赤字，并安排资金调入一般公共预算。

（4）社会保险基金预算。社会保险基金预算是对社会保险缴款、一般公共预算安排和其他方式筹集的资金，专项用于社会保险的收支预算。社会保险基金预算应当按照统筹层次和社会保险项目分别编制，做到收支平衡。

三、预算管理的职权

国家的预算活动必须依法进行管理，才能有效地实现《预算法》的宗旨，而预算管理必须按照法定职权进行。明确划分国家各级权力机关、各级政府、各级财政部门及各部门、各单位在预算活动中的职权，是保证依法管理预算的前提条件，也是将各级预算编制、预算审批、预算执行、预算调整和预算决算的各个环节纳入法制化、规范化轨道的必要措施。

根据统一领导、分级管理、权责结合的原则，《预算法》明确规定了各级人民代表大会及其常务委员会、各级政府、各级财政部门和各部门、各单位的预算管理职权。

（一）各级人民代表大会及其常务委员会的职权

我国是社会主义国家，一切权力属于人民。人民行使国家权力的机关是全国人民代表大会和地方各级人民代表大会。全国人民代表大会的常设机关是全国人民代表大会常务委员会，县级以上地方各级人民代表大会的常设机关是其常务委员会。需要注意的是，乡、民族乡、镇一级人民代表大会不设立常务委员会。

1. 全国人民代表大会及其常务委员会的职权

（1）全国人民代表大会是最高国家权力机关，实施预算管理是全国人民代表大会的一项基本职权。根据我国《预算法》的规定，它的预算管理职权主要有三项：

1）审查中央和地方预算草案及中央和地方预算执行情况的报告。

2）批准中央预算和中央预算执行情况的报告。

3）改变或者撤销全国人民代表大会常务委员会关于预算、决算的不适当的决议。

（2）全国人民代表大会常务委员会的职权具体包括：

1）监督中央和地方预算的执行。

2）审查和批准中央预算的调整方案。

3）审查和批准中央决算。

4）撤销国务院制定的同宪法、法律相抵触的关于预算、决算的行政法规、决定和命令。

5）撤销省、自治区、直辖市人民代表大会及其常务委员会制定的同宪法、法律和行政法规相抵触的关于预算、决算的地方性法规和决议。

2. 县级以上地方各级人民代表大会及其常务委员会的职权

（1）县级以上地方各级人民代表大会的预算管理职权主要有四项：

1）审查本级总预算草案及本级总预算执行情况的报告。

2）批准本级预算和本级预算执行情况的报告。

3）改变或撤销本级人民代表大会常务委员会关于预算、决算的不适当的决议。

4）撤销本级政府关于预算、决算的不适当的决定和命令。

（2）县级以上地方各级人民代表大会常务委员会的职权具体包括：

1）监督本级总预算的执行。

2）审查和批准本级预算的调整方案。

3）审查和批准本级决算。

4）撤销本级政府和下一级人民代表大会及其常务委员会关于预算、决算的不适当的决定、命令和决议。

3. 乡、民族乡、镇的人民代表大会的职权

设立预算的乡、民族乡、镇的人民代表大会的预算管理职权主要有五项：

1）审查和批准本级预算和本级预算执行情况的报告。

2）监督本级预算的执行。

3）审查和批准本级预算的调整方案。

4）审查和批准本级决算。

5）撤销本级政府关于预算、决算的不适当的决定和命令。

（二）各级政府的职权

各级政府是预算管理的国家行政机关，是国家行政管理的主体，其职权主要包括编制权、执行权、报告权、决定权、监督权和撤销权等。

1. 国务院的职权

1）编制中央预算、决算草案。

2）向全国人民代表大会做关于中央和地方预算草案的报告。

3）将省、自治区、直辖市政府报送备案的预算汇总后报全国人民代表大会常务委员会会案。

4）组织中央和地方预算的执行。

5）决定中央预算预备费的动用。

6）编制中央预算的调整方案。

7）监督中央各部门和地方政府的预算执行。

8）改变或者撤销中央各部门和地方政府关于预算、决算的不适当的决定、命令。

9）向全国人民代表大会、全国人民代表大会常务委员会报告中央和地方预算的执行情况。

2. 县级以上地方各级政府的职权

1）编制本级总预算、决算草案。

2）向本级人民代表大会做关于本级总预算草案的报告。

3）将下一级政府报送备案的预算汇总后报本级人民代表大会常务委员会备案。

4）组织本级总预算的执行。

5）决定本级预算预备费的动用。

6）编制本级预算的调整方案。

7）监督本级各部门和下级政府的预算执行。

8）改变或者撤销本级各部门和下级政府关于预算、决算的不适当的决定、命令。

9）向本级人民代表大会、本级人民代表大会常务委员会报告本级总预算的执行情况。

3. 乡、民族乡、镇政府的职权

1）编制本级预算、决算草案。

2）向本级人民代表大会做关于本级预算草案的报告。

3）组织本级预算的执行。

4）决定本级预算预备费的动用。

5）编制本级预算的调整方案。

6）向本级人民代表大会报告本级预算的执行情况。

（三）各级财政部门的职权

各级财政部门是预算管理的职能部门，直接担负着各级预算的组织实施工作，它要依法组织预算收入，严格管理预算支出，努力提高资金的使用效益。它要经常分析、研究经济发展变化趋势，加强预算执行情况的监督检查，及时反映和解决预算管理中存在的问题，真正做到依法办事、依法理财。因此，《预算法》《监督法》等对各级财政部门预算管理职权做了相应的规定。

1. 国务院财政部门的预算管理职权

国务院财政部门代表国务院具体行使财政职能，其预算管理职权主要有五项：

1）具体编制中央预算、决算草案。

2）具体组织中央和地方预算的执行。

3）提出中央预算预备费动用方案。

4）具体编制中央预算的调整方案。

5）定期向国务院报告中央和地方预算的执行情况。

2. 地方各级政府财政部门的预算管理职权

地方各级政府财政部门代表本级政府具体行使财政职能，其预算管理职权主要有五项：

1）具体编制本级预算、决算草案。

2）具体组织本级总预算的执行。

3）提出本级预算预备费用方案。

4）具体编制本级预算的调整方案。

5）定期向本级政府和上一级政府财政部门报告本级总预算的执行情况。

（四）各部门、各单位的职权

各单位是预算的具体执行单位，预算执行状况如何，在很大程度上取决于部门管理工作的优劣。因此，各部门、各单位都要依法加强预算管理，严格执行预算，保证预算任务的实现。

1. 各部门的职权

根据《预算法》的规定，与地方政府财政部门直接发生预算缴款、拨款关系的国家机关、军队、政党组织和社会团体等各部门的预算管理职权包括：

1）各部门负责编制本部门预算、决算草案。

2）组织和监督本部门预算的执行。

3）定期向本级政府财政部门报告预算的执行情况。

2. 各单位的职权

《预算法》的规定，与地方政府财政部门直接发生预算缴款、拨款关系的企事业单位的预算管理职权包括：

1）各单位负责编制本单位的预算、决算草案。

2）按照国家规定上缴预算收入，安排预算支出，并接受国家有关部门的监督。

四、预算收入与预算支出

根据我国《预算法》第四条的规定，我国预算由预算收入和预算支出组成。

（一）预算收入

（1）预算收入是通过一定的形式和渠道集中起来的由政府集中调控使用的货币资金。世界各国取得预算收入的主要形式是税收，除此之外，其他非税收收入形式，则视各国的政治制度、经济结构和财政制度的不同而有所区别。根据我国《预算法》的规定，目前我国预算收入按来源可分为以下几个方面：

1）税收收入。它是国家预算收入最主要的部分，在许多国家税收收入占预算收入总额的90%以上。

2）行政事业性收费收入。它是指国家机关、事业单位、代行政府职能的社会团体及其他组织根据法律、行政法规、地方性法规等有关规定，依照国务院规定程序批准，在向公民、法人提供特定服务的过程中，按照成本补偿和非营利原则向特定服务对象收取的费用。

3）国有资源（资产）有偿使用收入。它是指有偿转让国有资源（资产）使用权而取得的收入。国有资源（资产）有偿使用收入包括国有自然资源有偿使用收入、社会公共资源有偿使用收入和行政事业单位国有资产有偿使用收入。

4）转移性收入。转移性收入是指国家、单位、社会团体对居民家庭的各种转移支付和居民家庭间的收入转移。转移性收入包括政府对个人收入转移的离退休金、失业救济金、赔偿等；单位对个人收入转移的辞退金、保险索赔、住房公积金、家庭间的赠送和赡养等。

5）其他收入。

（2）预算收入。按归属划分为中央预算收入、地方预算收入、中央和地方预算共享收入。

1）中央预算收入是指按照分税制财政管理体制，纳入中央预算、地方不参与分享的收入，包括中央本级收入和地方按照规定向中央上解的收入。

2）地方预算收入是指按照分税制财政管理体制，纳入地方预算、中央不参与分享的收入，包括地方本级收入和中央按照规定返还或者补助地方的收入。

3）中央和地方预算共享收入是指按照分税制财政管理体制，中央预算和地方预算对同一税种的收入，按照一定划分标准或者比例分享的收入。

想一想

我国现行预算收入主要包括哪些方面？

（二）预算支出

预算支出是政府将集中起来的货币资金，有计划地分配使用到各种用途的过程。通过对预算资金的支出，以满足整个社会再生产和公共部门等各方面活动的资金需要，从而为实现政府的各项职能服务。因此，预算支出是财政分配活动的重要环节，它反映了政府的政策，规定了政府活动的范围和方向，从而也就鲜明地体现了不同社会制度下财政的特殊本质。

（1）按照我国《预算法》规定，目前我国财政支出按功能可分为以下几个方面：

1）一般公共服务支出；

2）外交、公共安全、国防支出；

3）农业、环境保护支出；

4）教育、科技、文化、卫生、体育支出；

5）社会保障及就业支出；

6）其他支出。

（2）预算支出按经济性质划分为工资福利支出、商品和服务支出、资本性支出和其他支出。

五、预算的组织程序

国家预算的组织程序是指预算决策和控制的程序，它贯穿于预算的编制、审批、执行和监督全过程。预算的组织程序与国家政权有直接关系，一般由有关的法律予以规定。我国预算的组织程序是由《预算法》及《预算法实施条例》所规定的。

（一）预算的编制

1. 预算年度

预算年度又称财政年度。任何一个国家预算的编制和实现，都要有时间上的界定，预算年度是国家预算的有效起止期限，通常为1年。

我国实行的是公历年制预算年度，即从公历1月1日起，至12月31日止。

2. 预算草案的编制依据

预算草案是指各级政府、各部门和各单位编制的未经法定程序审查和批准的预算收支计划。预算草案包括各级政府编制的预算草案和各部门、各单位编制的预算草案。

各级预算应当根据年度经济社会发展目标、国家宏观调控总体要求和跨年度预算平衡的需要，参考上一年预算执行情况、有关支出绩效评价结果和本年度收支预测，按照规定程序征求各方面意见后，进行编制。

（1）各级政府编制年度预算草案的依据包括：①相关法律、法规；②国民经济和社会发展计划、财政中长期计划及有关的财政经济政策；③本级政府的预算管理职权和财政管理体制确定的预算收支范围；④上一年度预算执行情况和本年度预算收支变化因素；⑤上级政府对编制本年度预算草案的指示和要求。

（2）各部门、各单位编制年度预算草案的依据包括：①相关法律、法规；②本级政府的指示和要求及本级政府财政部门的部署；③本部门、本单位的职责、任务和事业发展计划；④本部门、本单位的定员定额标准；⑤本部门、本单位上一年度预算执行情况和本年度预算收支变化因素。

3. 预算草案的编制内容

（1）中央预算的编制内容包括：①本级预算收入和支出；②上一年度结余用于本年度安排的支出；③返还或补助地方的支出；④地方上解的收入。

中央财政本年度举借的国内外债务和还本付息数额应当在本级预算中单独列示。

（2）地方各级政府预算的编制内容包括：①本级预算收入和支出；②上一年度结余用于本年度安排的支出；③上级返还或补助的收入；④返还或补助下级的支出；⑤上解上级的支出；⑥下级上解的收入。

（二）预算的审批

预算的审批是指各级国家权力机关对同级政府所提出的预算草案进行审查与批准的活动。国家预算草案一经批准，就成为正式的国家预算，具有法律效力，任何单位和个人必须严格遵守，不得随意变更。

1. 预算的审查和批准

根据《预算法》的规定，国务院财政部门应当在每年全国人民代表大会会议举行的45日前，将中央预算草案的初步方案提交全国人民代表大会财政经济委员会进行初步审查；其他各级预算草案在审批之前，应当在本级人民代表大会会议举行前30日提交相关部门进行初步审查。

中央预算由全国人民代表大会审查和批准。地方各级政府预算由本级人民代表大会审查和批准。

全国人民代表大会和地方各级人民代表大会对预算草案及其报告、预算执行情况的报告重点审查下列内容：

（1）上一年预算执行情况是否符合本级人民代表大会预算决议的要求。

（2）预算安排是否符合本法的规定。

（3）预算安排是否贯彻国民经济和社会发展的方针政策，收支政策是否切实可行。

（4）重点支出和重大投资项目的预算安排是否适当。

（5）预算的编制是否完整，是否细化。

（6）对下级政府的转移性支出预算是否规范、适当。

（7）预算安排举借的债务是否合法、合理，是否有偿还计划和稳定的偿还资金来源。

（8）与预算有关重要事项的说明是否清晰。

2. 预算的备案

预算的备案，即各级政府预算批准后，必须依法向相应的国家机关备案，以加强预算监督。

预算备案是与预算审批密切相关的制度之一。乡、民族乡、镇政府应当及时将经本级人民代表大会批准的本级预算报上一级政府备案。县级以上地方各级政府应当及时将经本级人民代表大会批准的本级预算及下一级政府报送备案的预算汇总报上一级政府备案。

县级以上地方各级政府将下一级政府依照前款规定报送备案的预算汇总后，报本级人民代表大会常务委员会备案。国务院将省、自治区、直辖市政府依照前款规定报送备案的预算汇总后，报全国人民代表大会常务委员会备案。

3. 预算的批复

预算的批复是指各级政府预算经过本级人民代表大会的批准之后，本级政府财政部门应当及时向本级政府各部门批复预算。

本级政府财政部门应当自本级人民代表大会批准本级政府预算之日起二十日内，批复本级各部门预算。各部门应当自本级政府财政部门批准本部门预算之日起十五日内，批复所属各单位预算。

（三）预算的执行

预算经过批准后，就进入了预算的执行阶段。预算执行是指经法定程序批准的预算进入具体实施阶段，各级政府、各部门、各预算单位在组织实施本级权力机关批准的本级预算中筹措预算收入、拨付预算支出等的活动。我国预算执行的主体包括各级政府、各级政府财政部门、预算收入征收部门、国家金库、各有关部门和有关单位。

《预算法》规定，各级预算由本级政府组织执行，具体工作由本级政府财政部门负责。各部门、各单位是本部门、本单位的预算执行主体，负责本部门、本单位的预算执行，并对执行结果负责。

预算收入征收部门和单位，必须依照法律、行政法规的规定，及时、足额征收应征的预算收入。不得违反法律、行政法规规定，多征、提前征收或者减征、免征、缓征应征的预算收入，不得截留、占用或者挪用预算收入。各级政府不得向预算收入征收部门和单位下达收入指标。

各级政府财政部门必须依照法律、行政法规和国务院财政部门的规定，及时、足额地拨付预算支出资金，加强对预算支出的管理和监督。各级政府、各部门、各单位的支出必须按照预算执行，不得虚假列支。各级政府、各部门、各单位应当对预算支出情况开展绩效评价。

（四）预算的调整

预算调整是指经过批准的各级预算，在执行中因发生特殊情况，经法定程序对原定预算收支规模或收支项目所做的变动，是预算执行过程中保持收支平衡的基本手段。

经全国人民代表大会批准的中央预算和经地方各级人民代表大会批准的地方各级预算，在执行中出现下列情况之一的，应当进行预算调整：①需要增加或者减少预算总支出的；②需要调入预算稳定调节基金的；③需要调减预算安排的重点支出数额的；④需要增加举借债务数额的。

各级政府对于必须进行的预算调整，应当编制预算调整方案。中央预算的调整方案必须提请全国人民代表大会常务委员会审查和批准。县级以上地方各级政府预算的调整方案必须提请本级人民代表大会常务委员会审查和批准。乡、民族乡、镇政府预算的调整方案必须提请本级人民代表大会审查和批准。未经批准，不得调整预算。

根据《预算法实施条例》的有关规定，以下几个问题需要注意。

（1）预算调整方案由政府财政部门负责具体编制。预算调整方案应当列明调整的原因、项目、数额、措施及有关说明，经本级政府审定后，提请本级人民代表大会常务委员会审查和批准。

（2）接受上级返还或者补助的地方政府，应当按照上级政府规定的用途使用款项，不得擅自改变用途。

（3）政府有关部门以本级预算安排的资金拨付给下级政府有关部门的专款，必须经本级政府财政部门同意并办理预算划转手续。

（4）各部门、各单位的预算支出，必须按照本级政府财政部门批复的预算科目和数额执行，不得挪用；确需做出调整的，必须经本级政府财政部门同意。

（5）年度预算确定后，企业、事业单位改变隶属关系，引起预算级次和关系变化的，应当在改变财务关系的同时，相应办理预算划转。

六、决算

决算是对年度预算收支执行结果的会计报告，是预算执行的总结，是国家管理预算活动的最后一道程序，经法定程序批准的年度国家预算执行情况及结果总结性的书面文件，包括决算报表和文字说明两个部分。尚未经法定程序批准的决算称决算草案。

（一）决算草案编制

编制决算草案，必须符合法律、行政法规，做到收支真实、数额准确、内容完整、报送及时。决算草案应当与预算相对应，按预算数、调整预算数、决算数分别列出。一般公共预算支出应当按其功能分类编列到项，按其经济性质分类编列到款。

决算草案由各级政府、各部门、各单位在每一预算年度终了后按国务院规定的时间编制，具体事项由国务院财政部门部署。各部门对所属单位的决算草案，应当审核并汇总编制本部门的决算草案，在规定的期限内报本级政府财政部门审核。

（二）决算草案审批

国务院财政部门编制中央决算草案，经国务院审计部门审计后，报国务院审定，由国务院提请全国人民代表大会常务委员会审查和批准。县级以上地方各级政府财政部门编制本级决算草案，经本级政府审计部门审计后，报本级政府审定，由本级政府提请本级人民代表大会常务委员会审查和批准。乡、民族乡、镇政府编制本级决算草案，提请本级人民代表大会审查和批准。

（三）决算草案批复

县级以上各级政府决算草案经本级人民代表大会常务委员会批准后，本级政府财政部门应当自批准之日起二十日内向本级各部门批复决算。各部门应当自本级政府财政部门批复本部门决算之日起十五日内向所属各单位批复决算。

七、预算、决算的监督

为了保证预算、决算的贯彻实施，各级国家权力机关、政府及财政审计部门应依法履行法律赋予的预算、决算监督职责，保证预算工作的顺利进行。根据《预算法》所确立的监督体系，对各级政府实施的预算与决算活动进行的监督，可以分为各级国家权力机关的监督、各级政府的监督、各级政府财政部门的监督和各级政府审计部门的监督。

（一）各级国家权力机关的监督

权力机关的监督也称立法机关的监督。权力机关预算监督的主体是各级人民代表大会及其常务委员会。

全国人民代表大会及其常务委员会对中央和地方预算、决算进行监督。县级以上地方各级人民代表大会及其常务委员会对本级和下级政府预算、决算进行监督。乡、民族乡、镇人民代表大会对本级预算、决算进行监督。

（二）各级政府的监督

各级政府应当在每一预算年度内至少两次向本级人民代表大会或者其常务委员会做预算执行情况的报告。各级政府监督下级政府的预算执行，下级政府应当定期向上一级政府报告预算执行情况。

（三）各级政府财政部门的监督

各级政府财政部门负责监督本级各部门及其所属各单位预算管理的有关工作，并向本级政府和上一级政府财政部门报告预算执行情况。各部门及其所属各单位应当接受本级政府财政部门有关预算的监督检查，按照本级政府财政部门的要求，如实提供有关预算资料，执行本级政府财政部门提出的检查意见。

（四）各级政府审计部门的监督

各级政府审计部门的监督简称审计监督，是一种专门的监督。各级审计机关应当依照《中华人民共和国审计法》及有关法律、行政法规的规定，对本级预算执行情况，对本级各部门和下级政府预算的执行情况和决算进行审计监督。

第二节 政府采购法律制度

政府采购法律制度是政府采购制度的法律体现和重要依托。对政府采购进行法制化管理是对政府采购进行有效管理的主要方式，我国由于长期实行计划经济体制，对政府采购的认识不足，直到20世纪90年代中期，有些地方和部门才开始规范政府采购活动，但由于政出多门，没有进行统一的论证和科学的制度设计，条块分割情况十分严重，政府采购仍处于较混乱的状态。随着我国市场经济的不断完善和深入发展，政府采购活动急需进一步规范，《政府采购法》应运而生。

一、政府采购法律制度的构成

政府采购法律制度是调整政府采购关系的法律规范的总称。我国政府采购法律制度由《政府采购法》、国务院各部门特别是财政部颁布的一系列部门规章，以及政府采购地方性法规和政府规章构成。

（一）《政府采购法》

2002年6月29日，我国《政府采购法》由中华人民共和国第九届全国人民代表大会常务委员会第二十八次会议通过，自2003年1月1日起开始施行。《政府采购法》是针对政府采购的专门性法规，该法共9章88条，主要包括总则、政府采购当事人、政府采购方式、政府采购程序、政府采购合同、质疑与投诉、监督检查、法律责任和附则。《政府采购法》是规范我国政府采购活动的基本法律，也是制定其他政府采购法律制度的依据。

（二）政府采购部门规章

政府采购部门规章是财政部根据法律、行政法规的规定，在其权限范围内发布的有关政府采购方面的规定、决定、命令和细则等规范性文件，属于财政部门规章，是对财政法律、行政法规的补充、发展和具体化。目前，我国政府采购部门规章主要有《政府采购信息公告管理办法》《政府采购货物和服务招标投标管理办法》《政府采购供应商投诉处理办法》等。

小资料 政府采购制度首先在英国出现的客观原因有：一是英国从18世纪60年代开始的产业革命，为政府采购提供了充裕的产品；二是财政支出规模不断扩大，要求财政提高支出效益，而实施政府采购是其方法之一；三是财政收入总额增加。

（三）政府采购地方性法规和政府规章

政府采购地方性法规是省、自治区、直辖市人民代表大会及其常务委员会，依照法律、行政法规的规定，结合本地区的具体情况，制定适用于本行政区域的政府采购的规范性文件。

政府规章是指省、自治区、直辖市和较大的市的人民政府根据法律、行政法规和本省、自治区、直辖市的地方性法规拟定的法律规范形式，其效力等级低于宪法、法律、行政法规和地方性法规。

二、政府采购的概念

（一）政府采购的概念

根据《政府采购法》的规定，政府采购是指各级国家机关、事业单位和团体组织，使用财政性资金采购依法制定的集中采购目录以内的或者采购限额标准以上的货物、工程和服务的行为。

1. 政府采购的主体范围

政府采购的主体，即采购人，是指使用财政性资金采购依法制定的集中采购目录以内的或者采购限额标准以上的货物、工程和服务的国家机关、事业单位和团体组织。国家机关是指各级党务机关、政府机关、人大机关和政协机关等；事业单位是指依法设立的履行公共事业发展职能的机构和单位，如学校、医院和科研机构等；团体组织是指依法设立由财政供养的从事公共社会活动的组织，如企业联合会、有关行业协会和民主党派等。《政府采购法》没有将国有企业的采购纳入到政府采购制度的约束范围之内。

例题：下列各项中，适用《政府采购法》的是(　　)。

A. 某中外合资经营企业采购设备

B. 某国有独资公司采购基本建设项目设备

C. 某大学用教育经费拨款购买教学用计算机

D. 某上市公司承揽了国家重点建设项目而采购加工设备

解析：选C。《政府采购法》用于规范在我国境内的各级国家机关、事业单位和团体组织，使用财政性资金依法采购货物、工程和服务的活动。选项A、B、D的当事人都不属于该法的采购主体。

2. 政府采购的资金范围

采购资金的性质是确定采购行为是否属于政府采购制度规范范围的重要依据。《政府采购法》明确规定，政府采购资金为财政性资金。财政性资金是指预算内资金、预算外资金以及与财政资金相配套的单位自筹资金的总和。

3. 政府集中采购目录和政府采购限额标准

为了明确我国各级国家机关、事业单位和团体组织实施政府采购的范围和标准，进一步加强政府采购的管理，根据《政府采购法》的有关规定，中央和地方都必须制定政府集中采购目录及政府采购限额标准。在政府采购目录确定方面，政府采购实行集中采购和分散采购相结合。政府集中采购目录和政府采购限额标准由省级以上人民政府确定并公布。其中，属于中央预算的政府采购项目，其集中采购目录由国务院确定并公布；属于地方预算的政府采购项目，其集中采购目录由省、自治区、直辖市人民政府或其授权的机构确定并公布。纳入集中采购目录的政府采购项目，应当实行集中采购。

4. 政府采购的对象范围

为了满足实现社会公共职能的需要，政府及相关部门需要进行各种各样的采购。政府采购所涉及的对象包罗万象，既有有形的也有无形的，既有物品、工程也有技术，非常庞杂。为了便于管理和统计，国际上通行的做法是按其性质将采购内容分为三大类：货物、工程和服务。货物是政府为发挥职能所采购的最常见的对象。我国《政府采购法》对货物的定义是，各种形态和种类的物品，包括原材料、燃料、设备和产品等。

工程指建设工程，包括建造房屋、兴修水利、改造环境、交通设施和铺设下水道等建设项目。

就政府采购的整体发展而言，货物和工程属于政府采购比较传统和常见的项目，货物和工程以外的服务则是政府采购领域的新事项。我国《政府采购法》对服务的定义是，货物和工程以外的其他政府采购对象。

（二）政府采购的原则

1. 公开透明原则

公开透明原则是政府采购必须遵循的基本原则之一，政府采购被誉为“阳光下的交易”即源于此。政府采购的资金来源于纳税人缴纳的各种税金，只有坚持公开透明，才能为供应商参加政府采购提供公平竞争的环境，为公众对政府采购资金的使用情况进行有效的监督创造条件。公开透明要求政府采购的信息和行为不但要全面公开，而且要完全透明。仅公开信息但仍搞暗箱操作属于违法行为。依据《政府采购法》的精神，公开透明的原则要求政府采购的法规和规章制度要公开，招标信息及中标或成交结果要公开，开标活动要公开，投诉处理结果或司法裁判决定等都要公开，政府采购活动要在完全透明的状态下运作，全面、广泛地接受监督。

公开透明原则应当贯穿于政府采购的全过程，具体体现在以下三个方面。

（1）公开的内容。应当公开的政府采购信息包括政府采购法规政策，省级以上人民政府公布的集中采购目录、政府采购限额标准和公开招标数额标准，政府采购招标业务代理机构名录，招标投标信息，财政部门受理政府采购投诉的联系方式和投诉处理决定，财政部门集中采购的考核结构，采购代理机构、供应商不良行为记录名单等。

（2）公开的标准。政府采购公开的信息应当符合内容真实、准确可靠、发布及时、便于获得查找等标准。

（3）公开的途径。《政府采购法》规定："除涉及商业秘密的外，政府采购的信息应当在政府采购监督管理部门指定的媒体上及时向社会公开发布。"

2. 公平竞争原则

公平竞争原则是市场经济运行的重要法则，是政府采购的基本规则。公平竞争原则要求在竞争的前提下公平地开展政府采购活动。首先，要将竞争机制引入采购活动中，实行优胜劣汰，让采购人通过优中选优的方式，获得价廉物美的货物、工程或服务，提高财政性资金的使用效益。其次，竞争必须公平，不能设置妨碍充分竞争的不正当条件。公平竞争是指政府采购的竞争是有序竞争，要公平地对待每个供应商，不能有歧视某些潜在的符合条件的供应商参与政府采购活动的现象，而且采购信息要在政府采购监督管理部门指定的媒体上公平地披露。《政府采购法》这方面的规定将推进我国政府采购市场向竞争更为充分、运行更为规范、交易更为公平的方向发展，不仅使采购人获得价格低廉、质量有保证的货物、工程和服务，同时还有利于提高企业的竞争能力和自我发展能力。

3. 公正原则

公正原则是为采购人与供应商在政府采购活动中处于平等地位而确立的。公正原则要求政府采购按照事先约定的条件和程序进行，对所有供应商一视同仁，不得有歧视条件和行为，任何单位或个人无权干预采购活动的正常开展，尤其是在评标活动中，要严格按照统一评价标准评定中标或成交供应商，不得存在任何主观倾向。为了实现公正，评标委员会及有关的小组人员必须要有一定数量的要求，要有各方面代表，而且人数必须为单数，相关人员要回避。这些规定都有利于实现公正原则。

4. 诚实信用原则

诚实信用原则是发展市场经济的内在要求，在市场经济发展初期向成熟时期过渡阶段，尤其要大力推崇这一原则。诚实信用原则要求政府采购当事人在政府采购活动中，本着诚实、守信的态度履行各自的权利和义务，讲究信誉，兑现承诺，不得散布虚假信息，不得有欺诈、串通、隐瞒等行为，不得伪造、变造、隐匿、销毁需要依法保存的文件，不得规避法律、法规，不得损害第三人的利益。《政府采购法》对违反诚实信用原则后应当承担的法律责任做了相应规定。坚持诚实信用原则，能够增强公众对采购过程的信任。

例题：公开政府采购法规政策，省级以上人民政府公布的集中采购目录、政府采购限额标准和公开招标数额标准，政府采购招标业务代理机构目录，招标投标信息等。这一做法体现了政府采购的(　　)。

A. 公开透明原则

B. 公平竞争原则

C. 公正原则

D. 诚实信用原则

解析：选 A。公开透明原则应当贯穿于政府采购的全过程，具体体现为公开的内容、公开的标准和公开的途径。

三、政府采购的功能与执行模式

（一）政府采购的功能

政府采购是财政支出的一项重要内容，它具有重要的财政意义；政府采购又是一种政府的经济行为，会对一国的经济和政治产生一定的影响；政府采购还在跨国的经济交往中发挥重要的作用。归纳起来，政府采购的功能主要包括以下五个方面。

1. 节约财政支出，提高采购资金的使用效益

推行政府采购的初衷就是要加强财政支出管理，因此，节约财政支出就是政府采购的基本功能，它源自其制度本身固有的利益激励约束机制。节约财政支出主要表现在两个方面。一是从投入的财政资金量上看，政府采购可以适当节约资金。实行统一集中的政府采购后，政府采购主体在市场中的地位发生了变化，由一个普通的市场购买者转变为一个对市场价格拥有一定自主权的垄断购买者，这是因为统一的政府集中采购使采购规模得到扩大，其在市场中所占份额足以对市场价格产生影响。政府采购买方市场的形成，使得政府采购机构能以较低廉的价格购买到高质量的货物、服务和工程。二是从采购到的对象上看，政府采购可以提高资金的使用效益。例如，在采购原则上，政府采购引入竞争机制和信息披露制度，使更多的供应商有机会参与竞争，从而使政府掌握了选取优质产品的主动权。

2. 强化宏观调控

财政政策和货币政策是政府实现宏观调控的两大传统政策工具。财政政策寓于财政收支之中，相应地，财政政策也分为财政收入政策和财政支出政策。政府采购是财政支出的重要组成部分，是实现财政支出政策的重要工具。政府在政府采购中处于有利地位，可以通过调整采购规模、采购时间、采购项目和采购规则等方式来实现特定的宏观调控目标。

政府是市场中最大的消费者，它的某项消费行为足以对整个国民经济产生举足轻重的影响。政府可以通过调整采购总量来实现对经济的总量调控，可以通过选择采购对象对国民经济各行业进行调控，可以通过对采购地区的选择达到支持某些特殊地区发展的目的。因此，政府采购能否科学有效地开展，不仅影响采购成本，还会影响到政府各项方针、政策的落实情况。政府采购的数量、品种和频率，直接影响着财政支出的总量和结构，反映一定时期的财政政策取向。

3. 活跃市场经济

相对于计划经济体制来说，市场经济最大的特点无疑是引进竞争机制。由于竞争机制的存在，整个市场经济才更具活力。

政府采购必须遵循公开、公平、公正的原则，在竞标过程中执行严密、透明的“优胜劣汰”机制，所有这些都会调动供应商参与政府采购的积极性，并能够促使供应商不断提高产品质量、降低生产成本或改善售后服务，以使自己能够赢得政府的订单。由于供应商（厂商）是市场上最活跃的因素，所以供应商竞争能力的提高又能带动整个国内市场经济的繁荣。从国际竞争的角度看，政府采购又有助于供应商迈出国门，走向国际市场，提高我国产品在国际市场上的竞争能力，并早日进入国际政府采购市场。总之，政府采购制度的引入，使得整个市场经济更加活跃，产生了较好的“鲶鱼效应”。

4. 推进反腐倡廉

政府采购作为一项制度安排可以从两个方面推进政府的反腐倡廉工作：首先，政府采购内在的监督约束机制，可以促进反腐倡廉；其次，在实践过程中，实行政府采购的国家都建立了一套外在的监督机制，最大限度地增加了政府采购的透明度，尽可能避免腐败现象的发生。推行政府采购能够提高财政支出效率，其中，政府采购内外监督机制的运行起到了重要的作用。因此，政府采购在发挥其节约财政支出功能的同时，还具有推进反腐倡廉的功能，

这两项功能之间有着内在的联系。

5. 保护民族产业

当今世界是一个开放性的世界，各国的发展都不可能置身于国际经济之外。但同时，各国又都有其特色的民族产业，这些民族产业的发展需要政府给予一定的扶持，如果完全实行贸易自由化，民族产业必然要受到冲击。

随着世界经济一体化进程的加快，作为保护本国民族产业的有效手段——关税贸易壁垒的作用逐渐减小，相反，非关税贸易壁垒的作用日渐增强，如许可证、进口配额、绿色环保标志等。在众多的关税贸易壁垒中，政府采购是世界各国为保护民族产业所普遍采用的有效手段。《政府采购法》规定，除少数法定情形外，政府采购应当采购本国货物、工程和服务。这一规定就体现了国货优先原则，即政府采购保护民族产业的功能。

（二）政府采购的执行模式

政府采购模式是指政府采购是否进行集中管理及集中管理的程度类型。根据《政府采购法》的规定，政府采购实行集中采购和分散采购相结合。

1. 集中采购

集中采购是将纳入政府采购范围内的各行政事业单位分散的、同类的项目集中起来统一采购的方式。根据《政府采购法》的规定，集中采购必须委托集中采购机构代理采购。设区的市、自治州以上人民政府根据本级政府采购项目组织集中采购的需要设立集中采购机构。

集中采购的范围由省级以上人民政府公布的集中采购目录确定。属于中央预算的政府采购项目，其集中采购目录由国务院确定并公布；属于地方预算的政府采购项目，其集中采购目录由省、自治区、直辖市人民政府或其授权的机构确定并公布。

采购人采购纳入集中采购目录的政府采购项目，应当实行集中采购。实行集中采购的优点：①取得规模效益，降低采购成本；②争取价格优势和优质服务；③保证采购质量；④贯彻落实政府采购有关政策取向，便于实施统一的管理和监督。实行集中采购的缺点：①难以适应紧急情况采购；②难以满足用户多样性需求；③采购程序复杂；④采购周期较长。

2. 分散采购

分散采购是指由各使用单位自行进行的政府采购模式。根据《政府采购法》的规定，分散采购所采购的对象是集中采购目录以外，采购限额标准以上的货物、工程和服务。

分散采购可以由预算单位自行采购，也可以委托集中采购机构在委托的范围内代理采购。实行分散采购的优点：①具有灵活性；②自主性强；③手续简便；④满足采购及时性和多样性的需求。实行分散采购的缺点：①失去了规模效益，加大了采购成本；②导致资产闲置及资金浪费，不利于国家宏观调控；③容易滋生腐败。

四、政府采购当事人

政府采购当事人是指在政府采购活动中享有权利和承担义务的各类主体，包括采购人、供应商和采购代理机构等。

（一）采购人

采购人是依法进行政府采购的国家机关、事业单位和团体组织。采购人是政府采购的需求方和采购活动的发起人，是重要的政府采购当事人。

从《政府采购法》的规定来看，采购人的权利主要包括：①自行选择采购代理机构的权利；②要求采购代理机构遵守委托协议的权利；③审查政府采购供应商资格的权利；④依法确定中标供应商的权利；⑤签订采购合同并参与对供应商履约验收的权利；⑥特殊情况下提出特殊要求的权利，例如，对于纳入集中采购目录的项目，可以实行部门集中采购，属于本单位有特殊要求的项目，经省级以上人民政府批准，可以自行采购；⑦其他合法权利。

采购人的义务主要包括：①遵守政府采购的各项法律、法规和规章制度；②接受和配合政府采购监督管理部门的监督检查，同时还要接受和配合审计机关的审计监督及监察机关的监察；③尊重供应商的正当合法权益；④遵守采购代理机构的工作秩序；⑤在规定时间内与中标供应商签订政府采购合同；⑥在指定媒体上及时向社会发布政府采购信息、招标结果；⑦依法答复供应商提出的疑问和质疑；⑧妥善保存每项采购活动的采购文件；⑨其他法定义务。

（二）供应商

供应商是指向采购人提供货物、工程或服务的法人、其他组织或自然人。供应商是政府采购对象的供给方，也是重要的政府采购当事人。供应商参加政府采购活动应当具备以下条件。

（1）有独立承担民事责任的能力。

（2）有良好的商业信誉和健全的财务会计制度。

（3）有履行合同所必需的设备和专业技术能力。

（4）有依法缴纳税收和社会保障资金的良好记录。

（5）参加政府采购活动前3年内，在经营活动中没有重大违法记录。

（6）法律、行政法规规定的其他条件。

从《政府采购法》的规定来看，供应商的权利主要包括：①平等地取得政府采购供应资格的权利；②平等地获得政府采购信息的权利；③自主、平等地参加政府采购竞争的权利；④就政府采购活动事项提出询问、质疑和投诉的权利；⑤自主、平等地签订政府采购合同的权利；⑥要求采购人或采购代理机构保守其商业秘密的权利；⑦监督政府采购依法公开公正进行的权利；⑧其他合法权利。

供应商的义务主要包括：①遵守政府采购的各项法律、法规和规章制度；②按规定接受配合供应商资格审查，并在资格审查中客观真实地反映自身情况；③在政府采购活动中，满足采购人或采购代理机构的正当要求；④投标中标后，按规定程序签订政府采购合同并严格履行合同义务；⑤其他法定义务。

（三）采购代理机构

采购代理机构是指根据采购人的委托代理政府采购事宜的机构，包括集中采购机构和经财政部或省级财政部门认定资格的采购代理机构。采购代理机构分为集中采购机构和一般采购代理机构。

1. 集中采购机构

集中采购机构是政府集中采购的法定代理机构，由设区的市、自治州以上人民政府根据本级政府采购项目组织集中采购的需要设立。集中采购机构应当独立设置，不得与行政机关存在隶属关系或其他利益关系。

采购人采购纳入集中采购目录的属于通用的政府采购项目，以及不属于依法可以实行部门集中采购和自行采购的政府采购项目，必须委托集中采购机构代理采购；采购未纳入集中采购目录的政府采购项目，可以自行采购，也可以委托集中采购机构在委托的范围内代理采购。集中采购机构进行政府采购活动，应当符合采购价格低于市场平均价格、采购效率更高、采购质量优良和服务良好的要求。

2. 一般采购代理机构

一般采购代理机构的资格由国务院有关部门或省级人民政府有关部门认定，主要负责分散采购的代理义务。

政府采购代理机构作为一种特殊的利益主体，应当对包括自身在内的政府采购当事人负责，自觉履行政府采购法律规定的义务，依法开展代理采购活动，维护国家利益和社会公共利益。就具体操作而言，其义务和责任主要包括：①依法开展代理采购活动并提供良好服务；②依法发布采购信息；③依法接受监督管理；④不得向采购人行贿或采用其他不正当手段；⑤其他法定义务和责任。

例题：下列情形中，不符合有关政府采购法律规定的有(　　)

A. 某市工商局在招标采购中，因符合技术要求的供应商只有两家而废标

B. 某市某区人民政府设立集中采购机构

C. 某区卫生局在政府采购中要求供应商提供有关资质证明

D. 某县人民政府因需购置一批办公计算机而采用单一来源方式进行采购

解析：选 BD。集中采购机构为采购代理机构。设区的市、自治州以上人民政府根据本级政府采购项目组织集中采购的需要设立集中采购机构。集中采购机构是非营利性事业法人，根据采购人的委托办理采购事宜。可见，区级及以下人民政府无权设立集中采购机构。故选项 B 不正确。

符合下列情形之一的货物或服务，可以依照《政府采购法》采用单一来源方式采购：①只能从唯一供应商处采购的；②发生了不可预见的紧急情况不能从其他供应商处采购的；③必须保证原有采购项目一致性或服务配套的要求，需要继续从原供应商处添购，且添购资金总额不超过原合同采购金额 10% 的。因此，某县人民政府因需购置一批办公计算机是不能采用单一来源方式进行采购的。故选项 D 不正确。

五、政府采购方式

《政府采购法》第二十六条规定，政府采购的方式有六种：公开招标、邀请招标、竞争性谈判采购、单一来源采购、询价、国务院政府采购监督管理部门认定的其他采购方式。

（一）公开招标

公开招标是指采购人或其委托的政府采购代理机构以招标公告的方式邀请不特定的供应商参加投标，从中择优选择中标供应商的采购方式。

根据《政府采购法》的规定，货物、服务采购项目达到公开招标数额标准的，必须采用公开招标方式。对于应当采用公开招标方式的，其具体的数额标准，属于中央预算的政府采购项目，由国务院规定；属于地方预算的政府采购项目，由省、自治区、直辖市人民政府规定；因特殊情况需要采用公开招标以外的采购方式的，应当在采购活动开始前获得设区的市、自治州以上人民政府采购监督管理部门的批准。采购人不得将应当以公开招标方式采购的货物或服务化整为零或以其他任何方式规避公开招标采购。

（二）邀请招标

邀请招标是指采购人或其委托的政府采购代理机构以投标邀请书的方式邀请 3 家或 3 家

以上特定的供应商参与投标的采购方式。

政府采购货物或服务，采用邀请招标的，应当符合下列情形之一：①该货物或服务具有特殊性，只能从有限范围的供应商处采购的；②采用公开招标方式的费用占政府采购项目总价值的比例过大的。

案例分析

某单位组织某设备采购，采购前，根据前一阶段时间对某厂生产的某型设备的使用情况，觉得该厂生产的该型设备性能和质量均能满足使用要求，且价格适中，因此在采购预算下达后，经单位领导层研究决定，本次采购依然购买该型设备。为此，该单位向某集中采购机构提出了书面委托，并向集中采购机构提供了有关该产品的4家代理商名单，随后在该机构的组织下，向4家代理商发出招标邀请，并在10日内举行了邀请招标。

请问：对该项目的采购实施情况，你有何看法？

解析：（1）《中华人民共和国招投标法实施条例》第十三条规定："招标代理机构在招标人委托的范围内开展招标代理业务，任何单位和个人不得非法干涉。"第三十二条规定："招标人不得以不合理的条件限制、排斥潜在投标人或者投标人。"

（2）本案例是一起典型的采购人在委托采购中指定品牌型号的案例。集中采购机构在接受委托后，在没有经过资格审查的情况下简单地向采购人推荐的4家代理商发出了招标邀请，并在10日内举行了邀请招标，这是一种严重违法、违规采购的行为。不但指定采购品牌违法，而且整个招标过程也违法。既没有向政府采购监管机构报批非公开招标方式，也没有依法按照规定的程序选择供应商，虽然有4家供应商参加，但供应商产生的程序不合法。

（3）此外，违反了《政府采购法》第三十五条"货物和服务项目实行招标方式采购的，自招标文件开始发出之日起至投标人提供投标文件截止之日止，不得少于20日"的规定，在发出邀请10日内就举行了邀请招标。

（4）由于该项目采购涉嫌严重违法，根据《政府采购货物和服务招标投标管理办法》第七十八条的规定，应该责令招标采购单位（采购人和集中采购机构的统称）限期改正，给予警告，同时对直接负责的主管人员和其他直接责任人员，由其行政主管部门或者有关机关依法给予处分，并予以通报。

（5）上述违法行为影响或可能影响中标结果的，应当按照下列情况分别处理：①未确定中标候选供应商的，终止招标活动，依法重新招标；②中标候选供应商已经确定但采购合同尚未履行的，撤销合同，从中标候选供应商中按顺序另行确定中标供应商；③采购合同已经履行的，给采购人、投标人造成损失的，由责任人承担赔偿责任。

（三）竞争性谈判采购

竞争性谈判采购是指采购人或其委托的政府采购代理机构通过与不少于3家的供应商就采购事宜进行谈判，经分析比较后从中确定中标供应商的采购方式。

采用竞争性谈判采购的法定情形有：

（1）招标后没有供应商投标或者没有合格标的或者重新招标未能成立的。

（2）技术复杂或性质特殊，不能确定详细规格或具体要求的。

（3）采用招标所需时间不能满足用户紧急需要的。

（4）不能事先计算价格总额的。

（四）单一来源采购

单一来源采购是指采购人采购不具备竞争条件的物品，只能从唯一的供应商取得采购货物或服务的情况下，直接向该供应商协商采购的采购方式。

采用单一来源采购的法定情形有：

（1）只能从唯一供应商处采购的。

（2）发生了不可预见的紧急情况不能从其他供应商处采购的。

（3）必须保证原有采购项目一致性或服务配套的要求，需要继续从原供应商处添购，且添购资金总额不超过原合同采购金额10%的。

案例分析

2016年12月，我国某省级机关政府采购中心受采购人的委托，分别采购一批蓝鸟智尊、通用别克、广州本田雅阁、丰田花冠等不同种类的公务用车，总采购数量高达200辆，采购主体所选择的政府采购方式为单一来源。单一来源方式采购的供应商总共有4家，分别来自该省的某汽车销售公司、某汽车贸易公司、某汽车产品开发公司和某汽车服务公司。在政府采购信息公示的最后一天，也就是第7天，该省的一家装车服务公司以书面的形式向采购主体提出了质疑，与此同时，该质疑供应商将质疑书和采购信息的公示内容发给北京市某律师事务所，咨询某省级机关政府采购中心的采购行为是否合法。

请问：该省政府采购中心的采购行为是否合法？

解析：（1）从前述基本案情得知，对于本次巨额公务用车采购项目，政府采购中心全部是通过单一来源采购方式进行的，且明确指定了品牌和代理供应商。采购主体的政府采购代理行为有悖于我国《政府采购法》所规定的内容。我国《政府采购法》第三十九条对单一来源采购方式提出一些基本管理要求，主要是规定采取单一来源采购方式应当遵循的基本要求，具体如下：①采购人与供应商应当坚持本法第三条规定的“政府采购应当遵循公开透明原则、公平竞争原则、公正原则和诚实信用原则”开展采购活动。单一来源采购是政府采购方式之一，尽管有其特殊性，缺少竞争，但仍要尽可能地遵循这些原则。②保证采购质量。政府采购的质量直接关系到政府机关履行行政事务的效果，因此，保证采购质量非常重要。虽然单一来源采购供货渠道单一，但也要考虑采购产品的质量，否则实行单一来源政府采购本身就没有任何意义。③价格合理。单一来源采购虽然缺少竞争，但也要按照物有所值的原则与供应商进行协商，本着互利原则，合理确定成交价格。

（2）从提供的材料来看，4家被选定的单一来源供应商，均非当地的直接生产厂家，也非产品的唯一提供者，而是属于经营、销售各种款式、不同价位的汽车贸易公司或销售公司。在确定这4家代理公司作为政府采购对象的供应商的同时，采购主体也就剥夺了其他经营同种类采购对象的供应商的公平竞争权。采购主体所选择的单一来源采购方式类似于直接采购，它是在达到了限额标准和公开招标数额标准，但所购商品的来源渠道单一，或属专利、首次制造、合同追加、原有采购项目的后续扩充和发生了不可预见的紧急情况不能从其他供应商处采购等情况下采用的。这种采购方式的最主要特点是没有竞争性。正是由于单一来源采购具有直接采购、没有竞争的特点，使单一来源采购只能同唯一的供应商签订政府采购合同，也就是说，采购活动处于一对一和非常隐蔽的状态，且采购主体处于主动地位。因此，在这种采购方式的交易过程中，最容易滋生各种不规范行为和腐败行为。

（3）我国《政府采购法》第二十七条规定，公开招标应作为政府采购的主要采购方式。

因特殊情况需要采用公开招标以外的采购方式的，例如采取单一来源采购、询价、竞争性谈判、邀请招标等其他采购方式进行政府采购的，应当在采购活动开始之前获得设区的市、自治州以上人民政府采购监督管理部门的批准。从提供的材料来看，某省级机关政府采购中心未曾获得合法批准。在实践中，公开招标以外的采购方式应获得政府采购活动主管部门的批准或获得行政许可。因此，判断所选择的采购方式是否合法，关键还需要从单一来源采购方式的适用条件进行分析。

（4）我国《政府采购法》第三十一条规定，符合下列情形之一的货物或服务，采购主体可以依照本法采用单一来源方式采购：一是只能从唯一供应商处采购的；二是发生了不可预见的紧急情况不能从其他供应商处采购的；三是必须保证原有采购项目一致性或者服务配套的要求，需要继续从原供应商处添购，且添购资金总额不超过原合同采购金额10%的。具体来说：①采购的项目只有唯一的制造商和产品提供者。从提供的材料来看，政府采购中心选择的4家供应商不是唯一政府采购对象的提供者，也不是该省唯一能够提供政府采购对象的销售者。②发生不可预见的紧急情况不能或来不及从其他供应商处采购的。这种情形也不适用于本案例。③就政府采购合同而言，在替换或扩充货物或服务的情况下，更换供应商会造成不兼容或不一致的困难，不能保证原有采购项目一致性或服务配套的要求，需要继续从原供应商处添购，且添购金额不超过原合同采购金额的10%。同样，本案例的公务用车采购项目也不符合这一种情形。

（5）由此可知，某省政府采购中心通过单一来源采购方式，指定4家供应商作为不同汽车的单一来源提供者，不符合我国法律所规定的任何一种法定情形。我国《政府采购法》第三十九条规定，采取单一来源方式采购的，采购人与供应商应当遵循本法规定的原则，在保证采购项目质量和双方商定合理价格的基础上进行采购。由于采购主体实施单一来源采购方式，没有公布采购成交价格信息，所以无从获悉本次采购项目所达成的采购价格是否合理。

（五）询价

询价是指采购人向3家以上潜在的供应商发出询价单，对各供应商一次性报出价格进行分析比较，按照符合采购需求、质量和服务相等且报价最低的原则确定中标供应商的采购方式。采购的货物规格、标准统一，现货货源充足且价格变化幅度小的政府采购项目，可以采用询价方式采购。

案例分析

某省举办大型扶贫物资采购，总金额500万元，因为时间紧急，若采用公开招标的方式无法满足采购需求。因此，采购中心接到采购任务后，考虑到该批货物规格、标准统一，且现货货源充足，经中心领导同意，决定采用询价采购的方式，并迅速成立了项目小组。

请问：该采购中心的采购做法是否规范、合法？

解析：《政府采购法》第二十六、第二十七条规定：公开招标应作为政府采购的主要采购方式。因特殊情况需要采用公开招标以外的采购方式的，应当在采购活动开始前获得设区的市、自治州以上人民政府采购监督管理部门的批准。

本案例由于时间紧急，且“该批货物规格、标准统一，且现货货源充足”，因此选择询价方式应该是正确的。

但关键问题是，此次询价采购是否得到政府采购监督管理部门的审批。本案例该方式只是得到政府采购中心领导的内部审批。因此，在没有得到政府采购监督管理部门审批的情况下，直接进行询价采购的行为明显是一种违法采购行为。根据《政府采购法》第七十一条的规定，采购中心应受到相应的处理。

（六）国务院政府采购监督管理部门认定的其他采购方式

国务院政府采购监督管理部门认定的其他采购方式是弹性条款，政府采购的方式应当符合政府采购实际的要求。例如，《上海市政府采购管理办法》规定的定点采购、中央单位采用的协议供货制度，在实践中都取得良好的效果。所以，授权国务院政府采购监督管理部门认定其他的采购方式是必要的，但新的政府采购方式在程序上应当由国务院政府采购监督管理部门认定。

六、政府采购的监督检查

政府采购的监督检查可分为专门机构的监督检查和有关机关的监督检查、外部的监督检查和内部的监督检查。

（一）政府采购监督管理部门的监督检查

根据《政府采购法》的规定，各级人民政府财政部门是负责政府采购的监督管理部门，依法履行对政府采购活动的监督检查职责。财政部门是政府采购专门的监督检查部门，监督检查的主要内容包括：①有关政府采购的法律、行政法规和规章的执行情况；②采购范围、采购方式和采购程序的执行情况；③政府采购人员的职业素质和专业技能。

（二）集中采购机构的内部监督

集中采购机构是政府采购的执行机构，应当建立、健全内部监督管理制度。集中采购机构的监督管理体现在内部的机构设置，形成相互监督、相互制约的机制。

采购活动和执行程序分开。政府采购活动的决策程序和执行程序是不同的程序，两者应当明确，并形成相互监督、相互制约的机制。集中采购机构的政府采购活动主要内容有制定政府采购活动的规章制度，操作规程，政府采购活动的方式、范围、程序，政府采购活动人员的组成等。

经办采购的人员与负责采购合同审核、验收人员相分离。经办采购的人员是组织招标、谈判和询价等采购行为的具体操作人员，主要职责是依法确定供应商并签订采购合同。政府采购合同订立之后，是政府采购合同的履行阶段，合同的订立是否合法有效，合同是否完全实际履行，就需要有专门人员对经办采购的人员所签订的合同依法审核，在合同履行过程中或合同履行之后进行验收。所以，采购人员与合同的审核、验收人员的权限应当明确，并相互分离。

（三）采购人员的内部监督

政府采购关系到国家利益和社会公共利益，责任重大，且专业性强，所以集中采购机构的采购人员应当具有相关职业素质和专业技能，政府采购监督管理部门可以制定政府采购人员的职业道德和执业纪律规范，规定政府采购专业岗位任职要求，从事政府采购的工作人员严格遵守职业道德和执业纪律规范，并符合专业岗位的任职要求。

集中采购机构对其工作人员应当加强教育和培训，教育培训的内容包括《政府采购法》和相关法律、专业知识、商品知识等，并对采购人员的专业水平、工作实绩和职业道德状况定期进行考核。采购人员经考核不合格的，不得继续任职。

采购人员和采购代理机构必须按照《政府采购法》规定的采购方式和采购程序进行采

购。任何单位和个人不得违反《政府采购法》的规定，要求采购人员向其指定的供应商进行采购。政府采购项目的标准和采购结果应当公开。

（四）政府有关部门的监督检查

依照法律、行政法规的规定对政府采购负有行政监督职责的政府有关部门，应当按照其职责分工，加强对政府采购活动的监督。

（1）审计机关的审计监督。审计机关应对政府采购监督管理部门、政府采购各当事人有关政府采购活动依法进行审计监督，政府采购监督管理部门、政府采购各当事人应当接受审计机关的审计监督。

（2）监察机关的监察。监察机关应当加强对参与政府采购活动的国家机关、国家公务员和国家行政机关任命的其他人员实施监察。

（五）政府采购活动的社会监督

政府采购被誉为“阳光采购”，应当接受社会监督。任何单位和个人对政府采购活动中的违法行为，都有权控告和检举，有关部门、机关应当依照各自职责及时处理。

第三节　国库集中收付制度

国库集中收付制度，在公共财政运行中处于十分重要的地位，兼有预算资金的保障、核算和监督三项职能。改革开放以来，我国财税体制进行了一系列改革，重点是调整收入分配关系，基本上未对预算和国库管理制度进行较大的调整。我国原有财政性资金的拨付，主要是通过预算单位设立多重账户分散进行管理的，导致财政收支活动透明度不高、监管不严，财政资金使用效率低等问题。因此，党中央、国务院明确提出“推行和完善国库集中收付制度”，全面推行财政国库管理制度改革。

一、国库集中收付制度的概念

国库集中收付制度一般也称为国库单一账户制度，是指由财政部门代表政府设置国库单一账户体系，所有的财政性资金都纳入国库单一账户体系收缴、支付和管理的制度。所有财政性收入都纳入国库单一账户体系管理，所有财政性支出通过国库单一账户体系支付到商品和劳务供应者或用款单位。

国库集中收付制度包括国库集中支付制度和收入收缴管理制度。财政收入通过国库单一账户体系，直接缴入国库；财政支出通过国库单一账户体系，以财政直接支付和财政授权支付方式，将资金支付到商品和劳务供应者或用款单位，即预算单位使用资金但见不到资金；未支用的资金均保留在国库单一账户，由财政部门代表政府进行管理运作，降低政府筹资成本，为实现宏观调控政策提供可选择的手段。

例题：国库集中收付制度也称(　　)

A. 国库收入收缴制度

B. 国库集中支付制度

C. 国库单一账户制度

D. 国库集中管理制度

解析：选C。国库集中收付制度一般也称为国库单一账户制度，包括国库集中支付制度和收入收缴管理制度。

二、国库单一账户体系

（一）国库单一账户体系的概念

国库单一账户体系是指以财政国库存款账户为核心的各类财政性资金账户的集合。所有财政性资金的收入、支付、存储及资金清算活动均在该账户体系运行。这个账户体系主要由国库单一账户、财政部门零余额账户、预算单位零余额账户、预算外资金财政专户和特设专户等主要银行账户构成。单位最常使用的、最重要的账户为财政部门零余额账户和预算单位零余额账户。财政直接支付各单位的预算内资金就是通过财政部门零余额账户进行核算支付的，该账户不得提取现金；财政授权支付是通过预算单位零余额账户进行核算支付的，该账户可提取现金。国库单一账户是在中国人民银行开设的国库存款账户，它与财政部门零余额账户、预算单位零余额账户和特设专户进行清算，实现财政国库集中支付。

（二）国库单一账户体系的构成

国库单一账户体系由国库单一账户、财政部门零余额账户、预算单位零余额账户、预算外资金财政专户和特设专户构成。

1. 国库单一账户

国库单一账户即财政部门在中国人民银行开设的国库存款账户，用于记录、核算和反映纳入预算管理的财政收入和财政支出活动，并用于同财政部门在商业银行开设的零余额账户进行清算，实现支付。

代理银行应当按日将支付的财政预算内资金和纳入预算管理的政府性基金与国库单一账户进行清算。国库单一账户在财政总预算会计中使用，行政单位和事业单位会计中不设置该账户。

2. 财政部门零余额账户

财政部门在商业银行开设的零余额账户，用于财政直接支付和与国库单一账户进行清算。该账户每日发生的支付，于当日营业终了前与国库单一账户清算；营业中单笔支付额在5 000万元人民币以上的（含5 000万元），应当及时与国库单一账户清算。财政部门零余额账户在国库会计中使用。

3. 预算单位零余额账户

财政部门在商业银行为预算单位开设的零余额账户，用于财政授权支付和与国库单一账户进行清算。该账户每日发生的支付，于当日营业终了前由代理银行在财政部门批准的用款额度内与国库单一账户清算；营业中单笔支付额在5 000万元人民币以上的（含5 000万元），应当及时与国库单一账户清算。

预算单位零余额账户可以办理转账、提取现金等结算业务，可以向本单位按账户管理规定保留的相应账户划拨工会经费，住房公积金及提租补贴，以及经财政部门批准的特殊款项，不得违反规定向本单位其他账户和上级主管单位、所属下级单位账户划拨资金。预算单位零余额账户在行政单位和事业单位会计中使用。

4. 预算外资金财政专户

财政部门在商业银行开设的预算外资金财政专户，用于记录、核算和反映预算外资金的收入和支出活动，并用于预算外资金日常收支清算，预算外资金财政专户在财政部门设立和使用。

5. 特设专户

经国务院或国务院授权财政部门批准为预算单位在商业银行开设的特殊专户，用于记录、核算和反映预算单位的特殊专项支出活动，并与国库单一账户清算。预算单位不得将特设专户的资金转入本单位其他账户，也不得将其他账户资金转入本账户核算。

例题：用于财政直接支付和与国库单一账户清算的账户是(　　)

A. 国库单一账户

B. 财政部门零余额账户

C. 特设专户

D. 预算单位零余额账户

解析：选B。财政部门零余额账户是财政部门在商业银行开设的，该账户用于财政直接支付和与国库单一账户清算。

三、财政收支的方式和程序

（一）财政收入收缴方式和程序

1. 收缴方式

适应财政国库管理制度的改革要求，财政收入的收缴分为直接缴库和集中汇缴两种方式。

（1）直接缴库。直接缴库是指由缴款单位或缴款人按有关法律、法规的规定，直接将应缴收入缴入国库单一账户或预算外资金财政专户。

（2）集中汇缴。集中汇缴是指由征收机关(有关法定单位)按有关法律、法规的规定，将所收的应缴收入汇总缴入国库单一账户或预算外资金财政专户。

2. 收缴程序

（1）直接缴库程序。直接缴库的税收收入，由纳税人或税务代理人提出纳税申报，经征收机关审核无误后，由纳税人通过开户银行将税款缴入国库单一账户。直接缴库的其他收入，比照本程序缴入国库单一账户或预算外资金财政专户。

（2）集中汇缴程序。小额零散税收和法律另有规定的应缴收入，由征收机关于收缴收入的当日汇总缴入国库单一账户。非税收入中的现金缴款，比照本程序缴入国库单一账户或预算外资金财政专户。

（二）财政支出支付方式和程序

财政支出总体上分为购买性支出和转移性支出。根据支付管理需要，购买性支出具体分为：①工资支出，即预算单位的工资性支出；②购买支出，即预算单位除工资支出、零星支出之外的购买服务、货物、工程项目等支出；③零星支出，即预算单位购买性支出中的日常小额部分，除《政府采购品目分类表》所列品目以外的支出，或虽列入《政府采购品目分类表》所列品目但未达到规定数额的支出。转移性支出，即拨付给预算单位或下级财政部门，未指明具体用途的支出，包括拨付企业补贴和未指明具体用途的资金，中央对地方的一般性转移支付等。

1. 支付方式

按照不同的支付主体，不同的支出分别实行财政直接支付和财政授权支付。

（1）财政直接支付。财政直接支付是由财政部门向中国人民银行和代理银行签发支付指令，代理银行根据支付指令通过国库单一账户体系，直接将财政资金支付给收款人(即商品和劳务供应者）或用款单位账户。

（2）财政授权支付。财政授权支付是预算单位按照财政部门授权，自行向代理银行签发支付指令，代理银行根据支付指令，在财政部门批准的预算单位的用款额度内，通过国库单一账户体系将资金支付到收款人账户。实行财政授权支付的支出包括未实行财政直接支付的购买支出和零星支出。

2. 支付程序

（1）财政直接支付程序。预算单位实行财政直接支付的财政性资金包括工资支出、工程采购支出、物品和服务采购支出。财政直接支付的申请由一级预算单位汇总，填写“财政直接支付汇总申请书”，报财政部门国库支付执行机构。财政部门国库支付执行机构审核一级预算单位提出的支付申请无误后，开具“财政直接支付汇总清算额度通知单”和“财政直接支付凭证”，经财政部门国库管理机构加盖印章签发后，分别送中国人民银行和代理银行。代理银行根据“财政直接支付凭证”及时将资金直接支付给收款人或用款单位。

想一想

财政直接支付的支出项目包括哪些？

（2）财政授权支付程序。财政授权支付程序适用于未纳入工资支出、工程采购支出、物品和服务采购支出管理的购买支出和零星支出，其包括单件物品或单项服务购买额不足10万元人民币的购买支出、年度财政投资不足50万元人民币的工程采购支出、特别紧急的支出和经财政部门批准的其他支出。财政部门根据批准的一级预算单位用款计划中月度授权支付额度，每月25日前以“财政授权支付汇总清算额度通知单”“财政授权支付额度通知单”的形式分别通知中国人民银行和代理银行。代理银行在收到财政部门下达的“财政授权支付额度通知单”时，向相关预算单位发出“财政授权支付额度到账通知书”。基层预算单位凭据“财政授权支付额度到账通知书”所确定的额度支用资金；代理银行凭据“财政授权支付额度通知单”受理预算单位财政授权支付业务，控制预算单位的支付金额，并与国库单一账户进行资金清算。预算单位支用授权额度时，填制财政部门统一制定的“财政授权支付凭证”送代理银行；代理银行根据“财政授权支付凭证”，通过零余额账户办理资金支付。

本章小结

财政法律制度包括预算法律制度、政府采购法律制度和国库集中收付制度。凡是与国家财政有关的法律、行政法规及部门规章、地方性法规都属于财政法律制度，主要包括《预算法》《预算法实施条例》《政府采购法》以及中央和地方有关国库集中收付制度的规范性文件等。

预算法律制度包括预算法律制度的构成，国家预算的概念、作用、级次划分和构成，预算管理的职权，预算收入与预算支出，预算的组织程序和预算、决算的监督等。政府采购法律制度包括政府采购法律制度的构成、政府采购的概念与原则、政府采购的功能与执行模式、政府采购当事人、政府采购方式、政府采购的监督检查等。国库集中收付制度包括国库集中收付制度的概念、国库单一账户体系、财政收支的方式和程序等。

社会实践

通过本章的学习，在老师的指导下，搜集相关案例，进一步了解财政法律制度的相关内容。

第五章 税务管理

学习目的

- 熟悉现行税收管理体制的主要规定。
- 熟悉税务登记的内容、种类和程序。
- 掌握纳税申报的对象、内容和申报方式。
- 掌握税款的征收方式及核定方法。
- 掌握税款征收措施及相关制度。
- 熟悉和掌握纳税当事人的法律责任。
- 熟悉掌握税务管理的内容与方式。

案例导入

中华人民共和国成立以来，财政体制经历了数次重大改革。中华人民共和国成立之初是一种统收统配，连续实行了30余年之久。1980年开始改行“分灶吃饭”的分权体制。1988年后又改为递增包干、上解递增包干、定额上解、总额分成、定额补助等多种形式的“大包干”管理制度。但这些改革均未跳出计划经济的财政框架。1994年，我国终于向市场经济体制跨出了决定性的、带有革命意义的一步，即分税制，由行政性分权跨入了经济性分权。

1994年实行分税制后，根据事权与财权相结合的原则，将税种统一划分为中央税、地方税以及中央与地方共享税，建立起了中央和地方两套税收管理制度，并设中央与地方两套税收机构分别征管；在核定地方收支数额的基础上，实行了中央财政对地方财政的税收返还和转移支付制度等，成功地实现了中央政府与地方政府之间税种、税权、税管的划分，实行了财政“分灶吃饭”。

2018年3月13日，改革国税地税征管体制。将省级和省级以下国税地税机构合并，具体承担所辖区域内的各项税收、非税收入征管等职责。国税地税机构合并后，实行以国家税务总局为主与省（区、市）人民政府双重领导管理体制。

请问：国税地税合并意味着什么吗？

提示：国税地税合并使国家税务总局将负责辖区内的各项税收和非税收入，纳税人可以“一站式”办理纳税业务，既节省了时间又降低了企业的纳税成本。

国税地税合并，对于国家税务局的工作人员提出了更高层次的需求。国税地税合并成为国家税务总局后，将启用新的行政、业务印章，并统一政策执行口径和执法标准。这对于税务局工作人员来说，确实是不小的挑战。但从另一个角度讲，这也会促使税务人员不断学习和进步，进而提升办税效率，节省时间成本和劳动成本。

第一节 税务管理概述

税务管理是国家税务机关依据国家税收政策、法规及有关制度规定，依法行使征税权力，通过一定的程序，指导和监督纳税人(包括扣缴义务人、税务代理人)正确履行纳税义务，保证税收收入及时、足额入库的一种管理活动。

税务管理工作的核心内容是税收征收管理，包括税务登记，账簿、凭证管理和纳税申报。这些行之有效的征收管理制度对保障正常的税务管理秩序，保证国家税款及时、足额入库，维护纳税人的正当权益起到了极其重要的作用。

一、税务登记

税务登记是税务机关根据纳税人的申报，对纳税人的开业、变动、歇业以及生产、经营范围变化实行法定登记，并经审核发给税务登记证的一项管理制度。办理税务登记是征纳双方法律关系成立的依据和证明，是纳税人取得合法地位的标志，是纳税人履行纳税义务的第一步。

因办理税务登记的缘由不同，税务登记可分为开业税务登记、变更税务登记、注销税务登记、停业和复业税务登记以及外出经营报验登记五种情况。

（一）开业税务登记

开业税务登记是指在我国境内从事生产、经营，并经工商行政管理部门批准开业，或依照法律、行政法规规定负有纳税义务的单位和个人，在从事正式生产、经营之前依法向税务机关办理的登记。

1. 开业税务登记的办理

《税收征收管理法》第十五条规定："企业，企业在外地设立的分支机构和从事生产、经营的场所，个体工商户和从事生产、经营的事业单位（以下统称从事生产、经营的纳税人）自领取营业执照之日起三十日内，持有关证件，向税务机关申报办理税务登记。税务机关应当于收到申报的当日办理登记并发给税务登记证件。工商行政管理机关应当将办理登记注册、核发营业执照的情况，定期向税务机关通报。"

2. 开业税务登记的办理程序

（1）纳税人申报办理税务登记时，首先应当到主管税务机关或指定的税务登记办理处，填报《申请税务登记报告书》，并出示以下证件和资料：

1）营业执照或其他核准执业证件；

2）有关合同、章程、协议书；

3）银行账号证明；

4）法定代表人、负责人、纳税人本人的居民身份证、护照或者其他证明身份的合法证件；

5）组织机构统一代码证书；

6）住所、经营场所的使用证明；

7）税务机关要求提供的其他证件、资料。其他需要提供的有关证件、资料，由省、自治区、直辖市税务机关确定。

（2）受理税务机关收到纳税人申请报告和有关证件资料后，应进行初步审查，对符合登记条件的纳税人，按其登记的种类，发放税务登记表或注册税务登记表和纳税人税种登记表，纳税人应当如实填写上述表格。

（3）核准纳税人填报的登记表格、提供的证件和资料；符合规定的，税务机关予以登记，发给税务登记证或注册税务登记证及其副本，并分税种填制税种登记表，确定纳税人所适用的税种、税目、税率、报缴税款的期限和征收方式等。

主管税务机关在审核纳税人提交的登记资料完备的情况下，按申报的种类向纳税人发放税务登记表（见表5-1）及纳税人税种登记表，并指导办税人员填写。

表 5-1　税务登记表

（适用单位纳税人）

填表日期：

纳税人名称							
纳税人识别号							
登记注册类型			批准设立机关		批准设立证明或文件号		
开业（设立）日期		生产经营期限		证照名称		证照号码	
注册地址				邮政编码		联系电话	
生产经营地址				邮政编码		联系电话	
核算方式	请选择对应项目打“√”　□独立核算　□非独立核算				从业人数	____其中外籍人数____	
单位性质	请选择对应项目打“√”　□企业　□事业单位　□社会团体　□民办非企业单位　□其他						
网站网址				国标行业	□□ □□ □□ □□		
适用会计制度	请选择对应项目打“√” □企业会计制度　□小企业会计制度　□金融企业会计制度　□行政事业单位会计制度						
经营范围	请将法定代表人（负责人）身份证件复印件粘贴在此处						

（续）

联系人	姓名	身份证件		固定电话	移动电话	电子邮箱
		种类	号码			
法定代表人（负责人）						
财务负责人						
办税人						

税务代理人名称	纳税人识别号	联系电话	电子邮箱

注册资本或投资总额	币种	金额	币种	金额	币种	金额

投资方名称	投资方经济性质	投资比例	证件种类	证件号码	国籍或地址
自然人投资比例		外资投资比例		国有投资比例	

分支机构名称	注册地址	纳税人识别号

总机构名称		纳税人识别号			
注册地址		经营范围			
法定代表人姓名		联系电话		注册地址邮政编码	

代扣代缴、代收代缴税款业务情况	代扣代缴、代收代缴税款业务内容	代扣代缴、代收代缴税种

附报资料：

经办人签章： 年 月 日	法定代表人（负责人）签章： 年 月 日	纳税人公章： 年 月 日

税务机关对申报办理税务登记的单位和个人所填报的税务登记表及提供的各种资料、证件应进行认真查验，并在收到申报的当日办理登记并发给税务登记证件。如果纳税人已经取得增值税一般纳税人的认定资格，则税务机关应在税务登记证上加盖“增值税一般纳税人”认定印章。

（二）变更税务登记

变更税务登记是指纳税人办理了开业税务登记之后，因登记内容发生了变化，需要对原登记内容进行更改，而向税务机关申报办理的税务登记。

1. 变更税务登记的范围和时间

纳税人办理开业税务登记之后，所登记的内容常常会发生变化，如单位名称或法定代表人、隶属关系、经济性质和经营地点、经营范围或经营方式、注册资金、银行账号等改变。为了及时掌握纳税人的生产经营变化情况，《税收征收管理法》第十六条规定：“从事生产、经营的纳税人，税务登记内容发生变化的，自工商行政管理机关办理变更登记之日起三十日内或者在向工商行政管理机关申请办理注销登记之前，持有关证件向税务机关申报办理变更或者注销税务登记。”

2. 变更税务登记的程序

纳税人申请办理变更税务登记时，应向主管税务机关领取税务登记变更表（见表5-2），如实填写变更登记事项、变更登记前后的具体内容，并根据不同情况提交如下资料和证件：

（1）纳税人在工商行政管理机关办理变更登记的，应当自工商行政管理机关办理变更登记之日起三十日内，持下列证件向原税务登记机关申报办理变更税务登记，具体包括：

1）工商变更登记表及工商执照（注册登记执照）。

2）纳税人变更登记内容的决议及有关证明资料。

3）税务机关发放的原税务登记证件（登记正、副本及税务登记表等）。

4）税务机关需要的其他有关资料。

（2）纳税人不需要到工商行政管理机关办理变更登记的，应当自发生变化之日起三十日内，持有关证件向原税务登记机关申报办理变更税务登记，具体包括：

1）税务机关发放的原税务登记证件（登记正、副本和税务登记表等）。

2）纳税人变更登记内容的决议及有关证明资料。

3）税务机关需要的其他有关资料。

税务机关对纳税人报送的已填写完毕的变更表及相关资料进行审核。对报送的税务登记变更表应根据纳税人报送的附列资料认真核对，检查填写内容是否准确，有无缺漏项目；需变更税务登记证内容的，由税务机关收回原税务登记证（登记正、副本），按变更后的内容重新核发税务登记证。

（三）注销税务登记

注销税务登记是指纳税人办理了税务登记后，发生解散、破产、撤销及其他情形，需要终止纳税义务的，依法向税务机关办理的登记。

表 5-2 税务登记变更表

纳税人识别号

纳税人名称： 填表日期：

变更登记事项			
序 号	变更项目	变更前内容	变更后内容
纳税人：	法定代表人：	经办人：	
受理税务机关意见：	变更日期： 税务主管： 经办人： 税务机关（盖章）		

1. 注销税务登记的范围和时间

纳税人发生解散、破产、撤销及其他情形，依法终止纳税义务的，应当在向工商行政管理机关办理注销登记前，持有关证件向原税务登记管理机关申报办理注销税务登记；按照规定不需要在工商行政管理机关办理注销登记的，应当自有关机关批准或者宣告终止之日起15日内，持有关证件向原税务登记管理机关申报办理注销税务登记。

纳税人因住所、生产、经营场所变动而涉及改变主管税务登记机关的，应当在向工商行政管理机关申请办理变更或注销登记前，或者住所、生产、经营场所变动前，向原税务登记机关申报办理注销税务登记，再向迁达地主管税务登记机关申报办理开业税务登记。

纳税人被工商行政管理机关吊销营业执照的，应当自营业执照被吊销之日起15日内，向原税务登记机关申报办理注销税务登记。

2. 注销税务登记的程序

（1）纳税人办理注销税务登记时，应提交如下资料：

1）注销税务登记申请书。

2）上级主管部门批文或董事会、职工代表大会的决议。

3）其他有关资料。

（2）接受税务机关清理检查纳税情况、发票购存情况及其他税务事项。

（3）由纳税人填报注销税务登记申请审批表，结清应纳税款、滞纳金和罚款，缴回税务登记证和缴销发票等。

（四）停业和复业税务登记

停业登记是指实行定期定额征收方式的纳税人在营业执照核准的经营期限之内需要停业的，向税务机关提出停业登记申请，经批准后办理停业登记。复业登记是指纳税人应于恢复生产、经营之前向税务机关提出复业登记申请，经确认后，办理复业登记。

1. 停业登记程序

实行定期定额方法缴纳税款的纳税人，在营业执照核准的经营期限内需要停业的，应向主管税务登记机关提交停业申请书。若工商行政管理部门要求停业的，应提交工商行政管理部门发放的停业文件。主管税务机关据此发放《停业复业报告书》，纳税人应如实填写。

税务机关经审核应当责成申请停业的纳税人按要求结清税款、缴销发票，交回税务登记证件及发票购领簿。

纳税人在停业期间发生纳税义务的，应及时向主管税务机关申报，依法补缴应纳税额。

2. 复业登记程序

纳税人应当于恢复生产、经营之前向税务机关提出复业登记申请。经确认后，办理复业登记。纳税人复业时，税务机关应将封存的税务登记证件、发票购领簿交给纳税人，纳入正常管理。纳税人停业期满，应及时恢复营业；如遇特殊情况，需延长停业时间，则应在停业期满前向主管税务机关提交申请，办理延长停业登记，如实填写《停业复业报告书》，经税务机关核准后方可延期，否则应当视为恢复营业，实施正常的税收征管。

（五）外出经营报验登记

外出经营报验登记是指从事生产、经营的纳税人到外县（市）生产、经营的，应当向所在地主管税务机关申请开具外出经营活动税收管理证明，并向经营地税务机关申请报验的一项登记制度。

从事生产经营的纳税人外出经营，应当向主管税务机关申请开具外出经营活动税收管理证明，经审核后，按照一地一证的原则核发外出经营活动税收管理证明。纳税人凭该证明和税务登记证副本向营业地税务机关报验登记，购买或填开发票，缴纳税款，接受税务管理。纳税人外出经营活动结束，应按规定向经营地税务机关填报外出经营活动情况申报表，并结清税款，缴销未使用的发票。

（六）税务登记证的使用管理

税务登记证是表明纳税人依法具有纳税义务，并已向主管税务机关办理纳税登记手续，接受税务管理的书面证明。

纳税人应当按照税务主管部门的规定使用税务登记证件，不得转借、涂改、损毁、买卖或伪造税务登记证件。税务登记证件应悬挂在营业场所，接受税务机关检查。

根据《中华人民共和国税收征收管理法实施细则》（以下简称《税收征收管理法实施细则》）第十八条的规定，纳税人办理下列事项时，必须持税务登记证件：

（1）开立银行账户。

（2）申请减税、免税和退税。

（3）申请办理延期申报、延期缴纳税款。

（4）领购发票。

（5）申请开具外出经营活动税收管理证明。

（6）办理停业、歇业。

（7）其他有关税务事项。

税务机关对税务登记证实行定期验证和换证制度。

二、账簿、凭证管理

账簿、凭证是纳税人进行生产、经营管理和核算财务收支必不可少的工具，也是税务机关对纳税人依法纳税、管理、检查的重要依据。

1. 账簿、凭证管理的内容

《税收征收管理法实施细则》第二十二条明确规定，“从事生产、经营的纳税人应当自领取营业执照或者发生纳税义务之日起15日内，按照国家有关规定设置账簿”。

生产、经营规模小又确无建账能力的纳税人，可以聘请经批准从事会计代理记账业务的专业机构或者财会人员代为建账和办理账务。这些账簿、凭证是税务机关征收税款的重要依据。

2. 账簿、凭证的保管

根据《税收征收管理法》第二十四条的规定，“从事生产、经营的纳税人、扣缴义务人必须按照国务院财政、税务主管部门规定的保管期限保管账簿、记账凭证、完税凭证及其他有关资料。账簿、记账凭证、完税凭证及其他有关资料不得伪造、变造或者擅自损毁。”

纳税人、扣缴义务人的账簿、记账凭证、完税凭证及其他有关资料的保管，应当按照《会计法》《会计档案管理办法》的有关规定处理。各单位每年形成的会计档案，要立案装订成册，并移交本单位的档案部门保管；同时应对会计档案进行科学管理，妥善保管，做到存放有序、查找方便，严防损毁、散失和泄密。会计档案保存期满，需要销毁时，应编制销毁清册，经批准后方可销毁。

三、纳税申报

纳税申报是纳税人在税法规定的期限内，就纳税有关事项向税务机关进行书面报告的一项制度。它是纳税人必须履行的一项法定手续，也是税务机关办理征收业务、核定应纳税款、开具完税凭证以及进行税务监督、统计分析和纳税评估的主要依据，在税务管理体系中占有重要地位。

（一）纳税申报的对象

纳税申报的对象是按照国家法律、行政法规的规定，负有纳税义务的纳税人或者负有代扣代缴义务的扣缴义务人。也就是说，一切负有纳税义务的单位和个人以及负有扣缴义务的单位和个人，都是办理纳税申报的对象。具体包括以下三类：

（1）从事生产经营负有纳税义务的企业、事业单位、其他组织和个人，临时取得应税收入的单位和个人，以及从事非生产经营但负有纳税义务的单位和个人，都必须依照税法的规定向税务机关进行纳税申报。

（2）享受减税、免税优惠的纳税人在减税、免税期间应向税务机关办理纳税申报。

（3）扣缴义务人也必须依照税法的规定向税务机关报送代扣代缴、代收代缴报告表。

上述纳税人、扣缴义务人在法定纳税期限内，无论有无应税收入及其他应税项目，均应在规定的申报期限内，向税务机关办理纳税申报。

（二）纳税申报的内容

纳税申报的内容包括纳税申报表的内容和纳税申报应报送的证件、资料两部分。

1. 纳税申报表的主要内容

纳税人、扣缴义务人的纳税申报或者代扣代缴、代收代缴税款报告表的主要内容包括：①税种、税目。②应纳税项目或者应代扣代缴、代收代缴税款项目。③计税依据，扣除项目及标准。④适用税率或者单位税额。⑤应退税项目及税额、应减免税项目及税额。⑥应纳税额或者应代扣代缴、代收代缴税额。⑦税款所属期限、延期缴纳税款、欠税和滞纳金等。

上述各项仅是纳税申报的主要事项，不同的税种还有许多具体内容，有不同的要求和格式。

2. 纳税申报应报送的证件、资料

纳税人在办理纳税申报时，不但应当如实填写纳税申报表，而且要根据纳税申报的不同情况提供与之相对应的证件、资料，主要包括下列各项内容：

（1）财务会计报表及其说明材料。

（2）与纳税有关的合同、协议书及凭证。

（3）税控装置的电子报税资料。

（4）外出经营活动税收管理证明和异地完税凭证。

（5）境内或者境外公证机构出具的有关证明文件。

（6）税务机关规定应当报送的其他有关证件、资料。

（三）纳税申报方式

纳税申报方式是指纳税人和扣缴义务人在发生纳税义务和代扣代缴、代收代缴义务后，在其申报期限内，依照税收法律、行政法规的规定到指定税务机关进行申报纳税的形式。

1. 直接申报

直接申报是指纳税人和扣缴义务人自行到税务机关办理纳税申报或者报送代扣代缴、代收代缴报告表，这是一种传统的申报方式。

2. 邮寄申报

邮寄申报是指经税务机关批准的纳税人、扣缴义务人使用统一规定的纳税申报特快专递专用信封，通过邮政部门办理交寄手续，并向邮政部门索取收据作为申报凭据的方式。

纳税人采取邮寄方式办理纳税申报的，应当使用统一的纳税申报特快专递专用信封，并以邮政部门的收据作为申报凭据。邮寄申报以寄出的邮戳日期为实际申报日期。

3. 数据电文申报

数据电文申报是指税务机关确定的电话语音、电子数据交换和网络传输等电子方式。

经税务机关批准，纳税人采用数据电文方式进行纳税申报的，还应当于每季度终了后将电子数据书面报送税务机关。

除上述方式外，实行定期定额缴纳税款的纳税人，可以实行简易申报、简并征期等申报纳税方式。

四、我国现行税收管理体制

（一）税收行政权限的划分

税收行政权限也称税收执法权或管理权，是指国家税收征管机关依据税收法律、法规和规章，对有关税收事项进行的具体征收和管理的行政活动。

我国新税制下税收行政权限的划分大致包括以下内容：

（1）中央税的税收管理权由国务院及其税务主管部门掌握，由中央税务机构负责征收；地方税的税收管理权由地方人民政府及其税务主管部门掌握，由地方税务机构负责征收；中央与地方共享税的税收管理权按中央和地方政府各自的收入归属划分，由各级国家税务局负责征收，共享税中地方分享的部分，由各级国家税务局直接划入地方金库。

小资料

我国税收管理体制只限于对税收立法和执法权限在各级立法、执法机构之间的划分做出规定。

（2）地方自行立法的地区性税种，其管理权由省级人民政府及其税务主管部门掌握；属于地方税收管理权限，在省级及其以下的地区如何划分，由省级人民代表大会或省级人民政府决定。

（3）经全国人民代表大会及其常务委员会和国务院的批准，民族自治地区可以拥有某些特殊的税收管理权，如对全国性地方税种的某些税目、税率的调整权以及一般地方税收管理权以外的一些特殊的管理权。

（4）经全国人民代表大会及其常务委员会和国务院的批准，经济特区也可以享有一般地方税收管理权以外的一些特殊的管理权。

（5）关税管理体制由海关总署规定。

（6）关于税收减免权，根据《国务院关于加强税收管理和严格控制减免税收的通知》和其后的有关规定，为了促进国民经济既快又好地向前发展，加强税收管理，更好地体现公平税负、促进竞争的原则，在税法规定之外，一律不得减免税，也不得采取先征后返的形式变相减免税。

（二）税收征收管理范围的划分

我国目前税收征收管理范围具体划分如下：

1. 国家税务局征收管理的税种

国家税务局系统负责征收和管理的税种主要包括：①增值税。②消费税。③车辆购置税。④铁道部门、各银行总行和各保险总公司集中缴纳的营业税、所得税、城市维护建设税。⑤中央企业缴纳的所得税。⑥中央与地方所属企业、事业单位组成的联营企业、股份制企业缴纳的所得税。⑦地方银行、非银行金融企业缴纳的所得税。⑧海洋石油企业缴纳的所得税、资源税。⑨部分企业的企业所得税。⑩个人所得税中对储蓄存款利息所得征收的部分。⑪证券交易税（开征之前为对证券交易征收的印花税）。⑫中央税的滞纳金、补税和罚款。

小资料

目前，我国的税收分别由税务、财政、海关等系统负责征收管理。

2. 地方税务局征收管理的税种

地方税务局系统负责征收和管理的税种包括：①营业税。②城市维护建设税（不包括上述由国家税务局系统负责征收管理的部分）。③地方国有企业、集体企业、私营企业缴纳的所得税。④个人所得税（不包括对银行储蓄存款利息所得征收的部分）。⑤资源税。⑥印花税。⑦土地增值税。⑧城镇土地使用税。⑨房产税。⑩车船税。⑪屠宰税。⑫筵席税及其地方附加。⑬耕地占用税。⑭契税。⑮地方税的滞纳金、补税和罚款。

为了加强税收征收管理，降低征收成本，避免工作交叉，简化征收手续，方便纳税人，在某种情况下，国家税务局和地方税务局可以相互委托对方代征某些税收。

3. 地方财政部门征收管理的税种

地方财政部门负责征收和管理的税种包括耕地占用税、契税及地方附加。目前，在大部分地区，以上税种由地方财政部门负责征收和管理，在少数地区，由地方税务局负责征收和管理。

4. 海关征收管理的税种

海关系统负责征收和管理的税种有关税、行李和邮递物品进口税，此外，还负责代征进出口环节的增值税和消费税。

小资料

2005年12月29日，第十届全国人民代表大会常务委员会第十九次会议高票通过决定，自2006年1月1日起废止《中华人民共和国农业税条例》。中国这片广袤的土地上延续了2 600多年的农业税收从此宣告结束，9亿农民将永远告别种田缴纳"皇粮国税"的历史。

五、税务机构的设置

税务征管机构是国家为了实现税务管理的职能而制定的组织形式。

（一）国内税的征管机构

根据我国经济和社会发展及实行分税制财政管理体制的需要，现行税务机构设置是中央政府设立国家税务总局(正部级)，省及省以下税务机构分为国家税务局和地方税务局两个系统。

国家税务总局对国家税务局系统实行机构、编制、干部、经费的垂直管理，协同省级人民政府对省级地方税务局实行双重领导。

国家税务局系统包括省、自治区、直辖市级国家税务局，地区、地级市、自治州、盟级国家税务局，县、县级市、旗国家税务局和征收分局、税务所。征收分局、税务所是县级国家税务局的派出机构，直接从事税收征管工作。

地方税务局系统包括省、自治区、直辖市地方税务局，地区、地级市、自治州、盟地方税务局，县、县级市、旗地方税务局和征收分局、税务所。省以下地方税务局实行上级税务机关和同级人民政府双重领导，以上级税务机关垂直领导为主的管理体制，即地区(市)、县(市)地方税务局的机构设置、干部管理、人员编制和经费开支均由所在省(自治区、直辖市)地方税务局垂直管理。

（二）关税的征管机构

海关系统实行垂直管理的领导体制。海关总署下设45个直属机构。海关总署统一管理全国海关；直属海关由海关总署直接领导，负责本地区的海关工作；其他隶属海关归直属海关领导，依法独立行使职权。

（三）各级税务机构的职责

1. 国家税务总局的主要职责

（1）具体起草税收法律法规草案及实施细则并提出税收政策建议，与财政部共同上报和下发，制订贯彻落实的措施。负责对税收法律法规执行过程中的征管和一般性税政问题进行解释，事后向财政部备案。

（2）承担组织实施税收及社会保险费、有关非税收入的征收管理责任，力争税款应收尽收。

（3）参与研究宏观经济政策、中央与地方的税权划分并提出完善分税制的建议，研究税负总水平并提出运用税收手段进行宏观调控的建议。

（4）负责组织实施税收征收管理体制改革，起草税收征收管理法律法规草案并制定实施细则，制定和监督执行税收业务、征收管理的规章制度，监督检查税收法律法规、政策的贯彻执行。

（5）负责规划和组织实施纳税服务体系建设，制定纳税服务管理制度，规范纳税服务行为，制定和监督执行纳税人权益保障制度，保护纳税人合法权益，履行提供便捷、优质、高效纳税服务的义务，组织实施税收宣传，拟订税务师管理政策并监督实施。

（6）组织实施对纳税人进行分类管理和专业化服务，组织实施对大型企业的纳税服务和税源管理。

（7）负责编报税收收入中长期规划和年度计划，开展税源调查，加强税收收入的分析预测，组织办理税收减免等具体事项。

（8）负责制定税收管理信息化制度，拟订税收管理信息化建设中长期规划，组织实施金税工程建设。

（9）开展税收领域的国际交流与合作，参加国家（地区）间税收关系谈判、草签和执行有关的协议、协定。

（10）办理进出口商品的税收及出口退税业务。

（11）以税务总局为主、与省区市党委和政府对全国税务系统实行双重领导。

（12）承办党中央、国务院交办的其他事项。

2. 各省级地方税务局的主要职责

（1）贯彻执行税收、税收征收管理法律、法规、规章及规范性文件，研究制定具体的实施办法。对各部门、各单位贯彻执行税收法律法规和制度情况进行监督检查。组织实施全省地方税务局系统税收征收管理改革。

（2）参与税收政策的研究，具体起草有关文件并提出相关政策建议。在授权范围内对地方税收政策进行解释。

（3）研究制定全省地方税务局系统税收发展规划和年度工作计划并组织实施。

（4）负责全省地方税、共享税的征收管理、税源管理、纳税评估、反避税和稽查工作；负责地方税务局各类发票和其他税收票证的管理工作；负责全省地方税务局涉外税收管理工作。

（5）负责法律法规规定和上级交付征收的各项规费基金的征收管理、分析监控等工作。

（6）监督检查全省地方税务局系统的税收执法活动和内部行政管理活动；负责税务行政处罚听证、行政复议和行政应诉工作。

（7）负责规划和组织实施全省地方税务局系统纳税服务体系建设；制定和监督执行全省地方税务局系统纳税服务管理制度；贯彻执行纳税人权益保障规章制度，研究制定具体的实施办法。组织开展税收宣传等。

（8）组织实施对纳税人进行分类管理和专业化服务，组织实施对大型企业的纳税服务和税源管理。

（9）编制、分配和下达全省地方税务局系统税收收入计划并组织实施；开展税源监控、分析和预警；组织办理税收减免等具体事项；负责全省地方税务局系统的税收会计、统计核算工作。

(10) 负责全省地方税务局系统税收管理信息化建设。

(11) 组织开展全省地方税务局系统党风廉政建设、反腐败工作及行风建设。

(12) 垂直管理全省地方税务局系统的机构、编制、人员和经费等工作；负责各级地方税务局机关领导班子建设、干部队伍建设、教育培训、思想政治工作、精神文明建设、党建等工作。

(13) 承办省人民政府交办的其他事项。

第二节 税种与税款征收

一、主要税种

根据我国税收法律制度的规定，我国现行的税种主要有增值税、消费税、关税、企业所得税、个人所得税、资源税、城镇土地使用税、房产税、城市维护建设税、耕地占用税、土地增值税、车辆购置税、车船税、印花税、契税等。

(一) 增值税

1. 增值税的概念

增值税是以销售货物、应税服务、无形资产以及不动产过程中产生的增值额作为计税依据而征收的一种流转税。

2. 增值税的分类

按照外购固定资产处理方式的不同，可以将增值税划分为生产型增值税、收入型增值税和消费型增值税三种类型。

(1) 生产型增值税。生产型增值税不允许纳税人在计算增值税时扣除外购固定资产的价值，由于生产型增值税的税基中包含了外购固定资产的价值，对这部分价值存在重复征税问题，客观上它可以抑制企业对固定资产的投资。

(2) 收入型增值税。收入型增值税允许纳税人在计算增值税时将外购固定资产折旧部分扣除。

(3) 消费型增值税。消费型增值税允许纳税人在计算增值税时将外购固定资产的价值一次性扣除，可以彻底消除重复征税问题，有利于促进技术进步。它是世界上实行增值税的国家普遍采用的一种类型。我国从 2009 年 1 月 1 日开始全面实行消费型增值税。

2012 年 1 月 1 日起，在上海交通运输业和部分现代服务业开展营业税改征增值税试点。自 2012 年 8 月 1 日起至 2012 年年底，国务院扩大营改增试点至十省市。2013 年 8 月 1 日，营改增范围已推广到全国试行。经国务院决定 2014 年 1 月 1 日起，将铁路运输和邮政服务业纳入营业税改征增值税试点，至此交通运输业已全部纳入营改增范围。自 2014 年 6 月 1 日起，将电信业纳入营业税改征增值税试点范围。至此，营改增试点已覆盖“3 + 7”个行业，即交通运输业、邮政业、电信业 3 个大类行业和研发技术、信息技术、文化创意、物流辅助、有形动产租赁、鉴证咨询、广播影视 7 个现代服务业。2016 年 3 月 18 日，国务院常务会议审议通过了全面推开营改增试点方案，明确自 2016 年 5 月 1 日起，全面推开营改增试点：将建筑业、房地产业、金融业、生活服务业纳入试点范围。

3. 增值税的征税范围

（1）征税范围的基本规定。

1）销售或者进口的货物。销售货物是指在中国境内有偿转让货物的所有权。货物是指有形动产，包括电力、热力、气体在内。

2）提供的加工、修理修配劳务。加工是指受托加工货物，即委托方提供原材料及主要材料，受托方按照委托方的要求制造货物并收取加工费的业务；修理修配是指受托方对损伤和丧失功能的货物进行修复，使其恢复原状和功能的业务。单位或者个体工商户聘用的员工为本单位或者雇主提供的加工、修理修配劳务不包括在内。

3）销售服务、无形资产或者不动产。销售服务、无形资产或者不动产，是指有偿提供服务，有偿转让无形资产或者不动产，但属于下列非经营活动的情形除外。

①行政单位收取的同时满足以下条件的政府性基金或者行政事业性收费：由国务院或者财政部批准设立的政府性基金，由国务院或者省级人民政府及其财政、价格主管部门批准设立的行政事业性收费，收取时开具省级以上（含省级）财政部门监（印）制的财政票据，所收款项全额上缴财政。

②单位或者个体工商户聘用的员工为本单位或者雇主提供取得工资的服务。

③单位或者个体工商户为聘用的员工提供服务。

④财政部和国家税务总局规定的其他情形。

（2）销售服务、无形资产或者不动产的具体内容。销售服务，是指提供交通运输服务、邮政服务、电信服务、建筑服务、金融服务、现代服务、生活服务等。销售无形资产，是指转让无形资产所有权或者使用权的业务活动，无形资产包括技术、商标、著作权、商誉、自然资源使用权和其他权益性无形资产。销售不动产，是指转让不动产所有权的业务活动，不动产包括建筑物、构筑物等。

应税服务的具体内容如下：

1）交通运输服务。交通运输服务是指使用运输工具将货物或者旅客送达目的地，使其空间位置得到转移的业务活动，包括陆路运输服务、水路运输服务、航空运输服务和管道运输服务。

2）邮政服务。邮政服务是指中国邮政集团公司及其所属邮政企业提供邮件寄递、邮政汇兑和机要通信等邮政基本服务的业务活动，包括邮政普遍服务、邮政特殊服务和其他邮政服务。

3）电信服务。电信服务是指利用有线、无线的电磁系统或者光电系统等各种通信网络资源，提供语音通话服务，传送、发射、接收或者应用图像、短信等电子数据和信息的业务活动，包括基础电信服务和增值电信服务。

4）建筑服务。建筑服务是指各类建筑物、构筑物及其附属设施的建造、修缮、装饰、线路、管道、设备、设施等的安装及其他工程作业的业务活动，包括工程服务、安装服务、修缮服务、装饰服务和其他建筑服务。

5）金融服务。金融服务是指经营金融保险的业务活动，包括贷款服务、直接收费金融服务、保险服务和金融商品转让。

6）现代服务。现代服务是指围绕制造业、文化产业、现代物流产业等提供技术性、知识性服务的业务活动，包括研发和技术服务、信息技术服务、文化创意服务、物流辅助服务、租赁服务、鉴证咨询服务、广播影视服务、商务辅助服务和其他现代服务。

7）生活服务。生活服务是指为满足城乡居民日常生活需求提供的各类服务活动，包括文化体育服务、教育医疗服务、旅游娱乐服务、餐饮住宿服务、居民日常服务和其他生活服务。

（3）征收范围的特殊规定。

1）视同销售货物。单位和个体工商户的下列行为视同销售货物。

①将货物交付其他单位或者个人代销。

②销售代销货物。

③设有两个以上机构并实行统一核算的纳税人，将货物从一个机构移送其他机构用于销售，但相关机构设在同一县（市）的除外。

④将自产或委托加工的货物用于非增值税应税项目。

⑤将自产或委托加工的货物用于集体福利或个人消费。

⑥将自产、委托加工或购买的货物分配给股东或投资者。

⑦将自产、委托加工或购买的货物作为投资，提供给其他单位或个体经营者。

⑧将自产、委托加工或购买的货物无偿赠送其他单位或个人。

上述第5项所称的“集体福利或个人消费”是指企业内部设置的供职工使用的食堂、浴室、理发室、宿舍、幼儿园等福利设施及设备、物品等，或者以福利、奖励、津贴等形式发放给职工个人的物品。

2）视同销售服务、无形资产或者不动产。下列情形视同销售服务、无形资产或者不动产。

①单位和个体工商户向其他单位或者个人无偿提供服务，但用于公益事业或者以社会公众为对象的除外。

②单位或者个人向其他单位或者个人无偿转让无形资产或者不动产，但用于公益事业或者以社会公众为对象的除外。

③财政部和国家税务总局规定的其他情形。

3）混合销售。混合销售是指一项销售行为既涉及服务又涉及货物。从事货物的生产、批发或者零售的单位和个体工商户的混合销售行为，按照销售货物缴纳增值税；其他单位和个体工商户的混合销售行为，按照销售服务缴纳增值税。

上述所称的“从事货物的生产、批发或者零售的单位和个体工商户”包括以从事货物的生产、批发或者零售为主，并兼营销售服务的单位和个体工商户在内。

4）兼营行为。兼营是指纳税人的经营范围既包括销售货物和应税劳务，又包括销售服务、无形资产或者不动产。与混合销售不同的是，兼营是指销售货物、应税劳务、服务、无形资产或者不动产不同时发生在同一购买者身上，也不发生在同一销售行为中。

纳税人销售货物、加工修理修配劳务、服务、无形资产或者不动产适用不同税率或者征收率的，应当分别核算适用不同税率或者征收率的销售额；未分别核算的，按照以下方法适用税率或者征收率。

①兼有不同税率的销售货物，加工修理修配劳务、服务，无形资产或者不动产，从高适用税率。

②兼有不同征收率的销售货物，加工修理修配劳务、服务，无形资产或者不动产，从高

适用征收率。

③兼有不同税率和征收率的销售货物，加工修理修配劳务、服务，无形资产或者不动产，从高适用税率。

4. 增值税纳税人

增值税纳税人是指税法规定负有缴纳增值税义务的单位和个人。在我国境内销售货物、应税服务、无形资产以及不动产的单位和个人，为增值税纳税人。按照经营规模的大小和会计核算健全与否等标准，增值税纳税人可分为一般纳税人和小规模纳税人。

（1）一般纳税人。一般纳税人是指年应征增值税销售额（以下简称“年应税销售额”，包括一个公历年度内的全部应税销售额）超过《增值税暂行条例实施细则》规定的小规模纳税人标准的企业和企业性单位。一般纳税人的特点是增值税进项税额可以抵扣销项税额。

下列纳税人不属于一般纳税人：①年应税销售额未超过小规模纳税人标准的企业；②个人（除个体经营者以外的其他个人）；③非企业性单位；④不经常发生增值税应税行为的企业。

（2）小规模纳税人。

1）对月销售额10万元以下（含本数）的增值税小规模纳税人，免征增值税。

2）对小型微利企业年应纳税所得额不超过100万元的部分，减按25%计入应纳税所得额，按20%的税率缴纳企业所得税；对年应纳税所得额超过100万元但不超过300万元的部分，减按50%计入应纳税所得额，按20%的税率缴纳企业所得税。

3）由省、自治区、直辖市人民政府根据本地区实际情况，以及宏观调控需要确定，对增值税小规模纳税人可以在50%的税额幅度内减征资源税、城市维护建设税、房产税、城镇土地使用税、印花税（不含证券交易印花税）、耕地占用税和教育费附加、地方教育附加。

4）增值税小规模纳税人已依法享受资源税、城市维护建设税、房产税、城镇土地使用税、印花税、耕地占用税、教育费附加、地方教育附加其他优惠政策的，可叠加享受上述第三条规定的优惠政策。

2019年1月20日，税务总局对小规模纳税人发生增值税应税销售行为，合计月销售额未超过10万元（以1个季度为1个纳税期的，季度销售额未超过30万元，下同）的，免征增值税。小规模纳税人发生增值税应税销售行为，合计月销售额超过10万元，但扣除本期发生的销售不动产的销售额后未超过10万元的，其销售货物、劳务、服务、无形资产取得的销售额免征增值税。

财政部、税务总局联合下发的《关于实施小微企业普惠性税收减免政策的通知》，明确由省、自治区、直辖市人民政府根据本地区实际情况，以及宏观调控需要确定，对增值税小规模纳税人可以在50%的税额幅度内减征资源税、城市维护建设税、房产税、城镇土地使用税、印花税、耕地占用税和教育费附加、地方教育附加。

税务总局修订了资源税、城市维护建设税、房产税、城镇土地使用税、印花税、耕地占用税、教育费附加和地方教育附加涉及内容。

关于纳税人类别变化时减征政策适用时间的有关规定是，缴纳资源税、城市维护建设税、房产税、城镇土地使用税、印花税、耕地占用税、教育费附加和地方教育附加的增值税一般纳税人按规定转登记为小规模纳税人的，自成为小规模纳税人的当月起适用减征优惠。

增值税小规模纳税人按规定登记为一般纳税人的，自成为一般纳税人之日起不再适用减征优惠；增值税年应税销售额超过小规模纳税人标准应当登记为一般纳税人而未登记的，经税务机关通知，逾期仍不办理登记的，自逾期次月起不再适用减征优惠。

5. 增值税扣缴义务人

中华人民共和国境外的单位或者个人在境内提供应税服务，在境内未设有经营机构的，以其代理人为增值税扣缴义务人；在境内没有代理人的，以接受方为增值税扣缴义务人。

境外单位或者个人在境内提供应税服务，在境内未设有经营机构的，扣缴义务人按照下列公式计算应扣缴税额

$$应扣缴税额 = 接受方支付的价款 \div (1 + 税率) \times 税率$$

6. 增值税税率

2019 年《增值税税率表》(见表 5-3) 中，增值税税率一共有 4 档：13%、9%、6% 和 0%。

（1）销售或者进口货物，加工、修理修配劳务，有形动产租赁服务税率为 13%；

（2）不动产租赁服务、销售不动产、建筑服务、运输服务、转让土地使用权等税率为 9%；

（3）销售无形资产（除土地使用权外）税率为 6%；

（4）出口货物税率为 0%；

表 5-3　增值税税率表

序号	税目	税率
1	销售或者进口货物（除 9 ~ 12 项外）	13%
2	加工、修理修配劳务	13%
3	有形动产租赁服务	13%
4	不动产租赁服务	9%
5	销售不动产	9%
6	建筑服务	9%
7	运输服务	9%
8	转让土地使用权	9%
9	饲料、化肥、农药、农机、农膜	9%
10	粮食等农产品、食用植物油、食用盐	9%
11	自来水、暖气、冷气、热水、煤气、石油液化气、天然气、二甲醚、沼气、居民用煤炭制品	9%
12	图书、报纸、杂志、音像制品、电子出版物	9%
13	邮政服务	9%
14	基础电信服务	9%
15	增值电信服务	6%
16	金融服务	6%
17	现代服务	6%
18	生活服务	6%
19	销售无形资产（除土地使用权外）	6%
20	出口货物	0%
21	跨境销售国务院规定范围内的服务、无形资产	0%

7. 增值税征收率

根据税法规定，会计制度不健全、难以按上述税率计算和使用增值税专用发票抵扣进项税款的增值税小规模纳税人按照简易方法计算增值税，即不含税销售额乘以征收率，不得抵扣任何进项税额。自2009年1月1日起，小规模纳税人增值税征收率为3%。

纳税人提供适用不同税率或者征收率的应税服务，应当分别核算适用不同税率或征收率的销售额，未分别核算销售额的，从高适用税率。

8. 免征增值税

（1）农业生产者销售的自产农业产品。

（2）避孕药品和用具。

（3）古旧图书。

（4）直接用于科学研究、科学试验和教学的进口仪器和设备。

（5）外国政府、国际组织无偿援助的进口物资和设备。

（6）由残疾人组织直接进口供残疾人专用的物品。

（7）销售自己使用过的物品。

除上述规定外，增值税的免税、减税项目由国务院规定。任何地区、部门均不得规定免税、减税项目。

9. 增值税一般纳税人应纳税额的计算

增值税一般纳税人应纳税额采取税款抵扣的办法，间接计算增值税应纳税额。一般纳税人应纳税额的计算公式

应纳税额 = 当期销项税额 − 当期进项税额

= 当期销售额 × 增值税税率 − 当期进项税额

如果当期销项税额小于进项税额，其不足抵扣的部分可以结转到下期继续抵扣。

（1）销项税额。销项税额是纳税人销售货物或提供应税劳务，按照销售额和规定的税率计算并向购买方收取的增值税税额。纳税人因销货退回或折让而退还给购买方的增值税税额，应从发生销货退回或折让当期的销项税额中冲减。销项税额的计算公式为

销项税额 = 销售额 × 税率

需要强调的是，公式中的销售额必须是不包括收取的销项税额的销售额。

（2）销售额。销售额是指纳税人销售货物或提供应税劳务，向购买方收取的全部价款和价外费用，但不包括向购买方收取的销项税额，这表明增值税是一种价外费。

价外费用包括价外向购买方收取的手续费，补贴、基金、集资费、返还利润、奖励费、违约金、滞纳金、延期付款利息，赔偿金、代收款项、代垫款项、包装费、包装物租金、储备费、优质费、运输装卸费及其他各种性质的价外收费。

销售额不包括向购买方收取的销项税额。在实际生活中，常常出现纳税人将销售货物的销售额和销项税额合并定价，成为含税的销售额。遇到这种情况，在计税时先要将含税销售额换算为不含税销售额，其换算公式为

不含税销售额 = 含税销售额 ÷（1 + 增值税税率）

纳税人销售价格明显偏低且无正当理由或发生视同销售行为，按税法规定，由主管税务机构按照以下顺序确定销售额。

1）按纳税人最近时期同类货物的平均销售价格确定。

2）按其他纳税人最近时期同类货物的平均销售价格确定。

3）按组成计税价格确定。

$$组成计税价格=成本\times(1+成本利润率)\div(1-消费税税率)$$

例题：某商店向消费者销售冰箱，某月销售1 000台，每台含税销售价为1 130元，增值税税率为13%，则某商场这个月的不含税销售额和销项税额分别是多少？

解析：不含税销售额=(1 000×1 130)÷(1+13%)=1 000 000(元)

销项税额=1 000 000×13%=130 000（元）

例题：某百货商场是一家综合商业企业，经认定为一般纳税人。该商场2018年1月外购货物，增值税专用发票注明税金为120万元，支付运费5 000元。款已支付。本月销售情况如下：

①批发专柜批发收入额为400万元。其中，批发给一般纳税人的货物为300万元，批发给小规模纳税人的货物为100万元（货款按价税混合收取）。

②零售额收入为1 000万元，价税混合收取。

根据上述资料计算该百货商场本月应纳增值税税额。

解析：该商场本月价税混合收入额为批发额100万元，零售额1 000万元，合计1 100万元。

销售额=11 000 000÷(1+13%)=9 734 513.27(元)

本月销项税额=(3 000 000+9 734 513.27)×13%=1 655 486.73(元)

本月进项税额=1 200 000+5 000×9%=1 200 450(元)

本月应纳增值税税额=1 655 486.73−1 200 450=455 036.73(元)

（3）进口增值税。进口增值税是指进口环节征缴的增值税，属于流转税的一种。不同于一般增值税以在生产、批发、零售等环节的增值额为征税对象，进口增值税是专门对进口环节的增值额进行征税的一种增值税。

我国税法规定，纳税人进口货物，按照组成计税价格和规定的增值税税率计算应纳税额，不得抵扣任何税额（在计算进口环节的应纳增值税税额时，不得抵扣发生在我国境外的各种税金）。应纳税额和组成计税价格的计算公式为

$$应纳税额=组成计税价格\times税率$$

$$\begin{aligned}组成计税价格&=关税完税价格+关税+消费税\\&=(关税完税价格+关税)\div(1-消费税税率)\end{aligned}$$

例题：红程化妆品有限公司为增值税一般纳税人，其进口一批应税货品，进口发票注明的价格为36 000元，其适用的消费税税率为10%，关税税率为50%，进口商品适用的增值税税率为13%，则其进口时应纳增值税税额为多少？

解析：

关税=36 000×50%=18 000(元)

组成计税价格=(36 000+18 000)÷(1−10%)=60 000(元)

进口商品应纳增值税税额=60 000×13%=7 800(元)

（4）进项税额。进项税额是纳税人购进货物或接受应税劳务所支付或负担的增值税税额。它由销售方收取和缴纳，由购买方支付。销售方的销项税额就是购买方支付的进项税

额。在计算增值税时，纳税人将已支付的进项税额冲抵发生的销项税额，但不是所有的进项税额都可以抵扣，税法对准予从销项税额中抵扣的进项税额做出了严格的规定。

1）准予抵扣的进项税额：

①增值税一般纳税人购进货物或应税劳务的进项税额，为从销售方取得的增值税专用发票（含税控机动车销售统一发票）上注明的增值税额。

②增值税一般纳税人进口货物的进项税额，为从海关取得的海关进口增值税专用缴款书上注明的增值税额。

③增值税一般纳税人购进农产品，除取得增值税专用发票或者海关进口增值税专用缴款书外，按照农产品收购发票或者销售发票上注明的农产品买价和13%的扣除率计算的进项税额。计算公式为

$$进项税额 = 买价 \times 扣除率$$

④从境外单位或者个人购进应税服务，无形资产或者不动产，自税务机关或者扣缴义务人取得的解缴税款的完税凭证上注明的增值税额。

这里需要注意的是，2013年8月1日（营改增）之前，增值税一般纳税人外购或销售货物所支付的运输费用（包括建设基金，不包括装卸费、保险费等其他杂费）的，根据运费结算单据所列运费金额，依7%的扣除率计算进项税额。2013年8月1日（营改增）之后凭运输业增值税专用发票抵扣。

2）不得从销项税额中抵扣的进项税额：

①用于简易计税方法计税项目、免征增值税项目、集体福利或者个人消费的购进货物。加工、修理修配劳务，服务，无形资产和不动产。

②非正常损失的购进货物，以及相关的加工、修理修配劳务和交通运输服务。

③非正常损失的在产品、产成品所耗用的购进货物（不包括固定资产），加工、修理修配劳务和交通运输服务。

④非正常损失的不动产，以及该不动产所耗用的购进货物、设计服务和建筑服务。

⑤非正常损失的不动产在建工程所耗用的购进货物、设计服务和建筑服务。纳税人新建、改建、扩建、修缮、装饰不动产，均属于不动产在建工程。

⑥购进的旅客运输服务、贷款服务、餐饮服务、居民日常服务和娱乐服务。

⑦财政部和国家税务总局规定的其他情形。

10. 增值税小规模纳税人应纳税额的计算

与一般纳税人相比，小规模纳税人应纳税额的计算要简单得多。小规模纳税人销售货物或提供应税劳务，按不含税销售额和规定的征收率计算应纳税额，不得抵扣进项税额，其计算公式为

$$应纳税额 = 销售额 \times 征收率$$

与一般纳税人相同的是，计算公式中的销售额也不包含增值税税额。当小规模纳税人采取价税合一的方式销售货物或提供应税劳务时，应将含税销售额换算为不含税销售额，其换算公式为

$$不含税销售额 = 含税销售额 \div (1 + 征收率)$$

需要注意两点：一是小规模纳税人不得抵扣进项税额；二是小规模纳税人取得的销售额与一般纳税人一样，都是销售货物或提供应税劳务向购买方收取的全部价款和价外费用，不

包括收取的增值税税额。2019 年 1 月 1 日开始，小规模纳税人月销售额低于 10 万元，免征增值税。如果小规模纳税人是按照季度申报的，则从 2019 年 1 月 1 日开始，小规模纳税人季度销售额低于 30 万的，免征增值税。如果小规模纳税人季度销售额超过 30 万，就需要全额征收增值税。按月申报的，月销售额超过 10 万，也需要全额征收。

例题：某小规模纳税人 2019 年 3 月销售货物，取得含税销售额 120 000 元，开具普通发票，计算其应纳增值税税额。

解析：

不含税销售额 = 含税销售额 ÷（1 + 征收率）= 120 000 ÷（1 + 3%）= 116 504.85（元）

应纳增值税税额 = 116 504.85 × 3% = 3 495.15（元）

11. 增值税征收管理

（1）纳税义务发生时间。销售货物或提供应税劳务的纳税义务发生时间，为收讫销售款项或者取得索取销售款项凭据的当天；先开具发票的，为开具发票的当天。按销售结算方式的不同，具体分为以下 10 种情况：

1）采取直接收款方式销售货物或者提供应税服务，不论货物是否发出，均为收到销售款或取得索取销售款凭据的当天。

2）纳税人发生销售服务、无形资产或者不动产行为的，为收讫销售款或者取得索取销售款项凭据的当天；先开具发票的，为开具发票的当天。

3）采取托收承付和委托银行收款方式销售货物，为发出货物并办妥托收手续的当天。

4）采用赊销和分期收款方式销售货物，为按合同约定的收款日期的当天。

5）采取预收货款方式销售货物，为货物发出的当天；但销售生产工期超过 12 个月的大型机械设备、船舶、飞机等货物，为收到预收款或者书面合同约定的收款日期的当天。

纳税人提供有形动产租赁服务采取预收款方式的，其纳税义务发生时间为收到预收款的当天。

纳税人提供建筑服务、租赁服务采取预收款方式的，其纳税义务发生时间为收到预收款的当天。

6）委托其他纳税人代销货物，为收到代销单位的代销清单或者收到全部或者部分货款的当天。未收到代销清单及货款的，为发出代销货物满 180 天的当天。

7）纳税人从事金融商品转让的，为金融商品所有权转移的当天。

8）纳税人发生视同销售货物行为的，为货物移送的当天。纳税人发生视同销售服务、无形资产或者不动产行为的，其纳税义务发生时间为销售服务、无形资产转让完成的当天或者不动产权属变更的当天。

9）纳税人进口货物，纳税义务发生时间为报关进口的当天。

10）增值税扣缴义务发生时间为纳税人增值税纳税义务发生的当天。

（2）纳税期限。增值税的纳税期限分别为 1 日、3 日、5 日、10 日、15 日、1 个月或 1 个季度。纳税人的具体纳税期限，由主管税务机关根据纳税人应纳税额的大小分别核定；以 1 个季度为纳税期限的规定适用于小规模纳税人、银行、财务公司、信托投资公司、信用社以及财政部和国家税务总局规定的其他纳税人；不能按照固定期限纳税的，可以按次纳税。

纳税人以 1 个月或 1 个季度为 1 个纳税期的，自期满之日起 15 日内申报纳税；以 1 日、3 日、5 日、10 日或 15 日为 1 个纳税期的，自期满之日起 5 日内预缴税款，于次月 1 日起

15 日内申报纳税并结清上月应纳税款。纳税人进口货物，应当自海关填发海关进口增值税专用缴款书之日起 15 日内缴纳税款。

（3）纳税地点。纳税人在发生纳税义务后，一般应在其所在地缴纳增值税。由于纳税人情况不同，为有利于加强核算和征管，具体规定为：

1）固定业户应当向其机构所在地的主管税务机关申报纳税。固定业户到外县（市）销售货物或提供应税劳务，应当向其机构所在地的主管税务机关申请开具外出经营活动税收管理证明，并向其机构所在地的主管税务机关申报纳税；未开具该证明的，应当向销售地或者劳务发生地的主管税务机关申报纳税。

2）非固定业户应当向应税行为发生地的主管税务机关申报纳税。

3）其他个人提供建筑服务，销售或者租赁不动产，转让自然资源使用权，应向建筑服务发生地，不动产所在地，自然资源所在地主管税务机关申报纳税。

4）扣缴义务人应当向其机构所在地或者居住地的主管税务机关申报缴纳其扣缴的税款。

（二）消费税

1. 消费税的概念

消费税是指对消费品和特定的消费行为按消费流转额征收的一种商品税。一般可分为一般消费税和特别消费税。消费税计税方法主要有从价定率征收、从量定额征收、从价定率和从量定额复合征收三种方式。

2. 消费税纳税人

在我国境内从事生产、委托加工及进口应税消费品的单位和个人，为消费税纳税人。

3. 消费税税目与税率

（1）税目。根据《中华人民共和国消费税暂行条例》的规定，我国消费税税目共有 14 个，即烟、酒及酒精、化妆品、贵重首饰及珠宝玉石、鞭炮焰火、成品油、汽车轮胎、小汽车、摩托车、高尔夫球及球具、高档手表、游艇、木制一次性筷子、实木地板。

（2）税率。消费税采用比例税率和定额税率两种形式，以适应不同应税消费品的实际情况。消费税根据不同的税目或子目确定相应的税率或单位税额。例如，白酒税率为 20%，摩托车根据汽缸容量税率为 3% 或 10%，小汽车根据汽缸容量其税率为 1% ~40% 分为 7 档。黄酒、啤酒、汽油、柴油等分别按单位重量或单位体积确定单位税额。

4. 消费税应纳税额

（1）实行从价定率征税的应税消费品，其计税依据是含消费税而不含增值税的销售额。销售额，即应税销售额，是纳税人销售应税消费品向购买方收取的全部价款和价外费用。实行从价定率计税的计算公式为

$$应纳税额 = 销售额 \times 比例税率$$

（2）实行从量定额征税的应税消费品，其计税依据是销售应税消费品的实际销售数量。实行从量定额计税的计算公式为

$$应纳税额 = 销售数量 \times 定额税率$$

（3）从价从量复合计征。现行消费税的征税范围中，只有卷烟、白酒采用复合计征方法。实行从价定率与从量定额相结合的复合计税的计算公式为

$$应纳税额 = 销售额(或组成计税价格) \times 比例税率 + 销售数量 \times 定额税率$$

（4）应税消费品已纳税款扣除。根据税法规定，应税消费品若是用外购已缴纳消费税的应税消费品连续生产出来的，则在对这些连续生产出来的应税消费品计征消费税时，按当期生产领用数量计算准予扣除的外购应税消费品已缴纳的消费税税款。

5. 消费税征收管理

（1）纳税义务发生时间。纳税人生产的应税消费品应于销售时纳税，进口消费品应于应税消费品报关进口环节纳税，金银首饰、钻石及钻石饰品在零售环节纳税。

（2）纳税期限。消费税的纳税期限分别为1日、3日、5日、10日、15日、1个月或者1个季度。

（3）纳税地点。纳税人销售的应税消费品，以及自产自用的应税消费品，应当向纳税人核算地主管税务机关申报纳税；委托个人加工的应税消费品，由委托方向其机构所在地或者居住地主管税务机关申报纳税；进口的应税消费品，由进口人或其代理人向报关地海关申报纳税。纳税人销售的应税消费品，如因质量等原因由购买者退回时，经所在地主管税务机关审核批准后，可退还已征收的消费税税款，但不能自行直接抵减应纳税款。

（三）企业所得税

1. 企业所得税的概念

企业所得税是对我国境内的企业和其他取得收入的组织的生产经营所得和其他的所得征收的所得税。2007年3月16日第十届全国人民代表大会第五次全体会议通过的《中华人民共和国企业所得税法》（以下简称《企业所得税法》），实现了内、外资企业的企业所得税“两法合并”，统一了内、外资企业税制，统一了税率，统一了税前扣除办法和标准，统一了税收优惠政策，为各类企业创造了公平的市场竞争环境。

根据《企业所得税法》的规定，企业分为居民企业和非居民企业。居民企业是指依法在我国境内成立，或者依照外国（地区）法律成立但实际管理机构在我国境内的企业，包括国有企业、集体企业、私营企业、联营企业、股份制企业、外商投资企业、外国企业以及有生产、经营所得和其他所得的其他组织；非居民企业是指依照外国（地区）法律成立且实际管理机构不在我国境内，但在我国境内设立机构、场所的，或者在我国境内未设立机构、场所，但有来源于我国境内所得的企业。

2. 企业所得税的征税对象

中华人民共和国境内的企业和其他取得收入的组织，均为企业所得税纳税义务人。企业所得税的征税对象是指企业的生产经营所得、其他所得和清算所得。征税对象可分为居民企业和非居民企业。

3. 企业所得税税率

企业所得税实行比例税率。比例税率简便易行，透明度高，不会因征税而改变企业间收入分配比例，有利于促进效率的提高。现行法律规定，企业所得税基本税率为25%，适用于居民企业和在我国境内设有机构、场所且所得与机构、场所有关联的非居民企业。

4. 企业所得税应纳税所得额

应纳税所得额是企业所得税的计税依据，按照《企业所得税法》规定，应纳税所得额为企业每一个纳税年度的收入总额，减去不征税收入、免税收入、各项扣除，以及允许弥补的以前年度亏损后的余额。其基本公式为

应纳税所得额＝收入总额－不征税收入－免税收入－各项扣除－以前年度亏损

企业应纳税所得额的计算，应当以权责发生制为原则。属于当期的收入和费用，不论款项是否收付，均作为当期的收入和费用；不属于当期的收入和费用，即使款项已经在当期收付，也不作为当期的收入和费用。另外，根据税法规定，企业某一纳税年度发生的亏损可以用下一年度的所得弥补，下一年度的所得不足以弥补的，可以逐年延续弥补，但最长不得超过5年。

5. 企业所得税征收管理

（1）纳税地点。居民企业以企业登记注册地为纳税地点（除税收法律、行政法规另有规定外）；登记注册地在境外的，以实际管理机构所在地为纳税地点。居民企业在我国境内设立不具有法人资格的营业机构的，应当汇总计算并缴纳企业所得税。

非居民企业在我国境内设立机构、场所的，应当就其所设机构、场所取得的来源于我国境内的所得，以及发生在我国境外但与其所设机构、场所有实际联系的所得，缴纳企业所得税，以机构、场所所在地为纳税地点。非居民企业在我国境内未设立机构、场所的，或者虽设立机构、场所，但取得的所得与其所设机构、场所没有实际联系的所得，以扣缴义务人所在地为纳税地点。

（2）纳税期限。企业所得税按年计征，分月或者分季预缴，年终汇算清缴，多退少补。企业所得税的纳税年度，自公历1月1日起至12月31日止。企业在一个纳税年度的中间开业，或者由于合并、关闭等原因终止经营活动，使该纳税年度实际经营期不足12个月的，应当以其实际经营期为一个纳税年度。

（3）纳税申报。按月或按季预缴的，应当自月份或者季度终了之日起15日内，向税务机关报送预缴企业所得税纳税申报表，预缴税款。依法缴纳的企业所得税，以人民币计算。所得以人民币以外的货币计算的，应当折合成人民币计算并缴纳税款。

（四）个人所得税

1. 个人所得税的概念

个人所得税是以个人（即自然人）取得的各项应税所得为征税对象而征收的一种所得税。个人所得税的纳税人不仅包括个人，还包括个体工商户，自2000年1月1日起，个人独资企业和合伙企业的投资者也成为个人所得税的纳税人。

我国个人所得税法经历了多次修正，1980年9月10日第五届全国人民代表大会第三次会议通过了《中华人民共和国个人所得税法》，1993年10月31日第一次修正，1999年8月30日第二次修正，2005年10月27日第三次修正，2007年6月29日第四次修正，2007年12月29日第五次修正后于2008年3月1日起施行。2011年6月30日，第十一届全国人大常委会第二十一次会议表决通过了全国人大常委会关于修改个人所得税法的决定；个人所得税免征额将从2 000元提高到3500元，同时，将个人所得税第1级税率由5%修改为3%，9级超额累进税率修改为7级，取消15%和40%两档税率，扩大3%和10%两个低档税率和45%最高档税率的适用范围等；该决定自2011年9月1日起实施。2018年6月19日，《个人所得税法修正案草案》提请十三届全国人大常委会第三次会议审议，这是个税法自1980年出台以来第七次大修；2018年8月29日，全国人大常委会分组审议了该草案；新个税法于2019年1月1日起全面施行，自2018年10月1日至2018年12月31日，先将工资、薪金所得基本减除费用标准提高至5000元/月，并适用新的综合所得税率。

战争中产生的税种

个人所得税是现在世界各国普遍征收的税种，但是，个人所得税制度的形成、发展及完善却经历了200多年的历史。1798年，英、法两国之间爆发了战争，英国政府为了维持战争经费的开支，不得不增加财政收入，因此，决定通过向个人征税筹集资金，首创了个人所得税，1799年正式开征。

2. 个人所得税纳税义务人

个人所得税以所得人为纳税义务人，以支付所得的单位或个人为扣缴义务人，具体来讲，是指在中国境内有住所，或者虽无住所而一个纳税年度内在中国境内居住累计满183天的居民个人及无住所又不居住，或无住所而一个纳税年度内在中国境内居住累计不满183天的非居民个人，从中国境内取得所得，包括中国公民、个体工商户、外籍个人等。个人所得税纳税人依据住所和居住时间两个标准，区分为居民纳税人和非居民纳税人。

（1）居民纳税人。居民纳税人是指在中国境内有住所，或者无住所而一个纳税年度内在中国境内居住累计满183天的个人。居民纳税人承担无限纳税义务，应就其来源于中国境内和境外取得的所得，向中国政府履行全面纳税义务。

所谓“在中国境内有住所的个人”，是指因户籍、家庭、经济利益关系而在中国境内习惯性居住的个人。所谓“在境内居住累计满183天”，是指在一个纳税年度内在中国境内居住满183天。在计算天数时，临时离境的不扣减天数。所谓“临时离境”，是指一个纳税年度中一次不超过30日或者多次累计不超过90日的离境。

（2）非居民纳税人。非居民纳税人是指在中国境内无住所又不居住，或者无住所而一个纳税年度内在中国境内居住累计不满183天但从中国境内取得所得的个人。非居民纳税人承担有限纳税义务，仅就其来源于中国境内取得的所得，向中国政府履行有限纳税义务。

3. 个人所得税应税项目

（1）个人所得税应税项目主要有以下几个项目：

1）工资、薪金所得，是指个人因任职或者受雇取得的工资、薪金、奖金、年终加薪、劳动分红、津贴、补贴以及与任职或者受雇有关的其他所得。

2）劳务报酬所得，是指个人从事劳务取得的所得，包括从事设计、装潢、安装、制图、化验、测试、医疗、法律、会计、咨询、讲学、翻译、审稿、书画、雕刻、影视、录音、录像、演出、表演、广告、展览、技术服务、介绍服务、经纪服务、代办服务以及其他劳务取得的所得。

3）稿酬所得，是指个人因其作品以图书、报刊等形式出版、发表而取得的所得。

4）特许权使用费所得，是指个人提供专利权、商标权、著作权、非专利技术以及其他特许权的使用权取得的所得；提供著作权的使用权取得的所得，不包括稿酬所得。

5）经营所得，是指个体工商户从事生产、经营活动取得的所得，个人独资企业投资人、合伙企业的个人合伙人来源于境内注册的个人独资企业、合伙企业生产、经营的所得；个人依法从事办学、医疗、咨询以及其他有偿服务活动取得的所得；个人对企业、事业单位承包经营、承租经营以及转包、转租取得的所得；个人从事其他生产、经营活动取得的所得。

6）利息、股息、红利所得，是指个人拥有债权、股权等而取得的利息、股息、红利所得。

7）财产租赁所得，是指个人出租不动产、机器设备、车船以及其他财产取得的所得。

8）财产转让所得，是指个人转让有价证券、股权、合伙企业中的财产份额、不动产、机器设备、车船以及其他财产取得的所得。

9）偶然所得，是指个人得奖、中奖、中彩以及其他偶然性质的所得。

10）个人取得的所得，难以界定应纳税所得项目的，由国务院税务主管部门确定。

例题：小丽和小平都是某公司职员，2018 年两人在业余时间炒股。小丽转让沪市股票 3 次，分别取得收益 8 万元、1.5 万元、-5 万元；小平转让深市股票 5 次，分别取得收益 -2 万元、2 万元、-6 万元、1 万元、4 万元。此外，小丽 2018 年取得工资所得 9 万元，并已扣缴税款；小平 2018 年取得工资所得 12 万元，并已扣缴税款。2018 年度小丽和小平应申报的年个人所得如何计算？

解析：

（1）小丽全年取得的工资所得和炒股收入分别适用于工资、薪金所得和财产转让所得两个应税项目。

小丽年个人所得 = 年工资、薪金所得 + 年财产转让所得

= 90 000 + (80 000 + 15 000 - 50 000) = 135 000(元) > 120 000 元

因此，小丽应向税务机关自行申报。

（2）同样，对小平而言，年个人所得 = 年工资、薪金所得 + 年财产转让所得。

小平年财产转让所得 = -20 000 + 20 000 - 60 000 + 10 000 + 40 000 = -10 000(元)

由于小平的年财产转让所得为 -10 000 元，故不计入小平年个人所得。

小平年个人所得 = 120 000(元) ≥ 120 000 元

小平年个人所得 12 万元，已达到自行申报标准，应向税务机关办理自行纳税申报。

4. 个人所得税税率

（1）工资、薪金所得适用税率。个人所得税预扣率（居民个人工资、薪金所得预扣预缴适用）见表 5-4。

表 5-4 个人所得税预扣率（居民个人工资、薪金所得预扣预缴适用）

级数	累计预扣预缴应纳税所得额（以下为全年金额）	预扣率/%	速算扣除数/元
1	不超过 36 000 元的	3	0
2	超过 36 000 元至 144 000 元的部分	10	2 520
3	超过 144 000 元至 300 000 元的部分	20	16 920
4	超过 300 000 元至 420 000 元的部分	25	31 920
5	超过 420 000 元至 660 000 元的部分	30	52 920
6	超过 660 000 元至 960 000 元的部分	35	85 920
7	超过 960 000 元的部分	45	181 920

其中，累计减除费用，按照5 000元/月乘以纳税人当年截至本月在本单位的任职受雇月份数计算。即纳税人如果5月份入职，则扣缴义务人发放5月份工资扣缴税款时，减除费用按5 000元计算；6月份发工资扣缴税款时，减除费用按10 000元计算，以此类推。

（2）劳务报酬所得适用税率。扣缴义务人向居民个人支付劳务报酬所得、稿酬所得和特许权使用费所得的，按以下方法按次或者按月预扣预缴个人所得税：劳务报酬所得、稿酬所得、特许权使用费所得以每次收入减除费用后的余额为收入额；其中，稿酬所得的收入额减按70%计算。

预扣预缴税款时，劳务报酬所得、稿酬所得、特许权使用费所得每次收入不超过4 000元的，减除费用按800元计算；每次收入4 000元以上的，减除费用按收入的20%计算。

劳务报酬所得、稿酬所得、特许权使用费所得，以每次收入额为预扣预缴应纳税所得额，计算应预扣预缴税额。劳务报酬所得适用个人所得税预扣率(居民个人劳务报酬所得预扣预缴适用)见表5-5，稿酬所得、特许权使用费所得适用20%的比例预扣率。

表5-5 个人所得税预扣率（居民个人劳务报酬所得预扣预缴适用）

级数	预扣预缴应纳税所得额	预扣率/%	速算扣除数/元
1	不超过20 000元的	20	0
2	超过20 000元至50 000元的部分	30	2 000
3	超过50 000元的部分	40	7 000

（3）非居民个人工资、薪金所得，劳务报酬所得，稿酬所得和特许权使用费所得代扣代缴税款的方法如下：

非居民个人的工资、薪金所得，以每月收入额减除费用5 000元后的余额为应纳税所得额；劳务报酬所得、稿酬所得、特许权使用费所得，以每次收入额为应纳税所得额，适用个人所得税税率(非居民个人工资、薪金所得，劳务报酬所得，稿酬所得，特许权使用费所得适用)依表5-6计算应纳税额。劳务报酬所得、稿酬所得、特许权使用费所得以收入减除20%的费用后的余额为收入额。其中，稿酬所得的收入额减按70%计算。

表5-6 个人所得税税率

（非居民个人工资、薪金所得，劳务报酬所得，稿酬所得，特许权使用费所得适用）

级数	应纳税所得额	税率/%	速算扣除数/元
1	不超过3 000元的	3	0
2	超过3 000元至12 000元的部分	10	210
3	超过12 000元至25 000元的部分	20	1 410
4	超过25 000元至35 000元的部分	25	2 660
5	超过35 000元至55 000元的部分	30	4 410
6	超过55 000元至80 000元的部分	35	7 160
7	超过80 000元的部分	45	15 160

5. 个人所得税应纳税额

工资、薪金所得应纳税额。工资、薪金所得以每月收入额减除费用5 000元后的余额，为应纳税所得额。工资、薪金所得应纳税额的计算公式为

应纳税额 = 应纳税所得额 × 适用税率 − 速算扣除数

= (每月收入额 − 5 000 元免征额 − 五险一金 − 专项附加扣除项目 − 其他项目) × 适用税率 − 速算扣除数

专项附加扣除范围包括：

1）子女教育。学前教育阶段，为子女年满 3 周岁当月至小学入学前一月。学历教育，为子女接受全日制学历教育入学的当月至全日制学历教育结束的当月。

2）继续教育。学历(学位)继续教育阶段，为在中国境内接受学历(学位)继续教育入学的当月至学历(学位)继续教育结束的当月，同一学历(学位)继续教育的扣除期限最长不得超过 48 个月。技能人员职业资格继续教育、专业技术人员职业资格继续教育阶段，为取得相关证书的当年。

3）大病医疗。为医疗保障信息系统记录的医药费用实际支出的当年。

4）住房贷款利息。为贷款合同约定开始还款的当月至贷款全部归还或贷款合同终止的当月，扣除期限最长不得超过 240 个月。

5）住房租金。为租赁合同(协议)约定的房屋租赁期开始的当月至租赁期结束的当月。提前终止合同(协议)的，以实际租赁期限为准。

6）赡养老人。为被赡养人年满 60 周岁的当月至赡养义务终止的年末。

子女教育、学历教育和学历(学位)继续教育的期间，包含因病或其他非主观原因休学但学籍继续保留的休学期间，以及施教机构按规定组织实施的寒暑假等假期。

例题：小张在一家国有企业工作，合同中约定的月薪为 9 600 元，本月企业为其代扣代缴的社会保险和住房公积金合计为 900 元，企业给小张核定的专项附加扣除项为子女教育支出 1 000 元/月。本月小张应缴纳的个人所得税额是多少？

解析：社会保险和公积金可以在计算应纳税所得额时扣除，纳税人的子女接受全日制学历教育的相关支出，按照每个子女每月 1 000 元的标准定额扣除。

本月小张的应纳税所得额 = 9 600 − 900 − 5 000 − 1 000 = 2 700(元)

本月小张应缴纳的个人所得税额 = 2 700 × 3% − 0 = 81(元)

6. 劳务报酬所得应纳税额

劳务报酬所得，每次收入不超过 4 000 元的，减除费用 800 元；4 000 元以上的，减除 20% 的费用，其余为应纳税所得额。然后适用比例税率，税率为 20%。劳务报酬所得应纳税额的计算公式为

（1）每次收入不足 4 000 元的

应纳税额 = 应纳税所得额 × 适用税率

= (每次收入额 − 800) × 20%

（2）每次收入在 4 000 元以上的

应纳税额 = 应纳税所得额 × 适用税率

= 每次收入额 × (1 − 20%) × 20%

（3）每次收入的应纳税所得额超过 20 000 元的

应纳税额 = 应纳税所得额 × 适用税率 − 速算扣除数

= 每次收入额 × (1 − 20%) × 适用税率 − 速算扣除数

劳务报酬所得一般具有不固定、不经常性，不便于按月计算，所以，规定凡属于一次性

收入的，以取得该项收入为一次，按次确定应纳税所得额；凡属于同一项目连续性收入的，以一个月内取得的收入为一次，以确定应纳税所得额。

例题：某学校教师在2019年3月获得如下收入：给某企业进行技术指导获得4 000元，给某期刊翻译论文获得1 600元，指导其他学校学生论文获得10 000元。该教师3月各个收入项目应纳税所得额为多少？

解析：由于该教师获得的劳务报酬分属不同的项目，应分别计算应纳税所得额。

技术指导应纳税所得额＝4 000×(1－20%)＝3 200(元)

翻译论文应纳税所得额＝1 600－800＝800(元)

指导论文应纳税所得额＝10 000×(1－20%)＝8 000(元)

7. 稿酬所得应纳税额

稿酬所得每次收入不超过4 000元的，减除费用800元；4 000元以上的，减除20%的费用，其余为应纳税所得额。稿酬所得应纳税额的计算公式分别如下：

(1) 每次收入不足4 000元的

应纳税额＝应纳税所得额×适用税率×(1－30%)
＝(每次收入额－800)×20%×(1－30%)

(2) 每次收入在4 000元以上的

应纳税额＝应纳税所得额×适用税率×(1－30%)
＝每次收入额×(1－20%)×20%×(1－30%)

稿酬所得，以每次出版、发表取得的收入为一次。

个人每次以图书、报刊方式出版、发表作品(文字作品、书画作品、摄影作品及其他作品)，不论出版单位是预付还是分笔支付稿酬，或者加印该作品后再付稿酬，均应合并其稿酬所得按一次计征个人所得税。

在两处或两处以上出版、发表或再版同一作品而取得稿酬所得，则可分别将各处取得的所得或再版所得按分次所得计征个人所得税。

个人的同一作品在报刊上连载，应合并其因连载而取得的所有稿酬所得为一次，按税法规定计征个人所得税。在其连载之后又出书取得稿酬所得，或先出书后连载取得稿酬所得，应视同再版稿酬分次计征个人所得税。

作者去世后，对取得其遗作稿酬的个人，按稿酬所得征收个人所得税。

例题：某作家2018年5月出版一本书，取得稿酬12 000元。该书6～8月被某报连载，6月取得稿费1 000元，7月取得稿费1 000元，8月取得稿费1 000元。因该书畅销，9月出版社增加印数，又取得追加稿酬4 000元。请计算该作家稿酬所得的应纳税所得额。

解析：5月出版获得收入与增加印数追加稿酬合并作为一次，在报纸上连载3个月获得收入合并为一次。

出版和增加印数稿酬应纳税所得额＝(12 000＋4 000)×(1－20%)＝12 800(元)

报纸上连载稿费应纳税所得额＝(1 000＋1 000＋1 000)－800＝2 200(元)

8. 特许权使用费所得应纳税额

特许权使用费所得每次收入不超过4 000元的，减除费用800元；4 000元以上的，减除20%的费用，其余为应纳税所得额。特许权使用费所得应纳税额的计算公式分别如下：

（1）每次收入不足4 000元的

$$应纳税额 = 应纳税所得额 \times 适用税率 = (每次收入额 - 800) \times 20\%$$

（2）每次收入在4 000元以上的

$$应纳税额 = 应纳税所得额 \times 适用税率 = 每次收入额 \times (1 - 20\%) \times 20\%$$

9. 财产租赁所得应纳税额

财产租赁所得每次收入不超过4 000元的，减除准予扣除项目、修缮费用(800元为限)，再减除费用800元；4 000元以上的，减除准予扣除项目、修缮费用(800元为限)，再减除20%的费用，其余为应纳税所得额。财产租赁所得应纳税额的计算公式分别如下：

（1）每次(月)收入不足4 000元的

$$应纳税额 = [(每次(月)收入额 - 准予扣除项目 - 修缮费用(800元为限) - 800)] \times 20\%$$

（2）每次(月)收入在4 000元以上的

$$应纳税额 = [(每次(月)收入额 - 准予扣除项目 - 修缮费用(800元为限)] \times (1 - 20\%) \times 20\%$$

10. 财产转让所得应纳税额

财产转让所得以收入总额减除财产原值和合理费用，其余为应纳税所得额。财产转让所得应纳税额的计算公式为

$$应纳税额 = 应纳税所得额 \times 适用税率 = (收入总额 - 财产原值 - 合理费用) \times 20\%$$

11. 利息、股息、红利所得应纳税额

利息、股息、红利所得，以支付利息、股息、红利时取得的收入为一次计征个人所得税。利息、股息、红利所得应纳税额的计算公式为

$$应纳税额 = 应纳税所得额 \times 适用税率 = 每次收入额 \times 20\%$$

（五）免征个人所得税项目

下列项目免征个人所得税。

（1）省级人民政府、国务院部委和中国人民解放军军以上单位，以及外国组织、国际组织颁发的科学、教育、技术、文化、卫生、体育、环境保护等方面的奖金。

（2）国债和国家发行的金融债券利息。

（3）按照国家统一规定发给的补贴、津贴。

（4）福利费、抚恤金和救济金。

（5）军人的转业费和复员费。

（6）按照国家统一规定发给干部、职工的安家费、退职费、退休费、离休费和离休生活补助费。

（7）依照我国有关法律规定应予免税的各国驻华使馆、领事馆的外交代表、领事官员和其他人员的所得。

（8）中国政府参加的国际公约、签订的协议中规定免税的所得。

（9）经国务院批准免税的其他所得。

（六）个人所得税征收管理

我国个人所得税实行以代扣代缴为主，自行申报为辅的征收方式。

1. 自行申报

自行申报是纳税人自行在税法规定的纳税期限内，向税务机关申报取得的应税所得项目和数额，如实填写个人所得税纳税申报表，并按照税法规定计算应纳税额，据此缴纳个人所得税的一种方法。

纳税人有下列情形之一的，应当依法办理纳税申报：

（1）取得综合所得需要办理汇算清缴；

（2）取得应税所得没有扣缴义务人；

（3）取得应税所得，扣缴义务人未扣缴税款；

（4）取得境外所得；

（5）因移居境外注销中国户籍；

（6）非居民个人在中国境内从两处以上取得工资、薪金所得；

（7）国务院规定的其他情形。

2. 代扣代缴

代扣代缴是指按照税法规定负有扣缴税款义务的单位或个人，在向个人支付应纳税所得时，应计算应纳税额，从其所得中扣除并缴入国库，同时向税务机关报送扣缴个人所得税报告表。

凡支付个人应纳税所得的企业、事业单位、社会团体、军队、驻华机构（不含依法享有外交特权和豁免的驻华使领馆，联合国及其国际组织驻华机构）、个体工商户等单位或者个人，为个人所得税的扣缴义务人。

二、税款征收方式

税款征收是指税务机关依照法律、法规的规定，采用不同的形式和方法，将纳税人应纳税款在规定的期限内及时足额征缴入库。税款征收是全部税收征管工作的目的和归宿，在整个税收工作中占有及其重要的地位。

税款征收方式是指税务机关根据各税种的不同特点和征纳双方的具体条件而确定的计算、征收税款的形式和方法。

我国的税款征收主要有以下几种方式：

1. 查账征收

查账征收是指由纳税人依据账簿记载，先自行计算缴纳，事后经税务机关查账核实，如有不符合税法规定的，可以多退少补。这种税款征收方式主要对已建立会计账册且会计记录完整的单位采用。

2. 查定征收

查定征收是指由税务机关根据纳税人的生产设备等因素，以正常条件下的生产能力对其生产的应税产品查定产量和销售额，然后依税法规定的税率征收的一种方式。这种税款征收方式主要对生产不固定或账册不健全的单位采用。

3. 查验征收

查验征收是指税务机关对纳税人的应税商品，通过查验数量，按市场一般销售单价计算其销售收入，并据以计算应纳税款的一种征收方式。这种税款征收方式主要对经营品种比较单一，经营地点、时间和商品来源不固定的单位采用。

4. 定期定额征收

定期定额征收是指对小型个体工商户采取定期确定营业额、利润额和应纳税额的一种征收方式。这些小型个体工商户不能准确核算其营业额和利润额，税务机关对其采取自行申报、行业评议的方法，最后由税务机关确定其营业额和所得额并据以征税。

5. 代扣代缴

代扣代缴是指按照税法规定，负有扣缴税款义务的法定义务人，负责对纳税人应纳的税款进行代扣代缴的方式。即支付人在向纳税人支付款项时，从所支付款项中依法直接扣收税款并代为缴纳。例如，个人所得税，以所得人为纳税义务人，其扣缴义务人为支付个人所得的单位。

6. 代收代缴

代收代缴是指按照税法规定，负有收缴税款义务的法定义务人，负责对纳税人应纳的税款进行代收代缴的方式。即与纳税人有经济业务往来的单位和个人在向纳税人收取款项时依法收取税款，并向税务机关解缴。

7. 委托代征

委托代征是指受托的有关单位按照税务机关核发的代征证书的要求，以税务机关的名义向纳税人征收一些零散税款的方式。目前，各地对零散、不易控管的税源，大多是委托街道办事处、居委会、乡政府、村委会及交通管理部门等代征税款。

三、税款的核定

1. 核定应纳税额的对象

为了保证税款足额征收，《税收征收管理法》赋予税务机关一定的税款核定权，在第三十五条中明确规定，纳税人有下列情形之一的，税务机关有权核定其应纳税额：

（1）依照法律、行政法规的规定可以不设置账簿的。

（2）依照法律、行政法规的规定应当设置账簿但未设置的。

（3）擅自销毁账簿或者拒不提供纳税资料的。

（4）虽设置账簿，但账目混乱或者成本资料、收入凭证、费用凭证残缺不全，难以查账的。

（5）发生纳税义务，未按照规定的期限办理纳税申报，经税务机关责令限期申报，逾期仍不申报的。

（6）纳税人申报的计税依据明显偏低，又无正当理由的。

2. 核定应纳税额的方式

为了减少核定应纳税额的随意性，使核定的税额更接近纳税人实际情况和法定负担水平，税务机关有权采取下列任意一种方式核定其应纳税额：

（1）参照当地同类行业或者类似行业中经营规模和收入水平相近的纳税人的收入额和利润率核定。

（2）按照成本、合理费用和利润核定。

（3）按照耗用的原材料、燃料、动力等推算或者测算核定。

（4）按照其他合理的方法核定。

采用上述所列方法中的一种方法不足以正确核定应纳税额时，可以同时采用两种以上的方法核定。

四、税款征收措施

1. 纳税担保措施

纳税担保是纳税人向税务机关提供一定的财产作为抵押或由第三人作纳税担保人，以担保其依法及时、足额缴纳应纳税款的制度。

纳税担保的形式有两种：一是经税务机关认可的纳税担保人，即在我国境内具有担保能力的自然人、法人或者其他为其做出纳税保证的经济形式，但国家机关不得作为纳税担保人；二是由纳税人用其所拥有的未设置抵押权的财产作为纳税担保的形式。

纳税担保措施的实施范围有以下两种情况：

（1）税务机关有根据认为从事生产、经营的纳税人有逃避纳税义务行为，可以在规定的纳税期限之前责令其限期纳税；但在限期内发现有明显转移、隐匿其应纳税的商品、货物以及其他财产或者应纳税的收入的迹象的，税务机关可责成其提供纳税担保。

（2）欠缴税款的纳税人需要出境的，应当在出境前向税务机关结清税款或提供担保。

2. 税收保全措施

税收保全措施是在规定的纳税期限之前，税务机关为保证税款及时、足额入库，依照法规和一定的程序，对有逃避纳税义务行为的纳税人，事先采取限制其处理或转移商品、货物或其他财产的措施。

（1）对纳税人实施税收保全措施，必须符合下列条件：

1）纳税人有逃避纳税义务的行为。

2）纳税人在限期内不能提供纳税担保。

3）必须在规定的纳税期限之前和责令限期缴纳应纳税款的期限之内。

（2）税收保全措施的内容包括：

1）书面通知纳税人开户银行或者其他金融机构冻结纳税人的金额相当于应纳税款的存款。

2）扣押、查封纳税人的价值相当于应纳税款的商品、货物或者其他财产。

采取税收保全措施后，纳税人在规定的限期内缴纳税款的，税务机关必须立即解除税收保全措施；限期期满仍未缴纳税款的，经县级以上税务局（分局）局长批准，税务机关可以采取强制执行措施。

3. 税收强制执行措施

税收强制执行措施是指采取纳税保全措施后，纳税人在规定的纳税期限届满仍不履行其应纳税义务时，税务机关对其采取的从其有关财产中强制扣缴，或拍卖、变卖有关财产用以抵缴所欠税款的行为。它是税收强制性的具体体现，目的是确保国家税收收入不受损失。

根据《税收征收管理法》第四十条的规定，从事生产、经营的纳税人、扣缴义务人未按照规定的期限缴纳或者解缴税款，纳税担保人未按照规定的期限缴纳所担保的税款，由税务机关责令限期缴纳，逾期仍未缴纳的，经县级以上税务局（分局）局长批准，税务机关可以采取下列强制执行措施：

（1）书面通知其开户银行或者其他金融机构从其存款中扣缴税款。

（2）扣押、查封、依法拍卖或者变卖其价值相当于应纳税款的商品、货物或者其他财产，以拍卖或者变卖所得抵缴税款。

税务机关采取强制执行措施时，对纳税人、扣缴义务人、纳税担保人未缴纳的滞纳金同时强制执行。无论是以存款扣缴税款，还是以拍卖所得抵缴税款，其数额只限于其应缴税款和滞纳金，不包括罚款。

4. 加收滞纳金

滞纳金是指税务机关对纳税人、扣缴义务人未按税法规定期限缴纳税款的行为，按其滞纳税款的一定比例加收款项的一种惩罚措施。根据《税收征收管理法》第三十二条的规定，纳税人未按照规定期限缴纳税款的，扣缴义务人未按照规定期限解缴税款的，税务机关除责令限期（最长15日）缴纳外，从滞纳税款之日起，按日加收滞纳税款0.5‰的滞纳金。

滞纳金的计算从税务机关规定缴纳税款的期限届满次日起到税款缴纳入库的当天止。其计算公式为

$$应纳滞纳金=滞纳税款\times滞纳天数\times0.5‰$$

5. 税款的补缴与追征

税款的补缴与追征，是根据造成纳税人、扣缴义务人税款少缴、未缴的原因来区分的。补缴是因税务机关的责任造成的，追征是因纳税人、扣缴义务人的责任造成的。根据《税收征收管理法》第五十二条及其实施细则的规定，因税务机关的责任，致使纳税人、扣缴义务人未缴或者少缴税款的，税务机关在3年内可以要求纳税人、扣缴义务人补缴税款，但是不得加收滞纳金。因纳税人、扣缴义务人计算错误等失误，未缴或者少缴税款的，税务机关在3年内可以追征税款、滞纳金；有特殊情况的（数额在10万元以上），追征期可以延长到5年。纳税人、扣缴义务人或其他当事人因偷税未缴、少缴的税款或者骗取的退税款，税务机关可以无限期追征。

6. 离境清税

《税收征收管理法》第四十四条规定，欠缴税款的纳税人需要出境的，应当在出境前向税务机关结清应纳税款或者提供担保。未结清税款又不提供担保的，税务机关可以通知出境管理机关阻止其出境。

欠税人满足以下条件之一的，税务机关可按规定函请公安机关予以撤控放行：①已结清阻止出境时欠缴的全部税款。②已向税务机关提供相当于全部欠缴税款的担保；③欠税企业已依法宣告破产，并依《中华人民共和国企业破产法》程序清偿终结的。

第三节　税收法律责任

税收法律责任是指税收法律关系主体因其违反税法所应承担的法律后果。它与违法行为是联系在一起的，当履行法律义务的主体违背其应尽的义务时，就要承担法律责任。为贯彻实施税法，促进纳税当事人自觉依法纳税，《税收征收管理法》及其实施细则明确规定了违反税法的行政责任，对于违反税法触犯刑律的，按《刑法》执行。

纳税当事人是指在税务管理活动中涉及税款申报、缴纳、扣缴、代理等事项的纳税人、扣缴义务人和税务代理人。税法作为一种特殊的行为规则，规定了纳税当事人应该如何做、

必须怎样做及禁止做什么。纳税当事人不履行法定义务或者做出税法禁止的事情，并给社会造成某种危害的有过错行为即是违法行为。

由于纳税当事人违法行为的情节、性质不同，故其所应承担的法律责任不同，国家机关实施的法律制裁也不同。

一、违反税收管理行为的法律责任

（1）根据《税收征收管理法》第六十条的规定，纳税人有下列行为之一的，由税务机关责令限期改正，可以处2 000元以下的罚款；情节严重的，处2 000元以上10 000元以下的罚款：

1）未按照规定的期限申报办理税务登记、变更或者注销登记的。

2）未按照规定设置、保管账簿或者保管记账凭证和有关资料的。

3）未按照规定将财务、会计制度或者财务、会计处理办法和会计核算软件报送税务机关备查的。

4）未按照规定将其全部银行账号向税务机关报告的。

5）未按照规定安装、使用税控装置，或者损毁或者擅自改动税控装置的。

（2）不办理税务登记的，由税务机关责令限期改正；逾期不改正的，经税务机关提请，由工商行政管理机关吊销其营业执照。

（3）纳税人未按照规定使用税务登记证件，或者转借、涂改、损毁、买卖、伪造税务登记证件的，处2 000元以上1万元以下的罚款；情节严重的，处1万元以上5万元以下的罚款。

（4）《税收征收管理法》第六十一条规定："扣缴义务人未按照规定设置、保管代扣代缴、代收代缴税款账簿或者保管代扣代缴、代收代缴税款记账凭证及有关资料的，由税务机关责令限期改正，可以处2 000元以下的罚款；情节严重的，处2 000元以上5 000元以下的罚款。"

（5）《税收征收管理法》第六十九条规定："扣缴义务人应扣未扣、应收而不收税款的，由税务机关向纳税人追缴税款，对扣缴义务人处应扣未扣、应收未收税款50%以上3倍以下的罚款。"

二、违反纳税申报规定行为的法律责任

纳税申报是依法纳税的重要环节，通过纳税申报，税务机关可以了解纳税人的有关收支活动，有效控制税款的征收。

《税收征收管理法》第六十二条规定："纳税人未按照规定的期限办理纳税申报和报送纳税资料的，或者扣缴义务人未按照规定的期限向税务机关报送代扣代缴、代收代缴税款报告表和有关资料的，由税务机关责令限期改正，可以处2 000元以下的罚款；情节严重的，可以处2 000元以上1万元以下的罚款。"

《税收征收管理法》第六十四条规定："纳税人、扣缴义务人编造虚假计税依据的，由税务机关责令限期改正，并处5万元以下的罚款。纳税人不进行纳税申报，不缴或者少缴应纳税款的，由税务机关追缴其不缴或者少缴的税款、滞纳金，并处不缴或者少缴的税款50%以上5倍以下的罚款。"

三、拒绝税务机关检查的法律责任

税务机关依法进行税务检查时，有权向有关单位和个人调查纳税人、扣缴义务人和其他当事人与纳税或者代扣代缴、代收代缴税款有关的情况。

《税收征收管理法》第七十条规定："纳税人、扣缴义务人逃避、拒绝或者以其他方式阻挠税务机关检查的，由税务机关责令改正，可以处1万元以下的罚款；情节严重的，处1万元以上5万元以下的罚款。"

四、偷税行为的法律责任

（1）根据《税收征收管理法》第六十三条的规定，纳税人伪造、变造、隐匿、擅自销毁账簿、记账凭证，或者在账簿上多列支出或者不列、少列收入，或者经税务机关通知申报而拒不申报或者进行虚假的纳税申报，不缴或者少缴应纳税款的，是偷税。对纳税人偷税的，由税务机关追缴其不缴或者少缴的税款、滞纳金，并处不缴或者少缴的税款50%以上5倍以下的罚款；构成犯罪的，依法追究刑事责任。

注 意

虚开增值税专用发票、账外账、隐匿收入是目前纳税人偷税的主要手段，应高度重视。提醒大家：手莫伸，伸手必被捉，法律无情！

扣缴义务人采取伪造、变造、隐匿、擅自销毁账簿、记账凭证或虚假报送代扣代缴、代收代缴税款报告表和有关资料等手段，不缴或者少缴已扣、已收税款，由税务机关追缴其不缴或者少缴的税款、滞纳金，并处不缴或者少缴的税款50%以上5倍以下的罚款；构成犯罪的，依法追究刑事责任。

（2）根据《刑法》第二百零一条的规定，纳税人采取欺骗、隐瞒手段进行虚假纳税申报或者不申报，逃避缴纳税款数额较大并且占应纳税额10%以上的，处3年以下有期徒刑或者拘役，并处罚金；数额巨大并且占应纳税额30%以上的，处3年以上7年以下有期徒刑，并处罚金。扣缴义务人采取上述手段，不缴或者少缴已扣、已收税款，数额较大的，依照前述规定处罚。对多次实施前述行为，未经处理的，按照累计数额计算。

五、逃避欠税行为的法律责任

（1）《税收征收管理法》第六十五条规定："纳税人欠缴应纳税款，采取转移或者隐匿财产的手段，妨碍税务机关追缴欠缴的税款的，由税务机关追缴欠缴的税款、滞纳金，并处欠缴税款50%以上5倍以下的罚款；构成犯罪的，依法追究刑事责任。"

（2）《刑法》第二百零三条规定："纳税人欠缴应纳税款，采取转移或者隐匿财产的手段，致使税务机关无法追缴欠缴的税款，数额在1万元以上不满10万元的，处3年以下有期徒刑或者拘役，并处或者单处欠缴税款1倍以上5倍以下罚金；数额在10万元以上的，处3年以上7年以下有期徒刑，并处欠缴税款1倍以上5倍以下罚金。"

六、骗取出口退税行为的法律责任

（1）《税收征收管理法》第六十六条规定："以假报出口或者其他欺骗手段，骗取国家出口退税款的，由税务机关追缴其骗取的退税款，并处骗取税款1倍以上5倍以下的罚款；构成犯罪的，依法追究刑事责任。对骗取国家出口退税款的，税务机关可以在规定期间内停止为其办理出口退税。"

（2）根据《刑法》第二百零四条的规定，以假报出口或者其他欺骗手段，骗取国家出口退税款，数额较大的，处5年以下有期徒刑或者拘役，并处骗取税款1倍以上5倍以下罚金；数额巨大或者有其他严重情节的，处5年以上10年以下有期徒刑，并处骗取税款1倍以上5倍以下的罚金；数额特别巨大或者有其他特别严重情节的，处10年以上有期徒刑或者无期徒刑，并处骗取税款1倍以上5倍以下罚金或者没收财产。

纳税人缴纳税款后，采取上述欺骗方法，骗取所缴纳的税款的，依照《刑法》第二百零一条的规定定罪处罚；骗取税款超过所缴纳的税款部分，依照前述规定处罚。

七、抗税行为的法律责任

《税收征收管理法》第六十七条规定："以暴力、威胁方法拒不缴纳税款的，是抗税，除由税务机关追缴其拒缴的税款、滞纳金外，依法追究刑事责任。情节轻微，未构成犯罪的，由税务机关追缴其拒缴的税款、滞纳金，并处拒缴税款1倍以上5倍以下的罚款。"

《刑法》第二百零二条规定："以暴力、威胁方法拒不缴纳税款的，处3年以下有期徒刑或者拘役，并处拒缴税款1倍以上5倍以下罚金；情节严重的，处3年以上7年以下有期徒刑，并处拒缴税款1倍以上5倍以下罚金。"以暴力方法抗税，致人重伤或者死亡，构成故意伤害罪或故意杀人罪，依法律规定，应择一重罪处罚。

八、拖欠税款行为的法律责任

《税收征收管理法》第六十八条规定："纳税人、扣缴义务人在规定期限内不缴或者少缴应纳或者应解缴的税款，经税务机关责令限期缴纳，逾期仍未缴纳的，税务机关除依照本法第四十条的规定采取强制执行措施追缴其不缴或者少缴的税款外，可以处不缴或者少缴的税款50%以上5倍以下的罚款。"

第四节 关税及保税货物通关制度

一、关税

（一）关税的概念

关税是指国家对进出我国国境或关境的货物和物品征收的一种税。其中，货物是指贸易性进出口的商品；物品是指入境旅客携带的、个人邮递的、运输工具服务人员携带的，以及用其他方式进口个人自用的非贸易性商品。

关税是贯彻对外经济贸易政策的重要手段。关税对保护民族企业生产，防止国外的经济侵袭，在平等互利基础上发展对外经济贸易和技术交流，增加国家财政收入等，都具有重要意义。

（二）关税的分类

1. 按货物的流向分类

按货物的流向，可把关税分为进口关税、出口关税和过境关税。

（1）进口关税。进口关税即对国外转入本国的货物所征收的一种关税。进口关税是当前世界各国所征关税的最主要的一种，在许多国家不征出口关税与过境关税的情况下，它成为唯一的关税。

（2）出口关税。出口关税是对本国出口货物在运出国境时征收的一种关税。目前西方发达国家都取消了出口关税。我国只对少数货物征收出口关税。

（3）过境关税。过境关税即对外国经过一国国境（关境）运往另一国的货物所征收的关税。目前绝大多数国家都不征过境关税。

2. 按征税的目的分类

按征税的目的不同，关税可以分为财政关税和保护关税。

（1）财政关税。财政关税即以增加财政收入为主要目的的关税。

（2）保护关税。保护关税即为保护本国工农业生产而征收的关税。发达国家所要保护的通常是国际竞争性很强的商品，发展中国家则重在保护本国实力较弱的工业的发展。

3. 按计税标准分类

按计税标准不同，关税可以分为从价关税、从量关税、复合关税和滑准关税。

（1）从价关税。从价关税即以货物的价格为计征标准而计算征收的关税。从价关税是关税的主要征收形式。

（2）从量关税。从量关税是以货物的计量单位（重量、数量、体积）为计征标准而计算征收的一种关税。我国目前对原油、啤酒、胶卷和部分鸡产品等进口商品征收从量关税。

（3）复合关税。复合关税即对同一种进口货物采用从价、从量两种标准课征的一种关税。课征时，或以从价税为主，加征从量税；或以从量税为主，加征从价税。目前，我国对录像机、放像机、摄像机、数码照相机和摄录一体机等进口商品征收复合关税。

（4）滑准关税。滑准关税是指在海关税则中，对同一税目的商品按其价格的高低分档并依此制定不同税率，依该商品的价格高低而适用其不同档次税率计征的一种关税。

4. 按对进口货物的转出国的差别待遇分类

以对进口货物的转出国的差别待遇为标准，关税可以分为加重关税和优惠关税。

（1）加重关税。加重关税也称歧视关税，是指对某些输出国、生产国的进口货物，因某种原因（如歧视、报复、保护和经济方面的需要等）使用比正常税率要高的税率所征收的关税。在歧视关税中，使用较多的是反倾销税和反补贴税。

（2）优惠关税。优惠关税是指一国对特定的受惠国给予优惠待遇，使用比普通税率要低的优惠税率。其具体形式有互惠关税、特惠关税、普惠关税和最惠国待遇。

1）互惠关税是两国间相互给予对方比其他国家优惠的税率的一种协定关税。

2）特惠关税是对有特殊关系的国家，单方面或相互间按协定采用特别低的进口税率，甚至免税的一种关税。

3）普惠关税是经济发达国家对发展中国家出口货物普遍给予的一种关税优惠制度。

4）最惠国待遇是指缔约国一方现在和将来给予任何第三国的一切特权、优惠和豁免，也同样给予对方的一种优惠待遇。它通常是国际贸易协定中的一项重要内容。

（三）关税减免

关税减免分为法定减免税、特定减免税和临时减免税三类。

1. 法定减免税

法定减免税是税法中明确列出的减税或免税。按照《中华人民共和国海关法》（以下简称《海关法》）和《中华人民共和国进出口关税条例》的规定，下列货物、物品可以减免关税：

（1）关税税额在人民币50元以下的一票货物。

（2）无商业价值的广告品和货样。

（3）外国政府、国际组织无偿赠送的物资。

（4）在海关放行前损失的货物。

（5）进出境运输工具装载的途中必需的燃料、物料和饮食用品。

（6）经海关核准暂时进境或者暂时出境并在6个月内复运出境或者复运进境的货样、

展览品、施工机械等货物，在纳税人向海关缴纳相当于税款的保证金或者提供担保后，可予暂时免纳关税。

(7) 为境外厂商加工、装配成品和为制造外销产品而进口的原材料、辅料、零件、部件、配套件和包装物料，海关按照实际加工出口成品数量免征进口关税；或者对进口料、件先征进口关税，再按照实际加工出口的成品数量予以退税。

(8) 因故退还的境外进口货物，经海关审查核实，可以免征出口关税。但是已征收的进口关税，不予退还。

(9) 因故退还的我国出口货物，经海关审查核实，可以免征进口关税。但是已征收的出口关税，不予退还。

(10) 有下列情形之一的进口货物，经海关查明属实，可以酌情减免关税：

1）在境外运输途中或者在起卸时，遭受损坏或者损失的。

2）起卸后海关放行前，因不可抗力遭受损坏或者损失的。

3）海关查验时已经破漏、损坏或者腐烂，经证明不是保管不慎造成的。

(11) 我国缔结或者参加的国际条约规定减征、免征关税的货物、物品，海关按照规定予以减免关税。

(12) 无代价抵偿的货物。

(13) 法律规定减征、免征的其他货物。

2. 特定减免税

特定减免又称政策性减免税。在法定减免税之外，国家按照国际通行规则和我国实际情况，制定发布了有关进出口货物减免关税的政策。

(1) 经济特区、对外开放区、中外合资经营企业、中外合作经营企业、外资企业等特定地区和特定企业进出口的货物，按国务院有关规定减免税。

(2) 其他进出口货物，按国务院有关规定减免税。例如，为了促进科教事业的发展，大专院校和专门从事科学研究的机构向外订购的科教用品，属于规定范围以内的，经中央或地方主管部门批准，海关审核，免征进口关税。

3. 临时减免税

临时减免税是由国务院根据《海关法》给予的特殊照顾，一案一批、专文下达的减免税。临时减免税具有集权性、临时性、局限性、特殊性的特点。我国加入世界贸易组织后，国家严格控制减免税，一般不办理个案临时减免税。

(四) 关税征收管理

1. 缴纳方式

缴纳方式是指纳税人在何时何地以何种方式向海关缴纳税款。我国纳税义务人目前向海关缴纳税款的方式以进出口地纳税为主，也有部分企业经海关批准采取属地纳税方式。

进出口地纳税是指货物在设有海关的进出口地纳税。货物进(出)口时纳税人必须向海关申报，海关按照规定的程序查验、放行，纳税人按照规定缴纳税款或办理进出口手续。

属地纳税是指进出口货物应缴纳的税款由纳税人所在地主管海关征收，纳税人在所在地缴纳税款。

2. 缴纳期限

关税的纳税人须在规定的报关期限内向货物进(出)境地海关申报，海关经过对实际货物进行查验，计算应纳关税和进口环节代征税费，填发税款缴纳证。

进口货物的纳税义务人应当自运输工具申报进境之日起14日内，出口货物的纳税义务人除海关特准的外，应当在货物运抵海关监管区后、装货的24小时以前，向货物的进出境地海关申报。为方便纳税义务人，经申请且海关同意，进出口货物的纳税义务人可以在设有海关的指运地(启运地)办理海关申报、纳税手续。

纳税义务人因不可抗力或者在国家税收政策调整的情形下，不能按期缴纳税款的，经海关总署批准，可以延期缴纳税款，但是最长不得超过6个月。

3. 关税滞纳措施

纳税义务人因特殊情况不能按期缴纳税款的，即构成关税滞纳。《海关法》赋予海关对滞纳关税的纳税义务人进行强制执行的权力。强制措施主要有以下两类：

（1）征收滞纳金。进出口货物的纳税义务人，应当自海关填发税款缴款书之日起15日内，向指定银行缴纳税款；逾期缴纳的，由海关征收滞纳金。滞纳金自关税缴纳期限届满之次日起，至纳税义务人缴纳关税之日止，按滞纳税款0.5‰的比例征收，周末或法定节假日不予扣除。其计算公式为

关税滞纳金金额 = 滞纳关税税额 × 滞纳金征收比率 × 滞纳天数

(2)强制征收。纳税义务人自海关填发缴款书之日起3个月仍未缴纳税款，经直属海关关长或者其授权的隶属海关关长批准，海关可以采取下列强制措施：①书面通知其开户银行或者其他金融机构从其存款中扣缴税款。②将应税货物依法变卖，以变卖所得抵缴税款。③扣留并依法变卖其价值相当于应纳税款的货物或者其他财产，以变卖所得抵缴税款。

4. 关税退税

退税是指纳税义务人或其代理人缴纳税款后，由海关依法退还误征、多征和其他应退还的款项的行为。

有下列情形之一的，纳税义务人自缴纳税款之日起1年内，可以申请退还关税，并应当以书面形式向海关说明理由，提供原缴款凭证及相关资料：

（1）因海关误征，多纳税款的。

（2）已征进口关税的货物，因品质或者规格原因，原状退货复运出境的。

（3）已征出口关税的货物，因品质或者规格原因，原状退货复运进境，并已重新缴纳因出口而退还的国内环节有关税收的。

（4）已征出口关税的货物，因故未装运出口，申报退关的。

（5）海关核准免验进口的货物，在完税后发现有短卸情况的。

海关应当自受理退税申请之日起30日内查实并通知纳税义务人办理退还手续。纳税义务人应当自收到通知之日起3个月内办理有关退税手续。

5. 关税的补征和追征

关税的补征、追征是指由海关依法补征或追征的海关少征和纳税人少缴或漏缴的税款的行政行为。

进出口货物放行后，海关发现少征或者漏征税款的，应当自缴纳税款或者货物放行之日起1年内，向纳税义务人补征税款。但因纳税义务人违反规定造成少征或者漏征税款的，海关可以自缴纳税款或者货物放行之日起3年内追征税款，并从缴纳税款或者货物放行之日起按日加收少征或者漏征税款0.5‰的滞纳金。

二、保税货物通关制度

（一）保税货物

1. 保税货物的含义和特征

根据《海关法》的规定，保税货物是指经海关批准未办理纳税手续进境，在境内储存、加工、装配后复运出境的货物。其特征有以下几个方面：

（1）任何货物不经过海关批准都不能成为保税货物。

（2）保税货物从进境之日起就必须接受海关的监管。

（3）保税货物的最终流向应当是复运出境。

保税货物是一种有别于一般进口货物，也有别于其他海关监管货物的有特殊性质的海关监管货物。

2. 保税货物的分类

（1）按照《海关法》对保税货物定义的表述，保税货物可以划分为储存和加工装配两大类。

（2）按照海关监管的形式来分，保税货物可以分为加工贸易保税货物、仓储保税货物和区域保税货物三大类。

（二）保税货物报关基本程序

一般进出口货物报关程序主要是进出境报关阶段，即申报、配合查验、缴纳税费、提取货物或装运货物。保税货物的报关程序除了和一般进出口报关程序一样有进出境报关阶段外，还有前期的备案申请保税阶段和后续的报核申请结案阶段，如图 5-1 所示。

图 5-1 保税货物报关的基本程序

1. 备案申请保税(前期阶段)

保税货物进口前，货物的收发货代理人等向海关提出将要进口货物的保税申请，当海关给予批准后，所进口货物才能保税。

海关对企业申请进口的保税货物进行审核、备案，便于今后对保税货物的监管和统计。

2. 进出境报关

所有经海关批准保税的货物，在进出境时都必须和其他货物一样进入进出境报关阶段。所不同的是，保税货物暂缓纳税，不进入纳税环节。

3. 报核申请结案(后续阶段)

报核申请结案阶段的具体环节是：企业报核、海关受理、实施核销、结关销案。所有经海关批准的保税货物，都必须按规定由保税货物的经营者向主管海关报核，海关受理报核后进行核销，核销后视不同情况分别予以结关销案：

（1）区域保税货物结案应当以进区货物最终全部出境或出区办结海关手续为结案的标志。

（2）仓储保税货物应以该货物在规定的保税期限内最终全部出境或出库办结海关手续为结案的标志。

（3）加工贸易经海关批准准予保税的货物应当以该加工贸易项下产品在规定期限内全

部出口或者部分出口，不出口部分全部得到合法处理为结案的标志。

（三）保税仓库货物

1. 保税仓库货物的进境报关

保税货物在保税仓库所在地海关入境时，免领许可证件（能够制造化学武器的化工品、易制毒化学品和消耗臭氧层物质除外），由收货人或其代理人按申报、配合查验、缴纳或免纳税费、提取货物的报关程序办理进口报关手续，海关放行后存入保税仓库。

货物在保税仓库所在地以外的其他口岸入境时，应按海关对转关运输货物的规定办理转关运输手续，也可以直接在口岸海关办理异地报关手续。

2. 保税仓库货物复运出境的报关

保税仓库货物原装复运出境时，货主或其代理人应当填写出口货物报关单，并交验进口时海关签印的报关单，向当地海关办理复运出口手续。经海关核查与实货相符后签印，出境地海关凭此放行货物出境。

3. 保税仓库货物转内销时的报关

保税仓库货物经海关核准转为进入国内市场销售时，由货主或其代理人向海关递交进口货物许可证、进口货物报关单和海关需要的其他单证并缴纳税款后，由海关签印放行，并将原进口货物报关单注销。

4. 对从备料保税仓库提取的货物的报关

对从来料加工、进料加工备料保税仓库提取的货物，货主应事先持批准文件、合同等有关单证向海关办理备案登记手续，并填写来料加工、进料加工专用报关单和保税仓库领料核准单，仓库经理人凭海关签印的领料核准单交付有关货物并向海关办理核销手续。

对提取用于来料加工、进料加工的进口货物，海关按来料加工、进料加工的有关规定进行管理，并按实际加工出口情况确定免税或补税。

5. 海关对保税仓库及其所存货物的其他监管规定

（1）保税仓库对所存的货物应有专人负责，并于每月 5 日之前以电子数据和书面形式向主管海关申报上月仓库收、付、存等情况，并随附有关的单证，由主管海关核销。

（2）保税仓库货物可以进行包装、分级分类、加刷唛码、分拆、拼装等简单加工，不得进行实质性加工。保税仓库货物，未经海关批准，不得擅自出售、转让、抵押、质押、留置、移作他用或者进行其他处置。

（3）保税仓库货物存储期限为 1 年。确有正当理由的，经海关同意可予以延期；除特殊情况外，延期不得超过 1 年。

（4）保税仓库货物在存储期间发生损毁或者灭失的，除不可抗力外，保税仓库应当依法向海关缴纳损毁、灭失货物的税款，并承担相应的法律责任。

（四）加工贸易保税货物

1. 合同备案

（1）合同备案的含义。加工贸易合同备案是指加工贸易企业持合法的加工贸易合同到主管海关备案，申请保税并领取加工贸易登记手册或其他准予备案凭证的行为。

海关受理合同备案是指海关根据国家规定在接受加工贸易合同备案后，批准合同约定的进口料件全部或部分保税或先征后退，并把合同内容转化为登记手册内容或作必要的登记，然后核发登记手册或其他准予备案的凭证的行政行为。

海关受理备案的加工贸易合同必须合法、有效。对符合规定的加工贸易合同，海关应当自接受企业备案申请之日起5个工作日内予以备案，并核发加工贸易登记手册或其他准予备案的凭证。对不予备案的合同，海关应当书面告知经营企业。

（2）合同备案的步骤如下：

1）商务主管部门审批合同，领取批准证件。

2）需要领取许可证件的向有关主管部门领取许可证。

3）将合同相关的内容预录入与主管海关联网的计算机。

4）海关审批是否准予备案。确定是否需要开设台账，如需则领取台账开设联系单。

5）不需要开设台账的，直接向海关领取加工贸易登记手册。

6）需要开设台账的凭台账开设联系单到银行开设台账，领取银行保证金台账登记通知单。

7）凭银行保证金台账登记通知单到海关领取加工贸易登记手册。

（3）合同备案的内容如下：

1）需提交的单证。商务主管部门签发的加工贸易业务批准证和加工贸易企业经营状况和生产能力证明、加工贸易合同或合同副本、加工合同备案申请表及企业加工合同备案呈报表、需交验主管部门的许可证件、为确定单耗和损耗所需的有关资料以及其他备案所需要的单证。

2）保税额度。海关受理加工贸易合同备案的核心是根据国家的规定和《海关法》赋予海关的行政权力对进口料件批准全额保税、定额保税、不予保税及其他。备案准予保税的额度见表5-7。

表5-7 备案准予保税的额度

全额保税	定额保税	不予保税	其他
准予备案的来料加工合同、进料对口合同、保税工厂进口合同、保税集团进口合同，不论中资企业还是外商投资企业	中资企业进料非对口合同根据进口料件的种类分别按比例保税和征税，即15种商品按95%保税、5%征税，其余商品按85%保税、15%征税	1. 消耗性物料 2. 试车材料	外商投资企业进料加工非对口合同，按内外销比例征税或保税

3）台账制度。所有的加工贸易合同都要按加工贸易进口料件银行保证金台账制度的规定办理，或不设台账，即“不转”；或设台账不付保证金，即“空转”；或设台账并付保证金，即“实转”。

加工贸易进口料件银行保证金台账制度的核心内容是对企业和商品实行分类管理，海关根据企业分类管理标准对加工贸易企业设定A、B、C、D四类管理措施，商品分为禁止类、限制类、允许类三类。银行保证金台账的分类运作见表5-8。

表5-8 银行保证金台账的分类运作

企业类别	不纳入台账制度	台账空转	台账实转
A类企业	1. 从事飞机、船舶等特殊行业加工贸易企业 2. 年进出口总额3 000万美元（自营生产企业1 000万美元）以上 3. 年加工出口额1 000万美元以上 4. 外商提供辅料金额在1万美元及以下	除不纳入台账制度的加工限制类或允许类商品	
B类企业	外商提供辅料金额在1万美元及以上	除不纳入台账制度的加工允许类商品	加工限制类商品
C类企业			无论加工何类商品及金额大小
D类企业	不得从事加工贸易		

（4）合同备案的凭证。海关受理并准予备案后，企业应当领取海关签章的加工贸易登记手册或其他准予备案的凭证。

按规定可以不开设台账的合同，在准予备案后，由企业直接到受理合同备案的主管海关领取海关签章的加工贸易登记手册。

按规定在银行开设了台账的合同，由企业凭银行签发的银行保证金台账登记通知单，到合同备案主管海关领取海关签章的加工贸易登记手册。

经海关批准，企业在领取加工贸易登记手册的基础上，可以根据不同的情况，申请加领加工贸易分册。

2. 报关

加工贸易保税货物进出口报关与一般进出口货物报关有一个非常重要的区别，就是加工贸易保税货物报关时，在计算机系统中已经有备案底账，是在备案底账的基础上报关，企业在口岸海关报关时提供的有关单证内容必须与电子底账数据相一致，否则报关就不能通过。

加工贸易保税货物进出口报关，与其他货物一样也要经过申报、配合查验、缴纳税费、提取货物或装运货物四个阶段，由经营单位或其代理人申报。其申报单证除报关单、发票、装箱单、提单或装货单等普遍需要的单证外，还必须有加工贸易登记手册（电子的或纸质的）或其他准予合同备案的凭证。

3. 合同报核

（1）合同报核的含义。加工贸易合同报核是指加工贸易企业在加工贸易合同履行完毕或终止合同后，按照规定的期限和规定的程序，向加工贸易主管海关申请核销要求结案的行为。

加工贸易合同核销是指加工贸易经营企业加工复出口或者办理内销等海关手续后，凭规定单证向海关申请解除监管，海关经审查，核查属实且符合有关法律、行政法规、规章的规定，予以办理解除监管手续的行为。

（2）合同报核和核销的时间。经营企业应当在规定的期限内将进口料件加工复出口，并自加工贸易登记手册中最后一批成品出口或者加工贸易登记手册到期之日起30日内向海关报核。

经营企业对外签订的合同因故提前终止的，应当自合同终止之日起30日内向海关报核。

海关应当自受理报核之日起30日内予以核销。有特殊情况需要延长的，经直属海关关长或者其授权的隶属海关关长批准可延长30日。

（3）合同报核的单证如下：

1）企业合同核销申请表。

2）加工贸易登记手册，包括分册、续册。

3）进出口报关单。

4）核销核算表。

5）申请内销的应有主管部门核发的加工贸易保税进口料件内销批准证。

6）其他海关需要的资料。

（4）报核的步骤如下：

1）整理单据。合同履约后，企业应及时将加工贸易登记手册和进出口报关单进行收集、整理、核对。

2）查清单耗。企业应根据有关的账册记录、仓库记录、生产工艺资料等查清此合同的实际单耗，并据此填写核销核算表。

3）预录入单证。企业应填写核销预录入申请单，办理预录入手续。

4）依法报核。企业应携带有关报核单证，到主管海关报核，并填写报核签收回联单。

（五）保税区货物

1. 保税区及其免税优惠规定

保税区是指经国务院批准在我国境内设立的海关实施特殊监管的经济区域。其主要功能包括进出口加工、转口贸易、保税仓储和商品展示等，是我国目前开放度和自由度最大的经济区域。根据现行有关政策，海关对保税区实行封闭管理，境外货物进入保税区，实行保税管理；境内其他地区货物进入保税区，视同出境。

为了支持保税区的发展，保税区享有以下免税优惠：

（1）区内生产性的基础设施建设项目所需的机器、设备和其他基建物资，予以免税。

（2）区内企业自用的生产和管理设备、自用的合理数量的办公用品及其所需的维修零配件，生产用燃料和建设生产厂房或仓储设施所需的物资和设备，予以免税。

（3）保税区行政管理机构自用的合理数量的管理设备和办公用品及其所需的维修零配件，予以免税。

2. 保税区与境外进出货物的报关

保税区与境外进出的货物，改变传统的单一报关方式，海关实行备案制与报关制相结合的申报方式。

对保税区内加工贸易企业所需进境的料件、进境的转口货物，以及保税区运往境外的出境货物，进出境时实行备案制。由货主或其代理人填写保税区进(出)境货物备案清单，向保税区海关机构备案。

对保税区内进口自用合理数量的机械设备、管理设备及办公用品，以及工作人员所需自用合理数量的应税物品，实行报关制。由货主或代理人填写进(出)口货物报关单，向保税区海关机构申报。

3. 保税区与非保税区进出货物的报关

(1) 从非保税区(即我国境内保税区以外的其他地区)运入保税区的供加工生产产品用的货物，视同出口。有关发运企业或其代理人应向保税区海关机构或其主管海关办理申报出口手续，填出口货物报关单，提供有关单证，属国家许可证管理商品的，还应提交出口许可证。海关审核无误后，验放有关货物运入保税区。

(2) 从保税区运出销往非保税区的货物，视同进口。由收货人或其代理人向保税区海关机构办理进口申报手续。填写进口货物报关单，提供配额证明、进口许可证或其他有关批件，并缴纳进口关税和进口环节增值税、消费税，海关审核无误后，验放有关货物运出保税区。

(3) 保税区内生产企业将进口料件运往非保税区委托加工产品时，生产企业应事先持委托加工合同向保税区海关机构办理登记备案手续，凭海关核准的登记备案手续向保税区海关机构申报运出区外。委托非保税区企业加工的期限为6个月，因特殊情况向海关申请延期的，延期期限不得超过6个月。备案后进入加工贸易货物出区报关程序。

4. 海关对保税区的监管要求

(1) 海关依法在保税区执行监管任务，进出保税区的货物、运输工具、人员，应当经由海关指定的专用通道，并接受海关检查。

(2) 保税区内企业应按照国家有关法律、法规设置账簿、编制报表，凭合法、有效的凭证记账并进行核算，记录有关进出保税区货物和物品的库存、转让、转移、销售、加工、使用和损耗等情况。

(3) 保税区实行海关稽查制度。区内企业应与海关实行电子计算机联网，进行电子数据交换。

(4) 海关对进出保税区的货物、物品、运输工具、人员及区内有关场所，有权依照《海关法》进行检查、查验。

(5) 保税区内的货物可以在区内企业之间转让、转移，双方当事人应就转让、转移事项向海关备案。

(6) 保税区的转口货物可以在区内仓库或区内其他场所进行分级、挑选、刷贴标志、改换包装形式等简单加工。

(7) 保税区内的加工企业开展进料加工、来料加工业务，海关不实行加工贸易银行保证金台账制度。但区内企业委托非保税区企业进行加工业务的，非保税区企业应向当地海关办理合同登记备案手续，并实行加工贸易银行保证金台账制度。

(8) 进出保税区的运输工具负责人，应持保税区主管机关批准的证件连同运输工具名称、数量、牌照号及驾驶员姓名等清单，向保税区海关机构办理登记备案手续。

(六) 出口加工区货物

1. 出口加工区概述

出口加工区是指经国务院批准在我国境内设立的，由海关对保税加工进出口货物进行封闭式监管的特定区域。出口加工区是国家对加工贸易管理从分散管理向集中管理过渡的一种尝试。

出口加工区的主要功能是开展保税加工以及为区内保税加工提供储运业务。区内不得经营商业零售、一般贸易、转口贸易及其他与加工区无关的业务。

2. 报关程序

出口加工区实行计算机联网管理，区内企业应建立符合海关监管要求的电子计算机管理数据库，并与海关实行电子计算机联网。区内企业在进出口货物前，应向出口加工区主管海关申请设立电子账册，包括加工贸易电子账册和企业设备电子账册。企业凭经海关审核通过的电子账册办理进出口货物的报关手续。区内企业开展加工贸易业务不实行加工贸易银行保证金台账制度，海关不实行加工贸易登记手册管理。

（1）出口加工区与境外之间进出境货物的报关。出口加工区与境外之间进出的货物报关实行备案制，由货主或其代理人填写进出境货物备案清单，向主管海关备案。

（2）出口加工区与境内区外其他地区之间进出货物的报关：

1）出口加工区货物运往境内区外，由区外企业录入进口货物报关单，凭发票、装箱单、相应的许可证件等单证向出口加工区海关办理进口报关手续。进口报关结束后，区内企业填制出口加工区出境货物备案清单，凭发票、装箱单、电子账册编号等单证向出口加工区海关办理出区报关手续。

2）境内区外货物运入出口加工区，由区外企业录入出口货物报关单，凭购销合同（协议）、发票、装箱单等单证向出口加工区海关办理出口报关手续。报关结束后，区内企业填制出口加工区进境货物备案清单，向出口加工区海关办理进区报关手续。

本章小结

税收管理体制是指在中央和地方之间划分税收管理权限的一项制度。它是国家税收制度的重要组成部分。目前我国实行的是分税制管理体制，即根据事权与财权相结合的原则，将税种统一划分为中央税、地方税和中央与地方共享税，建立了中央和地方两套税收管理制度，并分设中央与地方两套税收机构分别征管。

依法纳税是公民应尽的义务。纳税人的基本义务有：①必须办理纳税登记。②必须加强账簿、凭证管理。③必须按期申报纳税。④必须及时、足额缴纳税款。⑤必须接受税务机关的税务检查。当纳税人出现违法行为后，要按照《税收征收管理法》和《刑法》的规定承担法律责任。

关税是指国家对进出我国国境或关境的货物和物品征收的一种税。其中，货物是指贸易性进出口的商品；物品是指入境旅客携带的、个人邮递的、运输工具服务人员携带的，以及用其他方式进口个人自用的非贸易性商品。

社会实践

有条件的学校可由教师带领学生到税务部门进行社会调查，了解不同行业的税务征收程序。

第六章 会计职业道德概述

学习目的

- 了解道德的形成和职业道德的特征。
- 掌握会计职业道德的基本原则。
- 认识规范会计职业道德建设的重要性。
- 了解如何监督会计职业道德的组织实施。

案例导入

某公司是一家国有大型企业。2020年年底，公司总经理针对公司面临亏损的情况，电话请示正在外地出差的董事长后，让公司总会计师对会计报告进行了技术处理，虚开了若干发票来增加收入。2021年4月，当地税务部门发现该公司存在重大会计作假行为，依据相关法律法规对其进行了相应的处理。

请问：应当对该企业的此种行为做出怎样的处理？

提示：根据《中华人民共和国发票管理办法》第三十九条的规定，有下列情形之一的，由税务机关处1万元以上5万元以下的罚款；情节严重的，处5万元以上50万元以下的罚款；有违法所得的予以没收：

（1）转借、转让、介绍他人转让发票、发票监制章和发票防伪专用品的。

（2）知道或者应当知道是私自印制、伪造、变造、非法取得或者废止的发票而受让、开具、存放、携带、邮寄、运输的。

第一节 道德与职业道德

人的一切活动都是在社会生活中进行的，任何人都不能离开社会而单独生活。人们在社会生活中与他人、与社会、与自然界都会不可避免地产生各种各样的矛盾，而道德就是调节这些矛盾的准则。我国是有着悠久历史与传统的文明古国，道德建设源远流长。历史发展到今天，我国现代化建设更需要健康、积极、向上的优秀道德体系发挥其导向作用。道德的问题不仅仅是一个被人如何看待或评价的问题，更是一个影响和制约人生发展的大问题。良好的道德品质有助于增进身心健康，有助于塑造完整的人格，有助于促进成才立业。

一、道德的含义

“道德”是一个人们比较熟悉的概念，人们往往以此来判断和评价社会中各种行为的善、恶、美、丑。道德很“大”，也很“小”。说它大是因为它展示着一个国家、一个社会的文明程度，说它小是因为它时时处处地体现在我们的言行之中。我们经常会听到人们议论道德问题，例如，说不遵守公共秩序的人“不讲道德”，说破坏公物的人“不道德”，等等。因此，生活在社会中的人不得不和“道德”发生各种关系，因为每个人都在对别人和周围发生的事情进行着“道德”的评价。

小资料

一切人类的价值的基础是道德。

——爱因斯坦

可是究竟什么是“道德”呢？

道德，包括以下三层含义：

（1）道德存在于社会生活中，是一定经济关系的产物，不仅反映一定的物质生活条件，并随着社会物质生活条件的发展而发生变化；同时，又反作用于社会的物质生活条件。

小资料

道德的社会功能：认识功能、教育功能、调节功能、激励功能。

（2）道德是一种行为规范，属于行为规范中的社会规范的范畴。

（3）道德与法律不同，法律依靠国家专门机构强制执行，而道德通过社会舆论、传统文化、生活习惯以及人们的内心信念来发挥作用。例如，报纸杂志、电视广播、互联网等大众传播媒体通过对人的某些行为和一些社会现象进行评议来起到树立正气、抵制歪风的作用。

二、职业道德的主要内容

职业道德是道德在职业实践活动中的具体体现。由于各行各业的职业活动和职业特征不同，不同职业的职业道德内容也就不尽相同；而不同职业的职业道德内容中共同的内容，主要包括职业理想、职业义务、职业责任、职业态度、职业纪律、职业良心、职业荣誉及职业作风等。

（1）职业理想。职业理想是指人们对职业活动最佳目标的追求和向往，是人们的世界观、人生观、价值观在职业目标上的集中体现。我们在很多情况下，都是被动地选择着自己的职业，或者是由自己学习的专业限制了职业的选择，这就在某种程度上使自己的理想与职业发生矛盾，而此时就需要我们树立正确的职业理想，因为正确的职业理想能够提升人的精神世界，构筑崇高的人格力量，它是从业者创造职业成就、实现职业目标的精神动力。

（2）职业义务。职业义务是指人们在职业活动中产生的一种使命感，是从业者对本职工作、他人和社会应尽的职责。职业义务是人们在自愿基础上履行的职责，而不是迫于某种惩罚被迫履行的，是自觉的、义不容辞的，不以获得相应的权利和报酬为前提条件，甚至可能要牺牲个人利益。例如，医生对病人有救死扶伤的义务，教师对学生有教书育人的义务。

（3）职业责任。职业责任是指工作人员在职业活动中造成他人人身伤害或财产损失而依法承担的损害赔偿责任。职业人员在履行自己职责的过程中，因为疏忽、遗漏、过失等行为而造成他人的损失或伤害，需要承担职业责任。

（4）职业态度。职业态度就是劳动态度。人们在一定社会环境的影响和教育下，通过职业活动和自身体验所形成的对岗位工作的一种相对稳定的劳动态度和心理倾向，是从业者做好本职工作的前提。

（5）职业纪律。职业纪律是劳动者在从业过程中必须遵守的从业规则和程序，它是保证劳动者执行职务、履行职责、完成自己工作任务的行为规范。职业纪律不仅可以维护正常的安全生产和工作程序，提高劳动效率，而且能够提高单位的工作绩效，同时提升单位的科学管理水平，促进企业内部管理的制度化，有利于企业文化的形成，提高精神文明建设水平。

（6）职业良心。良心作为一种道德现象，是人们在行为过程中的社会责任感和自我的约束能力。职业良心是从业者在履行本职工作时的自觉意识和评价能力。人们从事的职业不同，其职业良心的表现形式也就不同。例如，医生的职业良心是“治病救人”，商业人员的职业良心是“诚实守信、童叟无欺”。

（7）职业荣誉。职业荣誉即社会对职业行为的价值所做出的赞扬和肯定，以及对从业者职业行为的社会评价。职业荣誉是职业义务和职业良心的价值尺度，能使从业者自觉地按照职业道德的要求去履行职业义务，宁愿牺牲自我，也不违背职业良心去做有损职业道德的事情。

（8）职业作风。职业作风即从业者在职业活动中表现出来的工作态度和职业风范。从业人员在本职工作中表现出来的尽职尽责、奋力拼搏、艰苦奋斗的精神都属于职业作风。每个从业人员都应以主人翁的态度对待自己的本职工作，树立自觉地为国家、为集体、为他人多做贡献的事业心和责任感。它是一种无形的精神力量，对从业人员取得事业的成功具有重大作用。

小资料

教师的职业道德：教书育人、为人师表。

医生的职业道德：救死扶伤、治病救人、实行人道主义。

法官的职业道德：清正廉明、刚直不阿。

商人的职业道德：买卖公平、童叟无欺。

注册会计师的职业道德：独立、客观、公正。

三、会计职业道德的含义

会计职业道德是指在会计职业活动中应遵循的、体现会计职业特征的、调整会计职业关系的职业行为准则和规范。它既是对会计人员在职业活动中的行为规定，同时又是会计行业对社会肩负的道德责任和义务。

小资料

《会计法》中规定“会计人员应当遵守职业道德，提高业务素质”。

财政部颁布的《会计从业资格管理办法》将“具备良好的道德品质”作为取得会计从业资格、从事会计工作的基本条件。

会计职业道德规范的内容主要包括爱岗敬业、诚实守信、廉洁自律、客观公正、坚持准则、提高技能、参与管理和强化服务等方面。这些内容是我国广大会计工作者在其职业活动中长期积累形成的道德规范和优良传统，是支撑和推动我国会计事业发展的精神支柱。会计职业道德的含义包括以下几个方面：

1. 会计职业道德是调整会计职业活动利益关系的手段

在我国市场经济条件下，各种经济主体的利益与国家利益、社会公众利益时常发生冲突。会计职业道德可以配合国家法律制度，调整各种职业关系中的经济利益关系，维护正常的经济秩序。会计职业道德允许个人和各经济主体获取合法的自身利益，但反对通过损害国家和社会公众利益而获取违法利益。

2. 会计职业道德具有相对稳定性

会计是一门实用性很强的经济学科。在市场经济活动中，会计是指对单位经济业务事项进行确认、计量、记录和报告。会计标准的设计、会计政策的制定和会计方法的选择都必须遵循其内在的客观经济规律和要求。因此，会计职业道德主要依附于历史继承性和经济规律，在社会经济关系的不断变迁中，保持相对稳定性。

3. 会计职业道德具有广泛的社会性

会计职业道德是人们对会计职业行为的客观要求，会计不仅要为政府机构等提供符合质量要求的会计信息，而且要为投资者、债权人及社会公众服务。所以会计职业道德不仅影响着企业的利益，还影响着国家和社会公众利益。

四、职业道德与企业文化的关系

企业文化也称企业精神，是企业精神活动的概括和总结。它是企业在长期发展过程中形成的维持企业生存乃至繁荣的精神财富，是企业环境、企业价值观、企业作风、企业规章制度、职业道德、员工科学文化素质、技能以及企业形象的总和。它对企业成员具有感召力和凝聚力，能把众多人的兴趣、目的、需要以及由此产生的行为统一起来，是企业长期文化建设的反映。

小资料

在宝洁公司，企业会帮助每一位员工规划今后 2 年、5 年甚至 20 年的未来。这种以人为本的企业文化对人才的吸引力可想而知。宝洁公司因此而吸引了大量的优秀人才。这种企业文化使员工产生了强烈的归属感，使员工有一种自我实现的感觉。

企业文化不是写出来的，而是通过企业员工长年的艰辛工作和日常的一言一行积累表现出来的。企业文化从本质上看是一种产生于企业之中的文化现象。它是企业在长期经营实践中所凝结起来的一种文化氛围、企业精神和经营理念。可以从三个层面来理解企业文化：外层是企业物质文化；中层是企业制度文化；内层是企业精神文化。三个层面中，物质文化是基础，制度文化是关键，精神文化是核心和灵魂。企业文化是企业成功的关键之一。

职业道德建设是推进企业发展的动力。职业道德强调员工价值，引导员工爱企业，不断增强他们的职业责任感，充分发挥员工的主观能动性，创造一种平等竞争、待遇公正、畅所欲言、身心愉快的企业文化氛围，形成强烈的企业凝聚力和向心力。在企业遇到困难和挫折时，职工能爱厂如家，以企业的前途和命运为重，自觉舍弃和牺牲个人利益，与企业同甘苦共患难。由此可见，职业道德的高低在一定情况下决定企业的命运，是推动物质生产和提高工作效率的精神动力，是推动企业迅速发展的动力。

第二节 会计法规与会计职业道德的区别与联系

会计职业道德与会计法规作为社会规范，均属于会计人员行为规范的范畴，两者既有联系也有区别。会计法规是用来规范会计人员职业行为的一系列法律、法规和政府规章的统称，是为了规范会计行为、保证会计资料真实完整和维护市场经济秩序所必须严格执行的相关法规。会计职业道德是从事会计工作的人员在履行职责活动中应具备的道德品质，是在会计职业活动中应遵循的、体现会计职业特征的、调整会计职业关系的职业行为准则和规范。

美国管理会计师职业道德标准包括基本原则和道德裁决两部分。

（1）基本原则，包括职业胜任能力、保密责任、正直的品行和客观的原则。

（2）道德裁决，即对需裁决事项，通过与有关人员进行深入的讨论，辨明是非，以便决定将采取什么样的行动。如果经各级再审议机构评议后，道德裁决问题仍未解决，管理会计师为了保护自己的利益，避免承担法律责任，最好的选择是离开企业，并向企业的法人代表提交详细的备忘录，说明存在的问题以解脱相应的责任。

一、会计法规与会计职业道德的区别

1. 性质不同

会计法规是通过一定的程序由国家立法机构或行政管理部门制定和修改的，依靠司法机构强制性保证实施的，会计从业人员必须严格遵守的职业行为准则和规范；是国家意志在会计领域中的法律表现，是政府领导和管理会计工作的重要手段，具有很强的他律性。在某一时期或某一社会里，会计法律法规的内容和标准应该是相同的或一致的。

会计职业道德是从事会计工作的人员在履行职责活动中应具备的道德品质，是在会计职业活动中应遵循的、体现会计职业特征的、调整会计职业关系的职业行为准则和规范。会计职业道德中的很多内容来自于职业传统、职业习惯和约定俗成的职业行为要求等。会计职业道德主要依靠会计从业人员的自觉性、良心、内心信念和社会舆论加以推行，具有较强的自律性。在某一时期或某一社会里，会计职业道德的内容和标准可能不是唯一的，不同地区、不同阶层、不同群体的会计人员的职业道德意识、道德意志、道德观念、道德习惯、道德传统和道德行为可能存在较大的差异。

2. 表现形式不同

我国的会计法规包括会计法律、会计行政法规和会计规章；各省、直辖市、自治区等制定与发布的会计规范性文件，也是我国会计法律制度的组成部分。会计法规的表现形式是具体的、明确的、正式的成文条例。

会计职业道德来源于会计职业活动的需要及人们对这种关系的认识，最初通常表现为职业传统、职业习惯和约定俗成的职业行为要求等。会计职业道德的表现形式既有明确、具体的成文规定，也有抽象、不成文的行为规范，尤其是一些较高层次的会计职业道德，主要存在于人们的意识和信念之中，并无具体的表现形式，它依靠社会舆论、道德教育、传统习惯和道德评价来推行和实现其功能。

3. 推行机制不同

会计法规是一个国家法律规范体系的组成部分，由国家强制力保障实施，从而达到

有法必依、执法必严、违法必究的目的。会计法律制度的这种保障机制不仅体现在其法律规范的内容中具有明确的制裁和处罚条款，而且体现在设有与之相配合的权威的制裁和审判机关。会计法规是由国家和政府制定的，需要司法机关和一套外在的强制性的惩罚机制来推行。对于会计职业违法行为，需要依据相关法律、法规中明文规定的制裁条款给予惩处。

会计职业道德在执行与裁决时没有特定的机关与权威性的部门，只是依靠人们在长期职业活动中所形成的职业道德观念、道德信念、道德传统、风俗习惯和社会舆论来裁定是非曲直，以一种无形的舆论压力和传统习惯的约束力促进会计职业道德的推行。

4. 作用范围不同

人们违反会计职业道德规范的行为只要没有达到触犯法律、法规的程度，法律和法规是无能为力的。会计法律、法规主要强调人员行为及其结果，而不能离开行为单独制裁内在的思想和动机，具有较强的客观性。

会计职业道德对人们的职业行为所干涉的范围比会计法律、法规广泛得多。它不仅能调整人的行为，还能调节会计人员的思想动机。有些不道德的职业行为，并没有触犯法律和法规，因此法律和法规不能制裁；但人们可以通过道德谴责加以制止。

会计法规是从事会计活动、维系财务关系的最基本的条件，也是对会计人员行为最起码的要求。违反了会计法规，就必然违背了会计职业道德的要求；但违背了会计职业道德，不一定就违反了会计法规。

5. 作用方式不同

会计法规的作用，主要表现为对一定会计职业行为的禁止。虽然会计法规除了通过惩罚犯罪以调整人们之间的职业关系外，也可以通过明确会计行为规范来发挥教育会计从业人员的作用；但是这种教育作用也主要是通过对犯罪的惩罚来实现的。

会计职业道德的作用，主要表现为对人们的职业行为的劝阻和示范。其作用方式是根据一定的善恶标准对人们的会计职业行为进行道德评价，一方面对恶行进行谴责，赞扬善行；另一方面对善行进行示范，劝阻恶行。

二、会计法规与会计职业道德的联系

会计法规与会计职业道德都是由社会经济关系决定的社会意识形态和上层建筑，都是为经济基础服务的。两者有着共同的目标和相同的调整对象，承担着相同的职责，关系密切。主要表现在以下几个方面：

小资料

《会计基础工作规范》中关于会计人员职业道德的规定主要针对单位会计人员。

《中国注册会计师职业道德基本准则》主要针对注册会计师。

1. 会计职业道德是会计法规的基础

会计职业道德包括职业传统、职业习惯和约定俗成的职业行为要求等。会计法规制定时吸收了会计职业道德的基本要求；会计职业道德也是会计法规正常运行的社会基础和思想基础。

2. 会计职业道德在作用上是会计法规的补充

如果完全依赖会计法规和规章制度的强制性功能而忽视会计职业道德的认识、教育、调节及激励功能，则不可能达到规范所有的会计职业行为的目的；同时，有些会计行为不需要或不宜由会计法规予以具体规范。同样，如果我们只利用会计职业道德的功能而忽视会计法律、法规和规章制度的强制性功能，没有对一些严重危害会计主体单位和社会公众(主要是会计报表使用者)利益的会计行为进行及时、有力的法律制裁和行政制裁，则会计职业道德将可能日趋低下，会计职业道德的认识、教育、调节、激励功能将可能变得“苍白无力”。

3. 会计法规与会计职业道德在内容上相互渗透、相互重叠

会计法规中含有会计职业道德规范的内容，而会计职业道德规范中也包含会计法规制度的某些条款。最初的会计职业道德通常是一些对会计职业行为约定俗成的基本要求，然后这些道德规范被写进法律条文。

从目前我国会计职业道德和会计法规的内容来看，会计法规所禁止的职业行为也是会计职业道德所谴责的行为；会计法规所鼓励的职业行为也是会计职业道德所倡导的行为。会计职业道德和会计法规两者直接重合的现象也是十分明显的，如《会计法》中第三十九条明确规定：“会计人员应当遵守职业道德，提高业务素质。对会计人员的教育和培训工作应当加强。”

第三节 会计职业道德建设与组织实施

会计职业道德建设是一项复杂的系统工程，要抓好会计职业道德建设，关键在于加强和改善会计职业道德建设的组织和领导，并得到切实贯彻和实施。

一、会计职业道德建设的组织与领导

1. 地方财政部门的监督

《会计法》规定，国务院财政部门主管全国的会计工作。县级以上地方各级人民政府财政部门管理本行政区域内的会计工作。会计人员应当遵守职业道德，提高业务素质。可见，财政部门可以对会计职业道德进行监督检查；对违反职业道德行为的人员，可以在其会计从业资格证书上进行记载，情节严重的，将依法吊销其会计从业资格证书。

在会计职业道德建设过程中，各级财政部门除了要发挥好领导监督的作用，同时在工作中还要转变观念、改进工作作风、提高服务意识，创造性地开展会计职业道德建设工作。

2. 会计行业组织的行业自律

按照会计行业组织的规定，如果会计行业组织会员违反了会计职业道德要求，会计行业组织可以根据行业自律性监管的有关规定，对其会员采取公开谴责，直至取消其会员资格等惩戒措施。目前与发达国家相比，我国的会计行业组织在会计职业道德建设方面所做的工作还存在很大的差距，还没有充分发挥出行业自律的作用。所以应完善自律机制，以充分发挥自律机制在会计职业道德建设中的促进作用。

《会计法》规定，单位负责人对本单位的会计工作和会计资料的真实性、完整性负责。所以单位负责人有责任选择业务素质高、职业道德好的人员从事会计工作，也有责任建立和完善内部控制制度，开展会计职业道德教育，检查和考核本单位会计人员会计职业道德遵守情况，对违反会计职业道德的行为可以按照单位内部制度进行处理。单位负责人要做遵纪守法的表率，支持会计人员依法开展工作。有关部门和单位要关心、支持会计职业道德建设，有针对性地制定具体的职业道德规范，开展宣传教育，抓好落实。

二、会计职业道德建设的实施

（一）地方财政部门应采取有力的监督措施

1. 制定明确的规章制度

规章制度是指导会计人员行为的具体依据，对会计人员的行为起到引导和奖惩的作用。在制定会计规章制度时，要把思想引导与利益调节、精神鼓励与物质奖励统一起来，加强督促检查，严格考核奖惩，为会计职业道德建设提供有效的制度保障。

2. 建立科学的管理机制

各级财政部门应根据会计法律制度，积极探索将会计职业道德建设与会计从业人员管理相结合的机制，进一步完善会计从业人员资格准入、考核、奖惩、培训、退出等制度。在开展会计人员继续教育中，各级财政部门应将会计职业道德作为一项重要内容。

3. 做好宣传教育工作

各级财政部门应制定切实可行的方案，采取灵活多样的形式，组织会计人员认真学习《会计法》和其他财经法规，加大宣传教育的力度，使他们树立起守法光荣、违法可耻的观念，培养他们在工作中依法办事的作风。

4. 加大执法力度

各级财政部门应对违法会计行为，加大执法力度，严厉打击，维护国家和社会公众利益，维护正常的经济秩序，为会计职业道德建设提供有力的法律支持和政策保障。

（二）会计行业组织采取适当的行业自律手段

1. 建立职业道德委员会

在会计行业组织中应建立职业道德委员会，负责职业道德规范的制定、解释、修正和实施。职业道德委员会的人员构成，可以由若干专职人员负责日常工作，同时聘请专家作为兼职人员。各省辖区内的涉及职业道德的案件由各省级职业道德委员会负责处理，全国性的、跨省的及重大的案件交由中国会计学会职业道德委员会处理。对于省级职业道德委员会的处理存有异议者，可向中国会计学会职业道德委员会申请复议。

2. 制定并严格执行职业道德惩戒

会计行业组织必须制定相关的规章制度，当组织会员违反会计职业道德要求时，会计行业组织可以根据行业自律性监管的规定，对其会员予以公开谴责，直至取消会员资格的惩罚。

会计行业组织实施职业道德惩戒，其程序可以分为以下几个阶段：

（1）调查、分析和确认事实。

（2）确定适用规则条款。

（3）做出决定。职业道德委员会做出的决定具有以下特点：①决定具有强制性，是必须遵守执行的。②必须形成正式的书面文件。③具有稳定性，经会计行业组织认可的正规程序不得随意加以更改。④职业道德委员会做出的决定具有特定的格式，每一份决定都应包括案由、争议的事实和理由、认定的事实和理由及使用的规则条款、决定的处罚类型、有关人员签字和职业道德委员会印章等。

（4）执行决定。执行决定必须注意以下几个方面：①将职业道德委员会做出的决定通知有关部门和本人。②由相关部门负责执行决定。③检查执行结果，应由职业道德委员会对决定执行情况进行后续检查，以保证执行效果。

本章小结

本章主要介绍了道德的产生与发展、职业道德的本质与特征、职业道德与企业文化的关系、职业道德的主要内容、会计职业道德的含义和特征、会计职业道德的基本原则以及规范会计职业道德建设与组织实施的意义及重要性。

会计职业道德是指在会计职业活动中应遵循的、体现会计职业特征的、调整会计职业关系的职业行为准则和规范。它既规定了会计人员在职业活动中的行为，同时又体现了会计行业对社会肩负的道德责任和义务。

会计法规是用来规范会计人员职业行为的一系列法律、法规和政府规章的统称，是为了规范会计行为、保证会计资料真实完整和维护市场经济秩序所必须严格执行的相关法规。

社会实践

请结合教材内容，查阅有关资料，在老师的正确指导下到会计师事务所了解当前经济法规案例，并利用所学知识加以分析，进行分组讨论。

第七章 会计职业道德规范与奖惩机制

学习目的

- 熟悉和掌握会计职业道德规范的内容。
- 了解会计职业道德的奖惩机制。

案 例 导 入

原任北京市某药品经营公司会计的邹某，仅半年时间就通过伪造账目支出、冒领支票等手段作案22次，先后将公款共计159余万元占为己有。邹某犯贪污罪被依法判处死刑，剥夺政治权利终身。

请问：通过上述案例，我们体会到了会计职业道德规范的哪些内容？

提示：身为会计人员要经得起金钱、权力的考验，严格按照法规法纪和财经制度办事，坚持原则，奉公守法，不唯领导是从，不徇私情，不利用职务之便谋取个人私利，要始终坚持原则，自觉抵制不正之风的侵袭，做廉洁自律的会计人。

第一节 会计职业道德规范基本内容

一、爱岗敬业

（一）爱岗敬业的含义

爱岗敬业是会计人员干好本职工作的基础和条件，是其应具备的基本道德素质，是职业道德的基础。爱岗就是“乐业”，就是热爱自己的本职工作，对本职工作尽心尽力。敬业就是忠于职守，是爱岗的升华，是以恭敬严肃的态度对待自己的职业，对本职工作一丝不苟。爱岗与敬业总的精神是相通的，是相互联系在一起的。爱岗是敬业的基础，敬业是爱岗的具体表现。如果会计人员对所从事的会计工作没有热情，不热爱，就难以做到兢兢业业；也就不会主动想到去刻苦钻研业务，更新专业知识，提高业务技能，珍惜会计这份工作；更谈不上努力维护会计职业的声誉和形象，为国家和企业承担责任。

（二）爱岗敬业的基本要求

爱岗敬业不仅仅是一种观念、一种精神、一句口号，它更需要有具体的行动来体现，既要树立良好的职业责任感和荣誉感，安心会计工作，还要有献身会计事业的工作热情，严肃认真的工作态度，勤学苦练、勇于革新的钻研精神，忠于职守的工作作风。

1. 要正确认识会计职业，树立爱岗敬业的精神

会计人员的爱岗敬业精神，自始至终都是以他们对职业的认识程度以及所采取的态度作为行动的指导并体现在实际工作中。如果会计人员对所从事的职业缺乏正确的认识，认为会计工作不过是“写写算算”的琐碎工作，或者认为“会计难当，成绩难见”，这种工作态度就必然会不自觉地反映到其职业行为中，或迟或早地会表现出“懒”“惰”“拖”的不良行为，给会计职业及其声誉造成不良影响。

(1)“懒”主要表现为会计人员对本职工作不主动，对业务学习不积极，认为不学也够用，即使学了也没有太多用处，工作能够应付过去就行了。工作上应付差事，马马虎虎，敷衍了事。例如，填制凭证只签一个“姓”，连“名”也懒得签，时间一久，凭证是谁填制的也弄不清楚。一个“懒”字不仅会大大增加会计工作质量下降的可能性，还会因会计人员对业务不熟、不精给一些不法分子带来可乘之机。

(2)“惰”主要表现为会计人员在工作中处于一种不求上进的被动状态。有些惰性强的会计人员在工作中仅仅以完成制度上规定的任务为目标，而对应该做而制度上没规定或没人指示的工作不会主动去完成。譬如，会计档案应及时地整理归类，如果随意堆放，导致丢失甚至霉烂损失，会给日后会计查询工作带来困难。因此，一个“惰”字会使会计人员在工作中失去主动性，给经济管理造成不便，甚至带来意想不到的损失。

(3)“拖”主要表现为会计人员对本应立即完成的事情不马上办理，而是拖拖拉拉，甚至将当天的事留到下一天去做，造成人为的延迟。这种拖沓的办事作风，在一定程度上损害了会计职业的声誉和会计人员的形象。

因此，会计人员只有正确地认识会计工作的重要性，树立热爱会计工作、敬重职业的精神，才能克服“懒”“惰”“拖”的不良习惯和作风，这是爱岗敬业的最基本要求。

2. 要热爱会计工作，敬重会计职业

通常情况下，人们如果根据自己的爱好、兴趣和特长来选择职业，就会对所选职业充满情感，喜爱这一职业，进而会将热爱的工作做好、做精。但在实际生活中，人们会因各种情况造成自己所从事的职业是自己不满意的。会计工作人员既然选择了做会计工作，首先就要对这一工作充满热情，并敬重这一职业。因为“爱”是“敬”的源泉，只有热爱会计职业，才会有职业乐趣，进而努力学习会计业务知识、钻研会计业务技能。你会发现在会计工作中同样有许多值得去学习的内容。因此，会计工作人员只有做到热爱会计工作，敬重会计职业，才会全身心地投入到会计事业当中去。

3. 要安心工作，任劳任怨

会计工作人员应该安心本职工作，以从事会计工作为“乐”，而不是“这山望着那山高”。只有安心本职工作，才能静下心来“勤学多思，勤问多练”，才能真正做到敬业，成为会计行业的行家里手。

“任劳任怨”，要求会计人员具有不怕吃苦、不计较个人得失的思想境界，具有“对工作极端负责任”的敬业精神和方便群众、勤奋工作的工作态度。任劳任怨是安心本职工作的具体表现。

4. 要严肃认真，一丝不苟

会计工作是一项严肃细致的工作，没有严肃认真的工作态度和一丝不苟的工作作风，就可能在工作中出偏差。特别是对一些损失浪费、违法乱纪的行为和一切不合法、不合理的业务开支，会计人员要严肃认真地对待，把好关，守好口。例如，有的单位要求在审核凭证时坚持“八审八看”：

(1) 审“经济业务内容”，看是否符合财务制度、法律法规和费用开支标准。

(2) 审“抬头”，看是否与本单位名称(报账人姓名)相符。

小资料

八审

审“经济业务内容”。

审“抬头”。

审“填制日期相近”。

审“用途”。

审“财务签章”。

审“金额”。

审“大、小写”。

审“脸面”。

(3) 审“填制日期相近”，看是否与报账日期相近。

(4) 审“用途”，看是否与“发票”或“收据”相关联。

(5) 审“财务签章”，看是否与原始凭证企业或单位名称相符。

(6) 审“金额”，看计算是否正确、完整。

(7) 审“大、小写”，看大、小写是否一致。

(8) 审“脸面”，看有无涂改、刮擦、纸贴现象。

又如，凭证、账簿的填制、登记和报表编制都必须认真仔细，字迹清楚，内容完整。绝不允许原始凭证不经审核就做账和白条入账，绝不允许填制凭证只有“制单”人而无“复核”人，或制单人只签“姓”而不签“名”。

再比如，在管理货币资金时，有的单位严格遵守“八不准”：①不准挪用、贪污公款。②不准坐支现金或白条入库。③不准签发空头支票或远期支票。④库存现金不准超限额。⑤不准私设“小金库”。⑥不准该用转账支票而改用现金。⑦不准用现金购置未经批准的专项审批商品。⑧不准出借银行账户，套取现金。

另外，会计档案应及时按要求归档整理，禁止乱堆乱放等行为的发生。严肃认真、一丝不苟的职业作风要贯穿于会计工作的始终，这不仅要求会计人员在记账过程中数字计算准确，手续清楚完备，而且绝不能有马虎的工作作风。

5. 要忠于职守，尽职尽责

忠于职守主要表现为三个方面，即忠实于服务主体、忠实于社会公众、忠实于国家。

(1) 会计人员要忠实于服务主体。不仅要客观真实地记录、反映服务主体的经济活动状况，负责其财产安全，还应负责其资金的有效运作，积极参与经营和决策。

(2) 会计人员要忠实于社会公众。会计人员应正确真实地对外提供有关服务主体的会计信息，以便让投资者、债权人及其他社会公众获取客观真实的财务信息，从而进行正确判断和经济决策。

(3) 会计人员要忠实于国家。忠实于国家实际上是对社会整体利益负责。任何一个法人组织的经济活动，都是整个国民经济的一个组成部分，其经济活动是否合理、合法，都直接或间接地影响着国家的财政收支，影响着国家宏观经济调控的决策。因此，能否对社会整体利益负责，是衡量会计人员是否称职的基本标准。

总之，会计人员如果没有形成爱岗敬业的观念，不珍惜自己的职业声誉，不忠于职守，甚至于私欲膨胀，就很可能无视国家和企业的利益，向会计信息的使用者提供虚假的会计信息。其后果不仅严重干扰了信息使用者决策的正确性，而且给社会经济生活和会计职业的形象及声誉也带来了破坏性的影响。

二、诚实守信

诚实守信是一个社会广泛关注的话题，也是公民道德建设的重要组成部分。诚实守信不仅是一种品质，更是每一个社会成员进入社会的准入条件，也是一切道德赖以维护的前提。

会计工作人员之所以作为市场经济活动的特殊从业人员，主要是因其职责是提供会计信息和鉴证服务。会计信息是重要的社会经济资源。会计信息失真必然导致社会资源配置和经济秩序的混乱。因此，将“诚实守信”列入会计职业道德规范更具有现实意义。

（一）诚实守信的含义

诚实守信是职业道德的两种不同表现形式。有诚无信，道德品质得不到推广和延伸；有信无诚，信就失去了根基，德就失去了依托。诚实守信是做人的基本准则，是职业道德的精髓，是会计职业道德的一项重要内容。

要做好会计工作，除了应有较高的专业水平外，还应当具有诚实守信的职业修养。诚实与守信是一种非常宝贵的资源，是中华民族优秀的文化传统，也是国际交往和一切经济交往中最基本的行为准则。在一个成熟的社会里，没有诚信，企业和个人就难以生存与发展。有了诚信，企业和个人才能确立良好的信誉，赢得大众的信任，建立良好的发展环境，取得各方面的支持和帮助。因而对于一个会计人员来说，要忠诚为人，诚恳待人，以信用取信于人，同时对他人给予信任。

（二）诚实守信的基本要求

1. 要做老实人，说老实话，办老实事，不弄虚作假

做老实人就是要求会计人员言行一致，表里如一，光明正大。说老实话就是要求会计人员说话诚实，不夸大、缩小、隐瞒事实，如实反映和披露本单位经济业务事项。办老实事就是要求会计人员踏踏实实工作，不弄虚作假，不欺上瞒下。不弄虚作假就是要求会计人员“不做假账”。

目前制作假凭证、假账簿、假报表已经成为影响社会经济秩序正常运行的突出问题。许多贪污受贿、偷税漏税、挪用公款等经济违法犯罪活动以及大量的腐败现象，几乎都与会计人员做假账分不开。作为会计人员，在处理会计业务时，从原始资料的取得、凭证的整理、账簿的登记、报表的编制，到经济活动的分析，都要做到实事求是，严格按照会计准则、会计制度进行记账、算账、报账，并做到手续完备、账目清楚、数字准确。工作中不为他人所左右，也不因个人好恶而取舍，更不能为谋取个人或小集团私利而弄虚作假，编造假账，损害国家和社会公众利益。真实、可靠的会计信息是企业科学管理和政府宏观经济决策的依据。虚假的会计信息必然造成决策失误和经济秩序混乱。因此，会计人员具备诚实守信的道德观念，可确保会计信息的真实性和完整性。

2. 要保密守信，不为利益所诱惑

在市场经济中，秘密可以为企业带来可观的经济利益，有些商业秘密，除非获得授权，否则是不可以外泄的，因为秘密的泄露会给企业造成重大损失，甚至造成企业经营上的混乱。例如，有关产品成本的信息外泄，会使竞争对手调整产品价格，使本企业产品在竞争中处于不利地位。为避免引发各种矛盾，会计人员也应该遵守这项规定。

由于会计人员在企业中的特殊地位，使得他们可以掌握企业大量的资料和信息，因此，企业在做好保密工作的同时，还应规范会计部门的内部管理工作，使不同层次的会计人员只能接触到相应的信息，同时要求其主管做好对下属的教育与督导工作，共同保守单位秘密，这也是诚实守信的具体体现。

泄露商业秘密属于违法行为，一旦查出，泄露秘密的会计人员将承担法律责任。此外，会计人员也应保持必要的警惕，防止无意的泄密。俗话说“说者无意，听者有心”，在日常生活中，人们经常会将熟知的事情脱口而出，而没有想到后果。为了防止这种情况的发生，会计人员要了解自己知悉的信息中，哪些是商业秘密，哪些是无关紧要的事项，以防止无意泄密的情况发生。

总之，爱岗敬业、诚实守信是会计人员干好本职工作的基础和条件，是其应具备的基本道德素质。

三、廉洁自律

（一）廉洁自律的含义

廉洁自律是会计职业道德的前提，是会计职业道德的内在要求，同时也是会计人员的行为准则。廉洁自律，就是要求会计人员遵纪守法，公私分明，不贪不占，清正廉洁。

会计工作的特点决定了廉洁自律是会计职业道德的内在要求，会计人员的工作是与钱物打交道，没有“理万金分文不沾”“常在河边走，就是不湿鞋”的道德品质和高尚情操是不行的。因为会计活动直接涉及和影响国家、单位、投资者、债权人等各方的利益，如果会计人员在工作中不能做到清正廉洁、客观公正和严格自律，就不能抵制各种不正当的行为和思想，进而损害或影响国家和社会公众的利益，走向犯罪的深渊。

（二）廉洁自律的基本要求

1. 要树立正确的人生观和价值观

廉洁自律，首先要求会计人员必须树立正确的人生观和价值观，不断进行世界观的改造，这是廉洁自律的基础。会计人员应树立科学的人生观和价值观，自觉抵制享乐主义、个人主义、拜金主义等错误的思想，这是在会计工作中做到廉洁自律的思想基础。

2. 要公私分明，不贪不占

公私分明是指严格划分公私界线，公是公，私是私，不贪不占，不同流合污。廉洁自律的天敌就是“贪”“欲”二字，而会计人员因其职业特点最容易被“贪”“欲”二字所迷惑。

某些会计人员利用职务之便贪图金钱和物质享受，自觉或不自觉地利用职业特权行“贪”。有的被动受贿，有的主动索贿、贪污和挪用公款，有的监守自盗，有的集体贪污，还有的以权谋私。总之，犯“贪”“欲”之念的根本原因是会计人员忽视了世界观的自我改造，放松了道德的自我修养，弱化了职业道德的自律。会计人员要经得起金钱、权力的考验，严格按照法规法纪和财经制度办事，坚持原则，奉公守法，不唯领导是从，不徇私情，不利用职务之便谋取个人私利，要始终坚持原则，自觉抵制不正之风的侵袭，做以廉洁自律为行为准则的会计人。

3. 要遵纪守法，尽职尽责

遵纪守法，正确处理会计职业权利与职业义务的关系，增强抵制行业不正之风的能力，是会计人员廉洁自律的又一个基本要求。会计法律制度是会计职业道德的最低要求。《会计法》在赋予会计人员职责的同时还提出了会计人员享有的权利和应履行的义务。会计人员不仅要遵纪守法，不违法乱纪、以权谋私，做到廉洁自律，而且要敢于、善于运用法律法规赋予的职业权利，尽职尽责地承担起职业责任，履行职业义务，保证廉洁自律。

四、客观公正

（一）客观公正的含义

客观公正，就是要求会计人员端正工作态度，依法办事，实事求是，不偏不倚，保持会计工作应有的独立性。客观公正是会计人员职业道德的灵魂，也是会计工作最主要的职业行为。

客观公正是会计职业道德的根本。客观公正要求会计人员在处理会计事务时必须以实际发生的交易事项为依据，以会计法律、法规和国家统一的会计制度为准绳，不掺杂个人主观意愿，不为单位领导的意志所左右。如果会计人员没有追求客观公正的意识，就不可能具备对诚信的强烈要求，会计诚信也就不可能得到很好的体现。会计人员只有不断提高专业技能，正确理解、把握并严格执行会计准则和制度，不断消除非客观和非公正因素的影响，才能最大限度地做到客观公正，为维护市场经济的正常运行、国家和社会公众利益以及单位的利益做出自己的贡献。

（二）客观公正的基本要求

1. 会计人员要具有端正的工作态度、专业知识和专业技能

没有客观公正的态度，就不可能尊重事实。有了正确的态度之后，没有扎实的理论功底和较高的专业技能，工作也会出现失误。会计人员不是“超人”，对经济业务事项的职业判断，可能会出现偏差，极有可能导致披露的会计信息失真。因此，会计人员要加强会计理论的学习，不断提高专业技能，正确理解、把握并严格执行会计准则和制度，不断消除非客观和非公正因素的影响，做到最大限度的客观公正。

2. 遵守法律法规，依法办事

认真遵守法律法规，依法办事，是会计工作保证客观公正的前提。会计人员有了端正的态度和知识技能基础后，在工作过程中还必须遵守各种法律、法规、准则和制度，依照法律和制度规定进行核算，并做出客观的会计职业判断。例如，会计人员在记账、算账、报账和进行财产清查时，应熟悉并依据《会计法》《企业会计准则》和《企业会计制度》等法律、法规和制度进行业务处理，否则就会出现偏颇。总之，只有熟练掌握并严格遵守会计法律法规，才能客观公正地处理会计业务。

3. 实事求是，不偏不倚

客观公正贯穿于会计活动的整个过程，会计活动的过程包括会计核算过程和最终结果两个方面。会计核算过程的客观公正，即会计人员在具体进行业务处理时，或需要进行职业判断时，应保持客观公正、实事求是、不偏不倚的工作态度。例如，会计人员处理某人因公出差丢失了报销用的车票这笔业务时，不能因为无报销凭证就不报销，而应要求出差人员办理各种合法合理的证明手续后，才能报销。不报销或随意报销，都是不客观公正的。

总之，会计核算过程的客观公正和最终结果的客观公正都是十分重要的，没有客观公正的会计核算过程作为保证，最终结果的客观公正就难以确保；没有客观公正的最终结果，会计核算过程的客观公正就没有意义。

4. 保持独立性

会计工作是经济管理工作的基础，这就要求会计核算要客观公正。会计人员是会计准则、制度的执行者，工作中应以会计准则、制度为准绳，对实际发生的经济业务事项进行核算。真实客观是会计信息的本质要求。失去真实、客观的会计信息，必将导致信息使用者的决策失误，动摇信息使用者对会计信息的信任，甚至直接危及市场经济的正常运行，引起社会经济秩序的混乱。

总之，客观公正是会计从业者的一种工作态度，它要求会计人员对会计业务的处理，对会计政策和会计方法的选择，以及对财务会计报告的编制、披露和评价必须独立进行职业判断，做到客观、公平、理智、诚实。

五、坚持原则

（一）坚持原则的含义

坚持原则就是要求会计人员熟悉国家法律、法规以及国家统一的会计制度，始终坚持按法律、法规和国家统一的会计制度的要求进行会计核算，实施会计监督。会计人员在其会计工作中应做到有法必依、执法必严，严格贯彻执行国家的有关法律、法规和政策制度，依法办理有关业务，无论是对上级领导，还是对亲朋好友，都必须一视同仁，不讲亲疏。

坚持原则里所说的会计制度，不仅指会计准则，还包括会计法律、会计行政法规、国家统一的会计制度以及与会计工作相关的金融证券、税收等法律制度。会计人员应当熟悉和掌握这些法律法规的具体内容，并在会计工作中认真执行，为国家、企业、债权人、投资者和其他相关当事人提供真实、完整的会计信息，以此来保护国家、企业、债权人、投资者和其他相关当事人的经济利益。

（二）坚持原则的基本要求

1. 熟悉准则

熟悉准则是指会计人员应了解和掌握会计法律、会计行政法规、国家统一的会计制度以及会计工作相关的法律制度，这是遵循准则、坚持准则的前提。会计人员在记账、算账和报账过程中会时时、事事、处处涉及政策界限、利益关系的处理，只有对处理这些问题的法律法规有深入的了解，才能在具体工作中有方向，不至于出现违纪违法的行为。会计人员不仅要熟练掌握并正确领会法律法规、会计准则和会计制度，还应当根据自己的实际需要，了解和熟悉与会计相关的经济法律，如税收、金融、证券、票据、合同等法律制度。此外，还要熟悉本部门、本单位制定的管理制度。只有熟悉准则，才有可能提高会计人员的守法能力，进一步做好会计工作。

2. 执行准则

执行准则即遵循准则。会计准则是会计人员开展会计工作的外在标准和参照物。会计人员在会计核算和监督时要自觉、严格地遵守各项准则，同时，也要求他人遵守准则，在处理业务时，首先将单位具体的经济业务事项和经济行为与法律制度相对照，先做出是否符合法律、法规的判断，对不合法的经济业务不予受理。在实际工作中，会计人员要经常学习、掌握准则的最新变化，了解本部门、本单位的实际情况，准确地理解和执行准则，还要在面对实际经济生活中出现的新情况、新问题以及准则未涉及的经济业务或事项时，通过运用所掌握的会计专业理论和技能，做出客观的职业判断，予以妥善处理。

3. 坚持准则

坚持准则是会计职业道德规范的重中之重，是会计人员做到依法办事的核心内容。会计人员的依法办事所涵盖的内容很多，其中最具重要性的应当属会计准则。因为会计准则是会计工作的行动指南，没有它，会计人员在工作中将寸步难行，会计人员的权益得不到保障，相应的义务也无法有效地履行。因此，只有坚持准则，会计人员的依法办事才有意义。

坚持准则是会计人员胜任本职工作的基础。会计作为一种经济管理工作，对会计人员的业务素质有着相当高的要求。财务会计专业知识和能力是会计业务素质的核心，要做业务精、技术硬的会计人员，就需要不断学习，不断提高自身的素质水平。在企业的经营活动中，国家利益、集体利益与单位、部门以及个人利益经常发生冲突。实际工作中，会计人员坚持准则，行使会计监督职权时常会遇到挑战：一些单位负责人为了个人利益或小团体利益对会计人员施加压力，指使会计人员账外设账，私设小金库，乱发奖金、私分财物。有的为了体现单位“政绩”，指使会计人员通过伪造会计凭证、会计账簿，编制虚假财务会计报告，损害国家和社会公众的利益。为了切实维护会计人员的合法权益，会计人员应坚持准则，这样做不仅是对法律负责，对国家、社会公众负责，也是对单位负责人负责。会计人员对违反《会计法》和国家统一的会计制度规定的会计事项，有权拒绝办理或者按照职权予以纠正。会计人员应依法履行会计监督职责，坚持准则，确保会计信息的真实性和完整性。

小资料

《会计法》规定：“会计机构、会计人员必须按照国家统一的会计制度的规定对原始凭证进行审核，对不真实、不合法的原始凭证有权不予接受，并向单位负责人报告；对记载不准确、不完整的原始凭证予以退回，并要求按照国家统一的会计制度的规定更正、补充。”

总之，对于会计人员来讲，只有熟练运用会计准则中的理论作为指导，才能在实际工作中，对不断变化的经济形势和新情况，做出正确的职业处理和职业判断。

六、提高技能

（一）提高技能的含义

提高技能是指会计人员通过学习、培训和实践等途径，不断提高职业技能，以达到和维持足够的专业胜任能力的活动。

随着市场经济的发展，会计职能不断丰富，会计工作也变得日趋复杂。会计人员不仅要面对企业经营中不断涌现的新的经济事项，依据有关规定，做出专业判断，并对这种事项进行记录和反映，而且还要向企业决策者提供决策的备选方案。因此，会计人员的工作结果，对企业的经营会产生重大影响。企业要生存和发展就要有一批高素质的人才为之服务，其中会计人才不可或缺。因为高素质的会计人才能提高企业的竞争力，给企业带来效益。因此，企业会聘用技术高的会计人员，这就会导致高技能的会计人员供不应求，而技能一般的会计人员可能面临失业的危险。

会计人员应该具备获取会计专业知识的能力，这种能力包括会计人员自觉地学习专业知识，学习随时代发展的新知识，学习与会计相关的经济理论和法律知识，学习更新会计法律、制度知识的能力。同时，会计人员还应掌握会计信息的收集、组织、处理和传输等技术能力。

会计人员还应具有较强的沟通交流能力，在特定的环境下与他人交往和相互交流的能力，其中包括适应环境能力、吸收信息能力和表达能力。会计工作既是一项经济管理工作，同时也是一个服务窗口职业，会计人员在职业活动中涉及各方面、各层次的不同利益的人群，这就要求会计人员具有适应各种不同环境的能力，具有从各方听取或吸收信息的能力，以及具有准确恰当地运用语言和文字表达的能力。

职业判断能力也是会计人员提高技能的一个重要方面。它是指建立在专业知识和职业经验基础之上的判断能力，而不是主观随意地猜测，是职业胜任能力的综合体现。

（二）提高技能的基本要求

1. 会计人员应有不断学习和提高会计专业技能的思想和愿望

会计人员在进行会计核算、监督经济活动时需要以一定的科学文化知识为后盾，会计人员应该有强烈的学习思想和愿望。如果没有这种意识，是很难去主动汲取新知识和参与学习的。会计人员要适应时代发展的步伐，就要有使命感、危机感和紧迫感，要有不断提高专业技能的愿望和要求。只有这样才能不断进取，才会主动地求知、求学。因此，会计人员要想具备高超的职业技能，掌握过硬的本领，就必须谦虚好学，刻苦钻研专业及相关知识。

2. 会计人员应具有勤学苦练的精神和科学的学习方法

会计人员没有相当熟练的专业技能，是无法开展会计工作、行使会计职责的，特别是我国加入世界贸易组织后，我国经济逐渐融入全球经济体系，要求会计准则、会计制度与国际会计惯例充分协调。会计人员只有通过不断地学习，具备应有的会计专业技术和能力，如账务处理能力、协调沟通能力、管理决策能力、风险预测和防范能力，才能拥有持续的专业胜任能力、职业判断能力和交流沟通能力，会计人员只有不断地提高会计专业技能，才能适应我国深化会计改革和会计国际化的要求。因此，会计人员应该增强提高专业技能的自觉性和紧迫感，掌握科学的学习方法，不断地学习新的会计理论和新的准则制度，熟悉和掌握新的法律法规和过硬的业务本领，只有在学中思，在思中学，不断学习和思考，才能不断提高业务素质水平。

会计人员应该苦练业务基本功，具备熟练的操作能力，如娴熟的珠算技术或会计电算化技术、会填制和审核会计凭证、登记会计账簿、计算成本、检查并纠正错账以及编制财务会计报告等。专业技能的提高和学习不可能是一劳永逸的，必须不间断地学习、研究、充实和提高。而会计人员都是在岗人员，要想适应会计人才竞争的需要，获取专业知识，就必须付出时间、金钱来学习和钻研业务，不断提高自身的素质水平，做一名理论强、业务精、技术硬的会计人员。

3. 会计人员应重视在会计实践中提高会计职业能力

会计是一种实践性很强的工作，会计人员一方面应该认真学习会计理论、会计准则等会计知识；另一方面，要不断强化专业操作能力的训练。提高专业操作能力的途径有两个：一是进行课堂中的会计业务处理训练，二是在具体会计岗位上学习。在会计岗位上学习，可以学到书本中没有的知识。通过实践学习，不仅可以了解新情况，学习新知识，还可以培养一个人的综合素质和业务能力，开阔视野，启发思维。理论联系实际是最好的学习方法之一，它可以把理性的东西和感性的东西结合起来，全面地认识事物。特别是对于中职学校的毕业生，将来在会计岗位工作，通过理论联系实际的学习方法，可以使难懂的会计理论变得容易掌握，更有利于提高会计工作能力。

七、参与管理

（一）参与管理的含义

参与管理，就是间接参加管理活动，为管理者当参谋，为管理活动服务。会计人员要树立参与管理的意识，在做好本职工作的同时，努力钻研相关业务，全面熟悉本单位的经营活动和业务流程，主动提出合理化建议，协助领导决策。并且要经常主动地向领导反映经营管理活动中的情况和存在的问题，积极主动地做好参谋并参与经营管理活动，不能消极被动地记账、算账和报账，要从账房先生、簿记人员的传统观念中解放出来。

（二）参与管理的基本要求

1. 要努力钻研业务，提高业务技能，为参与管理打下坚实的基础

会计人员只有业务娴熟，有精湛的技能，达到相应的专业技术标准的要求，并且能深刻领会财经法规和相关制度，才能更好地参与管理，为改善经营管理、提高经济效益服务，真正起到当家理财的作用，成为决策层的参谋助手。

2. 要熟悉财经法规和相关制度，为单位管理决策提供专业支持

会计人员应当吃准、吃透财经法律、法规、规章和国家统一的会计制度，结合会计工作要求向单位负责人及管理层广泛宣传有关会计的规章制度，为单位管理决策提供专业支持。

3. 要熟悉服务对象的经营活动和业务流程，使参与管理的决策更具针对性和有效性

会计人员在做好会计工作的同时，还应当熟悉本单位的生产经营和业务管理的情况，结合财会工作的资讯优势，积极参与预测。有针对性地拟订可行性方案，参与优化决策。要充分利用会计工作的优势，积极协助，参与监控，为改善单位内部管理、提高经济效益服务做出自己的贡献。

4. 做好财务分析，为单位管理者提供决策和管理的依据

对单位资金运用效益的分析，是单位管理活动中最重要的一环。作为直接参与者，财会部门和会计人员要从单位实际出发，对资金的运用情况做出准确的分析，根据企业的财务状况，为决策者提供有效依据。

八、强化服务

（一）强化服务的含义

强化服务，要求会计人员树立服务意识，摆正位置，文明服务，提高服务质量，努力维护和提升会计职业的良好社会形象。

（二）强化服务的基本要求

1. 要树立强烈的服务意识

会计人员首先要树立强烈的服务意识，不论是为经济主体服务，还是为社会公众服务，都要摆正自己的工作位置，要认识到管钱管账是自己的工作职责，参与管理是自己的义务。要摆正自己服务的位置，在做到管好钱、管好账的同时，积极参与管理，这样才能做好会计工作，履行会计职能，为单位和社会经济的发展做出应有的贡献，才能不断提高会计职业的声誉。

2. 服务要文明

文明服务要求会计人员在具体工作中，做到态度和蔼、语言文明、尊重同事、尊重事实、团结协作和互相支持。会计工作需要与各方面打交道，要把自己放在与普通群众平等的地位上，要尊重每一位同志。遇到问题要善于听取对方的意见，耐心说服解释。例如，费用的报销、成本的列支和现金的使用等，在解决这些矛盾时不能以势压人，以权欺人，而是要

尊重领导、尊重同志、尊重事实，心平气和地解释和沟通。因为会计人员的一言一行、一举一动表现出其道德素质的高低，直接反映着会计人员的社会形象。因此，使用文明用语、礼貌待人、以理服人，是会计人员道德规范的基本要求。要做到沟通讲策略、用语讲准确、建议看场合，真正做到大事讲原则、小事讲风格。

3. 质量要上乘

质量上乘，并不是无原则地满足服务主体的需要，而是在坚持原则的基础上，合法、合理、合情的前提下尽可能地满足服务主体的需要。如果丧失原则地满足客户的不合理要求，一味地迎合领导不合理的意图，明知不对也不提醒，那么，这种服务尽管让客户、领导满意，但服务质量却是极差的。

总之，强化服务是提高会计职业声誉的重要途径。作为会计人员，服务态度和会计职业服务的好与坏直接影响到会计职业的声誉和全行业运作的效率。会计人员如果服务态度好、讲文明、讲礼貌、讲信誉、讲诚信、坚持准则、严格执法和服务周到，就能提高会计职业的信誉，增强会计行业的生命力。反之，就会影响会计职业的声誉，甚至直接影响到全行业的生存和发展。因此，强化服务、奉献社会是会计职业道德的归宿点。

第二节　会计职业道德检查与奖惩机制

会计职业道德检查与奖惩机制的建立是一个复杂的系统工程，需要政府部门、行业组织、有关单位的积极参与，运用经济、法律、行政、自律等综合治理手段。在我国，会计职业道德检查与奖惩机制的建立尚处探索阶段，需要在理论上深入研究，在实践中不断摸索。

一、会计职业道德检查

（一）财政部门对会计职业道德进行监督检查

财政部门利用行政管理上的优势，对会计职业道德情况实施必要的行政监管，是构筑会计职业道德检查与奖惩机制的重要组成部分。其检查的途径主要有以下几个方面：

1. 将《会计法》执法检查与会计职业道德检查相结合

财政部门作为《会计法》的执法主体，可以依法对社会各单位执行会计法律制度情况及会计信息质量进行不同形式的检查或抽查。通过检查，一方面督促各单位严格执行会计法律法规，另一方面也是对各单位会计人员执行会计职业道德情况的检查和检验。

2. 将会计从业资格证书管理与会计职业道德检查相结合

（1）按照《会计从业资格管理办法》的规定，会计从业资格管理机构应当对下列情况实施监督检查：

1）从事会计工作的人员持有会计从业资格证书情况。

2）持证人员换发、调转、变更登记会计从业资格证书情况。

3）持证人员从事会计工作和执行国家统一的会计制度情况。

4）持证人员遵守会计职业道德情况。

5）持证人员接受继续教育情况。

（2）财政部门在检查中发现违反会计职业道德的行为，可以通过取消考试成绩、限期改正、公告、撤销会计从业资格等管理方式予以处理。

1）参加会计从业资格考试舞弊的，由会计从业资格管理机构取消其该科目的考试成绩；情节严重的，取消其全部考试成绩。

2）用假学历、假证书等手段得以免试考试科目并取得会计从业资格证书的，由会计从业资格管理机构撤销其会计从业资格。

3）持证人员未按照规定办理注册、调转登记的，会计从业资格管理机构责令其限期改正；逾期不改正的，予以公告。

4）持证人员有《会计法》第四十二条、第四十三条、第四十四条所列违法违纪情形之一的，由会计从业资格管理机构按照《会计法》的规定予以处理并向社会公告。

此外，财政部门目前对会计从业资格证书档案已经实行了电子计算机管理，这为建立会计人员诚信档案创造了有利条件。

3. 将会计专业技术职务考评、聘用与会计职业道德检查相结合

我国会计专业技术职务分为高级会计师、会计师、助理会计师和会计员四个级别，其中会计员、助理会计师为初级资格，会计师为中级资格。根据财政部、人事部联合印发的《会计专业技术资格考试暂行规定》规定，报名参加会计专业技术资格考试的人员，应“坚持原则，具备良好的职业道德品质”。会计专业技术资格考试管理机构在组织报名时，应对参加报名的会计人员职业道德情况进行检查。对有不遵循会计职业道德记录的，应取消其报名资格。

财政部、人事部对高级会计师资格开展考试与评审相结合的试点工作，其实就是对高级会计师必须遵循的“诚实守信、坚持准则、提高技能”等职业道德规范的具体要求。在高级会计师资格考核评审工作中，不是仅仅关注申报人员的学历条件、工作成绩及专业水平，更是从德、能、勤、绩、廉等方面对申报人员进行全方位的考察，而会计职业道德情况是高级会计师资格考核评审的一个重要内容。

由于高级会计师资格的取得是采取考试和评审相结合的方式，因此有必要在考试和评审两个方面对其会计职业道德进行检查、考核。

（1）在考试方面，考虑到职业道德对高级会计师的重要性，有必要增设职业道德的内容，从理论上加深其对会计职业道德的理解和认识。

（2）在评审方面，要对申报人员的会计职业道德情况严格审查。高级会计师评审委员会在对申报人的会计职业道德进行考核时，可以采取量化评分的方式，即对申报人的职业道德进行打分，使之与专业学识、工作成绩等一同作为其评审得分的重要组成部分。

（3）规定一些关于职业道德规范的否决条款。如果申报人员存在受过刑事处罚，受过党纪、政纪处分或参与所在单位偷税漏税、会计舞弊等活动这些情形，则不能参加高级会计师资格的评审。各单位在聘用会计人员时，除考察其专业胜任能力外，更应将遵守职业道德情况作为一项重要的考核内容。

（二）会计行业组织对会计职业道德进行自律管理与约束

1. 会计行业组织监管的教育方式

在会计行业组织比较健全的情况下，可以由职业团体通过自律性监管，对发现违反会计职业道德规范的行为进行相应的惩罚，根据情节轻重程度采取通报批评、罚款、取消其会员资格、警告、退回向客户收取的费用、参加后续教育等方式。

2. 行业诚信建设的任务

我国通过会计行业组织强化自律管理和行业惩戒已取得了一定进展。多年来，中国注册会计师协会作为注册会计师行业自律组织，为提高我国注册会计师职业道德水平做出了积极

努力，先后颁布了《中国注册会计师职业道德基本准则》《中国注册会计师职业道德规范指导意见》以及《注册会计师、注册资产评估师行业诚信建设实施纲要》等，提出了行业诚信建设的7个方面任务，具体如下：

（1）大力加强职业道德和专业素质教育，提升执业人员的职业道德水平和专业胜任能力。

（2）强化行业制度建设，提升行业专业服务的独立性。

（3）研究和完善执业机构的组织形式和内部运行机制，构造行业发展的微观基础。

（4）强化行业自律性监管体系，加强执业质量的监督检查。

（5）加强协会建设，提高协会服务水平。

（6）积极营造有利于行业诚信建设的社会氛围。

（7）大力培育行业诚信文化。

二、会计职业道德奖惩机制

1. 奖励机制

> **法律条文**
>
> 对认真执行本法，忠于职守，坚持原则，做出显著成绩的会计人员，给予精神的或者物质的奖励。
>
> ——摘自《中华人民共和国会计法》第六条

对于那些自觉遵守会计职业道德规范的优秀会计人员，应当给予精神的或物质的奖励。对于符合会计职业道德规范的行为予以奖励表彰，可以使受奖者感到对遵守道德规范的回报和社会的肯定，从而促使其强化道德行为。同时又可以使受奖者周围的人得到鞭策和鼓励，使他们学有榜样、赶有目标，形成学、赶、帮、超的良好氛围。同时，还应看到，奖赏是积极的，是对一个人的肯定。它利用人的上进心，调动人的荣誉感，使其遵纪守法、尽职尽责，并发挥内在的潜能。它带给人的是满足、自尊、自豪感。

而惩罚则是消极的，它利用人的恐惧心理，使人循规蹈矩。过分的惩罚会使人产生挫折感，损伤自尊心和自信心。实践中的大量事实表明，奖励和惩罚相结合的方法优于只奖不罚或只罚不奖。赏罚结合可以带来双重的激励效果。因此，在对违反会计职业道德的行为进行惩戒的同时，还应对自觉遵守会计职业道德的先进人物进行表彰。

我国会计人员表彰制度早在1963年就已实现制度化。1963年1月，国务院颁布了《会计人员职权试行条例》，确立了会计人员奖惩制度，规定“凡是工作积极负责，奉公守法，厉行节约，保护国家财产，如实反映情况，完成任务有显著成绩的，给予表扬或奖励”。

1988年6月，财政部印发《颁发会计人员荣誉证书试行规定》，为在全民所有制企业、事业单位、国家机关、军队、社会团体、县以上集体所有制企业、事业单位以及中外合资、合作和外资经营企业从事财务会计工作满30年，属于会计专业职务评聘范围的现职会计人员，可按本规定颁发《会计人员荣誉证书》。

2010年12月27日，全国先进会计工作者表彰大会在京召开。根据《会计法》和财政部《2010年全国先进会计工作者评选表彰工作实施方案》，经层层推荐、社会公示、公众投票、专家评议和实地考察，财政部决定授予于延琦等10位同志“全国先进会计工作者”荣誉称号。这次表彰奖励充分调动了广大会计人员的积极性，开拓创新精神，树立了可信、可学的楷模，推动了会计人员职业道德建设活动的开展。

2. 惩罚机制

财政部门对执法检查过程中查出的违法违规行为，《会计法》等有较详细的处理规定。

例如，根据《会计法》第四十二条的规定，违反《会计法》规定，有下列行为之一的，由县级以上人民政府财政部门责令限期改正，可以对单位并处三千元以上五万元以下的罚款；对其直接负责的主管人员和其他直接责任人员，可以处二千元以上二万元以下的罚款；属于国家工作人员的，还应当由其所在单位或者有关单位依法给予行政处分：

（1）不依法设置会计账簿的。

（2）私设会计账簿的。

（3）未按照规定填制、取得原始凭证或者填制、取得的原始凭证不符合规定的。

（4）以未经审核的会计凭证为依据登记会计账簿或者登记会计账簿不符合规定的。

（5）随意变更会计处理方法的。

（6）向不同的会计资料使用者提供的财务会计报告编制依据不一致的。

（7）未按照规定使用会计记录文字或者记账本位币的。

（8）未按照规定保管会计资料，致使会计资料毁损、灭失的。

（9）未按照规定建立并实施单位内部会计监督制度或者拒绝依法实施的监督或者不如实提供有关会计资料及有关情况的。

（10）任用会计人员不符合《会计法》规定的。

有前款所列行为之一，构成犯罪的，依法追究刑事责任。

会计人员有上述行为之一，情节严重的，五年内不得从事会计工作。

有关法律对上述行为的处罚另有规定的，依照有关法律的规定办理。

违反《会计法》的行为，一定违反会计职业道德要求的行为。会计人员若存在这种行为，不仅要承担《会计法》规定的法律责任，受到行政处罚或刑事处罚，同时还必须接受相应的道德制裁，如在会计行业范围内通报批评、指令其参加一定学时的继续教育课程、暂停从业资格、在行业内部的公开刊物上予以曝光等方式。法律惩罚和道德惩罚两者是并行不悖、不可替代的，应同时进行。

本章小结

本章主要介绍了会计职业道德的内容，具体包括爱岗敬业、诚实守信、廉洁自律、客观公正、坚持准则、提高技能、参与管理和强化服务。

建立会计职业道德检查与奖惩机制是一系列复杂的系统工程，需要政府部门、行业组织、有关单位的积极参与，需运用经济、法律、行政、自律等综合治理手段。

社会实践

组织学生进行案例的学习并到企业去实践，从而体会会计职业道德规范的基本内容。

附 录

附录A 中华人民共和国会计法

（1985年1月21日第六届全国人民代表大会常务委员会第九次会议通过 根据1993年12月29日第八届全国人民代表大会常务委员会第五次会议修正 根据1999年10月31日第九届全国人民代表大会常务委员会第十二次会议修正 根据2017年11月4日第十二届全国人民代表大会常务委员会第三十次会议修正 自2017年11月5日起实施）

第一章 总 则

第一条 为了规范会计行为，保证会计资料真实、完整，加强经济管理和财务管理，提高经济效益，维护社会主义市场经济秩序，制定本法。

第二条 国家机关、社会团体、公司、企业、事业单位和其他组织（以下统称单位）必须依照本法办理会计事务。

第三条 各单位必须依法设置会计账簿，并保证其真实、完整。

第四条 单位负责人对本单位的会计工作和会计资料的真实性、完整性负责。

第五条 会计机构、会计人员依照本法规定进行会计核算，实行会计监督。

任何单位或者个人不得以任何方式授意、指使、强令会计机构、会计人员伪造、变造会计凭证、会计账簿和其他会计资料，提供虚假财务会计报告。

任何单位或者个人不得对依法履行职责、抵制违反本法规定行为的会计人员实行打击报复。

第六条 对认真执行本法，忠于职守，坚持原则，做出显著成绩的会计人员，给予精神的或者物质的奖励。

第七条 国务院财政部门主管全国的会计工作。

县级以上地方各级人民政府财政部门管理本行政区域内的会计工作。

第八条 国家实行统一的会计制度。国家统一的会计制度由国务院财政部门根据本法制定并公布。

国务院有关部门可以依照本法和国家统一的会计制度制定对会计核算和会计监督有特殊要求的行业实施国家统一的会计制度的具体办法或者补充规定，报国务院财政部门审核批准。

中国人民解放军总后勤部可以依照本法和国家统一的会计制度制定军队实施国家统一的会计制度的具体办法，报国务院财政部门备案。

第二章 会 计 核 算

第九条 各单位必须根据实际发生的经济业务事项进行会计核算，填制会计凭证，登记会计账簿，编制财务会计报告。

任何单位不得以虚假的经济业务事项或者资料进行会计核算。

第十条 下列经济业务事项，应当办理会计手续，进行会计核算：

（一）款项和有价证券的收付；

（二）财物的收发、增减和使用；

（三）债权债务的发生和结算；

（四）资本、基金的增减；

（五）收入、支出、费用、成本的计算；

（六）财务成果的计算和处理；

（七）需要办理会计手续、进行会计核算的其他事项。

第十一条 会计年度自公历1月1日起至12月31日止。

第十二条 会计核算以人民币为记账本位币。

业务收支以人民币以外的货币为主的单位，可以选定其中一种货币作为记账本位币，但是编报的财务会计报告应当折算为人民币。

第十三条 会计凭证、会计账簿、财务会计报告和其他会计资料，必须符合国家统一的会计制度的规定。

使用电子计算机进行会计核算的，其软件及其生成的会计凭证、会计账簿、财务会计报告和其他会计资料，也必须符合国家统一的会计制度的规定。

任何单位和个人不得伪造、变造会计凭证、会计账簿及其他会计资料，不得提供虚假的财务会计报告。

第十四条 会计凭证包括原始凭证和记账凭证。

办理本法第十条所列的经济业务事项，必须填制或者取得原始凭证并及时送交会计机构。

会计机构、会计人员必须按照国家统一的会计制度的规定对原始凭证进行审核，对不真实、不合法的原始凭证有权不予接受，并向单位负责人报告；对记载不准确、不完整的原始凭证予以退回，并要求按照国家统一的会计制度的规定更正、补充。

原始凭证记载的各项内容均不得涂改；原始凭证有错误的，应当由出具单位重开或者更正，更正处应当加盖出具单位印章。原始凭证金额有错误的，应当由出具单位重开，不得在原始凭证上更正。

记账凭证应当根据经过审核的原始凭证及有关资料编制。

第十五条 会计账簿登记，必须以经过审核的会计凭证为依据，并符合有关法律、行政法规和国家统一的会计制度的规定。会计账簿包括总账、明细账、日记账和其他辅助性账簿。

会计账簿应当按照连续编号的页码顺序登记。会计账簿记录发生错误或者隔页、缺号、跳行的，应当按照国家统一的会计制度规定的方法更正，并由会计人员和会计机构负责人（会计主管人员）在更正处盖章。

使用电子计算机进行会计核算的，其会计账簿的登记、更正，应当符合国家统一的会计制度的规定。

第十六条 各单位发生的各项经济业务事项应当在依法设置的会计账簿上统一登记、核算，不得违反本法和国家统一的会计制度的规定私设会计账簿登记、核算。

第十七条　各单位应当定期将会计账簿记录与实物、款项及有关资料相互核对，保证会计账簿记录与实物及款项的实有数额相符、会计账簿记录与会计凭证的有关内容相符、会计账簿之间相对应的记录相符、会计账簿记录与会计报表的有关内容相符。

第十八条　各单位采用的会计处理方法，前后各期应当一致，不得随意变更；确有必要变更的，应当按照国家统一的会计制度的规定变更，并将变更的原因、情况及影响在财务会计报告中说明。

第十九条　单位提供的担保、未决诉讼等或有事项，应当按照国家统一的会计制度的规定，在财务会计报告中予以说明。

第二十条　财务会计报告应当根据经过审核的会计账簿记录和有关资料编制，并符合本法和国家统一的会计制度关于财务会计报告的编制要求、提供对象和提供期限的规定；其他法律、行政法规另有规定的，从其规定。

财务会计报告由会计报表、会计报表附注和财务情况说明书组成。向不同的会计资料使用者提供的财务会计报告，其编制依据应当一致。有关法律、行政法规规定会计报表、会计报表附注和财务情况说明书须经注册会计师审计的，注册会计师及其所在的会计师事务所出具的审计报告应当随同财务会计报告一并提供。

第二十一条　财务会计报告应当由单位负责人和主管会计工作的负责人、会计机构负责人(会计主管人员)签名并盖章；设置总会计师的单位，还须由总会计师签名并盖章。

单位负责人应当保证财务会计报告真实、完整。

第二十二条　会计记录的文字应当使用中文。在民族自治地方，会计记录可以同时使用当地通用的一种民族文字。在中华人民共和国境内的外商投资企业、外国企业和其他外国组织的会计记录可以同时使用一种外国文字。

第二十三条　各单位对会计凭证、会计账簿、财务会计报告和其他会计资料应当建立档案，妥善保管。会计档案的保管期限和销毁办法，由国务院财政部门会同有关部门制定。

第三章　公司、企业会计核算的特别规定

第二十四条　公司、企业进行会计核算，除应当遵守本法第二章的规定外，还应当遵守本章规定。

第二十五条　公司、企业必须根据实际发生的经济业务事项，按照国家统一的会计制度的规定确认、计量和记录资产、负债、所有者权益、收入、费用、成本和利润。

第二十六条　公司、企业进行会计核算不得有下列行为：

（一）随意改变资产、负债、所有者权益的确认标准或者计量方法，虚列、多列、不列或者少列资产、负债、所有者权益；

（二）虚列或者隐瞒收入，推迟或者提前确认收入；

（三）随意改变费用、成本的确认标准或者计量方法，虚列、多列、不列或者少列费用、成本；

（四）随意调整利润的计算、分配方法，编造虚假利润或者隐瞒利润；

（五）违反国家统一的会计制度规定的其他行为。

第四章 会计监督

第二十七条 各单位应当建立、健全本单位内部会计监督制度。单位内部会计监督制度应当符合下列要求：

（一）记账人员与经济业务事项和会计事项的审批人员、经办人员、财物保管人员的职责权限应当明确，并相互分离、相互制约；

（二）重大对外投资、资产处置、资金调度和其他重要经济业务事项的决策和执行的相互监督、相互制约程序应当明确；

（三）财产清查的范围、期限和组织程序应当明确；

（四）对会计资料定期进行内部审计的办法和程序应当明确。

第二十八条 单位负责人应当保证会计机构、会计人员依法履行职责，不得授意、指使、强令会计机构、会计人员违法办理会计事项。

会计机构、会计人员对违反本法和国家统一的会计制度规定的会计事项，有权拒绝办理或者按照职权予以纠正。

第二十九条 会计机构、会计人员发现会计账簿记录与实物、款项及有关资料不相符的，按照国家统一的会计制度的规定有权自行处理的，应当及时处理；无权处理的，应当立即向单位负责人报告，请求查明原因，做出处理。

第三十条 任何单位和个人对违反本法和国家统一的会计制度规定的行为，有权检举。收到检举的部门有权处理的，应当依法按照职责分工及时处理；无权处理的，应当及时移送有权处理的部门处理。收到检举的部门、负责处理的部门应当为检举人保密，不得将检举人姓名和检举材料转给被检举单位和被检举人个人。

第三十一条 有关法律、行政法规规定，须经注册会计师进行审计的单位，应当向受委托的会计师事务所如实提供会计凭证、会计账簿、财务会计报告和其他会计资料以及有关情况。

任何单位或者个人不得以任何方式要求或者示意注册会计师及其所在的会计师事务所出具不实或者不当的审计报告。

财政部门有权对会计师事务所出具审计报告的程序和内容进行监督。

第三十二条 财政部门对各单位的下列情况实施监督：

（一）是否依法设置会计账簿；

（二）会计凭证、会计账簿、财务会计报告和其他会计资料是否真实、完整；

（三）会计核算是否符合本法和国家统一的会计制度的规定；

（四）从事会计工作的人员是否具备专业能力、遵守职业道德。

在对前款第（二）项所列事项实施监督，发现重大违法嫌疑时，国务院财政部门及其派出机构可以向与被监督单位有经济业务往来的单位和被监督单位开立账户的金融机构查询有关情况，有关单位和金融机构应当给予支持。

第三十三条 财政、审计、税务、人民银行、证券监管、保险监管等部门应当依照有关法律、行政法规规定的职责，对有关单位的会计资料实施监督检查。

前款所列监督检查部门对有关单位的会计资料依法实施监督检查后，应当出具检查结论。有关监督检查部门已经做出的检查结论能够满足其他监督检查部门履行本部门职责需要的，其他监督检查部门应当加以利用，避免重复查账。

第三十四条　依法对有关单位的会计资料实施监督检查的部门及其工作人员对在监督检查中知悉的国家秘密和商业秘密负有保密义务。

第三十五条　各单位必须依照有关法律、行政法规的规定，接受有关监督检查部门依法实施的监督检查，如实提供会计凭证、会计账簿、财务会计报告和其他会计资料以及有关情况，不得拒绝、隐匿、谎报。

第五章　会计机构和会计人员

第三十六条　各单位应当根据会计业务的需要，设置会计机构，或者在有关机构中设置会计人员并指定会计主管人员；不具备设置条件的，应当委托经批准设立从事会计代理记账业务的中介机构代理记账。

国有的和国有资产占控股地位或者主导地位的大、中型企业必须设置总会计师。总会计师的任职资格、任免程序、职责权限由国务院规定。

第三十七条　会计机构内部应当建立稽核制度。

出纳人员不得兼任稽核、会计档案保管和收入、支出、费用、债权债务账目的登记工作。

第三十八条　会计人员应当具备从事会计工作所需要的专业能力。

担任单位会计机构负责人（会计主管人员）的，应当具备会计师以上专业技术职务资格或者从事会计工作三年以上经历。

本法所称会计人员的范围由国务院财政部门规定。

第三十九条　会计人员应当遵守职业道德，提高业务素质。对会计人员的教育和培训工作应当加强。

第四十条　因有提供虚假财务会计报告，做假账，隐匿或者故意销毁会计凭证、会计账簿、财务会计报告，贪污，挪用公款，职务侵占等与会计职务有关的违法行为被依法追究刑事责任的人员，不得再从事会计工作。

第四十一条　会计人员调动工作或者离职，必须与接管人员办清交接手续。

一般会计人员办理交接手续，由会计机构负责人（会计主管人员）监交；会计机构负责人（会计主管人员）办理交接手续，由单位负责人监交，必要时主管单位可以派人会同监交。

第六章　法 律 责 任

第四十二条　违反本法规定，有下列行为之一的，由县级以上人民政府财政部门责令限期改正，可以对单位并处三千元以上五万元以下的罚款；对其直接负责的主管人员和其他直接责任人员，可以处二千元以上二万元以下的罚款；属于国家工作人员的，还应当由其所在单位或者有关单位依法给予行政处分：

（一）不依法设置会计账簿的；

（二）私设会计账簿的；

（三）未按照规定填制、取得原始凭证或者填制、取得的原始凭证不符合规定的；

（四）以未经审核的会计凭证为依据登记会计账簿或者登记会计账簿不符合规定的；

（五）随意变更会计处理方法的；

（六）向不同的会计资料使用者提供的财务会计报告编制依据不一致的；

（七）未按照规定使用会计记录文字或者记账本位币的；

（八）未按照规定保管会计资料，致使会计资料毁损、灭失的；

（九）未按照规定建立并实施单位内部会计监督制度或者拒绝依法实施的监督或者不如实提供有关会计资料及有关情况的；

（十）任用会计人员不符合本法规定的。

有前款所列行为之一，构成犯罪的，依法追究刑事责任。

会计人员有第一款所列行为之一，情节严重的，五年内不得从事会计工作。

有关法律对第一款所列行为的处罚另有规定的，依照有关法律的规定办理。

第四十三条 伪造、变造会计凭证、会计账簿，编制虚假财务会计报告，构成犯罪的，依法追究刑事责任。

有前款行为，尚不构成犯罪的，由县级以上人民政府财政部门予以通报，可以对单位并处五千元以上十万元以下的罚款；对其直接负责的主管人员和其他直接责任人员，可以处三千元以上五万元以下的罚款；属于国家工作人员的，还应当由其所在单位或者有关单位依法给予撤职直至开除的行政处分；对其中的会计人员，五年内不得从事会计工作。

第四十四条 隐匿或者故意销毁依法应当保存的会计凭证、会计账簿、财务会计报告，构成犯罪的，依法追究刑事责任。

有前款行为，尚不构成犯罪的，由县级以上人民政府财政部门予以通报，可以对单位并处五千元以上十万元以下的罚款；对其直接负责的主管人员和其他直接责任人员，可以处三千元以上五万元以下的罚款；属于国家工作人员的，还应当由其所在单位或者有关单位依法给予撤职直至开除的行政处分；对其中的会计人员，五年内不得从事会计工作。

第四十五条 授意、指使、强令会计机构、会计人员及其他人员伪造、变造会计凭证、会计账簿，编制虚假财务会计报告或者隐匿、故意销毁依法应当保存的会计凭证、会计账簿、财务会计报告，构成犯罪的，依法追究刑事责任；尚不构成犯罪的，可以处五千元以上五万元以下的罚款；属于国家工作人员的，还应当由其所在单位或者有关单位依法给予降级、撤职、开除的行政处分。

第四十六条 单位负责人对依法履行职责、抵制违反本法规定行为的会计人员以降级、撤职、调离工作岗位、解聘或者开除等方式实行打击报复，构成犯罪的，依法追究刑事责任；尚不构成犯罪的，由其所在单位或者有关单位依法给予行政处分。对受打击报复的会计人员，应当恢复其名誉和原有职务、级别。

第四十七条 财政部门及有关行政部门的工作人员在实施监督管理中滥用职权、玩忽职守、徇私舞弊或者泄露国家秘密、商业秘密，构成犯罪的，依法追究刑事责任；尚不构成犯罪的，依法给予行政处分。

第四十八条 违反本法第三十条规定，将检举人姓名和检举材料转给被检举单位和被检举人个人的，由所在单位或者有关单位依法给予行政处分。

第四十九条 违反本法规定，同时违反其他法律规定的，由有关部门在各自职权范围内依法进行处罚。

第七章　附　　则

第五十条　本法下列用语的含义：

单位负责人，是指单位法定代表人或者法律、行政法规规定代表单位行使职权的主要负责人。

国家统一的会计制度，是指国务院财政部门根据本法制定的关于会计核算、会计监督、会计机构和会计人员以及会计工作管理的制度。

第五十一条　个体工商户会计管理的具体办法，由国务院财政部门根据本法的原则另行规定。

第五十二条　本法自 2000 年 7 月 1 日起施行。

附录 B 会计档案管理办法

中华人民共和国财政部 国家档案局令第 79 号

第一条 为了加强会计档案管理，有效保护和利用会计档案，根据《中华人民共和国会计法》《中华人民共和国档案法》等有关法律和行政法规，制定本办法。

第二条 国家机关、社会团体、企业、事业单位和其他组织(以下统称单位)管理会计档案适用本办法。

第三条 本办法所称会计档案是指单位在进行会计核算等过程中接收或形成的，记录和反映单位经济业务事项的，具有保存价值的文字、图表等各种形式的会计资料，包括通过计算机等电子设备形成、传输和存储的电子会计档案。

第四条 财政部和国家档案局主管全国会计档案工作，共同制定全国统一的会计档案工作制度，对全国会计档案工作实行监督和指导。

县级以上地方人民政府财政部门和档案行政管理部门管理本行政区域内的会计档案工作，并对本行政区域内会计档案工作实行监督和指导。

第五条 单位应当加强会计档案管理工作，建立和完善会计档案的收集、整理、保管、利用和鉴定销毁等管理制度，采取可靠的安全防护技术和措施，保证会计档案的真实、完整、可用、安全。

单位的档案机构或者档案工作人员所属机构(以下统称单位档案管理机构)负责管理本单位的会计档案。单位也可以委托具备档案管理条件的机构代为管理会计档案。

第六条 下列会计资料应当进行归档：

（一）会计凭证，包括原始凭证、记账凭证；

（二）会计账簿，包括总账、明细账、日记账、固定资产卡片及其他辅助性账簿；

（三）财务会计报告，包括月度、季度、半年度、年度财务会计报告；

（四）其他会计资料，包括银行存款余额调节表、银行对账单、纳税申报表、会计档案移交清册、会计档案保管清册、会计档案销毁清册、会计档案鉴定意见书及其他具有保存价值的会计资料。

第七条 单位可以利用计算机、网络通信等信息技术手段管理会计档案。

第八条 同时满足下列条件的，单位内部形成的属于归档范围的电子会计资料可仅以电子形式保存，形成电子会计档案：

（一）形成的电子会计资料来源真实有效，由计算机等电子设备形成和传输；

（二）使用的会计核算系统能够准确、完整、有效接收和读取电子会计资料，能够输出符合国家标准归档格式的会计凭证、会计账簿、财务会计报表等会计资料，设定了经办、审核、审批等必要的审签程序；

（三）使用的电子档案管理系统能够有效接收、管理、利用电子会计档案，符合电子档案的长期保管要求，并建立了电子会计档案与相关联的其他纸质会计档案的检索关系；

（四）采取有效措施，防止电子会计档案被篡改；

（五）建立电子会计档案备份制度，能够有效防范自然灾害、意外事故和人为破坏的影响；

（六）形成的电子会计资料不属于具有永久保存价值或者其他重要保存价值的会计档案。

第九条 满足本办法第八条规定条件，单位从外部接收的电子会计资料附有符合《中华人民共和国电子签名法》规定的电子签名的，可仅以电子形式归档保存，形成电子会计档案。

第十条 单位的会计机构或会计人员所属机构（以下统称单位会计管理机构）按照归档范围和归档要求，负责定期将应当归档的会计资料整理立卷，编制会计档案保管清册。

第十一条 当年形成的会计档案，在会计年度终了后，可由单位会计管理机构临时保管一年，再移交单位档案管理机构保管。因工作需要确需推迟移交的，应当经单位档案管理机构同意。

单位会计管理机构临时保管会计档案最长不超过三年。临时保管期间，会计档案的保管应当符合国家档案管理的有关规定，且出纳人员不得兼管会计档案。

第十二条 单位会计管理机构在办理会计档案移交时，应当编制会计档案移交清册，并按照国家档案管理的有关规定办理移交手续。

纸质会计档案移交时应当保持原卷的封装。电子会计档案移交时应当将电子会计档案及其元数据一并移交，且文件格式应当符合国家档案管理的有关规定。特殊格式的电子会计档案应当与其读取平台一并移交。

单位档案管理机构接收电子会计档案时，应当对电子会计档案的准确性、完整性、可用性、安全性进行检测，符合要求的才能接收。

第十三条 单位应当严格按照相关制度利用会计档案，在进行会计档案查阅、复制、借出时履行登记手续，严禁篡改和损坏。

单位保存的会计档案一般不得对外借出。确因工作需要且根据国家有关规定必须借出的，应当严格按照规定办理相关手续。

会计档案借用单位应当妥善保管和利用借入的会计档案，确保借入会计档案的安全完整，并在规定时间内归还。

第十四条 会计档案的保管期限分为永久、定期两类。定期保管期限一般分为10年和30年。

会计档案的保管期限，从会计年度终了后的第一天算起。

第十五条 各类会计档案的保管期限原则上应当按照本办法附表执行，本办法规定的会计档案保管期限为最低保管期限。

单位会计档案的具体名称如有同本办法附表所列档案名称不相符的，应当比照类似档案的保管期限办理。

第十六条 单位应当定期对已到保管期限的会计档案进行鉴定，并形成会计档案鉴定意见书。经鉴定，仍需继续保存的会计档案，应当重新划定保管期限；对保管期满，确无保存价值的会计档案，可以销毁。

第十七条 会计档案鉴定工作应当由单位档案管理机构牵头，组织单位会计、审计、纪检监察等机构或人员共同进行。

第十八条 经鉴定可以销毁的会计档案，应当按照以下程序销毁：

（一）单位档案管理机构编制会计档案销毁清册，列明拟销毁会计档案的名称、卷号、册数、起止年度、档案编号、应保管期限、已保管期限和销毁时间等内容。

（二）单位负责人、档案管理机构负责人、会计管理机构负责人、档案管理机构经办人、会计管理机构经办人在会计档案销毁清册上签署意见。

（三）单位档案管理机构负责组织会计档案销毁工作，并与会计管理机构共同派员监销。监销人在会计档案销毁前，应当按照会计档案销毁清册所列内容进行清点核对；在会计档案销毁后，应当在会计档案销毁清册上签名或盖章。

电子会计档案的销毁还应当符合国家有关电子档案的规定，并由单位档案管理机构、会计管理机构和信息系统管理机构共同派员监销。

第十九条 保管期满但未结清的债权债务会计凭证和涉及其他未了事项的会计凭证不得销毁，纸质会计档案应当单独抽出立卷，电子会计档案单独转存，保管到未了事项完结时为止。

单独抽出立卷或转存的会计档案，应当在会计档案鉴定意见书、会计档案销毁清册和会计档案保管清册中列明。

第二十条 单位因撤销、解散、破产或其他原因而终止的，在终止或办理注销登记手续之前形成的会计档案，按照国家档案管理的有关规定处置。

第二十一条 单位分立后原单位存续的，其会计档案应当由分立后的存续方统一保管，其他方可以查阅、复制与其业务相关的会计档案。

单位分立后原单位解散的，其会计档案应当经各方协商后由其中一方代管或按照国家档案管理的有关规定处置，各方可以查阅、复制与其业务相关的会计档案。

单位分立中未结清的会计事项所涉及的会计凭证，应当单独抽出由业务相关方保存，并按照规定办理交接手续。

单位因业务移交其他单位办理所涉及的会计档案，应当由原单位保管，承接业务单位可以查阅、复制与其业务相关的会计档案。对其中未结清的会计事项所涉及的会计凭证，应当单独抽出由承接业务单位保存，并按照规定办理交接手续。

第二十二条 单位合并后原各单位解散或者一方存续其他方解散的，原各单位的会计档案应当由合并后的单位统一保管。单位合并后原各单位仍存续的，其会计档案仍应当由原各单位保管。

第二十三条 建设单位在项目建设期间形成的会计档案，需要移交给建设项目接受单位的，应当在办理竣工财务决算后及时移交，并按照规定办理交接手续。

第二十四条 单位之间交接会计档案时，交接双方应当办理会计档案交接手续。

移交会计档案的单位，应当编制会计档案移交清册，列明应当移交的会计档案名称、卷号、册数、起止年度、档案编号、应保管期限和已保管期限等内容。

交接会计档案时，交接双方应当按照会计档案移交清册所列内容逐项交接，并由交接双方的单位有关负责人负责监督。交接完毕后，交接双方经办人和监督人应当在会计档案移交清册上签名或盖章。

电子会计档案应当与其元数据一并移交，特殊格式的电子会计档案应当与其读取平台一并移交。档案接受单位应当对保存电子会计档案的载体及其技术环境进行检验，确保所接收电子会计档案的准确、完整、可用和安全。

第二十五条 单位的会计档案及其复制件需要携带、寄运或者传输至境外的，应当按照国家有关规定执行。

第二十六条 单位委托中介机构代理记账的，应当在签订的书面委托合同中，明确会计档案的管理要求及相应责任。

第二十七条 违反本办法规定的单位和个人，由县级以上人民政府财政部门、档案行政管理部门依据《中华人民共和国会计法》《中华人民共和国档案法》等法律法规处理处罚。

第二十八条 预算、计划、制度等文件材料，应当执行文书档案管理规定，不适用本办法。

第二十九条 不具备设立档案机构或配备档案工作人员条件的单位和依法建账的个体工商户，其会计档案的收集、整理、保管、利用和鉴定销毁等参照本办法执行。

第三十条 各省、自治区、直辖市、计划单列市人民政府财政部门、档案行政管理部门，新疆生产建设兵团财务局、档案局，国务院各业务主管部门，中国人民解放军总后勤部，可以根据本办法制定具体实施办法。

第三十一条 本办法由财政部、国家档案局负责解释，自2016年1月1日起施行。1998年8月21日财政部、国家档案局发布的《会计档案管理办法》(财会字〔1998〕32号)同时废止。

企业和其他组织会计档案保管期限表见表B-1。

财政总预算、行政单位、事业单位和税收会计档案保管期限表见表B-2。

表B-1 企业和其他组织会计档案保管期限表

序号	档案名称	保管期限	备注
一	会计凭证		
1	原始凭证	30年	
2	记账凭证	30年	
二	会计账簿		
3	总账	30年	
4	明细账	30年	
5	日记账	30年	
6	固定资产卡片		固定资产报废清理后保管5年
7	其他辅助性账簿	30年	
三	财务会计报告		
8	月度、季度、半年度财务会计报告	10年	
9	年度财务会计报告	永久	
四	其他会计资料		
10	银行存款余额调节表	10年	
11	银行对账单	10年	
12	纳税申报表	10年	
13	会计档案移交清册	30年	
14	会计档案保管清册	永久	
15	会计档案销毁清册	永久	
16	会计档案鉴定意见书	永久	

表 B-2 财政总预算、行政单位、事业单位和税收会计档案保管期限表

序号	档案名称	保管期限			备注
		财政总预算	行政单位事业单位	税收会计	
一	会计凭证				
1	国家金库编送的各种报表及缴库退库凭证	10年		10年	
2	各收入机关编送的报表	10年			
3	行政单位和事业单位的各种会计凭证		30年		包括：原始凭证、记账凭证和传票汇总表
4	财政总预算拨款凭证和其他会计凭证	30年			包括：拨款凭证和其他会计凭证
二	会计账簿				
5	日记账		30年	30年	
6	总账	30年	30年	30年	
7	税收日记账（总账）			30年	
8	明细分类、分户账或登记簿	30年	30年	30年	
9	行政单位和事业单位固定资产卡片				固定资产报废清理后保管5年
三	财务会计报告				
10	政府综合财务报告	永久			下级财政、本级部门和单位报送的保管2年
11	部门财务报告		永久		所属单位报送的保管2年
12	财政总决算	永久			下级财政、本级部门和单位报送的保管2年
13	部门决算		永久		所属单位报送的保管2年
14	税收年报（决算）			永久	
15	国家金库年报（决算）	10年			
16	基本建设拨、贷款年报（决算）	10年			
17	行政单位和事业单位会计月、季度报表		10年		所属单位报送的保管2年
18	税收会计报表			10年	所属税务机关报送的保管2年
四	其他会计资料				
19	银行存款余额调节表	10年	10年		
20	银行对账单	10年	10年	10年	
21	会计档案移交清册	30年	30年	30年	
22	会计档案保管清册	永久	永久	永久	
23	会计档案销毁清册	永久	永久	永久	
24	会计档案鉴定意见书	永久	永久	永久	

注：税务机关的税务经费会计档案保管期限，按行政单位会计档案保管期限规定办理。

附录C 中华人民共和国票据法

(1995年5月10日第八届全国人民代表大会常务委员会第十三次会议通过 根据2004年8月28日第十届全国人民代表大会常务委员会第十一次会议《关于修改〈中华人民共和国票据法〉的决定》修正)

第一章 总 则

第一条 为了规范票据行为，保障票据活动中当事人的合法权益，维护社会经济秩序，促进社会主义市场经济的发展，制定本法。

第二条 在中华人民共和国境内的票据活动，适用本法。

本法所称票据，是指汇票、本票和支票。

第三条 票据活动应当遵守法律、行政法规，不得损害社会公共利益。

第四条 票据出票人制作票据，应当按照法定条件在票据上签章，并按照所记载的事项承担票据责任。

持票人行使票据权利，应当按照法定程序在票据上签章，并出示票据。

其他票据债务人在票据上签章的，按照票据所记载的事项承担票据责任。

本法所称票据权利，是指持票人向票据债务人请求支付票据金额的权利，包括付款请求权和追索权。

本法所称票据责任，是指票据债务人向持票人支付票据金额的义务。

第五条 票据当事人可以委托其代理人在票据上签章，并应当在票据上表明其代理关系。

没有代理权而以代理人名义在票据上签章的，应当由签章人承担票据责任；代理人超越代理权限的，应当就其超越权限的部分承担票据责任。

第六条 无民事行为能力人或者限制民事行为能力人在票据上签章的，其签章无效，但是不影响其他签章的效力。

第七条 票据上的签章，为签名、盖章或者签名加盖章。

法人和其他使用票据的单位在票据上的签章，为该法人或者该单位的盖章加其法定代表人或者其授权的代理人的签章。

在票据上的签名，应当为该当事人的本名。

第八条 票据金额以中文大写和数码同时记载，二者必须一致，二者不一致的，票据无效。

第九条 票据上的记载事项必须符合本法的规定。

票据金额、日期、收款人名称不得更改，更改的票据无效。

对票据上的其他记载事项，原记载人可以更改，更改时应当由原记载人签章证明。

第十条 票据的签发、取得和转让，应当遵循诚实信用的原则，具有真实的交易关系和债权债务关系。

票据的取得，必须给付对价，即应当给付票据双方当事人认可的相对应的代价。

第十一条 因税收、继承、赠予可以依法无偿取得票据的，不受给付对价的限制。但是，所享有的票据权利不得优于其前手的权利。

前手是指在票据签章人或者持票人之前签章的其他票据债务人。

第十二条 以欺诈、偷盗或者胁迫等手段取得票据的，或者明知有前列情形，出于恶意取得票据的，不得享有票据权利。

持票人因重大过失取得不符合本法规定的票据的，也不得享有票据权利。

第十三条 票据债务人不得以自己与出票人或者与持票人的前手之间的抗辩事由，对抗持票人。但是，持票人明知存在抗辩事由而取得票据的除外。

票据债务人可以对不履行约定义务的与自己有直接债权债务关系的持票人，进行抗辩。

本法所称抗辩，是指票据债务人根据本法规定对票据债权人拒绝履行义务的行为。

第十四条 票据上的记载事项应当真实，不得伪造、变造。伪造、变造票据上的签章和其他记载事项的，应当承担法律责任。

票据上有伪造、变造的签章的，不影响票据上其他真实签章的效力。

票据上其他记载事项被变造的，在变造之前签章的人，对原记载事项负责；在变造之后签章的人，对变造之后的记载事项负责；不能辨别是在票据被变造之前或者之后签章的，视同在变造之前签章。

第十五条 票据丧失，失票人可以及时通知票据的付款人挂失止付，但是，未记载付款人或者无法确定付款人及其代理付款人的票据除外。

收到挂失止付通知的付款人，应当暂停支付。

失票人应当在通知挂失止付后三日内，也可以在票据丧失后，依法向人民法院申请公示催告，或者向人民法院提起诉讼。

第十六条 持票人对票据债务人行使票据权利，或者保全票据权利，应当在票据当事人的营业场所和营业时间内进行，票据当事人无营业场所的，应当在其住所进行。

第十七条 票据权利在下列期限内不行使而消灭：

（一）持票人对票据的出票人和承兑人的权利，自票据到期日起二年。见票即付的汇票、本票，自出票日起二年；

（二）持票人对支票出票人的权利，自出票日起六个月；

（三）持票人对前手的追索权，自被拒绝承兑或者被拒绝付款之日起六个月；

（四）持票人对前手的再追索权，自清偿日或者被提起诉讼之日起三个月。

票据的出票日、到期日由票据当事人依法确定。

第十八条 持票人因超过票据权利时效或者因票据记载事项欠缺而丧失票据权利的，仍享有民事权利，可以请求出票人或者承兑人返还其与未支付的票据金额相当的利益。

第二章 汇 票

第一节 出 票

第十九条 汇票是出票人签发的，委托付款人在见票时或者在指定日期无条件支付确定的金额给收款人或者持票人的票据。

汇票分为银行汇票和商业汇票。

第二十条 出票是指出票人签发票据并将其交付给收款人的票据行为。

第二十一条 汇票的出票人必须与付款人具有真实的委托付款关系，并且具有支付汇票金额的可靠资金来源。

不得签发无对价的汇票用以骗取银行或者其他票据当事人的资金。

第二十二条　汇票必须记载下列事项：

（一）表明“汇票”的字样；

（二）无条件支付的委托；

（三）确定的金额；

（四）付款人名称；

（五）收款人名称；

（六）出票日期；

（七）出票人签章。

汇票上未记载前款规定事项之一的，汇票无效。

第二十三条　汇票上记载付款日期、付款地、出票地等事项的，应当清楚、明确。

汇票上未记载付款日期的，为见票即付。

汇票上未记载付款地的，付款人的营业场所、住所或者经常居住地为付款地。

汇票上未记载出票地的，出票人的营业场所、住所或者经常居住地为出票地。

第二十四条　汇票上可以记载本法规定事项以外的其他出票事项，但是该记载事项不具有汇票上的效力。

第二十五条　付款日期可以按照下列形式之一记载：

（一）见票即付；

（二）定日付款；

（三）出票后定期付款；

（四）见票后定期付款。

前款规定的付款日期为汇票到期日。

第二十六条　出票人签发汇票后，即承担保证该汇票承兑和付款的责任。出票人在汇票得不到承兑或者付款时，应当向持票人清偿本法第七十条、第七十一条规定的金额和费用。

第二节　背　书

第二十七条　持票人可以将汇票权利转让给他人或者将一定的汇票权利授予他人行使。

出票人在汇票上记载“不得转让”字样的，汇票不得转让。

持票人行使第一款规定的权利时，应当背书并交付汇票。

背书是指在票据背面或者粘单上记载有关事项并签章的票据行为。

第二十八条　票据凭证不能满足背书人记载事项的需要，可以加附粘单，粘附于票据凭证上。

粘单上的第一记载人，应当在汇票和粘单的粘接处签章。

第二十九条　背书由背书人签章并记载背书日期。

背书未记载日期的，视为在汇票到期日前背书。

第三十条　汇票以背书转让或者以背书将一定的汇票权利授予他人行使时，必须记载被背书人名称。

第三十一条　以背书转让的汇票，背书应当连续。持票人以背书的连续，证明其汇票权利；非经背书转让，而以其他合法方式取得汇票的，依法举证，证明其汇票权利。

前款所称背书连续，是指在票据转让中，转让汇票的背书人与受让汇票的被背书人在汇票上的签章依次前后衔接。

第三十二条 以背书转让的汇票，后手应当对其直接前手背书的真实性负责。

后手是指在票据签章人之后签章的其他票据债务人。

第三十三条 背书不得附有条件。背书时附有条件的，所附条件不具有汇票上的效力。

将汇票金额的一部分转让的背书或者将汇票金额分别转让给二人以上的背书无效。

第三十四条 背书人在汇票上记载"不得转让"字样，其后手再背书转让的，原背书人对后手的被背书人不承担保证责任。

第三十五条 背书记载"委托收款"字样的，被背书人有权代背书人行使被委托的汇票权利。但是，被背书人不得再以背书转让汇票权利。

汇票可以设定质押；质押时应当以背书记载"质押"字样。被背书人依法实现其质权时，可以行使汇票权利。

第三十六条 汇票被拒绝承兑、被拒绝付款或者超过付款提示期限的，不得背书转让；背书转让的，背书人应当承担汇票责任。

第三十七条 背书人以背书转让汇票后，即承担保证其后手所持汇票承兑和付款的责任。背书人在汇票得不到承兑或者付款时，应当向持票人清偿本法第七十条、第七十一条规定的金额和费用。

第三节　承　　兑

第三十八条 承兑是指汇票付款人承诺在汇票到期日支付汇票金额的票据行为。

第三十九条 定日付款或者出票后定期付款的汇票，持票人应当在汇票到期日前向付款人提示承兑。

提示承兑是指持票人向付款人出示汇票，并要求付款人承诺付款的行为。

第四十条 见票后定期付款的汇票，持票人应当自出票日起一个月内向付款人提示承兑。

汇票未按照规定期限提示承兑的，持票人丧失对其前手的追索权。

见票即付的汇票无需提示承兑。

第四十一条 付款人对向其提示承兑的汇票，应当自收到提示承兑的汇票之日起三日内承兑或者拒绝承兑。

付款人收到持票人提示承兑的汇票时，应当向持票人签发收到汇票的回单。回单上应当记明汇票提示承兑日期并签章。

第四十二条 付款人承兑汇票的，应当在汇票正面记载"承兑"字样和承兑日期并签章；见票后定期付款的汇票，应当在承兑时记载付款日期。

汇票上未记载承兑日期的，以前条第一款规定期限的最后一日为承兑日期。

第四十三条 付款人承兑汇票，不得附有条件；承兑附有条件的，视为拒绝承兑。

第四十四条 付款人承兑汇票后，应当承担到期付款的责任。

第四节　保　　证

第四十五条 汇票的债务可以由保证人承担保证责任。

保证人由汇票债务人以外的他人担当。

第四十六条 保证人必须在汇票或者粘单上记载下列事项：

（一）表明"保证"的字样；

（二）保证人名称和住所；

（三）被保证人的名称；

（四）保证日期；

（五）保证人签章。

第四十七条　保证人在汇票或者粘单上未记载前条第(三)项的，已承兑的汇票，承兑人为被保证人；未承兑的汇票，出票人为被保证人。

保证人在汇票或者粘单上未记载前条第(四)项的，出票日期为保证日期。

第四十八条　保证不得附有条件；附有条件的，不影响对汇票的保证责任。

第四十九条　保证人对合法取得汇票的持票人所享有的汇票权利，承担保证责任。但是，被保证人的债务因汇票记载事项欠缺而无效的除外。

第五十条　被保证的汇票，保证人应当与被保证人对持票人承担连带责任。汇票到期后得不到付款的，持票人有权向保证人请求付款，保证人应当足额付款。

第五十一条　保证人为二人以上的，保证人之间承担连带责任。

第五十二条　保证人清偿汇票债务后，可以行使持票人对被保证人及其前手的追索权。

第五节　付　　款

第五十三条　持票人应当按照下列期限提示付款：

（一）见票即付的汇票，自出票日起一个月内向付款人提示付款；

（二）定日付款、出票后定期付款或者见票后定期付款的汇票，自到期日起十日内向承兑人提示付款。

持票人未按照前款规定期限提示付款的，在做出说明后，承兑人或者付款人仍应当继续对持票人承担付款责任。

通过委托收款银行或者通过票据交换系统向付款人提示付款的，视同持票人提示付款。

第五十四条　持票人依照前条规定提示付款的，付款人必须在当日足额付款。

第五十五条　持票人获得付款的，应当在汇票上签收，并将汇票交给付款人。持票人委托银行收款的，受委托的银行将代收的汇票金额转账收入持票人账户，视同签收。

第五十六条　持票人委托的收款银行的责任，限于按照汇票上记载事项将汇票金额转入持票人账户。

付款人委托的付款银行的责任，限于按照汇票上记载事项从付款人账户支付汇票金额。

第五十七条　付款人及其代理付款人付款时，应当审查汇票背书的连续，并审查提示付款人的合法身份证明或者有效证件。

付款人及其代理付款人以恶意或者有重大过失付款的，应当自行承担责任。

第五十八条　对定日付款、出票后定期付款或者见票后定期付款的汇票，付款人在到期日前付款的，由付款人自行承担所产生的责任。

第五十九条　汇票金额为外币的，按照付款日的市场汇价，以人民币支付。

汇票当事人对汇票支付的货币种类另有约定的，从其约定。

第六十条　付款人依法足额付款后，全体汇票债务人的责任解除。

第六节　追索权

第六十一条　汇票到期被拒绝付款的，持票人可以对背书人、出票人以及汇票的其他债务人行使追索权。

汇票到期日前，有下列情形之一的，持票人也可以行使追索权：

（一）汇票被拒绝承兑的；

（二）承兑人或者付款人死亡、逃匿的；

（三）承兑人或者付款人被依法宣告破产的或者因违法被责令终止业务活动的。

第六十二条 持票人行使追索权时，应当提供被拒绝承兑或者被拒绝付款的有关证明。

持票人提示承兑或者提示付款被拒绝的，承兑人或者付款人必须出具拒绝证明，或者出具退票理由书。未出具拒绝证明或者退票理由书的，应当承担由此产生的民事责任。

第六十三条 持票人因承兑人或者付款人死亡、逃匿或者其他原因，不能取得拒绝证明的，可以依法取得其他有关证明。

第六十四条 承兑人或者付款人被人民法院依法宣告破产的，人民法院的有关司法文书具有拒绝证明的效力。

承兑人或者付款人因违法被责令终止业务活动的，有关行政主管部门的处罚决定具有拒绝证明的效力。

第六十五条 持票人不能出示拒绝证明、退票理由书或者未按照规定期限提供其他合法证明的，丧失对其前手的追索权。但是，承兑人或者付款人仍应当对持票人承担责任。

第六十六条 持票人应当自收到被拒绝承兑或者被拒绝付款的有关证明之日起三日内，将被拒绝事由书面通知其前手；其前手应当自收到通知之日起三日内书面通知其再前手。持票人也可以同时向各汇票债务人发出书面通知。

未按照前款规定期限通知的，持票人仍可以行使追索权。因延期通知给其前手或者出票人造成损失的，由没有按照规定期限通知的汇票当事人，承担对该损失的赔偿责任，但是所赔偿的金额以汇票金额为限。

在规定期限内将通知按照法定地址或者约定的地址邮寄的，视为已经发出通知。

第六十七条 依照前条第一款所作的书面通知，应当记明汇票的主要记载事项，并说明该汇票已被退票。

第六十八条 汇票的出票人、背书人、承兑人和保证人对持票人承担连带责任。

持票人可以不按照汇票债务人的先后顺序，对其中任何一人、数人或者全体行使追索权。

持票人对汇票债务人中的一人或者数人已经进行追索的，对其他汇票债务人仍可以行使追索权。被追索人清偿债务后，与持票人享有同一权利。

第六十九条 持票人为出票人的，对其前手无追索权。持票人为背书人的，对其后手无追索权。

第七十条 持票人行使追索权，可以请求被追索人支付下列金额和费用：

（一）被拒绝付款的汇票金额；

（二）汇票金额自到期日或者提示付款日起至清偿日止，按照中国人民银行规定的利率计算的利息；

（三）取得有关拒绝证明和发出通知书的费用。

被追索人清偿债务时，持票人应当交出汇票和有关拒绝证明，并出具所收到利息和费用的收据。

第七十一条 被追索人依照前条规定清偿后，可以向其他汇票债务人行使再追索权，请求其他汇票债务人支付下列金额和费用：

（一）已清偿的全部金额；

（二）前项金额自清偿日起至再追索清偿日止，按照中国人民银行规定的利率计算的利息；

（三）发出通知书的费用。

行使再追索权的被追索人获得清偿时，应当交出汇票和有关拒绝证明，并出具所收到利息和费用的收据。

第七十二条 被追索人依照前二条规定清偿债务后，其责任解除。

第三章 本 票

第七十三条 本票是出票人签发的，承诺自己在见票时无条件支付确定的金额给收款人或者持票人的票据。

本法所称本票，是指银行本票。

第七十四条 本票的出票人必须具有支付本票金额的可靠资金来源，并保证支付。

第七十五条 本票必须记载下列事项：

（一）表明“本票”的字样；

（二）无条件支付的承诺；

（三）确定的金额；

（四）收款人名称；

（五）出票日期；

（六）出票人签章。

本票上未记载前款规定事项之一的，本票无效。

第七十六条 本票上记载付款地、出票地等事项的，应当清楚、明确。

本票上未记载付款地的，出票人的营业场所为付款地。

本票上未记载出票地的，出票人的营业场所为出票地。

第七十七条 本票的出票人在持票人提示见票时，必须承担付款的责任。

第七十八条 本票自出票日起，付款期限最长不得超过二个月。

第七十九条 本票的持票人未按照规定期限提示见票的，丧失对出票人以外的前手的追索权。

第八十条 本票的背书、保证、付款行为和追索权的行使，除本章规定外，适用本法第二章有关汇票的规定。

本票的出票行为，除本章规定外，适用本法第二十四条关于汇票的规定。

第四章 支 票

第八十一条 支票是出票人签发的，委托办理支票存款业务的银行或者其他金融机构在见票时无条件支付确定的金额给收款人或者持票人的票据。

第八十二条 开立支票存款账户，申请人必须使用其本名，并提交证明其身份的合法证件。

开立支票存款账户和领用支票，应当有可靠的资信，并存入一定的资金。

开立支票存款账户，申请人应当预留其本名的签名式样和印鉴。

第八十三条 支票可以支取现金，也可以转账，用于转账时，应当在支票正面注明。

支票中专门用于支取现金的，可以另行制作现金支票，现金支票只能用于支取现金。

支票中专门用于转账的，可以另行制作转账支票，转账支票只能用于转账，不得支取现金。

第八十四条 支票必须记载下列事项：

（一）表明“支票”的字样；

（二）无条件支付的委托；

（三）确定的金额；

（四）付款人名称；

（五）出票日期；

（六）出票人签章。

支票上未记载前款规定事项之一的，支票无效。

第八十五条 支票上的金额可以由出票人授权补记，未补记前的支票，不得使用。

第八十六条 支票上未记载收款人名称的，经出票人授权，可以补记。

支票上未记载付款地的，付款人的营业场所为付款地。

支票上未记载出票地的，出票人的营业场所、住所或者经常居住地为出票地。

出票人可以在支票上记载自己为收款人。

第八十七条 支票的出票人所签发的支票金额不得超过其付款时在付款人处实有的存款金额。

出票人签发的支票金额超过其付款时在付款人处实有的存款金额的，为空头支票。禁止签发空头支票。

第八十八条 支票的出票人不得签发与其预留本名的签名式样或者印鉴不符的支票。

第八十九条 出票人必须按照签发的支票金额承担保证向该持票人付款的责任。

出票人在付款人处的存款足以支付支票金额时，付款人应当在当日足额付款。

第九十条 支票限于见票即付，不得另行记载付款日期。另行记载付款日期的，该记载无效。

第九十一条 支票的持票人应当自出票日起十日内提示付款；异地使用的支票，其提示付款的期限由中国人民银行另行规定。

超过提示付款期限的，付款人可以不予付款；付款人不予付款的，出票人仍应当对持票人承担票据责任。

第九十二条 付款人依法支付支票金额的，对出票人不再承担受委托付款的责任，对持票人不再承担付款的责任。但是，付款人以恶意或者有重大过失付款的除外。

第九十三条 支票的背书、付款行为和追索权的行使，除本章规定外，适用本法第二章有关汇票的规定。

支票的出票行为，除本章规定外，适用本法第二十四条、第二十六条关于汇票的规定。

第五章 涉外票据的法律适用

第九十四条 涉外票据的法律适用，依照本章的规定确定。

前款所称涉外票据，是指出票、背书、承兑、保证、付款等行为中，既有发生在中华人民共和国境内又有发生在中华人民共和国境外的票据。

第九十五条 中华人民共和国缔结或者参加的国际条约同本法有不同规定的，适用国际条约的规定。但是，中华人民共和国声明保留的条款除外。

本法和中华人民共和国缔结或者参加的国际条约没有规定的，可以适用国际惯例。

第九十六条 票据债务人的民事行为能力，适用其本国法律。

票据债务人的民事行为能力，依照其本国法律为无民事行为能力或者为限制民事行为能力而依照行为地法律为完全民事行为能力的，适用行为地法律。

第九十七条 汇票、本票出票时的记载事项，适用出票地法律。

支票出票时的记载事项，适用出票地法律，经当事人协议，也可以适用付款地法律。

第九十八条 票据的背书、承兑、付款和保证行为，适用行为地法律。

第九十九条 票据追索权的行使期限，适用出票地法律。

第一百条 票据的提示期限、有关拒绝证明的方式、出具拒绝证明的期限，适用付款地法律。

第一百零一条 票据丧失时，失票人请求保全票据权利的程序，适用付款地法律。

第六章 法律责任

第一百零二条 有下列票据欺诈行为之一的，依法追究刑事责任：

（一）伪造、变造票据的；

（二）故意使用伪造、变造的票据的；

（三）签发空头支票或者故意签发与其预留的本名签名式样或者印鉴不符的支票，骗取财物的；

（四）签发无可靠资金来源的汇票、本票，骗取资金的；

（五）汇票、本票的出票人在出票时作虚假记载，骗取财物的；

（六）冒用他人的票据，或者故意使用过期或者作废的票据，骗取财物的；

（七）付款人同出票人、持票人恶意串通，实施前六项所列行为之一的。

第一百零三条 有前条所列行为之一，情节轻微，不构成犯罪的，依照国家有关规定给予行政处罚。

第一百零四条 金融机构工作人员在票据业务中玩忽职守，对违反本法规定的票据予以承兑、付款或者保证的，给予处分；造成重大损失，构成犯罪的，依法追究刑事责任。

由于金融机构工作人员因前款行为给当事人造成损失的，由该金融机构和直接责任人员依法承担赔偿责任。

第一百零五条 票据的付款人对见票即付或者到期的票据，故意压票，拖延支付的，由金融行政管理部门处以罚款，对直接责任人员给予处分。

票据的付款人故意压票，拖延支付，给持票人造成损失的，依法承担赔偿责任。

第一百零六条 依照本法规定承担赔偿责任以外的其他违反本法规定的行为，给他人造成损失的，应当依法承担民事责任。

第七章 附 则

第一百零七条 本法规定的各项期限的计算，适用民法通则关于计算期间的规定。

按月计算期限的，按到期月的对日计算；无对日的，月末日为到期日。

第一百零八条 汇票、本票、支票的格式应当统一。

票据凭证的格式和印制管理办法，由中国人民银行规定。

第一百零九条 票据管理的具体实施办法，由中国人民银行依照本法制定，报国务院批准后施行。

第一百一十条 本法自1996年1月1日起施行。

附录D　中华人民共和国发票管理办法

（1993年12月12日国务院批准、1993年12月23日财政部令第6号发布　根据2010年12月20日《国务院关于修改〈中华人民共和国发票管理办法〉的决定》修订　根据2019年3月18日《国务院关于修改部分行政法规的决定》修正）

第一章　总　　则

第一条　为了加强发票管理和财务监督，保障国家税收收入，维护经济秩序，根据《中华人民共和国税收征收管理法》，制定本办法。

第二条　在中华人民共和国境内印制、领购、开具、取得、保管、缴销发票的单位和个人(以下称印制、使用发票的单位和个人)，必须遵守本办法。

第三条　本办法所称发票，是指在购销商品、提供或者接受服务以及从事其他经营活动中，开具、收取的收付款凭证。

第四条　国务院税务主管部门统一负责全国的发票管理工作。省、自治区、直辖市税务机关依据职责做好本行政区域内的发票管理工作。

财政、审计、市场监督管理、公安等有关部门在各自的职责范围内，配合税务机关做好发票管理工作。

第五条　发票的种类、联次、内容以及使用范围由国务院税务主管部门规定。

第六条　对违反发票管理法规的行为，任何单位和个人可以举报。税务机关应当为检举人保密，并酌情给予奖励。

第二章　发票的印制

第七条　增值税专用发票由国务院税务主管部门确定的企业印制；其他发票，按照国务院税务主管部门的规定，由省、自治区、直辖市税务机关确定的企业印制。禁止私自印制、伪造、变造发票。

第八条　印制发票的企业应当具备下列条件：

（一）取得印刷经营许可证和营业执照；

（二）设备、技术水平能够满足印制发票的需要；

（三）有健全的财务制度和严格的质量监督、安全管理、保密制度。

税务机关应当以招标方式确定印制发票的企业，并发给发票准印证。

第九条　印制发票应当使用国务院税务主管部门确定的全国统一的发票防伪专用品。禁止非法制造发票防伪专用品。

第十条　发票应当套印全国统一发票监制章。全国统一发票监制章的式样和发票版面印刷的要求，由国务院税务主管部门规定。发票监制章由省、自治区、直辖市税务机关制作。禁止伪造发票监制章。

发票实行不定期换版制度。

第十一条　印制发票的企业按照税务机关的统一规定，建立发票印制管理制度和保管措施。

发票监制章和发票防伪专用品的使用和管理实行专人负责制度。

第十二条 印制发票的企业必须按照税务机关批准的式样和数量印制发票。

第十三条 发票应当使用中文印制。民族自治地方的发票，可以加印当地一种通用的民族文字。有实际需要的，也可以同时使用中外两种文字印制。

第十四条 各省、自治区、直辖市内的单位和个人使用的发票，除增值税专用发票外，应当在本省、自治区、直辖市内印制；确有必要到外省、自治区、直辖市印制的，应当由省、自治区、直辖市税务机关商印制地省、自治区、直辖市税务机关同意，由印制地省、自治区、直辖市税务机关确定的企业印制。

禁止在境外印制发票。

第三章 发票的领购

第十五条 需要领购发票的单位和个人，应当持税务登记证件、经办人身份证明、按照国务院税务主管部门规定式样制作的发票专用章的印模，向主管税务机关办理发票领购手续。主管税务机关根据领购单位和个人的经营范围和规模，确认领购发票的种类、数量以及领购方式，在5个工作日内发给发票领购簿。

单位和个人领购发票时，应当按照税务机关的规定报告发票使用情况，税务机关应当按照规定进行查验。

第十六条 需要临时使用发票的单位和个人，可以凭购销商品、提供或者接受服务以及从事其他经营活动的书面证明、经办人身份证明，直接向经营地税务机关申请代开发票。依照税收法律、行政法规规定应当缴纳税款的，税务机关应当先征收税款，再开具发票。税务机关根据发票管理的需要，可以按照国务院税务主管部门的规定委托其他单位代开发票。

禁止非法代开发票。

第十七条 临时到本省、自治区、直辖市以外从事经营活动的单位或者个人，应当凭所在地税务机关的证明，向经营地税务机关领购经营地的发票。

临时在本省、自治区、直辖市以内跨市、县从事经营活动领购发票的办法，由省、自治区、直辖市税务机关规定。

第十八条 税务机关对外省、自治区、直辖市来本辖区从事临时经营活动的单位和个人领购发票的，可以要求其提供保证人或者根据所领购发票的票面限额以及数量交纳不超过一万元的保证金，并限期缴销发票。

按期缴销发票的，解除保证人的担保义务或者退还保证金；未按期缴销发票的，由保证人或者以保证金承担法律责任。

税务机关收取保证金应当开具资金往来结算票据。

第四章 发票的开具和保管

第十九条 销售商品、提供服务以及从事其他经营活动的单位和个人，对外发生经营业务收取款项，收款方应当向付款方开具发票；特殊情况下，由付款方向收款方开具发票。

第二十条 所有单位和从事生产、经营活动的个人在购买商品、接受服务以及从事其他经营活动支付款项，应当向收款方取得发票。取得发票时，不得要求变更品名和金额。

第二十一条　不符合规定的发票，不得作为财务报销凭证，任何单位和个人有权拒收。

第二十二条　开具发票应当按照规定的时限、顺序、栏目，全部联次一次性如实开具，并加盖发票专用章。

任何单位和个人不得有下列虚开发票行为：

（一）为他人、为自己开具与实际经营业务情况不符的发票；

（二）让他人为自己开具与实际经营业务情况不符的发票；

（三）介绍他人开具与实际经营业务情况不符的发票。

第二十三条　安装税控装置的单位和个人，应当按照规定使用税控装置开具发票，并按期向主管税务机关报送开具发票的数据。

使用非税控电子器具开具发票的，应当将非税控电子器具使用的软件程序说明资料报主管税务机关备案，并按照规定保存、报送开具发票的数据。

国家推广使用网络发票管理系统开具发票，具体管理办法由国务院税务主管部门制定。

第二十四条　任何单位和个人应当按照发票管理规定使用发票，不得有下列行为：

（一）转借、转让、介绍他人转让发票、发票监制章和发票防伪专用品；

（二）知道或者应当知道是私自印制、伪造、变造、非法取得或者废止的发票而受让、开具、存放、携带、邮寄、运输；

（三）拆本使用发票；

（四）扩大发票使用范围；

（五）以其他凭证代替发票使用。

税务机关应当提供查询发票真伪的便捷渠道。

第二十五条　除国务院税务主管部门规定的特殊情形外，发票限于领购单位和个人在本省、自治区、直辖市内开具。

省、自治区、直辖市税务机关可以规定跨市、县开具发票的办法。

第二十六条　除国务院税务主管部门规定的特殊情形外，任何单位和个人不得跨规定的使用区域携带、邮寄、运输空白发票。

禁止携带、邮寄或者运输空白发票出入境。

第二十七条　开具发票的单位和个人应当建立发票使用登记制度，设置发票登记簿，并定期向主管税务机关报告发票使用情况。

第二十八条　开具发票的单位和个人应当在办理变更或者注销税务登记的同时，办理发票和发票领购簿的变更、缴销手续。

第二十九条　开具发票的单位和个人应当按照税务机关的规定存放和保管发票，不得擅自损毁。已经开具的发票存根联和发票登记簿，应当保存5年。保存期满，报经税务机关查验后销毁。

第五章　发票的检查

第三十条　税务机关在发票管理中有权进行下列检查：

（一）检查印制、领购、开具、取得、保管和缴销发票的情况；

（二）调出发票查验；

（三）查阅、复制与发票有关的凭证、资料；

（四）向当事各方询问与发票有关的问题和情况；

（五）在查处发票案件时，对与案件有关的情况和资料，可以记录、录音、录像、照相和复制。

第三十一条 印制、使用发票的单位和个人，必须接受税务机关依法检查，如实反映情况，提供有关资料，不得拒绝、隐瞒。

税务人员进行检查时，应当出示税务检查证。

第三十二条 税务机关需要将已开具的发票调出查验时，应当向被查验的单位和个人开具发票换票证。发票换票证与所调出查验的发票有同等的效力。被调出查验发票的单位和个人不得拒绝接受。

税务机关需要将空白发票调出查验时，应当开具收据；经查无问题的，应当及时返还。

第三十三条 单位和个人从中国境外取得的与纳税有关的发票或者凭证，税务机关在纳税审查时有疑义的，可以要求其提供境外公证机构或者注册会计师的确认证明，经税务机关审核认可后，方可作为记账核算的凭证。

第三十四条 税务机关在发票检查中需要核对发票存根联与发票联填写情况时，可以向持有发票或者发票存根联的单位发出发票填写情况核对卡，有关单位应当如实填写，按期报回。

第六章 罚 则

第三十五条 违反本办法的规定，有下列情形之一的，由税务机关责令改正，可以处1万元以下的罚款；有违法所得的予以没收：

（一）应当开具而未开具发票，或者未按照规定的时限、顺序、栏目，全部联次一次性开具发票，或者未加盖发票专用章的；

（二）使用税控装置开具发票，未按期向主管税务机关报送开具发票的数据的；

（三）使用非税控电子器具开具发票，未将非税控电子器具使用的软件程序说明资料报主管税务机关备案，或者未按照规定保存、报送开具发票的数据的；

（四）拆本使用发票的；

（五）扩大发票使用范围的；

（六）以其他凭证代替发票使用的；

（七）跨规定区域开具发票的；

（八）未按照规定缴销发票的；

（九）未按照规定存放和保管发票的。

第三十六条 跨规定的使用区域携带、邮寄、运输空白发票，以及携带、邮寄或者运输空白发票出入境的，由税务机关责令改正，可以处1万元以下的罚款；情节严重的，处1万元以上3万元以下的罚款；有违法所得的予以没收。

丢失发票或者擅自损毁发票的，依照前款规定处罚。

第三十七条 违反本办法第二十二条第二款的规定虚开发票的，由税务机关没收违法所得；虚开金额在1万元以下的，可以并处5万元以下的罚款；虚开金额超过1万元的，并处5万元以上50万元以下的罚款；构成犯罪的，依法追究刑事责任。

非法代开发票的，依照前款规定处罚。

第三十八条　私自印制、伪造、变造发票，非法制造发票防伪专用品，伪造发票监制章的，由税务机关没收违法所得，没收、销毁作案工具和非法物品，并处1万元以上5万元以下的罚款；情节严重的，并处5万元以上50万元以下的罚款；对印制发票的企业，可以并处吊销发票准印证；构成犯罪的，依法追究刑事责任。

前款规定的处罚，《中华人民共和国税收征收管理法》有规定的，依照其规定执行。

第三十九条　有下列情形之一的，由税务机关处1万元以上5万元以下的罚款；情节严重的，处5万元以上50万元以下的罚款；有违法所得的予以没收：

（一）转借、转让、介绍他人转让发票、发票监制章和发票防伪专用品的；

（二）知道或者应当知道是私自印制、伪造、变造、非法取得或者废止的发票而受让、开具、存放、携带、邮寄、运输的。

第四十条　对违反发票管理规定2次以上或者情节严重的单位和个人，税务机关可以向社会公告。

第四十一条　违反发票管理法规，导致其他单位或者个人未缴、少缴或者骗取税款的，由税务机关没收违法所得，可以并处未缴、少缴或者骗取的税款1倍以下的罚款。

第四十二条　当事人对税务机关的处罚决定不服的，可以依法申请行政复议或者向人民法院提起行政诉讼。

第四十三条　税务人员利用职权之便，故意刁难印制、使用发票的单位和个人，或者有违反发票管理法规行为的，依照国家有关规定给予处分；构成犯罪的，依法追究刑事责任。

第七章　附　　则

第四十四条　国务院税务主管部门可以根据有关行业特殊的经营方式和业务需求，会同国务院有关主管部门制定该行业的发票管理办法。

国务院税务主管部门可以根据增值税专用发票管理的特殊需要，制定增值税专用发票的具体管理办法。

第四十五条　本办法自发布之日起施行。财政部1986年发布的《全国发票管理暂行办法》和原国家税务局1991年发布的《关于对外商投资企业和外国企业发票管理的暂行规定》同时废止。

附录E 中华人民共和国税收征收管理法

（1992年9月4日第七届全国人民代表大会常务委员会第二十七次会议通过 根据1995年2月28日第八届全国人民代表大会常务委员会第十二次会议《关于修改〈中华人民共和国税收征收管理法〉的决定》修正 2001年4月28日第九届全国人民代表大会常务委员会第二十一次会议修订 根据2013年6月29日第十二届全国人民代表大会常务委员会第三次会议《关于修改〈中华人民共和国文物保护法〉等十二部法律的决定》第二次修正 根据2015年4月24日第十二届全国人民代表大会常务委员会第十四次会议《关于修改〈中华人民共和国港口法〉等七部法律的决定》第三次修正）

第一章 总 则

第一条 为了加强税收征收管理，规范税收征收和缴纳行为，保障国家税收收入，保护纳税人的合法权益，促进经济和社会发展，制定本法。

第二条 凡依法由税务机关征收的各种税收的征收管理，均适用本法。

第三条 税收的开征、停征以及减税、免税、退税、补税，依照法律的规定执行；法律授权国务院规定的，依照国务院制定的行政法规的规定执行。

任何机关、单位和个人不得违反法律、行政法规的规定，擅自做出税收开征、停征以及减税、免税、退税、补税和其他同税收法律、行政法规相抵触的决定。

第四条 法律、行政法规规定负有纳税义务的单位和个人为纳税人。

法律、行政法规规定负有代扣代缴、代收代缴税款义务的单位和个人为扣缴义务人。

纳税人、扣缴义务人必须依照法律、行政法规的规定缴纳税款、代扣代缴、代收代缴税款。

第五条 国务院税务主管部门主管全国税收征收管理工作。各地国家税务局和地方税务局应当按照国务院规定的税收征收管理范围分别进行征收管理。

地方各级人民政府应当依法加强对本行政区域内税收征收管理工作的领导或者协调，支持税务机关依法执行职务，依照法定税率计算税额，依法征收税款。

各有关部门和单位应当支持、协助税务机关依法执行职务。

税务机关依法执行职务，任何单位和个人不得阻挠。

第六条 国家有计划地用现代信息技术装备各级税务机关，加强税收征收管理信息系统的现代化建设，建立、健全税务机关与政府其他管理机关的信息共享制度。

纳税人、扣缴义务人和其他有关单位应当按照国家有关规定如实向税务机关提供与纳税和代扣代缴、代收代缴税款有关的信息。

第七条 税务机关应当广泛宣传税收法律、行政法规，普及纳税知识，无偿地为纳税人提供纳税咨询服务。

第八条 纳税人、扣缴义务人有权向税务机关了解国家税收法律、行政法规的规定以及与纳税程序有关的情况。

纳税人、扣缴义务人有权要求税务机关为纳税人、扣缴义务人的情况保密。税务机关应当依法为纳税人、扣缴义务人的情况保密。

纳税人依法享有申请减税、免税、退税的权利。

纳税人、扣缴义务人对税务机关所做出的决定，享有陈述权、申辩权；依法享有申请行政复议、提起行政诉讼、请求国家赔偿等权利。

纳税人、扣缴义务人有权控告和检举税务机关、税务人员的违法违纪行为。

第九条　税务机关应当加强队伍建设，提高税务人员的政治业务素质。

税务机关、税务人员必须秉公执法，忠于职守，清正廉洁，礼貌待人，文明服务，尊重和保护纳税人、扣缴义务人的权利，依法接受监督。

税务人员不得索贿受贿、徇私舞弊、玩忽职守、不征或者少征应征税款；不得滥用职权多征税款或者故意刁难纳税人和扣缴义务人。

第十条　各级税务机关应当建立、健全内部制约和监督管理制度。

上级税务机关应当对下级税务机关的执法活动依法进行监督。

各级税务机关应当对其工作人员执行法律、行政法规和廉洁自律准则的情况进行监督检查。

第十一条　税务机关负责征收、管理、稽查、行政复议的人员的职责应当明确，并相互分离、相互制约。

第十二条　税务人员征收税款和查处税收违法案件，与纳税人、扣缴义务人或者税收违法案件有利害关系的，应当回避。

第十三条　任何单位和个人都有权检举违反税收法律、行政法规的行为。收到检举的机关和负责查处的机关应当为检举人保密。税务机关应当按照规定对检举人给予奖励。

第十四条　本法所称税务机关是指各级税务局、税务分局、税务所和按照国务院规定设立的并向社会公告的税务机构。

第二章　税务管理

第一节　税务登记

第十五条　企业，企业在外地设立的分支机构和从事生产、经营的场所，个体工商户和从事生产、经营的事业单位(以下统称从事生产、经营的纳税人)自领取营业执照之日起三十日内，持有关证件，向税务机关申报办理税务登记。税务机关应当于收到申报的当日办理登记并发给税务登记证件。

工商行政管理机关应当将办理登记注册、核发营业执照的情况，定期向税务机关通报。

本条第一款规定以外的纳税人办理税务登记和扣缴义务人办理扣缴税款登记的范围和办法，由国务院规定。

第十六条　从事生产、经营的纳税人，税务登记内容发生变化的，自工商行政管理机关办理变更登记之日起三十日内或者在向工商行政管理机关申请办理注销登记之前，持有关证件向税务机关申报办理变更或者注销税务登记。

第十七条　从事生产、经营的纳税人应当按照国家有关规定，持税务登记证件，在银行或者其他金融机构开立基本存款账户和其他存款账户，并将其全部账号向税务机关报告。

银行和其他金融机构应当在从事生产、经营的纳税人的账户中登录税务登记证件号码，并在税务登记证件中登录从事生产、经营的纳税人的账户账号。

税务机关依法查询从事生产、经营的纳税人开立账户的情况时，有关银行和其他金融机构应当予以协助。

第十八条 纳税人按照国务院税务主管部门的规定使用税务登记证件。税务登记证件不得转借、涂改、损毁、买卖或者伪造。

第二节 账簿、凭证管理

第十九条 纳税人、扣缴义务人按照有关法律、行政法规和国务院财政、税务主管部门的规定设置账簿，根据合法、有效凭证记账，进行核算。

第二十条 从事生产、经营的纳税人的财务、会计制度或者财务、会计处理办法和会计核算软件，应当报送税务机关备案。

纳税人、扣缴义务人的财务、会计制度或者财务、会计处理办法与国务院或者国务院财政、税务主管部门有关税收的规定抵触的，依照国务院或者国务院财政、税务主管部门有关税收的规定计算应纳税款、代扣代缴和代收代缴税款。

第二十一条 税务机关是发票的主管机关，负责发票印制、领购、开具、取得、保管、缴销的管理和监督。

单位、个人在购销商品、提供或者接受经营服务以及从事其他经营活动中，应当按照规定开具、使用、取得发票。

发票的管理办法由国务院规定。

第二十二条 增值税专用发票由国务院税务主管部门指定的企业印制；其他发票，按照国务院税务主管部门的规定，分别由省、自治区、直辖市国家税务局、地方税务局指定企业印制。

未经前款规定的税务机关指定，不得印制发票。

第二十三条 国家根据税收征收管理的需要，积极推广使用税控装置。纳税人应当按照规定安装、使用税控装置，不得损毁或者擅自改动税控装置。

第二十四条 从事生产、经营的纳税人、扣缴义务人必须按照国务院财政、税务主管部门规定的保管期限保管账簿、记账凭证、完税凭证及其他有关资料。

账簿、记账凭证、完税凭证及其他有关资料不得伪造、变造或者擅自损毁。

第三节 纳税申报

第二十五条 纳税人必须依照法律、行政法规规定或者税务机关依照法律、行政法规的规定确定的申报期限、申报内容如实办理纳税申报，报送纳税申报表、财务会计报表以及税务机关根据实际需要要求纳税人报送的其他纳税资料。

扣缴义务人必须依照法律、行政法规规定或者税务机关依照法律、行政法规的规定确定的申报期限、申报内容如实报送代扣代缴、代收代缴税款报告表以及税务机关根据实际需要要求扣缴义务人报送的其他有关资料。

第二十六条 纳税人、扣缴义务人可以直接到税务机关办理纳税申报或者报送代扣代缴、代收代缴税款报告表，也可以按照规定采取邮寄、数据电文或者其他方式办理上述申报、报送事项。

第二十七条 纳税人、扣缴义务人不能按期办理纳税申报或者报送代扣代缴、代收代缴税款报告表的，经税务机关核准，可以延期申报。

经核准延期办理前款规定的申报、报送事项的，应当在纳税期内按照上期实际缴纳的税额或者税务机关核定的税额预缴税款，并在核准的延期内办理税款结算。

第三章　税款征收

第二十八条　税务机关依照法律、行政法规的规定征收税款，不得违反法律、行政法规的规定开征、停征、多征、少征、提前征收、延缓征收或者摊派税款。

农业税应纳税额按照法律、行政法规的规定核定。

第二十九条　除税务机关、税务人员以及经税务机关依照法律、行政法规委托的单位和人员外，任何单位和个人不得进行税款征收活动。

第三十条　扣缴义务人依照法律、行政法规的规定履行代扣、代收税款的义务。对法律、行政法规没有规定负有代扣、代收税款义务的单位和个人，税务机关不得要求其履行代扣、代收税款义务。

扣缴义务人依法履行代扣、代收税款义务时，纳税人不得拒绝。纳税人拒绝的，扣缴义务人应当及时报告税务机关处理。

税务机关按照规定付给扣缴义务人代扣、代收手续费。

第三十一条　纳税人、扣缴义务人按照法律、行政法规规定或者税务机关依照法律、行政法规的规定确定的期限，缴纳或者解缴税款。

纳税人因有特殊困难，不能按期缴纳税款的，经省、自治区、直辖市国家税务局、地方税务局批准，可以延期缴纳税款，但是最长不得超过三个月。

第三十二条　纳税人未按照规定期限缴纳税款的，扣缴义务人未按照规定期限解缴税款的，税务机关除责令限期缴纳外，从滞纳税款之日起，按日加收滞纳税款万分之五的滞纳金。

第三十三条　纳税人依照法律、行政法规的规定办理减税、免税。

地方各级人民政府、各级人民政府主管部门、单位和个人违反法律、行政法规规定，擅自做出的减税、免税决定无效，税务机关不得执行，并向上级税务机关报告。

第三十四条　税务机关征收税款时，必须给纳税人开具完税凭证。扣缴义务人代扣、代收税款时，纳税人要求扣缴义务人开具代扣、代收税款凭证的，扣缴义务人应当开具。

第三十五条　纳税人有下列情形之一的，税务机关有权核定其应纳税额：

（一）依照法律、行政法规的规定可以不设置账簿的；

（二）依照法律、行政法规的规定应当设置账簿但未设置的；

（三）擅自销毁账簿或者拒不提供纳税资料的；

（四）虽设置账簿，但账目混乱或者成本资料、收入凭证、费用凭证残缺不全，难以查账的；

（五）发生纳税义务，未按照规定的期限办理纳税申报，经税务机关责令限期申报，逾期仍不申报的；

（六）纳税人申报的计税依据明显偏低，又无正当理由的。

税务机关核定应纳税额的具体程序和方法由国务院税务主管部门规定。

第三十六条　企业或者外国企业在中国境内设立的从事生产、经营的机构、场所与其关联企业之间的业务往来，应当按照独立企业之间的业务往来收取或者支付价款、费用；不按照独立企业之间的业务往来收取或者支付价款、费用，而减少其应纳税的收入或者所得额的，税务机关有权进行合理调整。

第三十七条 对未按照规定办理税务登记的从事生产、经营的纳税人以及临时从事经营的纳税人，由税务机关核定其应纳税额，责令缴纳；不缴纳的，税务机关可以扣押其价值相当于应纳税款的商品、货物。扣押后缴纳应纳税款的，税务机关必须立即解除扣押，并归还所扣押的商品、货物；扣押后仍不缴纳应纳税款的，经县以上税务局(分局)局长批准，依法拍卖或者变卖所扣押的商品、货物，以拍卖或者变卖所得抵缴税款。

第三十八条 税务机关有根据认为从事生产、经营的纳税人有逃避纳税义务行为的，可以在规定的纳税期之前，责令限期缴纳应纳税款；在限期内发现纳税人有明显的转移、隐匿其应纳税的商品、货物以及其他财产或者应纳税的收入的迹象的，税务机关可以责成纳税人提供纳税担保。如果纳税人不能提供纳税担保，经县以上税务局(分局)局长批准，税务机关可以采取下列税收保全措施：

(一)书面通知纳税人开户银行或者其他金融机构冻结纳税人的金额相当于应纳税款的存款；

(二)扣押、查封纳税人的价值相当于应纳税款的商品、货物或者其他财产。

纳税人在前款规定的限期内缴纳税款的，税务机关必须立即解除税收保全措施；限期期满仍未缴纳税款的，经县以上税务局(分局)局长批准，税务机关可以书面通知纳税人开户银行或者其他金融机构从其冻结的存款中扣缴税款，或者依法拍卖或者变卖所扣押、查封的商品、货物或者其他财产，以拍卖或者变卖所得抵缴税款。

个人及其所扶养家属维持生活必需的住房和用品，不在税收保全措施的范围之内。

第三十九条 纳税人在限期内已缴纳税款，税务机关未立即解除税收保全措施，使纳税人的合法利益遭受损失的，税务机关应当承担赔偿责任。

第四十条 从事生产、经营的纳税人、扣缴义务人未按照规定的期限缴纳或者解缴税款，纳税担保人未按照规定的期限缴纳所担保的税款，由税务机关责令限期缴纳，逾期仍未缴纳的，经县以上税务局(分局)局长批准，税务机关可以采取下列强制执行措施：

(一) 书面通知其开户银行或者其他金融机构从其存款中扣缴税款；

(二) 扣押、查封、依法拍卖或者变卖其价值相当于应纳税款的商品、货物或者其他财产，以拍卖或者变卖所得抵缴税款。

税务机关采取强制执行措施时，对前款所列纳税人、扣缴义务人、纳税担保人未缴纳的滞纳金同时强制执行。

个人及其所扶养家属维持生活必需的住房和用品，不在强制执行措施的范围之内。

第四十一条 本法第三十七条、第三十八条、第四十条规定的采取税收保全措施、强制执行措施的权力，不得由法定的税务机关以外的单位和个人行使。

第四十二条 税务机关采取税收保全措施和强制执行措施必须依照法定权限和法定程序，不得查封、扣押纳税人个人及其所扶养家属维持生活必需的住房和用品。

第四十三条 税务机关滥用职权违法采取税收保全措施、强制执行措施，或者采取税收保全措施、强制执行措施不当，使纳税人、扣缴义务人或者纳税担保人的合法权益遭受损失的，应当依法承担赔偿责任。

第四十四条 欠缴税款的纳税人或者他的法定代表人需要出境的，应当在出境前向税务机关结清应纳税款、滞纳金或者提供担保。未结清税款、滞纳金，又不提供担保的，税务机关可以通知出境管理机关阻止其出境。

第四十五条 税务机关征收税款，税收优先于无担保债权，法律另有规定的除外；纳税人欠缴的税款发生在纳税人以其财产设定抵押、质押或者纳税人的财产被留置之前的，税收应当先于抵押权、质权、留置权执行。

纳税人欠缴税款，同时又被行政机关决定处以罚款、没收违法所得的，税收优先于罚款、没收违法所得。

税务机关应当对纳税人欠缴税款的情况定期予以公告。

第四十六条 纳税人有欠税情形而以其财产设定抵押、质押的，应当向抵押权人、质权人说明其欠税情况。抵押权人、质权人可以请求税务机关提供有关的欠税情况。

第四十七条 税务机关扣押商品、货物或者其他财产时，必须开付收据；查封商品、货物或者其他财产时，必须开付清单。

第四十八条 纳税人有合并、分立情形的，应当向税务机关报告，并依法缴清税款。纳税人合并时未缴清税款的，应当由合并后的纳税人继续履行未履行的纳税义务；纳税人分立时未缴清税款的，分立后的纳税人对未履行的纳税义务应当承担连带责任。

第四十九条 欠缴税款数额较大的纳税人在处分其不动产或者大额资产之前，应当向税务机关报告。

第五十条 欠缴税款的纳税人因怠于行使到期债权，或者放弃到期债权，或者无偿转让财产，或者以明显不合理的低价转让财产而受让人知道该情形，对国家税收造成损害的，税务机关可以依照合同法第七十三条、第七十四条的规定行使代位权、撤销权。

税务机关依照前款规定行使代位权、撤销权的，不免除欠缴税款的纳税人尚未履行的纳税义务和应承担的法律责任。

第五十一条 纳税人超过应纳税额缴纳的税款，税务机关发现后应当立即退还；纳税人自结算缴纳税款之日起三年内发现的，可以向税务机关要求退还多缴的税款并加算银行同期存款利息，税务机关及时查实后应当立即退还；涉及从国库中退库的，依照法律、行政法规有关国库管理的规定退还。

第五十二条 因税务机关的责任，致使纳税人、扣缴义务人未缴或者少缴税款的，税务机关在三年内可以要求纳税人、扣缴义务人补缴税款，但是不得加收滞纳金。

因纳税人、扣缴义务人计算错误等失误，未缴或者少缴税款的，税务机关在三年内可以追征税款、滞纳金；有特殊情况的，追征期可以延长到五年。

对偷税、抗税、骗税的，税务机关追征其未缴或者少缴的税款、滞纳金或者所骗取的税款，不受前款规定期限的限制。

第五十三条 国家税务局和地方税务局应当按照国家规定的税收征收管理范围和税款入库预算级次，将征收的税款缴入国库。

对审计机关、财政机关依法查出的税收违法行为，税务机关应当根据有关机关的决定、意见书，依法将应收的税款、滞纳金按照税款入库预算级次缴入国库，并将结果及时回复有关机关。

第四章　税务检查

第五十四条 税务机关有权进行下列税务检查：

（一）检查纳税人的账簿、记账凭证、报表和有关资料，检查扣缴义务人代扣代缴、代收代缴税款账簿、记账凭证和有关资料；

（二）到纳税人的生产、经营场所和货物存放地检查纳税人应纳税的商品、货物或者其他财产，检查扣缴义务人与代扣代缴、代收代缴税款有关的经营情况；

（三）责成纳税人、扣缴义务人提供与纳税或者代扣代缴、代收代缴税款有关的文件、证明材料和有关资料；

（四）询问纳税人、扣缴义务人与纳税或者代扣代缴、代收代缴税款有关的问题和情况；

（五）到车站、码头、机场、邮政企业及其分支机构检查纳税人托运、邮寄应纳税商品、货物或者其他财产的有关单据、凭证和有关资料；

（六）经县以上税务局(分局)局长批准，凭全国统一格式的检查存款账户许可证明，查询从事生产、经营的纳税人、扣缴义务人在银行或者其他金融机构的存款账户。税务机关在调查税收违法案件时，经设区的市、自治州以上税务局(分局)局长批准，可以查询案件涉嫌人员的储蓄存款。税务机关查询所获得的资料，不得用于税收以外的用途。

第五十五条 税务机关对从事生产、经营的纳税人以前纳税期的纳税情况依法进行税务检查时，发现纳税人有逃避纳税义务行为，并有明显的转移、隐匿其应纳税的商品、货物以及其他财产或者应纳税的收入的迹象的，可以按照本法规定的批准权限采取税收保全措施或者强制执行措施。

第五十六条 纳税人、扣缴义务人必须接受税务机关依法进行的税务检查，如实反映情况，提供有关资料，不得拒绝、隐瞒。

第五十七条 税务机关依法进行税务检查时，有权向有关单位和个人调查纳税人、扣缴义务人和其他当事人与纳税或者代扣代缴、代收代缴税款有关的情况，有关单位和个人有义务向税务机关如实提供有关资料及证明材料。

第五十八条 税务机关调查税务违法案件时，对与案件有关的情况和资料，可以记录、录音、录像、照相和复制。

第五十九条 税务机关派出的人员进行税务检查时，应当出示税务检查证和税务检查通知书，并有责任为被检查人保守秘密；未出示税务检查证和税务检查通知书的，被检查人有权拒绝检查。

第五章 法律责任

第六十条 纳税人有下列行为之一的，由税务机关责令限期改正，可以处二千元以下的罚款；情节严重的，处二千元以上一万元以下的罚款：

（一）未按照规定的期限申报办理税务登记、变更或者注销登记的；

（二）未按照规定设置、保管账簿或者保管记账凭证和有关资料的；

（三）未按照规定将财务、会计制度或者财务、会计处理办法和会计核算软件报送税务机关备查的；

（四）未按照规定将其全部银行账号向税务机关报告的；

（五）未按照规定安装、使用税控装置，或者损毁或者擅自改动税控装置的。

纳税人不办理税务登记的，由税务机关责令限期改正；逾期不改正的，经税务机关提请，由工商行政管理机关吊销其营业执照。

纳税人未按照规定使用税务登记证件，或者转借、涂改、损毁、买卖、伪造税务登记证件的，处二千元以上一万元以下的罚款；情节严重的，处一万元以上五万元以下的罚款。

第六十一条　扣缴义务人未按照规定设置、保管代扣代缴、代收代缴税款账簿或者保管代扣代缴、代收代缴税款记账凭证及有关资料的，由税务机关责令限期改正，可以处二千元以下的罚款；情节严重的，处二千元以上五千元以下的罚款。

第六十二条　纳税人未按照规定的期限办理纳税申报和报送纳税资料的，或者扣缴义务人未按照规定的期限向税务机关报送代扣代缴、代收代缴税款报告表和有关资料的，由税务机关责令限期改正，可以处二千元以下的罚款；情节严重的，可以处二千元以上一万元以下的罚款。

第六十三条　纳税人伪造、变造、隐匿、擅自销毁账簿、记账凭证，或者在账簿上多列支出或者不列、少列收入，或者经税务机关通知申报而拒不申报或者进行虚假的纳税申报，不缴或者少缴应纳税款的，是偷税。对纳税人偷税的，由税务机关追缴其不缴或者少缴的税款、滞纳金，并处不缴或者少缴的税款百分之五十以上五倍以下的罚款；构成犯罪的，依法追究刑事责任。

扣缴义务人采取前款所列手段，不缴或者少缴已扣、已收税款，由税务机关追缴其不缴或者少缴的税款、滞纳金，并处不缴或者少缴的税款百分之五十以上五倍以下的罚款；构成犯罪的，依法追究刑事责任。

第六十四条　纳税人、扣缴义务人编造虚假计税依据的，由税务机关责令限期改正，并处五万元以下的罚款。

纳税人不进行纳税申报，不缴或者少缴应纳税款的，由税务机关追缴其不缴或者少缴的税款、滞纳金，并处不缴或者少缴的税款百分之五十以上五倍以下的罚款。

第六十五条　纳税人欠缴应纳税款，采取转移或者隐匿财产的手段，妨碍税务机关追缴欠缴的税款的，由税务机关追缴欠缴的税款、滞纳金，并处欠缴税款百分之五十以上五倍以下的罚款；构成犯罪的，依法追究刑事责任。

第六十六条　以假报出口或者其他欺骗手段，骗取国家出口退税款的，由税务机关追缴其骗取的退税款，并处骗取税款一倍以上五倍以下的罚款；构成犯罪的，依法追究刑事责任。

对骗取国家出口退税款的，税务机关可以在规定期间内停止为其办理出口退税。

第六十七条　以暴力、威胁方法拒不缴纳税款的，是抗税，除由税务机关追缴其拒缴的税款、滞纳金外，依法追究刑事责任。情节轻微，未构成犯罪的，由税务机关追缴其拒缴的税款、滞纳金，并处拒缴税款一倍以上五倍以下的罚款。

第六十八条　纳税人、扣缴义务人在规定期限内不缴或者少缴应纳或者应解缴的税款，经税务机关责令限期缴纳，逾期仍未缴纳的，税务机关除依照本法第四十条的规定采取强制执行措施追缴其不缴或者少缴的税款外，可以处不缴或者少缴的税款百分之五十以上五倍以下的罚款。

第六十九条　扣缴义务人应扣未扣、应收而不收税款的，由税务机关向纳税人追缴税款，对扣缴义务人处应扣未扣、应收未收税款百分之五十以上三倍以下的罚款。

第七十条　纳税人、扣缴义务人逃避、拒绝或者以其他方式阻挠税务机关检查的，由税务机关责令改正，可以处一万元以下的罚款；情节严重的，处一万元以上五万元以下的罚款。

第七十一条 违反本法第二十二条规定，非法印制发票的，由税务机关销毁非法印制的发票，没收违法所得和作案工具，并处一万元以上五万元以下的罚款；构成犯罪的，依法追究刑事责任。

第七十二条 从事生产、经营的纳税人、扣缴义务人有本法规定的税收违法行为，拒不接受税务机关处理的，税务机关可以收缴其发票或者停止向其发售发票。

第七十三条 纳税人、扣缴义务人的开户银行或者其他金融机构拒绝接受税务机关依法检查纳税人、扣缴义务人存款账户，或者拒绝执行税务机关做出的冻结存款或者扣缴税款的决定，或者在接到税务机关的书面通知后帮助纳税人、扣缴义务人转移存款，造成税款流失的，由税务机关处十万元以上五十万元以下的罚款，对直接负责的主管人员和其他直接责任人员处一千元以上一万元以下的罚款。

第七十四条 本法规定的行政处罚，罚款额在二千元以下的，可以由税务所决定。

第七十五条 税务机关和司法机关的涉税罚没收入，应当按照税款入库预算级次上缴国库。

第七十六条 税务机关违反规定擅自改变税收征收管理范围和税款入库预算级次的，责令限期改正，对直接负责的主管人员和其他直接责任人员依法给予降级或者撤职的行政处分。

第七十七条 纳税人、扣缴义务人有本法第六十三条、第六十五条、第六十六条、第六十七条、第七十一条规定的行为涉嫌犯罪的，税务机关应当依法移交司法机关追究刑事责任。

税务人员徇私舞弊，对依法应当移交司法机关追究刑事责任的不移交，情节严重的，依法追究刑事责任。

第七十八条 未经税务机关依法委托征收税款的，责令退还收取的财物，依法给予行政处分或者行政处罚；致使他人合法权益受到损失的，依法承担赔偿责任；构成犯罪的，依法追究刑事责任。

第七十九条 税务机关、税务人员查封、扣押纳税人个人及其所扶养家属维持生活必需的住房和用品的，责令退还，依法给予行政处分；构成犯罪的，依法追究刑事责任。

第八十条 税务人员与纳税人、扣缴义务人勾结，唆使或者协助纳税人、扣缴义务人有本法第六十三条、第六十五条、第六十六条规定的行为，构成犯罪的，依法追究刑事责任；尚不构成犯罪的，依法给予行政处分。

第八十一条 税务人员利用职务上的便利，收受或者索取纳税人、扣缴义务人财物或者谋取其他不正当利益，构成犯罪的，依法追究刑事责任；尚不构成犯罪的，依法给予行政处分。

第八十二条 税务人员徇私舞弊或者玩忽职守，不征或者少征应征税款，致使国家税收遭受重大损失，构成犯罪的，依法追究刑事责任；尚不构成犯罪的，依法给予行政处分。

税务人员滥用职权，故意刁难纳税人、扣缴义务人的，调离税收工作岗位，并依法给予行政处分。

税务人员对控告、检举税收违法违纪行为的纳税人、扣缴义务人以及其他检举人进行打击报复的，依法给予行政处分；构成犯罪的，依法追究刑事责任。

税务人员违反法律、行政法规的规定，故意高估或者低估农业税计税产量，致使多征或者少征税款，侵犯农民合法权益或者损害国家利益，构成犯罪的，依法追究刑事责任；尚不构成犯罪的，依法给予行政处分。

第八十三条　违反法律、行政法规的规定提前征收、延缓征收或者摊派税款的，由其上级机关或者行政监察机关责令改正，对直接负责的主管人员和其他直接责任人员依法给予行政处分。

第八十四条　违反法律、行政法规的规定，擅自做出税收的开征、停征或者减税、免税、退税、补税以及其他同税收法律、行政法规相抵触的决定的，除依照本法规定撤销其擅自做出的决定外，补征应征未征税款，退还不应征收而征收的税款，并由上级机关追究直接负责的主管人员和其他直接责任人员的行政责任；构成犯罪的，依法追究刑事责任。

第八十五条　税务人员在征收税款或者查处税收违法案件时，未按照本法规定进行回避的，对直接负责的主管人员和其他直接责任人员，依法给予行政处分。

第八十六条　违反税收法律、行政法规应当给予行政处罚的行为，在五年内未被发现的，不再给予行政处罚。

第八十七条　未按照本法规定为纳税人、扣缴义务人、检举人保密的，对直接负责的主管人员和其他直接责任人员，由所在单位或者有关单位依法给予行政处分。

第八十八条　纳税人、扣缴义务人、纳税担保人同税务机关在纳税上发生争议时，必须先依照税务机关的纳税决定缴纳或者解缴税款及滞纳金或者提供相应的担保，然后可以依法申请行政复议；对行政复议决定不服的，可以依法向人民法院起诉。

当事人对税务机关的处罚决定、强制执行措施或者税收保全措施不服的，可以依法申请行政复议，也可以依法向人民法院起诉。

当事人对税务机关的处罚决定逾期不申请行政复议也不向人民法院起诉、又不履行的，做出处罚决定的税务机关可以采取本法第四十条规定的强制执行措施，或者申请人民法院强制执行。

第六章　附　　则

第八十九条　纳税人、扣缴义务人可以委托税务代理人代为办理税务事宜。

第九十条　耕地占用税、契税、农业税、牧业税征收管理的具体办法，由国务院另行制定。

关税及海关代征税收的征收管理，依照法律、行政法规的有关规定执行。

第九十一条　中华人民共和国同外国缔结的有关税收的条约、协定同本法有不同规定的，依照条约、协定的规定办理。

第九十二条　本法施行前颁布的税收法律与本法有不同规定的，适用本法规定。

第九十三条　国务院根据本法制定实施细则。

第九十四条　本法自 2001 年 5 月 1 日起施行。

附录F　人民币银行结算账户管理办法

中国人民银行令〔2003〕第5号

第一章　总　　则

第一条　为规范人民币银行结算账户(以下简称银行结算账户)的开立和使用，加强银行结算账户管理，维护经济金融秩序稳定，根据《中华人民共和国中国人民银行法》和《中华人民共和国商业银行法》等法律法规，制定本办法。

第二条　存款人在中国境内的银行开立的银行结算账户适用本办法。

本办法所称存款人，是指在中国境内开立银行结算账户的机关、团体、部队、企业、事业单位、其他组织(以下统称单位)、个体工商户和自然人。

本办法所称银行，是指在中国境内经中国人民银行批准经营支付结算业务的政策性银行、商业银行(含外资独资银行、中外合资银行、外国银行分行)、城市信用合作社、农村信用合作社。

本办法所称银行结算账户，是指银行为存款人开立的办理资金收付结算的人民币活期存款账户。

第三条　银行结算账户按存款人分为单位银行结算账户和个人银行结算账户。

(一) 存款人以单位名称开立的银行结算账户为单位银行结算账户。单位银行结算账户按用途分为基本存款账户、一般存款账户、专用存款账户、临时存款账户。

个体工商户凭营业执照以字号或经营者姓名开立的银行结算账户纳入单位银行结算账户管理。

(二) 存款人凭个人身份证件以自然人名称开立的银行结算账户为个人银行结算账户。

邮政储蓄机构办理银行卡业务开立的账户纳入个人银行结算账户管理。

第四条　单位银行结算账户的存款人只能在银行开立一个基本存款账户。

第五条　存款人应在注册地或住所地开立银行结算账户。符合本办法规定可以在异地(跨省、市、县)开立银行结算账户的除外。

第六条　存款人开立基本存款账户、临时存款账户和预算单位开立专用存款账户实行核准制度，经中国人民银行核准后由开户银行核发开户登记证。但存款人因注册验资需要开立的临时存款账户除外。

第七条　存款人可以自主选择银行开立银行结算账户。除国家法律、行政法规和国务院规定外，任何单位和个人不得强令存款人到指定银行开立银行结算账户。

第八条　银行结算账户的开立和使用应当遵守法律、行政法规，不得利用银行结算账户进行偷逃税款、逃废债务、套取现金及其他违法犯罪活动。

第九条　银行应依法为存款人的银行结算账户信息保密。对单位银行结算账户的存款和有关资料，除国家法律、行政法规另有规定外，银行有权拒绝任何单位或个人查询。对个人银行结算账户的存款和有关资料，除国家法律另有规定外，银行有权拒绝任何单位或个人查询。

第十条　中国人民银行是银行结算账户的监督管理部门。

第二章　银行结算账户的开立

第十一条　基本存款账户是存款人因办理日常转账结算和现金收付需要开立的银行结算账户。下列存款人，可以申请开立基本存款账户：

（一）企业法人。

（二）非法人企业。

（三）机关、事业单位。

（四）团级(含)以上军队、武警部队及分散执勤的支(分)队。

（五）社会团体。

（六）民办非企业组织。

（七）异地常设机构。

（八）外国驻华机构。

（九）个体工商户。

（十）居民委员会、村民委员会、社区委员会。

（十一）单位设立的独立核算的附属机构。

（十二）其他组织。

第十二条　一般存款账户是存款人因借款或其他结算需要，在基本存款账户开户银行以外的银行营业机构开立的银行结算账户。

第十三条　专用存款账户是存款人按照法律、行政法规和规章，对其特定用途资金进行专项管理和使用而开立的银行结算账户。对下列资金的管理与使用，存款人可以申请开立专用存款账户：

（一）基本建设资金。

（二）更新改造资金。

（三）财政预算外资金。

（四）粮、棉、油收购资金。

（五）证券交易结算资金。

（六）期货交易保证金。

（七）信托基金。

（八）金融机构存放同业资金。

（九）政策性房地产开发资金。

（十）单位银行卡备用金。

（十一）住房基金。

（十二）社会保障基金。

（十三）收入汇缴资金和业务支出资金。

（十四）党、团、工会设在单位的组织机构经费。

（十五）其他需要专项管理和使用的资金。

收入汇缴资金和业务支出资金，是指基本存款账户存款人附属的非独立核算单位或派出机构发生的收入和支出的资金。

因收入汇缴资金和业务支出资金开立的专用存款账户，应使用隶属单位的名称。

第十四条 临时存款账户是存款人因临时需要并在规定期限内使用而开立的银行结算账户。有下列情况的，存款人可以申请开立临时存款账户：

（一）设立临时机构。

（二）异地临时经营活动。

（三）注册验资。

第十五条 个人银行结算账户是自然人因投资、消费、结算等而开立的可办理支付结算业务的存款账户。有下列情况的，可以申请开立个人银行结算账户：

（一）使用支票、信用卡等信用支付工具的。

（二）办理汇兑、定期借记、定期贷记、借记卡等结算业务的。

自然人可根据需要申请开立个人银行结算账户，也可以在已开立的储蓄账户中选择并向开户银行申请确认为个人银行结算账户。

第十六条 存款人有下列情形之一的，可以在异地开立有关银行结算账户：

（一）营业执照注册地与经营地不在同一行政区域（跨省、市、县）需要开立基本存款账户的。

（二）办理异地借款和其他结算需要开立一般存款账户的。

（三）存款人因附属的非独立核算单位或派出机构发生的收入汇缴或业务支出需要开立专用存款账户的。

（四）异地临时经营活动需要开立临时存款账户的。

（五）自然人根据需要在异地开立个人银行结算账户的。

第十七条 存款人申请开立基本存款账户，应向银行出具下列证明文件：

（一）企业法人，应出具企业法人营业执照正本。

（二）非法人企业，应出具企业营业执照正本。

（三）机关和实行预算管理的事业单位，应出具政府人事部门或编制委员会的批文或登记证书和财政部门同意其开户的证明；非预算管理的事业单位，应出具政府人事部门或编制委员会的批文或登记证书。

（四）军队、武警团级（含）以上单位以及分散执勤的支（分）队，应出具军队军级以上单位财务部门、武警总队财务部门的开户证明。

（五）社会团体，应出具社会团体登记证书，宗教组织还应出具宗教事务管理部门的批文或证明。

（六）民办非企业组织，应出具民办非企业登记证书。

（七）外地常设机构，应出具其驻在地政府主管部门的批文。

（八）外国驻华机构，应出具国家有关主管部门的批文或证明；外资企业驻华代表处、办事处应出具国家登记机关颁发的登记证。

（九）个体工商户，应出具个体工商户营业执照正本。

（十）居民委员会、村民委员会、社区委员会，应出具其主管部门的批文或证明。

（十一）独立核算的附属机构，应出具其主管部门的基本存款账户开户登记证和批文。

（十二）其他组织，应出具政府主管部门的批文或证明。

本条中的存款人为从事生产、经营活动纳税人的，还应出具税务部门颁发的税务登记证。

第十八条 存款人申请开立一般存款账户，应向银行出具其开立基本存款账户规定的证明文件、基本存款账户开户登记证和下列证明文件：

（一）存款人因向银行借款需要，应出具借款合同。

（二）存款人因其他结算需要，应出具有关证明。

第十九条 存款人申请开立专用存款账户，应向银行出具其开立基本存款账户规定的证明文件、基本存款账户开户登记证和下列证明文件：

（一）基本建设资金、更新改造资金、政策性房地产开发资金、住房基金、社会保障基金，应出具主管部门批文。

（二）财政预算外资金，应出具财政部门的证明。

（三）粮、棉、油收购资金，应出具主管部门批文。

（四）单位银行卡备用金，应按照中国人民银行批准的银行卡章程的规定出具有关证明和资料。

（五）证券交易结算资金，应出具证券公司或证券管理部门的证明。

（六）期货交易保证金，应出具期货公司或期货管理部门的证明。

（七）金融机构存放同业资金，应出具其证明。

（八）收入汇缴资金和业务支出资金，应出具基本存款账户存款人有关的证明。

（九）党、团、工会设在单位的组织机构经费，应出具该单位或有关部门的批文或证明。

（十）其他按规定需要专项管理和使用的资金，应出具有关法规、规章或政府部门的有关文件。

第二十条 合格境外机构投资者在境内从事证券投资开立的人民币特殊账户和人民币结算资金账户纳入专用存款账户管理。其开立人民币特殊账户时应出具国家外汇管理部门的批复文件，开立人民币结算资金账户时应出具证券管理部门的证券投资业务许可证。

第二十一条 存款人申请开立临时存款账户，应向银行出具下列证明文件：

（一）临时机构，应出具其驻在地主管部门同意设立临时机构的批文。

（二）异地建筑施工及安装单位，应出具其营业执照正本或其隶属单位的营业执照正本，以及施工及安装地建设主管部门核发的许可证或建筑施工及安装合同。

（三）异地从事临时经营活动的单位，应出具其营业执照正本以及临时经营地工商行政管理部门的批文。

（四）注册验资资金，应出具工商行政管理部门核发的企业名称预先核准通知书或有关部门的批文。

本条第二、三项还应出具其基本存款账户开户登记证。

第二十二条 存款人申请开立个人银行结算账户，应向银行出具下列证明文件：

（一）中国居民，应出具居民身份证或临时身份证。

（二）中国人民解放军军人，应出具军人身份证件。

（三）中国人民武装警察，应出具武警身份证件。

（四）香港、澳门居民，应出具港澳居民往来内地通行证；台湾居民，应出具台湾居民来往大陆通行证或者其他有效旅行证件。

（五）外国公民，应出具护照。

（六）法律、法规和国家有关文件规定的其他有效证件。

银行为个人开立银行结算账户时，根据需要还可要求申请人出具户口簿、驾驶执照、护照等有效证件。

第二十三条　存款人需要在异地开立单位银行结算账户，除出具本办法第十七条、十八条、十九条、二十一条规定的有关证明文件外，应出具下列相应的证明文件：

（一）经营地与注册地不在同一行政区域的存款人，在异地开立基本存款账户的，应出具注册地中国人民银行分支行的未开立基本存款账户的证明。

（二）异地借款的存款人，在异地开立一般存款账户的，应出具在异地取得贷款的借款合同。

（三）因经营需要在异地办理收入汇缴和业务支出的存款人，在异地开立专用存款账户的，应出具隶属单位的证明。

属本条第二、三项情况的，还应出具其基本存款账户开户登记证。

存款人需要在异地开立个人银行结算账户，应出具本办法第二十二条规定的证明文件。

第二十四条　单位开立银行结算账户的名称应与其提供的申请开户的证明文件的名称全称相一致。有字号的个体工商户开立银行结算账户的名称应与其营业执照的字号相一致；无字号的个体工商户开立银行结算账户的名称，由“个体户”字样和营业执照记载的经营者姓名组成。自然人开立银行结算账户的名称应与其提供的有效身份证件中的名称全称相一致。

第二十五条　银行为存款人开立一般存款账户、专用存款账户和临时存款账户的，应自开户之日起3个工作日内书面通知基本存款账户开户银行。

第二十六条　存款人申请开立单位银行结算账户时，可由法定代表人或单位负责人直接办理，也可授权他人办理。

由法定代表人或单位负责人直接办理的，除出具相应的证明文件外，还应出具法定代表人或单位负责人的身份证件；授权他人办理的，除出具相应的证明文件外，还应出具其法定代表人或单位负责人的授权书及其身份证件，以及被授权人的身份证件。

第二十七条　存款人申请开立银行结算账户时，应填制开户申请书。开户申请书按照中国人民银行的规定记载有关事项。

第二十八条　银行应对存款人的开户申请书填写的事项和证明文件的真实性、完整性、合规性进行认真审查。

开户申请书填写的事项齐全，符合开立基本存款账户、临时存款账户和预算单位专用存款账户条件的，银行应将存款人的开户申请书、相关的证明文件和银行审核意见等开户资料报送中国人民银行当地分支行，经其核准后办理开户手续；符合开立一般存款账户、其他专用存款账户和个人银行结算账户条件的，银行应办理开户手续，并于开户之日起5个工作日内向中国人民银行当地分支行备案。

第二十九条　中国人民银行应于2个工作日内对银行报送的基本存款账户、临时存款账户和预算单位专用存款账户的开户资料的合规性予以审核，符合开户条件的，予以核准；不符合开户条件的，应在开户申请书上签署意见，连同有关证明文件一并退回报送银行。

第三十条　银行为存款人开立银行结算账户，应与存款人签订银行结算账户管理协议，明确双方的权利与义务。除中国人民银行另有规定的以外，应建立存款人预留签章卡片，并将签章式样和有关证明文件的原件或复印件留存归档。

第三十一条 开户登记证是记载单位银行结算账户信息的有效证明，存款人应按本办法的规定使用，并妥善保管。

第三十二条 银行在为存款人开立一般存款账户、专用存款账户和临时存款账户时，应在其基本存款账户开户登记证上登记账户名称、账号、账户性质、开户银行、开户日期，并签章。但临时机构和注册验资需要开立的临时存款账户除外。

第三章 银行结算账户的使用

第三十三条 基本存款账户是存款人的主办账户。存款人日常经营活动的资金收付及其工资、奖金和现金的支取，应通过该账户办理。

第三十四条 一般存款账户用于办理存款人借款转存、借款归还和其他结算的资金收付。该账户可以办理现金缴存，但不得办理现金支取。

第三十五条 专用存款账户用于办理各项专用资金的收付。

单位银行卡账户的资金必须由其基本存款账户转账存入。该账户不得办理现金收付业务。

财政预算外资金、证券交易结算资金、期货交易保证金和信托基金专用存款账户不得支取现金。

基本建设资金、更新改造资金、政策性房地产开发资金、金融机构存放同业资金账户需要支取现金的，应在开户时报中国人民银行当地分支行批准。中国人民银行当地分支行应根据国家现金管理的规定审查批准。

粮、棉、油收购资金、社会保障基金、住房基金和党、团、工会经费等专用存款账户支取现金应按照国家现金管理的规定办理。

收入汇缴账户除向其基本存款账户或预算外资金财政专用存款户划缴款项外，只收不付，不得支取现金。业务支出账户除从其基本存款账户拨入款项外，只付不收，其现金支取必须按照国家现金管理的规定办理。

银行应按照本条的各项规定和国家对粮、棉、油收购资金使用管理规定加强监督，对不符合规定的资金收付和现金支取，不得办理。但对其他专用资金的使用不负监督责任。

第三十六条 临时存款账户用于办理临时机构以及存款人临时经营活动发生的资金收付。

临时存款账户应根据有关开户证明文件确定的期限或存款人的需要确定其有效期限。存款人在账户的使用中需要延长期限的，应在有效期限内向开户银行提出申请，并由开户银行报中国人民银行当地分支行核准后办理展期。临时存款账户的有效期最长不得超过2年。

临时存款账户支取现金，应按照国家现金管理的规定办理。

第三十七条 注册验资的临时存款账户在验资期间只收不付，注册验资资金的汇缴人应与出资人的名称一致。

第三十八条 存款人开立单位银行结算账户，自正式开立之日起3个工作日后，方可办理付款业务。但注册验资的临时存款账户转为基本存款账户和因借款转存开立的一般存款账户除外。

第三十九条 个人银行结算账户用于办理个人转账收付和现金存取。下列款项可以转入个人银行结算账户：

（一）工资、奖金收入。

（二）稿费、演出费等劳务收入。

（三）债券、期货、信托等投资的本金和收益。

（四）个人债权或产权转让收益。

（五）个人贷款转存。

（六）证券交易结算资金和期货交易保证金。

（七）继承、赠予款项。

（八）保险理赔、保费退还等款项。

（九）纳税退还。

（十）农、副、矿产品销售收入。

（十一）其他合法款项。

第四十条　单位从其银行结算账户支付给个人银行结算账户的款项，每笔超过5万元的，应向其开户银行提供下列付款依据：

（一）代发工资协议和收款人清单。

（二）奖励证明。

（三）新闻出版、演出主办等单位与收款人签订的劳务合同或支付给个人款项的证明。

（四）证券公司、期货公司、信托投资公司、奖券发行或承销部门支付或退还给自然人款项的证明。

（五）债权或产权转让协议。

（六）借款合同。

（七）保险公司的证明。

（八）税收征管部门的证明。

（九）农、副、矿产品购销合同。

（十）其他合法款项的证明。

从单位银行结算账户支付给个人银行结算账户的款项应纳税的，税收代扣单位付款时应向其开户银行提供完税证明。

第四十一条　有下列情形之一的，个人应出具本办法第四十条规定的有关收款依据。

（一）个人持出票人为单位的支票向开户银行委托收款，将款项转入其个人银行结算账户的。

（二）个人持申请人为单位的银行汇票和银行本票向开户银行提示付款，将款项转入其个人银行结算账户的。

第四十二条　单位银行结算账户支付给个人银行结算账户款项的，银行应按第四十条、第四十一条规定认真审查付款依据或收款依据的原件，并留存复印件，按会计档案保管。未提供相关依据或相关依据不符合规定的，银行应拒绝办理。

第四十三条　储蓄账户仅限于办理现金存取业务，不得办理转账结算。

第四十四条　银行应按规定与存款人核对账务。银行结算账户的存款人收到对账单或对账信息后，应及时核对账务并在规定期限内向银行发出对账回单或确认信息。

第四十五条　存款人应按照本办法的规定使用银行结算账户办理结算业务。

存款人不得出租、出借银行结算账户，不得利用银行结算账户套取银行信用。

第四章 银行结算账户的变更与撤销

第四十六条 存款人更改名称，但不改变开户银行及账号的，应于5个工作日内向开户银行提出银行结算账户的变更申请，并出具有关部门的证明文件。

第四十七条 单位的法定代表人或主要负责人、住址以及其他开户资料发生变更时，应于5个工作日内书面通知开户银行并提供有关证明。

第四十八条 银行接到存款人的变更通知后，应及时办理变更手续，并于2个工作日内向中国人民银行报告。

第四十九条 有下列情形之一的，存款人应向开户银行提出撤销银行结算账户的申请：

（一）被撤并、解散、宣告破产或关闭的。

（二）注销、被吊销营业执照的。

（三）因迁址需要变更开户银行的。

（四）其他原因需要撤销银行结算账户的。

存款人有本条第一、二项情形的，应于5个工作日内向开户银行提出撤销银行结算账户的申请。

本条所称撤销是指存款人因开户资格或其他原因终止银行结算账户使用的行为。

第五十条 存款人因本办法第四十九条第一、二项原因撤销基本存款账户的，存款人基本存款账户的开户银行应自撤销银行结算账户之日起2个工作日内将撤销该基本存款账户的情况书面通知该存款人其他银行结算账户的开户银行；存款人其他银行结算账户的开户银行，应自收到通知之日起2个工作日内通知存款人撤销有关银行结算账户；存款人应自收到通知之日起3个工作日内办理其他银行结算账户的撤销。

第五十一条 银行得知存款人有本办法第四十九条第一、二项情况，存款人超过规定期限未主动办理撤销银行结算账户手续的，银行有权停止其银行结算账户的对外支付。

第五十二条 未获得工商行政管理部门核准登记的单位，在验资期满后，应向银行申请撤销注册验资临时存款账户，其账户资金应退还给原汇款人账户。注册验资资金以现金方式存入，出资人需提取现金的，应出具缴存现金时的现金缴款单原件及其有效身份证件。

第五十三条 存款人尚未清偿其开户银行债务的，不得申请撤销该账户。

第五十四条 存款人撤销银行结算账户，必须与开户银行核对银行结算账户存款余额，交回各种重要空白票据及结算凭证和开户登记证，银行核对无误后方可办理销户手续。存款人未按规定交回各种重要空白票据及结算凭证的，应出具有关证明，造成损失的，由其自行承担。

第五十五条 银行撤销单位银行结算账户时应在其基本存款账户开户登记证上注明销户日期并签章，同时于撤销银行结算账户之日起2个工作日内，向中国人民银行报告。

第五十六条 银行对一年未发生收付活动且未欠开户银行债务的单位银行结算账户，应通知单位自发出通知之日起30日内办理销户手续，逾期视同自愿销户，未划转款项列入久悬未取专户管理。

第五章 银行结算账户的管理

第五十七条 中国人民银行负责监督、检查银行结算账户的开立和使用，对存款人、银行违反银行结算账户管理规定的行为予以处罚。

第五十八条 中国人民银行对银行结算账户的开立和使用实施监控和管理。

第五十九条 中国人民银行负责基本存款账户、临时存款账户和预算单位专用存款账户开户登记证的管理。

任何单位及个人不得伪造、变造及私自印制开户登记证。

第六十条 银行负责所属营业机构银行结算账户开立和使用的管理，监督和检查其执行本办法的情况，纠正违规开立和使用银行结算账户的行为。

第六十一条 银行应明确专人负责银行结算账户的开立、使用和撤销的审查和管理，负责对存款人开户申请资料的审查，并按照本办法的规定及时报送存款人开销户信息资料，建立健全开销户登记制度，建立银行结算账户管理档案，按会计档案进行管理。

银行结算账户管理档案的保管期限为银行结算账户撤销后10年。

第六十二条 银行应对已开立的单位银行结算账户实行年检制度，检查开立的银行结算账户的合规性，核实开户资料的真实性；对不符合本办法规定开立的单位银行结算账户，应予以撤销。对经核实的各类银行结算账户的资料变动情况，应及时报告中国人民银行当地分支行。

银行应对存款人使用银行结算账户的情况进行监督，对存款人的可疑支付应按照中国人民银行规定的程序及时报告。

第六十三条 存款人应加强对预留银行签章的管理。单位遗失预留公章或财务专用章的，应向开户银行出具书面申请、开户登记证、营业执照等相关证明文件；更换预留公章或财务专用章时，应向开户银行出具书面申请、原预留签章的式样等相关证明文件。个人遗失或更换预留个人印章或更换签字人时，应向开户银行出具经签名确认的书面申请，以及原预留印章或签字人的个人身份证件。银行应留存相应的复印件，并凭以办理预留银行签章的变更。

第六章 罚　　则

第六十四条 存款人开立、撤销银行结算账户，不得有下列行为：

（一）违反本办法规定开立银行结算账户。

（二）伪造、变造证明文件欺骗银行开立银行结算账户。

（三）违反本办法规定不及时撤销银行结算账户。

非经营性的存款人，有上述所列行为之一的，给予警告并处以1 000元的罚款；经营性的存款人有上述所列行为之一的，给予警告并处以1万元以上3万元以下的罚款；构成犯罪的，移交司法机关依法追究刑事责任。

第六十五条 存款人使用银行结算账户，不得有下列行为：

（一）违反本办法规定将单位款项转入个人银行结算账户。

（二）违反本办法规定支取现金。

（三）利用开立银行结算账户逃废银行债务。

（四）出租、出借银行结算账户。

（五）从基本存款账户之外的银行结算账户转账存入、将销货收入存入或现金存入单位信用卡账户。

（六）法定代表人或主要负责人、存款人地址以及其他开户资料的变更事项未在规定期限内通知银行。

非经营性的存款人有上述所列一至五项行为的，给予警告并处以 1 000 元罚款；经营性的存款人有上述所列一至五项行为的，给予警告并处以 5 000 元以上 3 万元以下的罚款；存款人有上述所列第六项行为的，给予警告并处以 1 000 元的罚款。

第六十六条 银行在银行结算账户的开立中，不得有下列行为：

（一）违反本办法规定为存款人多头开立银行结算账户。

（二）明知或应知是单位资金，而允许以自然人名称开立账户存储。

银行有上述所列行为之一的，给予警告，并处以 5 万元以上 30 万元以下的罚款；对该银行直接负责的高级管理人员、其他直接负责的主管人员、直接责任人员按规定给予纪律处分；情节严重的，中国人民银行有权停止对其开立基本存款账户的核准，责令该银行停业整顿或者吊销经营金融业务许可证；构成犯罪的，移交司法机关依法追究刑事责任。

第六十七条 银行在银行结算账户的使用中，不得有下列行为：

（一）提供虚假开户申请资料欺骗中国人民银行许可开立基本存款账户、临时存款账户、预算单位专用存款账户。

（二）开立或撤销单位银行结算账户，未按本办法规定在其基本存款账户开户登记证上予以登记、签章或通知相关开户银行。

（三）违反本办法第四十二条规定办理个人银行结算账户转账结算。

（四）为储蓄账户办理转账结算。

（五）违反规定为存款人支付现金或办理现金存入。

（六）超过期限或未向中国人民银行报送账户开立、变更、撤销等资料。

银行有上述所列行为之一的，给予警告，并处以 5 000 元以上 3 万元以下的罚款；对该银行直接负责的高级管理人员、其他直接负责的主管人员、直接责任人员按规定给予纪律处分；情节严重的，中国人民银行有权停止对其开立基本存款账户的核准，构成犯罪的，移交司法机关依法追究刑事责任。

第六十八条 违反本办法规定，伪造、变造、私自印制开户登记证的存款人，属非经营性的处以 1 000 元罚款；属经营性的处以 1 万元以上 3 万元以下的罚款；构成犯罪的，移交司法机关依法追究刑事责任。

第七章 附 则

第六十九条 开户登记证由中国人民银行总行统一式样，中国人民银行各分行、营业管理部、省会(首府)城市中心支行负责监制。

第七十条 本办法由中国人民银行负责解释、修改。

第七十一条 本办法自 2003 年 9 月 1 日起施行。1994 年 10 月 9 日中国人民银行发布的《银行账户管理办法》同时废止。

参 考 文 献

[1] 中国会计学会编写组. 财经法规与会计职业道德[M]. 北京:经济科学出版社,2009.

[2] 高翠莲,胡晋青. 财经法规与会计职业道德[M]. 北京:北京师范大学出版社,2011.

习　题　集

目　录

第一章　会计法规综述

一、名词解释

1. 国家统一的会计制度

2. 会计规章

3. 会计机构

4. 代理记账

二、填空题

1. 会计法律法规主要包括：__________、__________、__________、__________、__________、__________、__________、__________。

2. 会计法规是国家权力机关和行政机关制定的各种__________的总称，包括__________、__________、__________等。

3. 历代封建法典中都对会计作出过具体规定，如__________、__________、__________、__________等。

4. 1949～1953 年城市公私合营时期，财政部先后颁布了__________、__________、__________、__________、__________等规章，初步建立了全国统一的会计制度，完成了历史上会计制度的转变。

5. 1978～1992 年是我国会计法规体系__________的时期。1985 年 1 月我国颁布了__________。1992 年年底，我国第一次颁布了__________，并陆续制定和颁布了十几个行业会计核算制度。至此，以《会计法》__________初步形成了。

6. 1993 年后，我国会计法规体系进入了逐步完善时期。1993 年 12 月和 1999 年 10 月__________修订了《会计法》。2006 年 2 月 15 日财政部对《企业会计准则》进行了修订。修订后的__________自__________起正式施行。

7. 会计行为可分为__________、__________、__________三方面。

8. 会计资料是记录会计核算过程的结果和__________，是反映单位__________和经济成果、评价经营业绩、进行投资决策的__________，包括业务发生或完成时取得的具有法律效力的__________、__________、__________、__________和其他会计资料。

9. 会计法规的特征，是会计法规本质属性的反映。具体表现为会计的__________、__________、__________、__________。

10. 会计职能包括__________和__________。会计监督是会计工作的基本职责之一，也是__________的基本职能，是我国经济监督体系的重要组成部分。会计监督以__________为依据，促使企事业单位在遵守国家法律法规的前提下进行经济活动。

11. 会计人员的管理主要包括对会计人员的__________、__________。根据《会计法》和有关法规的规定，财政部门负责__________管理、会计专业技术资格（职务）管理、会计人员评优表彰奖惩，以及会计人员__________等。

12. 会计是一项__________、__________很强的学科，客观上需要会计人员不断学习和掌握，并运用到实际工作中去，接受继续教育是会计人员的__________。

13. 会计人员继续教育的特点：一是__________，即针对不同对象确定不同的教育内容，采用不同的教育方式，解决实际问题；二是__________，即联系实际工作需要，学以致用；三是__________，即继续教育培训的内容、方法、形式等方面具有灵活性。

14. 电子计算机使用的会计软件应达到__________规定的会计软件的功能和__________。会计软件是否符合国家规定的核算要求和会计人员的习惯，是保证__________和正常会计工作秩序的前提。用电子计算机生成的会计资料应当符合国家__________的要求。

15. 会计核算软件设计应当__________我国法律、法规、规章的规定，保证__________合法、真实、准确、完整，有利于提高__________工作效率。

三、选择题

1. 代理记账从业人员应遵守下列(　　)规则。

A. 遵守会计法律、法规和国家统一的会计制度，依法履行职责

B. 对在执行业务中知悉的商业秘密，负有保密义务

C. 对委托人要求做假账的，应当拒绝

D. 对委托人提出的有关会计处理原则问题负有解释的责任

2. 《会计法》调整的对象是(　　)。

A. 财政关系　　B. 会计关系

C. 税务关系　　D. 投资关系

3. 《会计法》对会计人员的保护体现在(　　)。

A. 以单位负责人作为单位会计法律责任主体

B. 对优秀会计人员给予奖励

C. 任何人不得打击报复会计人员

D. 追究打击报复会计人员的法律责任

4. 在会计工作中广泛运用的会计规章是由(　　)制定的。

A. 国务院　　B. 财政部

C. 全国人民代表大会　　D. 国家税务总局

5. 会计人员继续教育的内容应该包括(　　)。

A. 会计理论与实务　　B. 财务、会计法规制度

C. 会计职业道德规范　　D. 会计电算化知识

四、判断题

1. 各单位必须根据会计业务的需要，设置会计机构，以保证会计工作的顺利进行。(　　)

2. 不具备设置会计机构和配备会计人员条件的，应当根据《会计法》，委托经批准设立的从事会计代理记账业务的中介机构代理记账。(　　)

3. 《会计法》虽然是法律的一种，但由于它是规范经济行为的一部法律，所以不具有统治性。(　　)

4. 会计工作者只要做到账务不出问题就可以了。(　　)

5. 因提供虚假财务会计报告，做假账，隐匿或者故意销毁会计凭证、会计账簿和财务会计报告，贪污、挪用公款以及职务侵占等与会计职务有关的违法行为，被依法追究刑事责任的人员，不得取得或者重新取得会计从业资格。(　　)

6. 未取得会计从业资格证书的人员，各单位不得任用其担任会计岗位工作。(　　)

7. 国家统一的会计制度很重要，只有全国人民代表大会及其常务委员会才有权制定。(　　)

8. 对认真执行《会计法》、忠于职守、坚持原则、做出显著成绩的会计人员，必须给予精神的或者物质的奖励。(　　)

9. 单位负责人应当保证会计人员依法履行职责，不得授意、指使、强令会计机构、会计人员违法办理会计事项。(　　)

10. 国有和国有资产占控股地位或主导地位的大、中型企业必须设置总会计师岗位。(　　)

11. 国务院财政部主管全国的会计工作。(　　)

12. 会计机构负责人办理交接手续，由单位负责人监交，必要时主管单位可以派人会同监交。(　　)

五、简答题

1. 会计的作用有哪些？

2. 会计行为包括哪些方面？

3. 会计法规的本质是什么？

4. 会计法规有哪些特征？

5. 我国会计规章的层次是怎样划分的？

6. 我国的会计体系是如何构成的？

7. 会计制度和会计准则的概念是什么？

8. 会计制度和会计准则有哪些区别？

9. 组织学习小组，分别查找资料按层次列举会计法规体系。

10. 设置会计机构的意义是什么？

11. 设置会计机构的原则是什么？

12. 为什么要设置代理记账机构？

13. 会计机构和会计人员的职责是什么？

14. 会计人员的基本职责有哪些？

15. 总会计师的权限是什么？

16. 什么是会计人员回避制度？

17. 会计从业资格管理机构怎样实施监督检查？

18. 简述会计人员的继续教育培训与管理。

19. 结合学校具体情况，说明会计人员继续教育的重要性。

20. 学习《会计法》，说明哪些经济业务事项应办理会计核算？

六、案例分析题

1. 检查人员在财务大检查中发现，某市科协自成立以来没有做账，所有单据都存放在资料柜里，对各种会费以便条作为凭据，上缴会费以内部收据留存。检查人员问及单位负责人时，他说："我们这样的单位，做不做账都无所谓。"

【问题】以上案例中单位负责人的说法错在哪里？

2. 某公司是一个效益不好的国有企业。公司经理张某在2020年8月上任，为了向上级部门展示自己的业绩，张经理指示财务部门将原本亏损200万元的账，设法做成盈利20万元的账。财务科科长领会其意后，很快做好。次年财务大检查时，被检查人员查出。当检查人员质问单位负责人及会计人员时，他们的回答是："我们都是为了公司""我们不这样做，就会下岗"。

【问题】（1）张经理错在哪里？

（2）财务人员应承担什么责任？

3. 山东省某市某单位是一个年财政拨款仅几十万元的事业单位。原财务科科长兼会计主管柏某，利用自己职务之便，私自购买现金支票。2019至2020年间，柏某先后私自动用现金支票作案十几起，截至案发时共贪污公款23.4万元，挪用公款12万元。2020年柏某被山东省某市中级人民法院依法判处无期徒刑，剥夺政治权利终身。

【问题】（1）该单位在内部会计控制方面存在哪些问题？

（2）会计主管柏某违反了哪些会计法律法规？

4. 某农科院院长与办公室主任、财务科科长等有关部门负责人去外地考察工作，从财务室借走现金50 000元。月底，财务室出纳员小李见领导回来后还未报账，便催促随从人员小刘报账，在审核单据时，小李发现其中有一张出差人自己写的字条，证明遗失了2张发票，金额为6 000元，但未写明所购物品的名称。小李依法拒绝不予报账。但当小李向财务科科长汇报时，财务科科长却说："现在是市场经济，有些事情该灵活的就灵活点儿，那些条子变通一下，补个手续报了吧！"小李见科长这样说，就没再坚持，将6 000元报给了小刘。

【问题】以上案例中，小李的做法是否正确？

5. 2021年2月，某公司为了加强经营管理，提高工作效率，经研究决定：①加强货款回收工作，允许公司销售部门及其销售人员直接收取货款。②加强预算管理，设立预算管理委员会，负责执行预算的目标和政策，批准年度预算方案，组织预算执行情况的分析、考核等。

【问题】从内部控制方法和内部牵制制度的角度，分析上述决定的不妥之处。

6. 某公司从外地购买了一批原材料，经办人员将收到的发票与实际支付款项进行核对时发现发票金额错误。于是，经办人员在原始凭证金额栏上进行了更改，并加盖了自己的印章，以此作为报销凭证。

【问题】通过学习《会计法》的有关章节，分析该公司经办人员的做法是否符合规定，并依据《会计法》说明理由。

7. 某冶金厂为了获得国家对大中型企业的优惠政策，2020 年申请要求将附近几家加工厂合并，组建大型加工企业，以便更好地开发当地有限的资源，享受国家更多的优惠政策。合并后，新的冶金厂资产达到 1.16 亿元，年销售额为 5 000 万元，达到了国家中型企业的标准。新企业组建后，成立了新的领导班子，原冶金厂的厂长任新厂厂长，合并进来的几家加工厂的厂长分别任新厂主管财务的副厂长、主管生产的副厂长、主管人事的副厂长，其他副职分别任各职能部门的负责人。原冶金厂的副厂长主管财务，享受副厂长待遇，业务能力强，又是会计师职称，因其他原因并没有进新的领导班子，经决定报政府批准，安排他担任总会计师，协助厂长抓经营。

【问题】结合案例，分析总会计师的地位和该企业机构设置的不合理之处。

8. 某医院财务科会计周某及门诊部收费员田某，利用职务之便相互勾结，采取门诊收入不入账、篡改门诊收入日报表、伪造门诊月度报表等手段共贪污公款 911 415.9 元（其中 21 000 元未遂），周某分得赃款 450 000 元，田某分得赃款 440 415.9元，被检察机关立案查处。由于周某、田某认罪态度较好，退赃积极，法院依法分别判处周某、田某有期徒刑 4 年。财政部门根据周某、田某的犯罪性质，吊销了他们的会计从业资格证书，并明确规定：不允许周某、田某重新领取或考取会计从业资格证书。

【问题】请分析该财政部门的处置是否合理合法？

9. 某企业新班子调整后，将会计科合并到企业管理办公室（以下简称企管办），任命企管办主任王某兼任会计主管。并为让王某尽快胜任会计工作，选派王某参加会计培训班。三个月后，王某取得了会计从业资格证书。原会计科出纳，即王某的女儿继续担任出纳工作，另一位会计人员继续担任会计工作。

【问题】分析该单位在设置会计机构、使用会计人员和会计岗位分配上是否符合法律要求？

10. 某机修厂会计人员小王脱产学习《企业会计准则》一个月，会计科科长指定出纳李某临时兼管债权债务账目的登记工作，但未办理会计工作交接手续。

【问题】上述做法有哪些不妥之处？

11. 某服装公司的经理，要求主管会计张某将收到的20万元服装款不做收入账处理，只做往来挂账。主管会计张某向他说明这样违反会计制度，会造成会计核算不真实。经理虽没再说什么，但在不久的岗位调整时，以张某年龄接近退休、身体欠佳为由，将主管会计张某调到保卫科负责门卫工作。

【问题】分析公司经理的做法是否正确？

12. 某市财政局在组织本局全体干部学习贯彻《会计法》的会议上，财政局局长李某讲了以下观点："按照《会计法》规定，我局管理全市的会计工作，这不只是权力，也是责任。所以，财政局所有干部要带头学好《会计法》，贯彻执行好《会计法》。"

【问题】对照《会计法》和有关法规，试问李某的观点哪些是错误的？

13. 某单位会计王某与接替者李某在财务科科长赵某的监交下办理了交接手续。次日，财政部门对该单位进行检查时，发现王某所记账目中有严重会计作假行为，而接替者李某并未发现这一问题。财政部门依据有关法规对单位进行处罚，并追究有关人员的责任。

【问题】试分析有关人员的责任。

14. 某公司总经理是该公司董事会成员。在一次董事会会议上，总经理针对公司会计工作不得力的现状说：“我作为公司总经理负责公司的经营管理，会计工作是经营管理工作的重要组成部分，为了保证会计信息的真实、完整，所有的经营业务事项都应当由我审批，以避免违反国家统一的会计制度的事情发生。”

【问题】试分析这样做是否符合会计法规的规定？

15. 某年3月，某县公路局计财股股长袁某因工作需要调任市公路局财务科任职，计财股股长职位由原副股长张某接替。由于袁某、张某共事多年，又是上下级关系，加之市公路局催着袁某上任，所以袁某做完3月份的会计报表后，将自己负责的总账结出余额，并在3月底余额处盖上自己的私章，移交给了张某，其他会计资料袁某则请张某帮助整理，移交手续轻松、随便。张某接替计财股股长工作后，某施工队老板李某前来结账，应付的工程款为73 350元，其中3 000元属于质量监理费，属应扣项目，但袁某移交时没注明扣除。张某见有利可图，便先付款项，然后私下向李某索要现金3 000元。李某认为这钱确实该扣，且以后还有很多工程结算有求于他，便把3 000元交给了张某，且没有索要收据，张某将3 000元占为己有。当年10月份，袁某带一个工作组对原来的单位进行检查，发现多付给李某3 000元，要求张某在下次结算时将此款项扣出来。此时恰好李某又来结算，袁某便问李某3 000元是怎么取走的。李某说：“那3 000元我取走后，张股长又要回来了”。袁某问到张某，张某说：“钱是追回来了，在我那里，忘记交了。”袁某根据张某的所作所为，建议县公路局及时追缴张某占为己有的3 000元，撤销张某的计财股股长职务，并给予必要的行政处分。

【问题】结合案例，说说会计工作交接时的规定及注意事项。

第二章　会计核算制度

一、名词解释

1. 会计凭证

2. 支票

3. 账簿

4. 对账

5. 财务会计报告

二、填空题

1.《会计法》第九条规定："各单位必须根据实际发生的__________进行会计核算，填制会计凭证，登记会计账簿，编制财务会计报告。任何单位不得以__________经济业务事项或者资料进行会计核算。"其目的是为了保证__________的真实性和可靠性。不具备建账条件的应当实行__________。

2. 会计记录文字，是在进行会计核算时，为记载经济业务发生情况和__________所体现的经济内涵而使用的文字。会计记录文字是进行会计核算和__________不可缺少的重要媒介，是会计资料的重要组成部分，因此，会计记录文字的使用必须__________。

3. 中华人民共和国自成立以来一直实行公历制会计年度，目的是为了与我国的__________、__________、__________相一致，以便国家的宏观经济管理。根据__________会计年度的规定，各单位应当自公历__________起至__________止进行会计核算，编报会计年度报表。

4. 会计年度，是以年度为单位进行会计核算的__________，是反映单位财务状况、核算经营成果的__________。

5. 记账本位币是指在日常登记账簿和编制财务会计报告时用以__________的货币。我国的法定货币是__________，在我国境内具有广泛的流通性。以人民币以外的货币为记账本位币的单位，在编制财务会计报告时，应当依据国家统一的会计制度的规定，按照一定的__________折算为人民币，也是我国__________的体现。

6. 原始凭证是企业、行政事业单位在经济业务发生或完成时__________的，用来进行会计核算且具有__________的原始__________。它可以为会计核算提供__________，并依此确定经办业务的部门和人员的法律责任及__________。

7. 记账凭证是会计人员根据审核无误的__________或汇总原始凭证，用来确定经济业务应借、应贷的__________和金额而填制的，作为登记账簿直接依据的__________。在登记账簿之前，应按实际发生经济业务的内容编制会计分录，然后据以登记账簿。在实际工作中，会计分录是通过填制__________来完成的。

8. 会计账簿简称__________，是由具有一定格式、相互联系的账页所组成的，用来__________、__________地全面记录一个企业、行政事业单位经济业务事项的__________。

9. 账簿按其用途分为__________、__________和__________三种。账簿按其外表形式分为__________、__________和__________三种。账簿按账页的格式分为__________、__________、__________和__________四种。

10. 会计账簿登记，必须以经过审核的__________为依据，并符合有关法律、行政法规和国家统一的__________的规定。

11. “银行”是指在中国境内经__________批准经营支付结算业务的政策性银行、商业银行、城市信用合作社、农村信用合作社等__________。单位银行结算账户，是指存款人以单位名称开立的__________。

12. 根据《票据法》的规定，票据是由__________签发的、约定自己或者__________在见票时或指定的日期向__________或持票人无条件支付一定金额的有价证券。票据具有信用、支付、汇总和结算等职能，票据的结算是__________的重要内容。

13. 支票是指出票人签发的，委托办理__________的银行或者其他金融机构在见票时__________确定的金额给收款人或者持票人的__________。支票的__________基本包括出票人、付款人和收款人。

14. 发票是指一切单位和个人在购销商品、提供劳务或接受服务以及从事其他经营活动时，所提供给对方的收付款的__________，是财务收支的__________，是会计核算的原始依据，也是审计机关、税务机关执法检查的__________。目前，我国使用的发票有__________、__________、__________三种。

15. 为了充分发挥财务会计报告的作用，让会计信息使用者清楚地了解企业的财务状况、经营成果和现金流量情况，尽可能准确地预测企业未来，财务会计报告应当根据记录完整、审核无误的账簿记录和其他有关资料编制，做到__________、__________、__________、__________。

三、选择题

1. 会计凭证按(　　)不同，可以分为原始凭证和记账凭证。

A. 填制方式　　B. 填制的程序和用途

C. 取得来源　　D. 反映经济内容的次数

2. 年度结账日是公历年度每年的(　　)。

A. 12 月 1 日　　B. 12 月 31 日

C. 下年度的 1 月 1 日　　D. 6 月 30 日

3. 能够提供企业某一类经济业务增减变化总括会计信息的账簿是(　　)。

A. 总账　　B. 明细账　　C. 序时账　　D. 备查账

4. 编制记账凭证时，对记账凭证所附原始凭证的张数(　　)。

A. 可以不反映

B. 是否反映由领导决定

C. 有的可以反映，有的不必反映

D. 必须反映

5. 月度、季度中期财务会计报告，通常包括(　　)。

A. 资产负债表　　B. 利润表

C. 资产负债表和利润表　　D. 现金流量表

6. 下列不是会计报表附注内容的是(　　)。

A. 重要会计政策和会计估计的说明

B. 企业合并、分立的说明

C. 关联方关系及其交易事项

D. 利润实现和分配情况

7. 在企业和银行双方记账均无错误的情况下，银行对账单与企业银行存款日记账的余额不一致的原因是(　　)。

A. 应付账款　　B. 外部存款　　C. 未达账项　　D. 应付账款

8. 出纳员每日业务终了对现金进行清点属于(　　)。

A. 全面清查和定期清查　　B. 局部清查和不定期清查

C. 局部清查和定期清查　　D. 全面清查和不定期清查

四、判断题

1. 各单位必须依法设置会计账簿，并保证会计账簿的真实、完整。　(　　)

2. 以虚假的经济业务事项或资料进行会计核算，是一种严重的违纪行为。　(　　)

3. 在我国，会计核算只能以人民币作为记账本位币，不得以外币记账。　(　　)

4. 从外单位取得的原始凭证，必须盖有填制单位的公章；从个人取得的原始凭证，必须有填制人员的签名或者盖章。（　　）

5. 各种记账凭证是由本单位会计部门填制的，因而是自制的原始凭证。（　　）

6. 在向不同的会计资料使用者提供财务会计报告时，根据重要性原则，可以采取不同的计算口径和编制依据，提供内容不同的财务会计报告。（　　）

7. 财务会计报告只需会计机构负责人签名盖章，无须单位负责人签章。（　　）

8. 企业的发票如有填写错误，应作废重填，作废发票可以任意销毁。（　　）

五、简答题

1. 记账凭证应如何编号？

2. 新成立的企业应该设置哪些会计账簿？

3. 什么是发票？如何领购发票？

4. 财务会计报告的构成是怎样的？

5. 会计核算的一般规定包括哪些内容？

6. 会计核算的内容有哪些？

7. 什么是原始凭证？填制原始凭证有哪些基本要求？

8. 填制记账凭证有哪些基本要求？

9. 什么是支票？支票结算包括哪些内容？

10. 财务会计报告编制前的准备工作有哪些？

11. 财产清查的范围有哪些？采用什么方法进行清查？

六、案例分析题

1. 某市财政局对总部设在韩国、分支机构设在我国的一家外国企业检查时发现，该企业成立两年来，按照我国会计制度的规定进行会计核算，平时申报纳税，向我国有关部门报送的会计报表也采用中文报送，但会计账簿记录所使用的文字却都是韩文。原来该企业的会计人员都是韩国人，他们认为《会计法》规定可以选定一种外国文字作为会计记录文字，于是就选择了熟悉的韩文作为会计记录文字，平时的申报纳税、报送的会计报表都临时请人翻译成中文。

【问题】这种做法对吗？如不对，违反了《会计法》哪一条的规定？

2. 某公司从电器商城购买了 10 台冷暖空调机，经办人员吴为购货后，持发票到财务处报账。出纳人员在审核发票时，发现发票金额大小写不符，不予报账。但经办人员却私自在原始凭证金额栏上进行了更改，并加盖了自己的印章，想以此作为报销凭证，如图 0-1 所示。

××市商业零售专用发票　　发票代码：112000402135

客户名称：某公司　　发 票 联　2020 年 7 月 2 日　　发票号码：00015678

品　　名	规　　格	数　　量	单　　位	单　　价	金　　额										
							百	十	万	千	百	十	元	角	分
冷暖空调机	LS-H235KH	10	台	1 480.00		吴为			1	4	8	0	0	0	0
合计人民币（大写）	佰⊗拾壹万肆仟捌佰零拾零元整角 分							¥	1	4	8	0	0	0	0

企业名称（盖章）：（略）　　会计：　　制单：张某

图 0-1　经办人更改后的商业零售专用发票

【问题】这样做合法吗？你认为应该怎样做？

3. 2020 年 8 月 10 日，甲公司收到一张应由甲公司与乙公司共同承担费用支出的原始凭证，甲公司会计人员张某以该原始凭证及应承担的费用进行账务处理，并保存该原始凭证。同时，应乙公司要求将该原始凭证复印件提供给乙公司用于账务处理。

【问题】这样的业务该如何处理？

4. 某公司在转型时外购了一批原材料，供货方上门催要金额为20万元的材料欠款。该公司在银行存款账户余额仅剩2万元的情况下，为了尽快将供货方“打发走”，就向供货方开出了一张20万元的转账支票。

【问题】该公司的做法是否违反了支票结算的管理规定？将受到什么惩罚？

5. 2020年4月，日照市地税局稽查局在发票专项检查工作中发现，日照市某路桥工程公司经理窦某于2019年公司注册成立后，为了谋取非法利益，一次领购日照市建筑业专用发票两本50份，从事建筑业发票的倒买倒卖活动。案发时，私自撕毁14份空白发票，其中卖给个体工程承包户高某4份，高某非法开具发票结算工程收入的463.41万元未足额缴纳税款。窦某等人倒买倒卖发票非法获利3.19万元。

【问题】窦某的行为是否触犯了法律规定？应受到什么惩罚？

6. 某公司是一家国有大型企业。在2020年12月公司召开的董事会上，董事长兼总经理胡某认为财务会计报告专业性很强，自己看不懂，以前在财务会计报告上签字盖章只是履行程序而已，意义不大。因此，以后公司对外报送的财务会计报告一律改由公司总会计师范某一人把关，范某签字盖章后就可以对外报出。

【问题】胡某的观点有无不妥之处？

7. 2020年2月，某市公安局接到A公司报案，A公司称查账时发现，2019年7月付给B公司一张金额为30 800元的转账支票，却被提走了830 800元。经查，B公司张某为受害单位进行设备防腐处理后，收到的转账支票上只有小写金额，遂在小写金额前加了个“8”，自己再填上大写金额，从而顺利地将款项划到自己账下。

【问题】根据原始凭证的填制要求，分析B公司张某能够得逞的原因。

8. 某国有企业职工张某和该企业财务处刘处长是密友，刘处长私下将10万元企业资金交给张某做生意。二人商定，获得的好处对半分成。当该厂厂长的儿子准备结婚时，刘处长用企业账外的资金购买了一条价值5 000元的项链，托张某送给厂长。后来，因为刘处长、张某做生意分钱不均，二人反目。张某觉得刘处长不够朋友，一气之下向有关部门反映了以下情况：上一年该厂亏损，厂长曾授意刘处长向上级主管部门报送盈利的会计报表，向税务部门报送亏损的会计报表。刘处长便向负责编表的会计人员王某转达了厂长的授意，王某按照刘处长的安排，编制了盈利10万元和亏损20万元的两套报表，分别送给上级主管部门和税务部门。上级主管部门接到检举材料后进行了处理。

【问题】请指出该案例违反了编制财务会计报告的哪些要求？哪些人应承担责任？还有哪些违反会计法规的行为？并说明理由。

9. 某集团有限公司拥有4个子公司，主要从事食品饮料制造、加工和销售。但该集团财务管理混乱，会计核算不规范，基础工作薄弱，会计信息严重失真。

该集团在编制年度会计报表时，将会计报表相关项目简单相加，汇总成集团的合并报表，造成资产、负债和所有者权益重复计算。其子公司将应计入损益的广告费等费用挂账，造成利润虚增436万元，还擅自将应摊销计入损益的长期待摊费用2 499万元转为对所属公司的投资核算，造成长期投资核算不实，虚增利润2 499万元。

与此同时，该集团与子公司自2019年以来基本未对账，母子公司账账不符情况突出。该集团超限额存放现金，在45万元的现金结存中有白条抵库32万元。现金收支的原始凭证上未加盖现金收、付讫章，现金日记账未做到日清月结。银行存款日记账的会计凭证无编号，无法进行账证核对。对发票管理既未设置发票领用登记簿，也未指定专人保管，造成发票存根丢失。

会计工作是一项专业技术性很强的工作，但该集团时任财务部经理不熟悉财会业务、政策。

【问题】该集团会计信息失真案例带给我们一些什么启示？

第三章 会计监督制度与档案管理

一、名词解释

1. 会计档案

2. 会计监督

3. 社会监督

4. 注册会计师

5. 会计法律责任

6. 行政责任

7. 刑事责任

二、填空题

1. 会计监督是指单位内部的会计机构和会计人员以及依法享有经济监督检查职权的政府有关部门和依法经批准成立的社会中介组织，对国家机关、社会团体、公司、企业、事业单位和其他组织的经济活动的__________、__________和会计资料的__________、__________以及本单位内部预算执行情况所进行的监督。

2. 《会计法》第三十四条规定：“依法对有关单位的会计资料实施检查的部门及其工作人员对在监督检查中知悉的__________和__________负有保密义务。”

3. 被监督检查单位在各监督检查部门依法履行监督职责和为了履行职责而采取法定措施时，应向其提供真实反映客观情况的__________和__________。

4. 建立健全单位内部会计监督制度，是贯彻执行__________、__________有序进行、完善__________体系的重要措施。

5. 风险按其形成原因分为__________和__________两大类。

6. 单位应当对货币资金收支和保管业务建立严格的授权批准制度，办理货币资金业务的__________岗位应当分离，相关机构和人员应当__________，以确保货币资金的安全。

7. 会计工作的政府监督，主要是指财政部门代表国家对各单位和单位中相关人员的会计行为实施__________，以及对发现的违法会计行为实施的__________。

8. 会计档案的特点有__________、__________、__________、__________。

9. 按载体形式，会计档案可划分为__________类、__________类、__________类和__________类。

10. 由于自然的和社会的各种原因，会计档案始终处于渐进性的自毁过程中，为延长会计档案的寿命，长远地利用它，必须采取保护措施，这就形成了__________的保管。

11. 对于保管期满但未结清__________的原始凭证和涉及其他未了事项的原始凭证，不得销毁，而应当单独抽出立卷，保管到未了事项__________时为止。

12. 单位之间交接会计档案的，交接双方应当办理会计档案__________手续。移交会计档案的单位，应当编制会计档案__________，列明应当移交的会计档案__________、__________、__________、__________和__________、__________、__________等内容。

13. 会计法律责任是指违反__________和其他相关法律的规定，实施会计违法行为，破坏正常的会计秩序的单位或个人根据法律规定应当承担的__________。

14. 根据我国法律的规定，违法者应当承担的法律责任按其性质，可分为__________、__________和__________三种形式。

15. 泄露国家秘密罪，国家机关工作人员违反《中华人民共和国保守国家秘密法》的规定，故意或过失泄露国家秘密，情节严重的，处__________年以下有期徒刑或拘役。

三、选择题

1. 根据《会计档案管理办法》的规定，会计档案保管期限的起算时间是(　　)。

A. 从立卷之日的次日算起

B. 从月度终了后的第一天算起

C. 从季度终了后的第一天算起

D. 从会计年度终了后的第一天算起

2. 保管期满不得销毁的会计档案有(　　)。

A. 未结清债权债务的原始凭证

B. 其他未了事项的原始凭证

C. 银行对账单

D. 建设单位在项目建设期间形成的会计档案

3. 出纳人员不得兼任(　　)工作。

A. 稽核　　　　　　　　　　　　B. 会计档案保管

C. 收支账目登记　　　　　　　　D. 债权债务账目登记

4. 对实物由专职的仓库保管员控制，设置封闭的仓库区域，是采取的(　　)的财产保全措施。

A. 财产保险　　B. 限制接近　　C. 定期盘点　　D. 记录保护

5. 某单位由出纳人员兼管稽核工作，这样做违反了(　　)。

A. 会计机构内部稽核制度　　　　B. 会计机构内部牵制制度

C. 会计岗位责任制的规定　　　　D. 会计监督制度的规定

6. 根据规定，各单位会计工作必须依照法律和国家有关规定接受政府监督。实施上述监督的政府机构包括(　　)。

A. 财政机关　　　　　　　　　　B. 审计机关

C. 税务机关　　　　　　　　　　D. 工商行政管理机关

7. 会计法规明确规定的行政处分主要有(　　)。

A. 降级　　B. 罚款　　C. 撤职　　D. 通报批评

8. 会计法律责任分为(　　)。

A. 会计行政责任　　　　　　　　B. 会计刑事责任

C. 会计民事责任　　　　　　　　D. 会计过失责任

9. 对参与违法行为的会计人员，由县级以上人民政府(　　)吊销其会计从业资格证书。

A. 工商部门　　B. 财政部门　　C. 税务部门　　D. 监察部门

10. 下列与会计职务相关的犯罪行为是(　　)。

A. 诈骗罪

B. 偷税罪

C. 打击报复会计、统计人员罪

D. 贪污罪

11. 根据《刑法》的规定，单位负责人对依法履行职责、抵制违反《会计法》规定行为的会计人员实行打击报复，情节恶劣且构成犯罪的，处以有期徒刑或者拘役。有期徒刑的刑期最高为(　　)年。

A. 1　　B. 3　　C. 5　　D. 7

12. 某公司的会计人员甲伪造会计账簿，尚不构成犯罪。根据《会计法》的规定，甲的违法行为的法律后果是(　　)。

A. 处以 3 000 元以上 5 万元以下的罚款

B. 处以 5 000 元以上 10 万元以下的罚款

C. 予以警告，并处以 3 000 元以上 5 万元以下的罚款

D. 予以警告，并处以 2 000 元以上 2 万元以下的罚款

四、判断题

1. 每年年终的会计工作总结应属于会计档案。 ( )

2. 省级以上机关应将永久保存的会计档案在本单位保管20年后，连同案卷目录和有关的检索工具及参考资料，移交给有关的档案馆。 ( )

3. 会计档案原件不得借出，如有特殊需要，必须经总会计师批准，在不拆散原卷册的情况下提供查阅或者复制，并办理登记手续。 ( )

4. 档案部门管理人员可以将需要拆封的会计档案自行拆封处理。 ( )

5. 对所有保管期满的会计档案，各单位可以自行决定销毁。 ( )

6. 财务专用章应由专人保管，个人名章由本人或其授权人员保管。严禁一人保管支付款项所需的全部印章。 ( )

7. 记账人员与经济业务或会计事项的审批人员、经办人员、财物保管人员的职责权限应当相互分离和制约。 ( )

8. 单位为加强内部资金管理，可另外设置会计账簿登记。 ( )

9. 财政部门有权对会计师事务所出具审计报告的程序和内容进行检查监督。 ( )

10. 会计人员受到打击报复后，予以法律救济，是会计人员应该得到的公正待遇，也是社会正义的体现。 ( )

五、简答题

1. 什么是会计档案？什么样的材料属于会计档案？

2. 怎样整理会计凭证？

3. 借阅会计档案的手续是什么？

4. 会计档案在销毁时应注意些什么？

5. 会计法规中规定的会计监督的权利和义务有哪些方面？

6. 会计人员在内部监督中的职责有哪些？

7. 什么是会计工作的政府监督？

8. 如何理解会计法律责任？

9. 在什么情况下，财政部门可以吊销会计人员的会计从业资格证书？

10. 会计档案整理包括哪些内容？

11. 单位建立健全内部会计监督制度需要符合哪些要求？

12. 货币资金监督检查的内容主要包括哪些方面？

13. 财政部门对各单位会计工作监督的内容有哪些？

14. 会计机构和会计人员出现违法行为后应承担什么法律责任？

15. 单位负责人出现违法行为后应承担什么法律责任？

六、案例分析题

1. 某市轻工业机械厂为适应市场经济发展的需要，与社会力量合股，改制为某股份有限公司，继续生产原有的传统产品，同时也积极研制新的产品以适应市场的需要。新公司由出资最多的李某担任董事长兼总经理。因办公室粉刷，办公室主任王某将老厂的会计凭证、账簿、报表打包放进了一个放置杂物的屋里锁了起来。

【问题】 该厂改制后，原有的会计档案应如何处理？

2. 2021 年 4 月，某公司会计王某休病假，公司一时找不到合适人选，决定由出纳李某兼任王某收入、费用账目的登记工作。该月，该公司对生产家具剩余的边角余料进行了处理，取得收入（含增值税）1 170 元，公司授意出纳李某将该笔收入在公司账册之外另行登记保管。

【问题】 李某兼任的工作合法吗？账外设账应承担什么法律责任？

3. 2021 年，某酒店计划在市内修建一座规模较大的川菜食府。工程预算总造价为 360 万元，内含装饰工程 150 万元。同年 6 月，该酒店与某建筑公司签订了关于修建川菜食府的基建工程合同，合同及其附件写明：只将土建部分分包给建筑公司，装饰工程另行分包，而工程造价却未将装饰工程部分剔除，仍按 360 万元总额包给建筑公司。这意味着建筑公司未干装饰工程的活，却可以拿到装饰工程 150 万元的造价款。幸亏审计部门挽救及时，不然如果严格执行合同，该酒店将白白送给建筑公司 150 万元。

【问题】 为什么会出现这样的问题，症结在哪里？

4. 2020 年，A 公司由于经营管理和市场方面的原因，经营业绩滑坡，需向银行贷款。公司负责人张某要求财务主管李某对该年度的财务数据进行调整，增加企业利润以助于公司的形象改进。李某组织公司会计人员王某以虚做营业额、隐瞒费用和成本开支等方法调整了公司财务数据。A 公司根据调整后的财务资料，于 2020 年 10 月贷款成功。

【问题】该公司及会计人员的违法行为应受到什么惩罚？

5. 陈某原系成都市青白江区某建筑公司财务科科长。2021 年该公司“老总”更替后，陈某被免职，因此心怀不满，在新任领导要求其办理移交账目手续时，陈某提出苛刻要求，在其要求未能得到满足的情况下，于 2021 年 3 月离开公司时拒不交账，并将 2019 ~ 2020 年的资产负债表及 2019 ~ 2020 年的总账、明细账共计 14 本和会计凭证 56 册隐匿于其住宅内。之后，该公司及其所在的区政府多次催促未果，使公司业务大受影响。

【问题】陈某的一时不满给自己带来了什么后果？

6. 管某是某发电厂原材料会计。2020 年 10 月，厂领导以提拔他去有独立法人资格的企业当财务负责人为名，要求他对 3 000 余万元资金做假账，但被管某断然拒绝。随后，管某向上级有关部门举报了该厂弄虚作假、骗取国家资金的事实。为此，管某被单位开除。后经其努力以及当地政府领导出面协调，管某与发电厂在地方法院调解书上签了字，调解书明确写明“恢复管某原工作”。然而发电厂却拒绝恢复其会计工作，管某最终被安排去看守发电厂的大门。

【问题】该发电厂的做法是一种什么行为？触犯了哪些法规？

7. 某单位的会计档案管理员在整理会计档案时，发现单位的部分年度财务会计报表已保存多年，从未被借阅过，于是将其收集起来卖了。

【问题】分析该行为是否正确？

8. 2021年5月，有关部门在对曾担任某大学财务处处长的侯某进行离任审计时，发现其有挪用900万元公款的重大嫌疑，遂对其展开侦查，并于2021年6月将其逮捕。检察机关查实，2019年7月，侯某的朋友称海润公司想从该大学借500万元，侯某便假冒该大学主管校长的签字，同海润公司签订了贷款合同。2019年8月，侯某以需要支付基建用款为名，在征得校领导同意后，从银行贷出500万元，并以“10%的年息、期限半年”等条件直接出借给海润公司。同年10月，侯某又用同样的手段，从银行贷出400万元借给海恩达科技发展中心。检察机关认为，侯某利用职务上的便利，以个人名义将本单位公款借出，供其他单位经营使用，已构成挪用公款罪。

【问题】侯某存在何种违法会计行为？他应承担什么法律责任？

9. 2020年3月，桂林市审计局派出审计组对曾某任期经济责任进行审计。发现其在财务管理上违反财务制度规定随意调账，造成资金去向不明；随意报账，且所报费用时间跨度大，3年前的费用也拿来报销；在原材料采购管理上，大宗材料采购权全由曾某一人包办，购销合同签订权、付款权以及原材料价格制定权也全由他一人掌管；在存货管理上，账实严重不符。审计组同时查明，其所在公司还存在虚开增值税专用发票、偷逃国家税款的违法行为。

审计组在掌握确凿证据的情况下，将曾某违法违纪的问题移送纪检部门，并积极协助检察机关对已移送的有关问题，进行更深层次的内查外调和核实。2021年8月12日，桂林市中级人民法院宣判曾某犯有贪污罪，贪污所在企业公款共计人民币76万元。

【问题】该企业在内部会计监督环节中存在什么问题？曾某的违法行为应承担什么法律责任？

第四章 财政法律制度

一、名词解释

1. 国家预算

2. 预算收入

3. 政府采购

4. 政府采购当事人

5. 采购代理机构

6. 邀请招标

二、填空题

1. 我国的国家预算，根据国家政权结构、行政区划的不同，可以分为________、________、________、________。

2. 预算收入包括________、________、________、________。

3. 预算组织程序包括________、________、________、________。

4. 政府采购的原则是________、________、________、________。

5. 国库单一账户体系的构成包括________、________、________、________。

6. 政府采购的当事人包括________、________、________。

7. 国家预算的作用有________、________、________。

8. 政府采购的对象包括________、________、________。

9. 根据我国《预算法》的规定，属于全国人民代表大会常务委员会负责的有________、________、________。

10. 对行政事业单位而言，____________是指单位为实现控制目标，通过制定制度、实施措施和执行程序，对经济活动的风险进行防范和管控。

11. 《会计法》规定，以________进行会计核算，是会计核算的重要前提，也是保证会计资料质量的关键。

三、单选题

1. 国家的基本财政计划是（　　）。

A. 国家预算　　B. 部门预算

C. 单位预算　　D. 流动预算

2. 以下各项中，不属于国家预算职能的是（　　）。

A. 分配　　B. 计划　　C. 调控　　D. 监督

3. 地方各级政府预算由（　　）组成。

A. 单位预算　　B. 地方总预算

C. 汇总下一级总预算　　D. 本级各部门（含直属单位）预算

4. 政府采购中主要的采购方式是（　　）。

A. 公开招标　　B. 邀请招标

C. 竞争性谈判　　D. 询价

5. 国库集中收付制度中集中收付的对象是（　　）。

A. 财政性资金　　B. 企业收入

C. 个人收入　　D. 基金性收入

6. 预算单位的结余资金按规定由（　　）核定。

A. 税务部门　　B. 审计部门

C. 财政部门　　D. 开户银行

7. 预算外资金专户在（　　）设立和使用。

A. 税务部门　　B. 审计部门

C. 开户银行　　D. 财政部门

8. 各级政府应当在每一预算年度至少（　　）次向本级人民代表大会或者其常务委员会作预算执行情况的报告（　　）。

A. 1　　B. 2　　C. 3　　D. 4

9. 不属于国务院财政部门预算管理职权的是（　　）。

A. 具体编制中央预算、决算草案

B. 具体编制中央和地方预算的执行

C. 具体组织本级总预算的执行

D. 具体编制中央预算的调整方案

10. 下列关于预算体系组成的表述，错误的是（　　）。

A. 地方预算由省、自治区、直辖市预算组成

B. 部门单位预算是指部门、单位的收支预算

C. 总预算包括本级预算和本级政府行政隶属的下一级政府的总预算

D. 预算组成不受限制，可随意编制

四、判断题

1. 《预算法》从 1995 年 1 月 1 日起施行。（　）

2. 各级预算应当实行收支平衡的原则。（　）

3. 我国国家预算不包括乡镇级预算。（　）

4. 预算收入分为中央预算收入、地方预算收入、中央和地方预算共享收入，预算支出分为中央预算支出和地方预算支出。（　）

5. 中央预算和地方各级政府预算按照单式预算编制。（　）

6. 各级预算由本级政府组织执行，具体工作由上级政府财政部门负责。（　）

7. 各级国库库款的支配权属于本级政府财政部门。（　）

8. 中央预算的调整方案必须提请全国人民代表大会审查和批准。（　）

9. 政府采购的主体，即采购人为国家机关、事业单位和团体组织。（　）

10. 政府采购实行集中采购和分散采购相结合。（　）

11. 各级人民政府财政部门是负责政府采购监督管理的部门。（　）

12. 财政收入的收缴分为直接缴库和集中缴库两种方式。（　）

13. 每一收支项目的数字指标必须运用科学的方法，依据充分确实的资料，并总结出规律性进行计算，不得假定、估算，更不能任意变造，体现了国家预算的完整性原则。（　）

14. 全国人民代表大会常务委员会无权撤销省、自治区、直辖市人民代表大会及其常务委员会制定的同宪法、法律和行政法规相抵触的关于预算、决算的地方性法规和决议。（　）

15. 各级政府决算批准后，财政部门应当向本级各部门批复决算。（　）

16. 中央预算和地方各级政府预算，进行编制时唯一参考依据是上一年预算执行情况。（　）

五、简答题

1. 简述我国预算法律制度的构成。

2. 简述我国政府采购法律制度的构成

3. 简述我国政府采购的原则。

4. 简述我国国库单一账户体系的构成。

5. 我国财政支出的支付方式有哪些？

六、案例分析题

某竞争性谈判采购，共有3家供应商参加。谈判过程中，谈判小组经过认真研究发现，原采购文件中提出的技术要求有较大偏差，为此，经与采购人代表现场商议，谈判小组当场将技术要求做了相应调整后，谈判小组经过比较，觉得3家参加谈判的供应商中，A和B的第一次报价较合理，C的价格偏高，因此，认定C的成交希望不大，决定将其排除。于是，谈判小组口头通知了A和B两家供应商关于技术要求的相应调整，并请他们重新报价，最后根据在满足配置服务的前提下价格最低的原则，确定B供应商成交，并当场宣布了采购结果。

【问题】该谈判小组的采购做法有无不妥？若C供应商认为自己的合法权益受到侵害，应该采取怎样的做法？

第五章 税务管理

一、名词解释

1. 税收管理体制

2. 税务管理

3. 纳税申报

4. 税收强制措施

5. 滞纳金

6. 关税

7. 保税货物

8. 合同备案

二、填空题

1. 增值税是以商品（含应税劳务）在流转过程中产生的________作为计税依据而征收的一种流转税。

2. 增值税分为________型增值税、________型增值税、________型增值税三种类型，我国目前实行的是________型增值税。

3. 消费税是指对________和________行为按消费流转额征收的一种商品税。一般可分为一般消费税和特别消费税。

4. 我国税款征收主要有________、________和________三种方式。

5. 因纳税人、扣缴义务人计算错误等失误，未缴或者少缴税款的，税务机关在________年内可以追征税款、滞纳金；有特殊情况的，追征期可以延长到________年。数额在________万元以上的，追征期可以延长到________年。

6. 关税是指国家对进出我国________或________的________和________征收

的一种税。

7. 退税是指纳税义务人或其代理人缴纳税款后，由海关依法退还________、________和________的行为。

8. 加工贸易保税货物进出口报关，与其他货物一样也要经过________、________、________、________或________四个阶段，由经营单位或其代理人申报。

9. 对符合规定的加工贸易合同，海关应当自接受企业备案申请之日起________个工作日内予以备案，并核发加工贸易登记手册或其他准予备案的凭证。

三、选择题

1. 税收管理权限包括(　　)。

A. 税收立法权　　B. 税收执法权

C. 税种的分类　　D. 税务机构的设置

2. 按税法的征收规定，下列不属于地方税务局系统负责征收和管理的税种有(　　)。

A. 营业税　　B. 房产税

C. 储蓄存款利息的个人所得税　　D. 个人所得税

3. 从事生产经营的纳税人应自领取(　　)内，向所在地主管税务机关办理税务登记。

A. 税务登记证之日起15日　　B. 税务登记证之日起30日

C. 营业执照之日起15日　　D. 营业执照之日起30日

4. 需要变更税务登记的情形有(　　)。

A. 改变纳税人名称或法定代表人的

B. 改变住所、经营地点的（不含改变主管税务机关的）

C. 改变经济性质或企业类型的

D. 改变职工工资待遇的

5. 纳税人在办理注销税务登记之前，应当向税务机关办理的手续包括(　　)。

A. 应当向税务机关结清应纳税款、滞纳金、罚款

B. 缴销发票

C. 交回税务登记证件

D. 交回其他税务证件

6. 下列项目中，不属于《税收征收管理法》规定的纳税申报形式的有(　　)。

A. 直接申报　　B. 邮寄申报　　C. 电话申报　　D. 数据电文

7. 查定征收方式适用于(　　)。

A. 财会制度健全并有专门办税人员的纳税人

B. 生产不固定，账册不健全的单位

C. 无记账条件，无法核实其销售收入或营业收入和所得额的个体或小型工商户纳税人

D. 小规模纳税人

8. 税务机关对纳税人采取的下列措施中属于税收保全措施的有(　　)。

A. 通知银行冻结纳税人相当于其应纳税额的存款

B. 通知纳税人开户行从其冻结的存款中扣缴税款

C. 扣押纳税人的价值相当于应纳税款的财产

D. 责令纳税人限期缴纳税款

9. 因纳税人、扣缴义务人计算错误等失误，未缴或者少缴税款的，税务机关在3年内可以追征税款、滞纳金；有特殊情况的，追征期可以延长到(　　)年。

A. 5　　B. 6　　C. 8　　D. 10

10. 纳税人未按照规定，非法转借、倒卖、变造或伪造税务登记证件的，处2 000元以上1万元以下的罚款；情节严重的，处以(　　)。

A. 1万元以上5万元以下罚款　　B. 1万元以上6万元以下罚款

C. 1万元以上8万元以下罚款　　D. 1万元以上10万元以下罚款

11. 纳税人不进行纳税申报，不缴或者少缴应纳税款的，由税务机关追缴其不缴或者少缴的税款、滞纳金，并处不缴或者少缴税款(　　)的罚款。

A. 50%以上3倍以下　　B. 50%以上5倍以下

C. 1倍以上3倍以下　　D. 1倍以上5倍以下

12. 进口关税的计税方法有(　　)。

A. 从量定额计税　　B. 从价定率计税

C. 核定税额计税

D. 从量定额和从价定率同时采用的复合计税

13. 下列法定免纳关税的进口货物有(　　)。

A. 进口科教用品

B. 海外华侨无偿赠送的物资

C. 无商业价值的广告品和货样

D. 无代价抵偿物

14. 关税的强制执行措施包括(　　)。

A. 征收关税滞纳金

B. 处以应纳关税税额1~5倍的罚款

C. 强制征收

D. 进出口货物变价抵税

15. 某服装加工厂与外商签订了一份加工服装出口合同，该厂报关员到海关办理该批合同的备案手续时，应向海关提交(　　)单证资料。

A. 加工贸易业务批准证
B. 加工贸易合同
C. 加工贸易登记手册
D. 加工贸易企业经营状况和生产能力证明

四、判断题

1. 税收立法权是各项税收管理权中最核心、最重要的权力。 （　　）

2. 海关系统负责征收和管理关税，还负责代征进口环节的增值税和消费税。 （　　）

3. 国家税务总局只对下属的国家税务局实行垂直管理，对地方税务局不进行指导性工作。 （　　）

4. 企业在外地设立分支机构和生产经营场所，由总机构办理统一税务登记，而分支机构不必办理税务登记手续。 （　　）

5. 纳税人申请停业期满，应及时恢复营业；如遇特殊情况，需延长停业时间，应在停业期满后向主管税务机关提交申请。 （　　）

6. 税务机关对税务登记证实行定期验证和换证制度。 （　　）

7. 纳税人、扣缴义务人自领取营业执照之日起 30 日内按照有关规定设置账簿，并根据合法、有效凭证记账进行核算。 （　　）

8. 对有逃避纳税义务的从事生产经营的纳税人适用税收保全措施的程序为：纳税担保在先，税收保全居中，责令限期缴税在后。 （　　）

9. 进口关税是当前世界各国所征关税最主要的一种，也是唯一的关税。 （　　）

10. 我国目前对进出口货物实行从量关税、复合关税和滑准关税。 （　　）

11. 纳税义务人自缴纳税款之日起 1 年内，可以申请退还关税，并应当自收到海关受理通知之日起 2 个月内办理有关退税手续。 （　　）

12. 经营加工贸易的企业可以是对外贸易经营企业，也可以是外商投资企业。 （　　）

13. 保税区内的货物可以在区内企业之间转让、转移，双方当事人就转让、转移事项无须向海关备案。 （　　）

五、简答题

1. 什么是税务登记？税务登记的种类有哪些？

2. 税收登记证有哪些用途？

3. 纳税申报的方式有哪几种？

4. 税款征收方式有哪几种？

5. 我国税款征收措施有哪些？

6. 偷税、欠税、骗税、抗税应承担怎样的法律责任？

7. 我国现行税收管理体制的行政权限是如何划分的？

8. 各级税务征管机构的主要职责是什么？

9. 简述如何办理开业税务登记。

10. 什么是纳税申报？纳税申报的对象和内容是如何规定的？

11. 在什么情况下，税务机关可以采取税收保全措施？

12. 违反税务管理规定的法律责任是什么？

13. 我国关税征收有哪些管理规定？

14. 什么是保税货物？简述保税货物报关的基本程序。

六、案例分析题

1. 现有下列纳税人：①有门面出租的行政事业单位。②收取培训费、咨询费的社会团体。③从事生产经营活动的事业单位。④个体工商户。⑤已作税务登记的企业在外地新设的经营场所。⑥只代扣代缴个人所得税的学校。⑦只缴纳个人所得税的自然人。⑧已办理税务登记的纳税人临时外出经营。

【问题】上述纳税人是否要进行税务登记以及登记时间是什么时候？

2. 现有下列纳税人：①私人砖瓦厂，专营建筑土砖的生产销售，没有账簿，没有资金进出记录。②服装一条街上的某个体工商户，常年在此经营，但无账簿记录。③某增值税一般纳税人。④水果贩运商人贩运水果来本地销售。

【问题】上述纳税人应采用怎样的方式征收税款？

3. 某企业3月份应纳税额为50万元，在规定的纳税期限4月1日—10日（4月10日为星期六）内已缴纳30万元，剩余20万元未缴。4月13日税务机关发出催缴通知，限其在4月28日以前将3月份的20万元税款缴清，该企业于5月2日缴纳了税款20万元。

【问题】该企业应缴纳的滞纳金是多少?

4. 2021年6月税务人员在进行税收检查时发现，2020年3月5日一部分纳税人委托税务机关代开的增值税专用发票上的增值税额3 000元，误写成了300元，造成少缴税款2 700元。

【问题】这笔税款该怎样追征?

5. 税务机关2021年7月6日获悉，某私营企业6月份欠税50万元，业主现正与另一企业洽谈出售其主要生产设备和办公设备等事宜，且业主已办好出国手续。

【问题】对于纳税人的上述行为，税务机关应如何处理?

6. 某私营工业企业生产润滑油，于2020年4月10日办理工商营业执照登记，在未办理税务登记的情况下，于同年4月20日擅自伪造税务登记证件达一年半之久，同年5月10日开始生产产品。经群众举报，某市国家税务局稽查局对其进行了纳税检查。经查实，该企业上述违法行为属实，而且未按规定设置账簿，账目混乱、账证不全，拒不配合检查。自2020年5月至2021年10月末共销售润滑油600桶，实现销售收入（含税价）150万元，并使用非法购买的伪造普通发票75份。

【问题】国家税务局稽查局应如何处理?

7. 2021年8月，某市地方税务局接到国家税务总局转去的一封群众举报信，反映该市某船务公司在经营过程中截留大量收入，偷逃国家税款。经查，该船务公司采取不列、少列船上收入的手段，将船上服务收入378.3万元和截留票款33.2万元直接计入小金库，未申报纳税。2019～2020年期间对收取代收费用2 343.3万元未如实申报，并以购置燃油和支付维修费的名义套取现金273.1万元，此外还利用虚假评估虚增固定资产原值，从而多提折旧，少计应纳税所得额，少缴企业所得税。2021年3月31日人民法院最终认定该船务公司偷逃企业所得税总额为842.86万元。

【问题】上述船务公司的行为是否构成偷税罪？将如何处罚？

8. 2021年7月，深圳市地方税务局对深圳市廷苑酒店进行立案稽查。该公司是一家集餐饮、旅游、娱乐、桑拿于一体的综合性酒店。经核实，2019年至2021年6月，该酒店主要采用设置“真假两套账”方式进行虚假纳税申报，偷逃国家税款。即会计人员先按正常的会计核算程序归集原始凭证、填制记账凭证、登记入账、制作报表，形成一套反映酒店真实经营情况的“真账”；然后从“真账”里抽取一部分原始凭证，再制作一套“假账”向税务机关申报纳税。从而隐瞒销售收入，未申报缴纳企业所得税、城市维护建设税、教育费附加及文化事业建设费等，合计3 411万元。

【问题】分析深圳市地方税务局对廷苑酒店应做出怎样的处罚？

9. 2021年7月，王某在某县工商局办理了临时营业执照从事服装经营，但未向税务机关申请办理税务登记。9月，被该县税务所查处，核定王某应缴纳税款300元，限其于次日缴清税款。王某在限期内未缴纳税款，并对核定的税款提出异议，税务所不听其申辩，直接扣押了其价值400元的一件服装。扣押后王某仍未缴纳税款，税务所遂将服装以300元的价格销售给内部职工，用以抵缴税款。

【问题】对王某的行为应如何处理？该县税务所的执法行为有无不妥之处？

10. 某县有关部门对某县新华食品有限公司侵吞国有资产等违纪问题进行查处时发现，2019年年初至2020年年底期间，该公司设立账外账、隐匿收入，涉嫌偷税，遂移交该县地方税务局。2021年1月，该县地方税务局稽查局依法对该单位进行了专案检查。经查实，2019～2020年经营期间，该单位采取设立账外账隐匿收入、虚假纳税申报的手段，将收取的下属食品站租赁费、房屋租赁费等195.7万元隐匿在账外进行单独核算，少申报缴纳城市维护建设税、房产税、企业所得税、土地使用税、印花税等共计69.66万元。该县地方税务局稽查局依法做出追缴税款、加收滞纳金并处罚款的税务处理决定，但该单位在规定的时间内未按期缴纳税款及罚款。

【问题】根据上述事实，该县地方税务局是否应采取强制执行措施？是否要追究其刑事责任？

11. 某外贸公司与日本签订2万件女睡衣加工合同。合同规定外商无偿提供面料及全部辅料。中方按外方要求组织生产，在最后一批原辅料运抵后6个月内交付成品，外商以信用证方式支付加工费。

【问题】在向海关办理登记备案时，该公司应向海关递交哪些文件？

第六章 会计职业道德概述

一、名词解释

1. 道德

2. 职业道德

3. 会计职业道德

4. 会计职业道德的特征

二、填空题

1. 道德是以法律为保障并依靠________、________和________来维系的，是调整________、________关系的行为规范的总和。

2. 道德包括三层含义：第一是________，第二是________，第三是________。

3. 职业道德的主要内容有：________、________、________、________、________、________、________。

4. 职业道德的特征有________、________、________、________、________。

5. 会计职业道德是指在________中应遵循的、体现会计________的、调整会计职业关系的________和________。

6. 可以从三个层面理解企业文化：外层是企业________；中层是企业________；内层是企业________。三个层面中，物质文化是________，制度文化是________，精神文化是________和________。企业文化是企业成功的关键之一。

7. 会计法规是用来规范会计人员职业行为的一系列法律、法规和政府规章的统称，是为了________会计行为、________会计资料真实完整和________市场经济秩序必须严格执行的相关法规。

8. 会计法规的表现形式是________、________、________的成文条例。

9. 规章制度是________会计人员行为的具体依据，对会计人员的行为起到________和________的作用。

10. 会计行业组织必须制定相关的规章制度，当组织会员违反会计职业道德要求时，会计行业组织可以根据行业________的规定，对其会员予以公开谴责，直至________的惩罚。

三、选择题

1. 下列有关道德的三层含义说法正确的有(　　)。

A. 道德是一定经济关系的产物

B. 道德是一种行为规范，属于社会规范范畴

C. 道德是一种行为规范，不属于社会规范范畴

D. 道德不靠法律强制执行

2. 会计法规与会计职业道德的区别包括(　　)。

A. 性质不同　　B. 表现形式不同

C. 推行机制不同　　D. 作用范围和方式不同

3. 会计职业道德建设中，地方财政部门采取的有力的监督措施包括(　　)。

A. 制定明确的规章制度　　B. 建立科学的管理机制

C. 搞好宣传教育　　D. 加大执法力度

4. 会计行业组织实施职业道德惩戒，其程序可以分为(　　)阶段。

A. 调查、分析和确认事实　　B. 等待时机

C. 做出决定　　D. 确定适用规则条款

四、判断题

1. 道德是由一定的社会关系决定的，是一定社会经济、政治、文化和自然环境的诸要素及其相互关系的客观反映。(　　)

2. 道德存在于社会生活中，是一定经济关系的产物，是一种行为规范，属于行为规范中的社会规范的范畴。(　　)

3. 道德是由一定的社会经济基础所决定，并为一定的社会经济基础服务。永恒不变的、适用于一切时代的、一切阶级的道德是没有的。(　　)

4. 从业者如果想在职业活动中取得事业的成功，必须具备良好的职业知识；否则，成功一定与他无缘。(　　)

5. 企业为了生存与发展制定相应的职业道德规范来约束从业者的职业行为，这就是职业道德具有行业差别的特殊规定性。(　　)

6. 职业道德建设是企业文化建设的重要组成部分，因此，良好的企业文化一定会带给企业经济效益。(　　)

7. 会计职业道德允许个人和各经济主体获取合法的自身利益，但反对通过损害国家和社会公众利益而获取违法利益。(　　)

8. “常在河边走，就是不湿鞋”是会计坚持廉洁奉公的原则。(　　)

9. 人的道德修养包括道德认知、道德情感、道德意志和道德信念。(　　)

五、简答题

1. 职业道德的本质是什么？

2. 职业道德的特征是什么？

3. 什么是道德？通过你身边的案例说说为什么道德是做人的根本道理。

4. 理解职业道德的含义，说说作为一名中职生在今后的社会工作中应如何培养良好的职业道德习惯。

5. 谈谈企业文化对企业发展的影响。

6. 什么是会计职业道德？会计职业道德有哪些特征？

7. 会计职业道德的基本原则是什么？

六、案例分析题

1. 在校园所有的违纪行为中，考试作弊所占的比例是最高的。据对某所重点中职学校不同年级、不同学科的786名学生的抽样调查，有3.04%的学生承认“有作弊行为，曾被行政处分”；有27.76%的学生承认“有作弊行为，未被发现”；还有10.65%的学生承认“有作弊企图，但由于种种原因未能付诸实施”。被调查者中，9.51%的人认为考试作弊是“正常现象”，52.09%的人认为“可以理解”。学生持“人家作弊，自己不作弊吃亏”心理而作弊的占12.56%；为了“拿高分，获取奖学金”而作弊的占8.37%；“碍于情面，无法拒绝”的占9.51%；其余的大多数是抱着“与其坐以待毙，不如铤而走险”的心理而作弊的。

【问题】（1）你认为作弊是否反映了一个人的道德品质？为什么？

（2）考试是学生生活的一个重要组成部分，遵守考场纪律也是中职生修身的重要内容，你认为应如何防止作弊现象的发生？

2. 某股份有限公司会计王某不仅熟悉会计电算化业务，而且对利用现代信息技术手段加强经营管理颇有研究。2020年，王某向公司总经理建议，开辟网上业务洽谈，并实行优惠的折扣政策。公司采纳了王某的建议，王某协助业务人员进行网上业务洽谈，克服了客户之间不便面谈的影响，当期销售额保持了快速增长。会计王某的行为体现了参与管理的会计职业道德。

【问题】王某的行为符合会计职业道德规范的哪项内容？

3. 香港著名实业家、金利来集团有限公司原董事局主席曾宪梓先生在浙江大学给学生做报告时说：“我的成功经验归结起来，就是‘勤俭+诚信+智慧=成功’。勤，就是勤奋、勤劳；俭，就是节俭、节约；诚，就是以诚相待，这是广交朋友的秘诀；信，就是言出必行。”

【问题】曾宪梓先生的一席话讲出了一个什么道理？

4. 某中职学校毕业生甲、乙二人同在一个公司上班，二人关系很好。某日上午，甲对乙说：“我出去买一件上衣，经理问你时就说我接到一个电话有急事刚走。”乙照办了。过了一段时间，甲上班时又无故离岗，并告诉乙，如果经理查岗不要告知实情，乙又照办了。第二天，公司将二人一起辞退。

【问题】（1）上述事例中甲、乙二人，由于什么原因而被公司辞退？

（2）他们违反了职业道德规范中的哪项内容？

5. 某中职学校毕业生小李风尘仆仆地赶到一家招聘单位，走进门后没有见到负责招聘的工作人员，等了一会儿，被告知主持面试的人外出吃饭还没有回来，他只好静静地站在那里等待。环顾四周，他发现在满地纸屑的办公室里，公司老总正在和人谈论醉酒的趣闻，其他人有的在翻看报纸，有的在玩计算机，有的在接待顾客，还有个顾客正在要求退货。见到此景，小李即刻离开了该公司。

【问题】（1）根据案例所描述的某公司的办公环境谈谈你的看法。

（2）该公司存在哪些问题？

第七章　会计职业道德规范与奖惩机制

一、名词解释

1. 爱岗敬业

2. 诚实守信

3. 提高技能

二、填空题

1. 爱岗敬业是职业道德的________，是会计人员干好本职工作的________，是应具备的________。

2. 爱岗敬业要求会计人员热爱会计工作，树立良好的________和________。同时在工作中要争做行家里手，避免出现________、________、________的不良行为。

3. 我国素有“一诺千金”和“人无信不立”之说，这是会计职业道德规范中的________原则。

4. 诚实守信是做人的基本准则，是________，是________，是________。

5. 廉洁自律是________前提，是会计职业道德的________，同时也是会计人员的________。

6. 客观公正就是要求会计人员________，________，________，________，保持会计工作应有的________。________是会计人员职业道德的灵魂，也是会计工作最主要的职业行为。

7. 坚持原则的基本要求有________、________、________。

8. 参与管理的基本要求有________、________、________、________。

9. 会计职业道德检查与奖惩机制的建立是一个复杂的系统工程，需要政府部门、行业组织、有关单位的积极参与，运用________、________、________、________等综合治理手段。

10. 会计专业技术资格考试管理机构在组织报名时，应对参加报名的会计人员职业道德情况进行________。对有不遵循会计职业道德记录的，应________。

11. 《会计法》规定：“对认真执行本法，忠于职守，坚持原则，做出显著成绩的会计人员，给予________的或者________的奖励。”

三、选择题

1. 会计职业道德规范的基本内容包括(　　)。

A. 爱岗敬业、诚实守信　　B. 廉洁自律、客观公正

C. 坚持原则　　D. 提高技能

E. 参与管理　　F. 强化服务

2. 按照《会计从业资格管理办法》的规定，财政部门应当对(　　)实施监督检查。

A. 从事会计工作的人员持有会计从业资格证书并注册登记情况

B. 持证人员从事会计工作和执行国家统一的会计制度情况

C. 持证人员遵守会计职业道德情况

D. 持证人员接受继续教育情况

3. 会计职业道德奖惩机制包括(　　)。

A. 奖励机制　　B. 评价机制　　C. 审查机制　　D. 惩罚机制

四、判断题

1. 爱岗敬业是会计人员干好本职工作的基础和条件，是其应具备的基本道德素质。(　　)

2. 会计人员不能消极被动地记账、算账和报账，要从账房先生、簿记人员的传统观念中解放出来。这种做法是会计职业道德规范中的“参与管理”。(　　)

3. 会计人员在审核凭证时应坚持“八审八看”。八审是指审“经济业务内容”、审“抬头”、审“填制日期相近”、审“用途”、审“财务签章”、审“金额”、审“大、小写”和审“脸面”。(　　)

五、简答题

1. 诚实守信、爱岗敬业、坚持原则的基本要求各是什么？

2. 提高会计人员基本技能的基本要求是什么？

3. 作为会计人员如何做到客观公正？

4. 会计人员应如何树立爱岗敬业、诚实守信的会计职业道德规范？

5. 会计人员在工作中为何要做到“理万金分文不沾”“常在河边走，就是不湿鞋”？

六、案例分析题

2020年11月，某公司因产品销售不畅，新产品研发受阻，财会部预测公司本年度将发生1 000万元的亏损，公司总经理责成公司总会计师刘某想办法实现当年盈利目标，并指示：“如果不行，可以对会计报表做一些会计技术处理。”刘某很清楚公司本年度亏损已成定局，要想落实总经理的盈利目标，只能在财务会计报告上做手脚。这使刘某感到左右为难，如果不按总经理的指示去办，自己以后在公司就不好待下去；如果照总经理的指示办，作为总会计师也会因此而承担风险。为此，总会计师思想负担很重，不知如何是好。但最终总会计师还是按总经理的指示在财务会计报告上做了手脚。

【问题】（1）分析总会计师刘某违反了哪些会计职业道德规范？

（2）根据《会计法》和会计职业道德的要求，对刘某应如何处理？简要说明理由。